한 번에 합격,
자격증은 이기적

이렇게 기막힌 적중률

함께 공부하고 특별한 혜택까지!

이기적 스터디 카페 🔍

구독자 13만 명, 전강 무료!

이기적 유튜브 🔍

자격증 독학, 어렵지 않다!
수험생 합격 전담마크

이기적 스터디 카페

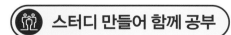 스터디 만들어 함께 공부

 전문가와 1:1 질문답변

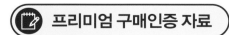 프리미엄 구매인증 자료

 365일 진행되는 이벤트

이기적 스터디 카페

인증만 하면, **고퀄리티** 강의가 **무료!**

100% 무료 강의

영진닷컴 이기적   🔍

1년 365일 이기적이 쏜다!

365일 진행되는 이벤트에 참여하고 다양한 혜택을 누리세요.

EVENT ❶
기출문제 복원

- 이기적 독자 수험생 대상
- 응시일로부터 7일 이내 시험만 가능
- 스터디 카페의 링크 클릭하여 제보

이벤트 자세히 보기 ▶

EVENT ❷
합격 후기 작성

- 이기적 스터디 카페의 가이드 준수
- 네이버 카페 또는 개인 SNS에 등록 후
  이기적 스터디 카페에 인증

이벤트 자세히 보기 ▶

EVENT ❸
온라인 서점 리뷰

- 온라인 서점 구매자 대상
- 한줄평 또는 텍스트 & 포토리뷰 작성 후
  이기적 스터디 카페에 인증

이벤트 자세히 보기 ▶

EVENT ❹
정오표 제보

- 이름, 연락처 필수 기재
- 도서명, 페이지, 수정사항 작성
- book2@youngjin.com으로 제보

이벤트 자세히 보기 ▶

- N페이 포인트 5,000~20,000원 지급
- 영진닷컴 쇼핑몰 30,000원 적립
- 30,000원 미만의 영진닷컴 도서 증정

※ 이벤트별 혜택은 변경될 수 있으므로 자세한 내용은 해당 QR을 참고하세요.

이기적 크루를 찾습니다!

WANTED

저자 · 강사 · 감수자 · 베타테스터 상시 모집

저자 · 강사

분야 수험서 전 분야
수험서 집필 혹은 동영상 강의 촬영

요건 관련 강사, 유튜버, 블로거 우대

혜택 이기적 수험서 저자 · 강사 자격
집필 경력 증명서 발급

감수자

분야 수험서 전 분야

요건 관련 전문 지식 보유자

혜택 소정의 감수료
도서 내 감수자 이름 기재
저자 모집 시 우대(우수 감수자)

베타테스터

분야 수험서 전 분야

요건 관련 수험생, 전공자, 교사/강사

혜택 활동 인증서 & 참여 도서 1권
영진닷컴 쇼핑몰 30,000원 적립
스타벅스 기프티콘(우수 활동자)
백화점 상품권 100,000원(우수 테스터)

◀ 모집 공고 자세히 보기

이메일 문의하기 ✉ book2@youngjin.com

기억나는 문제 제보하고 N페이 포인트 받자!
기출 복원 EVENT

| 성명 | 이기적 | 수험번호 | 2 0 2 4 1 1 1 3 |

Q. 응시한 시험 문제를 기억나는 대로 적어주세요!

① 365일 진행되는 이벤트   ② 참여자 100% 당첨   ③ 우수 참여자는 N페이 포인트까지

영진닷컴 쇼핑몰
30,000원

N Pay

네이버페이
포인트 쿠폰   20,000원

적중률 100% 도서를 만들어주신 여러분을 위한 감사의 선물을 준비했어요.

신청자격 이기적 수험서로 공부하고 시험에 응시한 모든 독자님

참여방법 이기적 스터디 카페의 이벤트 페이지를 통해 문제를 제보해 주세요.

　　　　　※ 응시일로부터 7일 이내의 시험 복원만 인정됩니다.

유의사항 중복, 누락, 허위 문제를 제보한 경우 이벤트 대상에서 제외됩니다.

참여혜택 영진닷컴 쇼핑몰 30,000원 적립

　　　　　정성껏 제보해 주신 분께 N페이 포인트 5,000~20,000원 차등 지급

이벤트 페이지 확인하기 ▶

이기적이
다 드립니다

여러분은 합격만 하세요! 이기적 **합격 성공세트** BIG 4

학습 효율 극대화, **무료 동영상 강의**

저자가 직접 강의하는 고퀄리티 동영상 강의를 100% 무료로 제공합니다.
핵심을 콕콕 짚어 주는 이론 강의로 빠른 합격이 가능합니다.

도서 구매자 특별 제공, **추가 기출문제**

도서에 수록되지 않은 기출문제 5회분 PDF를 추가로 제공합니다.
이기적 스터디 카페에서 구매 인증을 통해 받으실 수 있습니다.

무엇이든 물어보세요, **1:1 질문답변**

궁금한 점이 있으면 언제든지 이기적 스터디 카페에 질문해 보세요.
전문가 선생님께서 1:1로 맞춤 질문답변을 해드립니다.

필수 이론만 깔끔하게 압축한, **핵심정리**

섹션별 꼭 알아야 할 필수 이론만 뽑아 알기 쉽게 요약 · 정리했습니다.
도서 18~28p에 수록되어 있습니다.

※ 〈2025 이기적 전산회계운용사 2급 필기 기본서〉를 구매하고 인증한 독자에게만 드리는 혜택입니다.

이기적 홈페이지 바로가기 ▶

시험 환경 100% 재현!
CBT 온라인 문제집

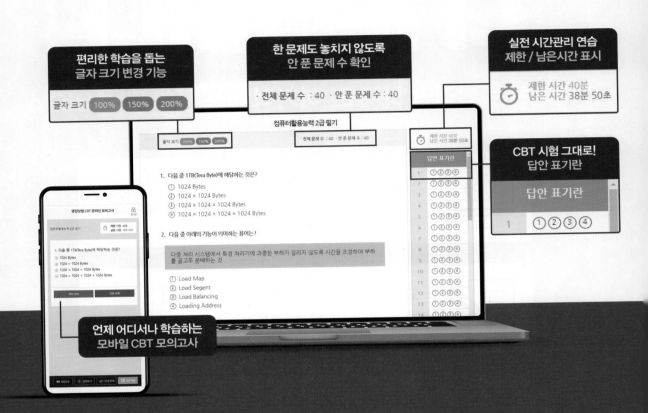

편리한 학습을 돕는 글자 크기 변경 기능
글자 크기 100% 150% 200%

한 문제도 놓치지 않도록 안 푼 문제 수 확인
· 전체 문제 수 : 40 · 안 푼 문제 수 : 40

실전 시간관리 연습 제한 / 남은시간 표시
제한 시간 40분
남은 시간 38분 50초

CBT 시험 그대로! 답안 표기란
답안 표기란
1 ① ② ③ ④

언제 어디서나 학습하는 모바일 CBT 모의고사

이용 방법

STEP 1
이기적 CBT
cbt.youngjin.com
접속

STEP 2
과목 선택 후
제한시간 안에
풀이

STEP 3
답안 제출하고
합격 여부
확인

STEP 4
틀린 문제는
꼼꼼한 해설로
복습

이기적 CBT 🔍

이렇게
기막힌
적중률

전산회계운용사 2급
필기 기본서

"이" 한 권으로 합격의 "기적"을 경험하세요!

YoungJin.com Y.
영진닷컴

차례

출제빈도에 따라 분류하였습니다.
- 📍 : 반드시 보고 가야 하는 이론
- 📍 : 보편적으로 다루어지는 이론
- 📍 : 알고 가면 좋은 이론

▶️ 표시된 부분은 동영상 강의가 제공됩니다.
이기적 홈페이지(license.youngjin.com)에 접속하여 시청하세요.

▶ 제공하는 동영상과 PDF 자료는 1판 1쇄 기준 2년간 유효합니다.
단, 출제기준안에 따라 동영상 내용은 변경될 수 있습니다.

구매 인증 PDF

추가 기출문제
01~05회 PDF

※ **참여 방법**: '이기적 스터디 카페' 검색 → 이기적 스터디카페(cafe.naver.com/yjbooks) 접속 →
'구매 인증 PDF 증정' 게시판 → 구매 인증 → 메일로 자료 받기

이 책의 구성

STEP 01

핵심 이론만 빠르게 압축 정리

다년간 분석한 기출문제의 데이터를 바탕으로 시험에 출제될 가능성이 높은 핵심 이론을 엄선하여 담았습니다.

▶ 합격 강의

PART 02~03 이론 부분의 동영상 강의를 무료로 제공합니다. QR 코드를 스캔하여 편리하게 이용하세요.

출제빈도 (상)(중)(하)

각 SECTION을 출제빈도에 따라
(상)(중)(하) 등급으로 나눴습니다.

빈출 태그 ▶

시험에 자주 출제되는 주요 키워드를 정리했습니다.
해당 단어가 나오는 부분은 집중해서 학습하세요.

꼭 알아야 할 중요 내용에는 밑줄을
표시하여 빠르게 체크할 수 있습니다.

이론을 좀 더 쉽고 빠르게 이해할 수 있도록
추가적인 설명을 제공했습니다.

🅑 기적의 TIP

출제 경향이나 학습 노하우를 알려주는
전문가의 TIP을 제시했습니다.

☑ 개념 체크

해당 페이지의 내용을 확실하게 숙지하고 넘어갈 수
있도록 개념 체크 문제를 수록했습니다.

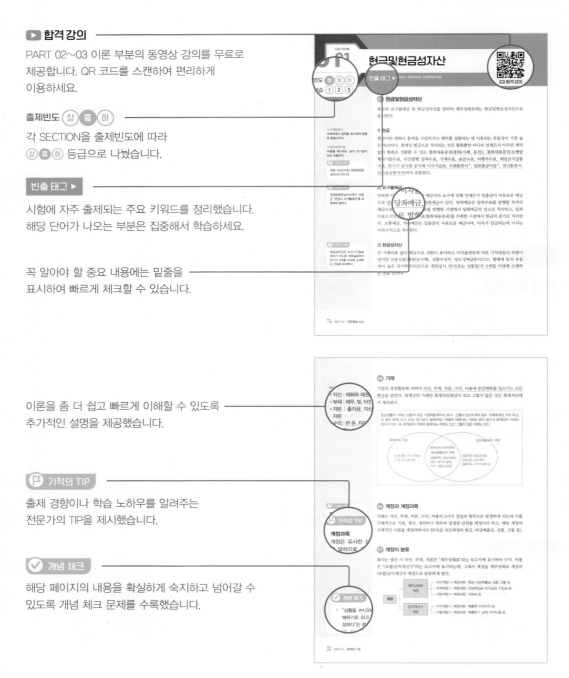

이론을 확인하는 기출문제

각 SECTION의 이론 학습이 끝난 후, 자신의 실력을 점검하고 부족한 부분을 보완할 수 있도록 '이론을 확인하는 기출문제'를 수록했습니다.

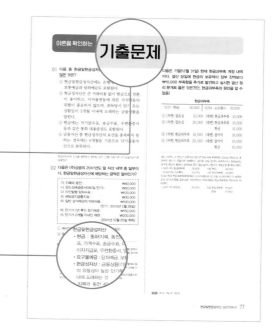

이론 학습 후 연계된 기출문제를 풀어보며 바로 ─
실력을 확인할 수 있습니다.

문제 아래 배치된 친절한 해설을 통해 핵심 개념을 ─
복습하고 헷갈리거나 틀린 부분을 확실하게 이해
할 수 있습니다.

상시 기출문제

2021~2024년 상시 기출문제 15회분을 제공합니다. 실제 시험처럼 문제를 풀어보며 실전 감각을 키워보세요.

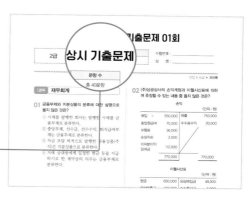

상시 기출문제를 풀어보며 최신 출제 유형을 ─
파악하고 문제 적응력을 키울 수 있습니다.

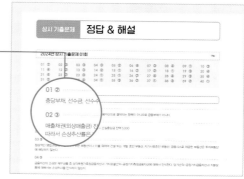

정답에 대한 명확한 해설과 오답에 대한 자세한 ─
해설을 제공하여 문제의 핵심을 파악할 수
있습니다.

01 응시 자격 조건

남녀노소 누구나 응시 가능

02 원서 접수하기

- license.korcham.net에서 접수
- 상시 검정 : 시험 시간 조회 후 원하는 날짜와 시간에 응시
- 검정 수수료 : 17,000원(인터넷 접수 수수료 : 1,200원)

03 시험 응시

- 신분증과 수험표, 필기도구, 계산기 지참
- 시험은 컴퓨터로만 진행되는 CBT(Computer Based Test) 형식으로 진행됨

04 합격자 발표

상시 검정 시험일 다음날 오전 10시

01 응시 자격

자격 제한 없음

02 수험료

- 필기 시험 : 17,000원
- 실기 시험 : 22,000원

(인터넷 접수 시 수험료 외 인터넷 접수 수수료 1,200원이 별도 부과됨)

03 합격 결정 기준

- 필기 시험 : 매 과목 100점 만점에 과목당 40점 이상이고 평균 60점 이상
- 실기 시험 : 100점 만점에 70점 이상

04 합격자 발표

- 대한상공회의소 홈페이지(license.korcham.net)에서 발표
- 필기 시험 : 시험일 다음날 오전 10시
- 실기 시험 : 시험일 포함 주 제외한 2주 뒤 금요일

05 자격증 신청

- 자격검정 합격자 중에서 자격증 발급 신청자에 한하여 자격증 교부
- 자격취득 확인서를 발급받고자 하는 경우 대한상공회의소 홈페이지(license.korcham.net)에서 무료로 발급(출력) 가능

형태	휴대하기 편한 카드 형태의 자격증
신청 방법	자격증 신청 기간은 따로 없으며 대한상공회의소 홈페이지(license.korcham.net)에서 인터넷 신청
수수료	• 자격증 발급 수수료 : 3,100원 • 우체국 등기 배송료 : 3,000원
수령 기간	신청 후 10~15일 사이 수령 가능

06 출제 기준

출제 기준 바로보기

- 적용 기간 : 2025.01.01.~2027.12.31.
- 직무 내용 : 재무회계, 원가회계에 관한 지식을 갖추고 기업체 등의 회계중간관리자로서 회계정보 시스템을 이용하여 회계 전반에 관한 업무를 수행할 수 있는 능력의 유무
- 필기 검정방법 : 객관식(40문제)
- 시험시간 : 60분
- 필기 과목 및 세부 항목
  - 재무회계

회계와 순환과정	회계의 기초, 회계순환과정
재무제표 작성	재무제표 작성
재무제표 요소	현금및현금성자산, 금융자산, 투자부동산, 매출채권과 매입채무, 기타채권과 채무, 재고자산, 유형자산, 무형자산, 비유동부채, 자본, 수익과 비용

  - 원가회계

원가계산	원가의 기초, 부문별 원가계산, 개별원가계산, 종합원가계산

1 과목

재무회계 기본을 튼튼하게, 최대한 많이 맞자!   20문항

1과목 재무회계는 두 과목 중 중요 항목과 세부 항목이 많은 과목으로, 내용도 많고 암기할 사항도 많은 과목입니다. 1과목에서 높은 점수를 받을 수 있도록 해야 하며, 회계의 기본원칙과 순환과정에 대한 이해를 시작으로 재무제표 구성요소를 각 섹션별로 충분히 학습해야 합니다.

01 회계의 기초   4.1%
빈출태그   회계, 복식부기, 회계단위, 회계연도

02 회계순환과정   4.9%
빈출태그   거래, 거래의 8요소, 계정과목, 분개, 결산의 절차, 재무제표

03 재무제표 작성   9%
빈출태그   재무상태표, 포괄손익계산서, 자본변동표, 현금흐름표

04 현금및현금성자산   7.4%
빈출태그   현금및현금성자산, 현금과부족, 은행계정조정표

05 금융자산   8.2%
빈출태그   금융자산, 당기손익-공정가치측정금융자산, 금융상품

06 투자부동산   7.4%
빈출태그   투자부동산, 원가모형과 공정가치모형

07 매출채권과 매입채무   8.2%
빈출태그   외상매출금, 받을어음, 외상매입금, 지급어음, 매출채권의 손상에 관한 회계처리

08 기타채권과 채무   4.1%
빈출태그   기타채권·채무, 부가가치세예수금, 부가가치세대급금

09 재고자산   9.8%
빈출태그   재고자산평가방법, 기말평가, 특수매매

10 유형자산   9.8%
빈출태그   취득원가, 취득이후의 지출, 감가상각방법, 유형자산의 처분, 인식시점 이후의 측정

11 무형자산   8.2%
빈출태그   무형자산의 종류, 내부 프로젝트의 개발활동에 대한 무형자산 요건

12 비유동부채   7.4%
빈출태그   금융부채, 사채

13 자본   4.9%
빈출태그   주식발행방법, 자본의 종류

14 수익과 비용   6.6%
빈출태그   수익인식의 단계, 거래형태별 수익인식, 퇴직급여, 법인세비용

2 과목　　**원가회계** 어렵지만 힘내서 해보자!　　　　　　　　　　　　　　20문항

2과목 원가회계는 원가의 기초, 원가계산의 절차, 부문별 원가계산 및 제조부문원가의 배부, 제품별(개별, 종합) 원가계산 내용들이 출제되고 있습니다.

01 원가의 기초　　　　　　　　　　　　　　　　　　　　　　　　　　　　15%

　　　　　　빈출태그　원가의 3요소, 고정원가 · 변동원가 · 준고정원가 · 준변동원가, 매몰원가, 직접원가 · 간접원가,
　　　　　　　　　　　원가의 계산, 제조원가명세서, 원가배부의 기준

02 부문별 원가계산　　　　　　　　　　　　　　　　　　　　　　　　　　15%

　　　　　　빈출태그　부문별 원가계산의 절차, 보조부문원가의 배부기준, 실제배부법, 예정배부법, 배부차이

03 개별원가계산　　　　　　　　　　　　　　　　　　　　　　　　　　　　35%

　　　　　　빈출태그　개별원가계산의 특징, 업종, 절차, 종류

04 종합원가계산　　　　　　　　　　　　　　　　　　　　　　　　　　　　35%

　　　　　　빈출태그　종합원가계산의 절차, 선입선출법, 평균법

CBT 시험 가이드

CBT란?

CBT는 시험지와 필기구로 응시하는 일반 필기시험과 달리, 컴퓨터 화면으로 시험 문제를 확인하고 그에 따른 정답을 클릭하면 네트워크를 통하여 감독자 PC에 자동으로 수험자의 답안이 저장되는 방식의 시험입니다.
오른쪽 QR코드를 스캔해서 큐넷 CBT를 체험해 보세요!

큐넷 CBT
체험하기

CBT 필기시험 진행방식

본인 좌석
확인 후 착석 → 수험자
정보 확인 → 화면 안내에
따라 진행 → 검토 후
최종 답안 제출 → 퇴실

CBT 응시 유의사항

- 수험자마다 문제가 모두 달라요. 문제은행에서 자동 출제됩니다!
- 답지는 따로 없어요!
- 문제를 다 풀면, 반드시 '제출' 버튼을 눌러야만 시험이 종료되어요!
- 시험 종료 안내방송이 따로 없어요.

FAQ

Q CBT 시험이 처음이에요! 시험 당일에는 어떤 것들을 준비해야 좋을까요?

A 시험 20분 전 도착을 목표로 출발하고 시험장에는 주차할 자리가 마땅하지 않은 경우가 많으므로, 대중교통을 이용하는 것을 추천합니다. 무사히 시험 장소에 도착했다면 수험자 입장 시간에 늦지 않게 시험실에 입실하고, 자신의 자리를 확인한 뒤 착석하세요.

Q 기존보다 더 어려워졌을까요?

A 시험 자체의 난이도 차이는 없지만, 랜덤으로 출제되는 CBT 시험 특성상 경우에 따라 유독 어려운 문제가 많이 출제될 수는 있습니다. 이러한 돌발 상황에 대비하기 위해 이기적 CBT 온라인 문제집으로 실제 시험과 동일한 환경에서 미리 연습해두세요.

CBT 진행 순서

좌석번호 확인	수험자 접속 대기 화면에서 본인의 좌석번호를 확인합니다.
⬇	
수험자 정보 확인	시험 감독관이 수험자의 신분을 확인하는 단계입니다. 신분 확인이 끝나면 시험이 시작됩니다.
⬇	
안내사항	시험 안내사항을 확인하고, 다음을 클릭합니다.
⬇	
유의사항	시험과 관련된 유의사항을 확인합니다.
⬇	
문제풀이 메뉴 설명	시험을 볼 때 필요한 메뉴에 대한 설명을 확인합니다. 메뉴를 이용해 글자 크기와 화면 배치를 조정할 수 있습니다. 남은 시간을 확인하며 답을 표기하고, 필요한 경우 아래의 계산기를 이용할 수 있습니다.
⬇	
문제풀이 연습	시험 보기 전, 연습을 해 보는 단계입니다. 직접 시험 메뉴화면을 클릭하며, CBT가 어떻게 진행되는지 확인합니다.
⬇	
시험 준비 완료	문제풀이 연습을 모두 마친 후 [시험 준비 완료] 버튼을 클릭하면 시험 감독관의 지시에 따라 시험이 시작됩니다.
⬇	
시험 시작	시험이 시작되었습니다. 수험자분들은 제한 시간에 맞추어 문제풀이를 시작합니다.
⬇	
답안 제출	시험을 완료하면 [답안 제출] 버튼을 클릭합니다. 답안을 수정하기 위해 시험화면으로 돌아가고 싶으면 [아니오] 버튼을 클릭합니다.
⬇	
답안 제출 최종 확인	답안 제출 메뉴에서 [예] 버튼을 클릭하면, 수험자의 실수를 방지하기 위해 한 번 더 주의 문구가 나타납니다. 완벽히 시험 문제 풀이가 끝났다면 [예] 버튼을 클릭하여 최종 제출합니다.
⬇	
합격 발표	CBT 시험이 모두 종료되면, 퇴실할 수 있습니다.

이제 완벽하게 CBT 필기시험에 대해 이해하셨나요?
그렇다면 이기적이 준비한 CBT 온라인 문제집으로 학습해 보세요!

이기적 온라인 문제집 : https://cbt.youngjin.com

이기적 CBT
바로가기

Q&A

※ 시험에 대해 가장 궁금해하시는 내용을 모았습니다.

Q 전산회계운용사 필기 시험은 어떻게 접수하나요?

A 대한상공회의소 홈페이지(license.korcham.net)에서 인터넷 접수가 가능합니다. 전산회계운용사 필기 시험은 상시 검정으로, 개설되어 있는 시험 일자 중 원하는 날짜와 시간을 선택하여 시험에 응시할 수 있습니다. 단, 개설일로부터 시험일 4일 전까지만 접수가 가능합니다.

Q 전산회계운용사 필기 시험 일정은 어디서 확인하나요?

A 대한상공회의소 홈페이지(license.korcham.net) [개별접수 – 접수안내 – 시험장정보조회]에서 확인할 수 있습니다. 상시 검정 시험 일정은 각 지역마다 개설되는 시기와 시험 일자가 다릅니다. 평균적으로는 보름이나 한 달 간격으로 개설되고 있습니다.

Q 전산회계운용사 필기 시험을 응시할 때 준비물은 무엇인가요?

A 준비물로는 신분증, 수험표, 필기도구, 계산기가 있습니다. 전산회계운용사 종목은 계산식 문제가 출제되므로 계산 작업을 위해 일반 상업용 계산기는 지참할 수 있으나, 공학용 및 검색 가능한 계산기는 사용할 수 없습니다.

Q 신분증으로 인정되는 것은 무엇이 있나요?

A 신분증으로는 주민등록증, 여권, 운전면허증, 공무원증, 장애인등록증, 복지카드, 국가유공자증, 국가기술자격증 등이 인정됩니다. 초 · 중 · 고등학생의 경우, 학생증, 청소년증, 자격검정용 신분 확인 증명서, NEIS 재학증명서 등이 가능합니다. 시험에 응시하는 수험자는 시험 당일 본인의 신분증을 반드시 지참하여야 합니다.

Q 전산회계운용사 필기 시험에 합격하면 언제까지 실기 시험을 볼 수 있나요?

A 필기 시험에 합격한 후 2년 동안 실기 시험에 응시할 수 있습니다.

Q 전산회계운용사 필기 또는 실기 시험 상위급수에 바로 응시할 수 있나요?

A 전산회계운용사 시험은 응시자격이 별도로 정해져 있지 않기 때문에 응시급수 순서와 관계없이 응시할 수 있습니다.

Q 전산회계운용사 자격증 취득 시 자격 특전이 있을까요?

A 전산회계운용사 자격증 취득 시 자격 특전은 다음과 같습니다.
- 공무원 채용 가산점 : 지역인재 9급 수습직원(회계 · 세무 · 관세) 2~4%
- 학점은행제 학점인정 : 1급 18학점, 2급 14학점

※ 시험에 관한 내용은 시행처 사정에 따라 변경될 수 있으니 자세한 사항은 대한상공회의소 홈페이지(license.korcham.net)에서 확인하시기 바랍니다.

물건을 매매하면 장부에 기록해야 나중에 확인할 수 있다는 것은 당연한 말이지만 이것이 회계의 시작이 되었다고 하면 놀라는 사람들이 있습니다. 이렇듯 회계라는 것은 거래가 발생한 것을 여러 사람이 알아볼 수 있도록 일정한 법칙에 따라 장부에 기록하고 보고서를 만드는 것입니다. 중요한 것은 일정한 법칙이라는 것인데 누구나 맘대로 거래를 기록한다면 모든 사람이 알아보기 힘들 것입니다. 이러한 이유로 거래를 기록하는 이름과 금액을 쉽게 알아보기 위한 원칙이 생겼습니다. 따라서 회계를 처음 접하는 분들은 장부에 기록해야 하는 거래를 구분하고 그 이름과 금액을 기록하는 방법을 정확히 숙지해야 합니다. 그래야 회계를 아는 사람 누구나 알아볼 수 있는 장부와 보고서를 작성할 수 있습니다. 전산회계운용사는 이러한 지식을 갖추는 데 초점을 맞춘 자격증입니다.

전산회계운용사 2급은 재무회계와 원가회계에 관한 지식을 갖추고, 기업체 등의 회계중간관리자로서 회계정보시스템을 이용하여 회계 전반에 관한 업무를 수행할 수 있는 능력을 갖추는 데 있습니다. 본 교재는 변경된 새로운 출제 기준안에 맞추어 자세히 기술하려고 노력했습니다. 또한 회계를 처음 접하는 분들을 위해 회계의 기본 개념을 앞장에 실었습니다.

본 교재는 다음과 같이 구성되어 있습니다.

1. 각 섹션별로 개념 설명을 알기 쉽게 기술하였고, 예제 문제를 수록하여 학습한 내용을 확실히 이해할 수 있도록 하였습니다. 또한 재무회계는 최신 한국채택국제회계기준을 충실히 반영하였습니다.
2. 최신 기출문제를 수록하여 실제 시험 유형을 파악할 수 있도록 하였으며, 해당 문항의 해설을 자세히 설명하여 본인의 수준을 점검할 수 있도록 하였습니다.
3. 본 교재는 무료 동영상 서비스를 제공함으로써 혼자서 학습하기 어려운 부분이 있거나 단기간에 합격하기를 원하는 수험생에게 최적의 교재가 되도록 하였습니다.

본서가 단기간에 최소의 노력으로 전산회계운용사 2급 자격 취득을 희망하는 여러분에게 좋은 길잡이가 되기를 바라며, 수험생 여러분의 합격과 회계 관련 업무에 큰 보탬이 되기를 기원합니다.

저자 정창화

핵심정리

01 회계의 정의

- **회계의 정의** : 기업의 경영활동으로 인하여 발생하는 재산의 증감변화를 일정한 원리에 의하여 기록, 계산, 정리하여 얻어진 유용한 회계정보를 기업의 회계정보이용자(이해관계자)들에게 전달하는 과정
- **재무보고의 질적특성**
  ① 근본적 질적특성
    – 목적적합성 : 예측가치, 확인가치, 중요성
    – 표현충실성 : 완전한 서술, 중립적 서술, 오류가 없는 서술
  ② 보강적 질적특성 : 비교가능성, 검증가능성, 적시성, 이해가능성

02 회계순환과정

- **회계의 순환과정** : 사건의 발생(거래식별) → 분개(분개장 또는 전표 작성) → 전기(원장, 보조부에 기입) → 결산(예비절차 ···› 본절차 ···› 재무제표 작성)
- **결산**
  ① 결산의 예비절차 : 수정전 시산표 작성 → 결산정리분개(결산수정분개) → 수정후 시산표 및 정산표 작성
  ② 결산의 본절차 : 집합손익 계정 설정 → 수익, 비용 계정을 집합손익으로 대체 후 마감 → 집합손익계정에서 계산된 당기순손익을 자본(개인기업은 자본금, 주식회사는 미처분이익잉여금(또는 미처리결손금)) 계정으로 대체 → 자산, 부채, 자본 마감 → 자산, 부채, 자본은 차기이월
  ③ 재무제표의 작성 : 재무상태표, 포괄손익계산서, 현금흐름표, 자본변동표, 주석

03 재무제표 작성

- **재무상태표** : 기업의 특정시점 현재 기업이 보유하고 있는 경제적 자원인 자산과 경제적 의무인 부채, 그리고 자본을 나타낸 보고서로 기업의 유동성, 재무적 탄력성, 수익성과 위험을 평가하는 데 유용한 정보를 제공함
- **포괄손익계산서** : 일정기간 동안 기업이 경영활동을 수행한 결과 나타난 경제적 성과(수익, 비용)를 나타낸 보고서로 소유주(주주)와의 자본거래에 따른 자본의 변동을 제외한 기업 순자산의 변동을 표시함
- **자본변동표** : 자본의 크기와 그 변동에 관한 정보를 제공하는 재무제표로서, 자본을 구성하고 있는 자본금, 자본잉여금, 자본조정, 기타포괄손익누계액, 이익잉여금(또는 결손금)의 변동에 대한 포괄적인 정보 및 소유주(주주)와의 자본거래에 따른 변동액을 구분하여 표시함
- **현금흐름표** : 재무제표는 기간별 보고를 원칙으로 하기 때문에 발생주의 회계를 기본원칙으로 하나, 현금흐름표는 현금주의 원칙에 따라 영업활동, 투자활동 및 재무활동으로 구분하여 표시함
- **주석** : 재무제표를 이해하는 데 필요한 추가적인 정보를 기술하는 것으로, 재무제표의 본문과 별도로 작성되며 추가적 설명이 필요하거나 동일한 내용으로 둘 이상의 계정과목에 대하여 설명을 하게 되는 경우에 사용

현금및현금성자산

- **현금** : 통화(지폐, 동전), 통화대용증권(은행발행 자기앞수표, 타인발행 당좌수표, 가계수표, 송금수표, 여행자수표, 배당금지급 통지표, 만기가 공시된 공사채 이자지급표, 우편환증서, 일람출급어음, 전신환증서, 국고송금통지서)
- **요구불예금** : 당좌예금, 보통예금, 저축예금 등
- **현금성자산** : 취득당시 만기(또는 상환일)가 3개월 이내에 도래하는 금융상품

금융자산

- **금융자산의 분류**
  - ① 현금과 예치금
  - ② 다른 기업의 지분상품(지분증권) : 다른 기업의 지분상품을 보유하면서 현금배당 등을 요구할 수 있는 금융자산
  - ③ 거래상대방에게서 현금 등 금융자산을 수취할 계약상 권리, 잠재적으로 유리한 조건으로 거래상대방과 금융자산이나 금융부채를 교환하기로 한 계약상 권리, 대여금 및 수취채권
- **당기손익–공정가치측정금융자산(FVPL)** : 단기간 내의 매매차익을 얻기 위하여 매입과 매도가 적극적이고 빈번하게 이루어지는 금융자산. 취득 시 공정가치로 측정하며 취득 시 직접 관련되어 발생하는 거래원가(부대비용)는 즉시 비용으로 처리하며, 결산평가 시 공정가치의 변동분은 당기손익–공정가치측정금융자산평가이익 또는 당기손익–공정가치측정금융자산평가손실(영업외손익)로 처리하고 처분 시 처분금액(수수료 등이 발생하면 차감)과 장부금액의 차이금액을 당기손익–공정가치측정금융자산처분이익 또는 당기손익–공정가치측정금융자산처분손실(영업외손익)로 처리함
- **상각후원가측정금융자산(AC)** : 만기가 고정되었고 지급금액이 확정되었거나 확정될 수 있는 비파생금융자산으로서 만기까지 보유할 적극적인 의도와 능력이 있는 경우의 금융자산을 말하며 취득과 관련하여 거래원가가 발생하는 경우에는 최초 인식하는 공정가치에서 가산하며 기말평가 시 유효이자율법을 사용하여 상각후원가로 측정하므로 공정가치법을 적용하여 평가하지 않음
- **기타포괄손익–공정가치측정금융자산(FVOCI)** : 장기간 보유하며 만기까지 보유할 목적이 아닌 금융자산을 말하며 취득 시 공정가치로 측정하며 취득과 관련하여 거래원가(부대비용)가 발생하는 경우에는 취득원가의 공정가치에 가산. 결산 시 시장성이 있거나 공정가치를 신뢰성 있게 측정할 수 있을 경우에는 공정가치로 평가하며 이때 미실현 보유손익인 기타포괄손익–공정가치측정금융자산평가이익 또는 기타포괄손익–공정가치측정금융자산평가손실은 기타포괄손익(자본)으로 분류하고, 매기말 평가손익은 서로 상계하며, 처분하거나 손상차손을 인식하는 시점에 채무증권은 일괄하여 당기손익에 반영하고 지분증권은 기타포괄손익으로 계속 인식함
- **금융상품과 지분상품의 구분** : 지분상품은 기업의 자산에서 모든 부채를 차감한 후의 잔여지분을 나타내는 모든 계약을 말하며, 다음 조건을 모두 충족하는 금융상품만이 지분상품(자본)으로 분류함
  - ① 거래상대방에게 현금 등 금융자산을 인도하기로 하는 계약상 의무가 없는 계약
  - ② 발행자에게 잠재적으로 불리한 조건으로 거래상대방과 금융자산이나 금융부채를 교환하는 계약상 의무가 없는 계약
  - ③ 변동 가능한 수량의 자기지분상품을 인도할 계약상 의무가 없는 비파생상품계약

06 투자부동산

- 투자부동산은 임대수익이나 시세차익 또는 두 가지 모두를 얻기 위하여 소유자나 금융리스의 이용자가 보유하고 있는 부동산을 말함
- **원가모형** : 최초 인식 이후 모든 투자부동산에 대하여 원가의 금액을 장부금액으로 하며 유형자산의 회계처리를 준용하여 감가상각함
- **공정가치모형** : 최초 인식 이후 모든 투자부동산에 대하여 감가상각을 수행하지 않고 공정가치로 평가하여 측정하며, 투자부동산의 공정가치 변동으로 발생하는 손익은 투자부동산평가손익으로 하여 발생한 기간의 당기손익으로 인식함

07 매출채권과 매입채무

- **매출채권**
  ① 외상매출금 : 일반적인 상거래에서 발생한 채권, 즉 상품이나 제품을 외상으로 판매하고 아직 그 대금을 회수하지 않은 미수액으로 보고기간 종료일로부터 1년 이내에 회수될 금액을 말함
  ② 받을어음 : 일반적인 상거래에서 발생한 어음상의 권리로서, 그 지급기일이 보고기간 종료일로부터 1년 내에 도래하는 어음을 말함
- **매입채무**
  ① 외상매입금 : 일반적인 상거래에서 발생한 채무, 즉 상품이나 원재료를 외상으로 매입하고 아직 그 대금을 지급하지 않은 미지급액으로 보고기간 종료일로부터 1년 이내에 지급해야 할 금액을 말함
  ② 지급어음 : 일반적인 상거래에서 발생한 어음상의 의무로서, 그 지급기일이 보고기간 종료일로부터 1년 이내에 도래하는 어음을 말함
- 금융기관 등에서 어음을 할인하는 거래에 대하여는 해당 금융자산의 미래 경제적 효익에 대한 양수인의 통제권에 특정한 제약이 없는 한 매각거래(할인료는 매출채권처분손실로 처리)로 회계처리하며 그렇지 않는 경우에는 차입거래(할인료는 이자비용으로 처리)로 처리함
- **매출채권의 손상**
  ① 손상차손(구.대손상각비), 기타의손상차손(구.기타의대손상각비) : 회수불능채권에 대한 손상을 계상하는 계정으로 매출채권의 손상은 판매비와관리비의 "손상차손"으로, 기타채권에 대한 손상은 영업외비용의 "기타의손상차손"으로 처리함
  ② 손실충당금(구.대손충당금) : 충당금설정법에 의하여 설정되는 것으로 수취채권의 잔액 중 회수불능채권의 추정금액을 말하며 손실충당금은 수취채권의 평가계정으로서 수취채권의 장부금액(또는 순실현가능가치)을 나타내기 위해 수취채권으로부터 차감하는 형식으로 표시함
  ③ 손실충당금환입(구.대손충당금환입) : 충당금설정법에 의하여 손실충당금을 설정하였으나 전기에 설정한 손실충당금잔액이 당기에 새로 설정할 손실충당금보다 많아 차액을 환입하는 경우에 사용함

④ 충당금설정방법(보충법)
- 매출채권잔액비율법 : 매출채권잔액을 과거의 경험이나 통계 등을 이용하여 산출한 일정한 손상예상율을 매출채권잔액에 곱하여 손상예상액을 산출하는 방법

> 기말 손실충당금 설정액 = 기말채권잔액 × 손실추정율(%) − 손실충당금잔액

- 연령분석법 : 매출채권잔액을 회수기일의 경과일수에 따라 분류하여 손상을 추정하는 방법으로 매출채권의 순실현가능가치를 매출채권잔액비율법보다 더 정확하게 보고할 수 있으며 손상예상액 계산뿐만 아니라 신용관리자의 의사결정을 위하여도 매우 중요한 자료가 됨

08 기타채권과 채무

- **대여금과 차입금** : 대여금과 차입금은 장단기에 따라 단기대여금과 장기대여금, 단기차입금과 장기차입금으로 구분함
- **미수금과 미지급금** : 미수금은 재고자산(상품 등)이 아닌 차량이나 비품의 매각대금, 서비스 제공대금 등이 입금되지 않은 경우를 말하며, 미지급금은 재고자산(상품 등)이 아닌 비품 등을 매입하고 지급하지 못한 경우를 말함
- **선급금과 선수금** : 선급금은 상품 등의 매입을 위하여 미리 지급한 금액으로 상품 등을 인수하면 해당 계정으로 대체되고, 선수금이란 상품 등을 인도하기 전에 미리 받은 금액으로 상품 등을 인도하면 해당 계정으로 대체됨
- **가지급금과 가수금** : 가지급금은 실제로 현금지출은 있었으나 계정과목이나 금액을 확정할 수 없을 때 일시적으로 처리하는 자산 계정이며, 가수금은 현금을 받았으나 계정과목이나 금액을 확정할 수 없을 때에 사용하는 부채계정으로 추후에 계정과목이나 금액이 확정되면 해당 계정으로 대체함. 가지급금 또는 가수금 등의 미결산항목은 결산 시에 적절한 계정으로 대체하여 재무상태표에는 나타나지 않아야 함
- **예수금** : 일반적인 상거래 이외에서 발생한 일시적 제 예수액으로 종업원에게 급여 지급 시 원천징수하여 세무서에 납부하기까지 일시적으로 예수하는 원천징수 소득세예수금, 국민연금예수금, 건강보험료예수금 등이 포함됨
- **부가가치세예수금과 부가가치세대급금** : 상품 등(재화와 용역의 거래)을 인도(공급)하고 대금과 함께 받는 부가가치세(매출세액)를 부가가치세예수금(자산)으로 처리하고, 반대로 상품 등을 인도받고 부담한 부가가치세(매입세액)를 부가가치세대급금(부채)으로 처리함

09 재고자산

- **재고자산의 취득원가** : 매입원가 또는 제조원가를 말하며 취득에 직접적으로 관련되어 있으며, 정상적으로 발생되는 부대비용(기타원가)을 포함하며 매입환출, 매입에누리, 매입할인은 차감함
- **재고자산의 수량 파악방법** : 실지재고조사법(실사법), 계속기록법, 혼합법(병행법)
- **재고자산의 단가 파악방법** : 개별법, 선입선출법, 후입선출법, 가중평균법(이동평균법, 총평균법)을 사용하여 파악함. 성격과 용도 면에서 유사한 재고자산에는 동일한 원가 파악방법을 적용하여야 하며, 성격이나 용도 면에서 차이가 있는 재고자산에는 서로 다른 원가 파악방법을 적용할 수 있음

- **재고자산의 기말평가(저가법)** : 재고자산 중 상품 · 제품 · 재공품의 시가(순실현가능가치)가 장부금액(원가)
  보다 하락한 경우에 발생한 손실(실제 재고수량 × (단위당원가 − 순실현가능가치))로 시가를 장부금액(원가)
  으로 조정하는 방법
- **재고자산의 감모손실** : 도난, 분실, 파손, 증발, 마모 등에 의한 수량부족으로 장부상 수량에 비하여 실제 수
  량이 부족한 경우에 발생하는 손실((장부수량 − 실제수량) × 단위당원가)
  ① 정상적인 경우 : 원가성을 인정하여 매출원가(영업비용)에 가산
  ② 비정상적인 경우 : 원가성이 인정 안 되므로 영업외비용으로 처리
- **특수매매**
  ① 미착상품 : 선적지 인도조건인 경우에는 상품이 선적된 시점에 소유권이 매입자에게 이전되기 때문에 미
  착상품은 매입자의 재고자산에 포함되나, 목적지(도착지) 인도조건인 경우에는 상품이 목적지(도착지)에
  도착하여 매입자가 인수한 시점에 소유권이 매입자에게 이전되기 때문에 매입자의 재고자산에 포함하
  지 않음
  ② 시송품 : 매입자가 일정기간 사용한 후 매입 여부를 결정하는 조건으로 판매한 상품을 말하며, 매입자가
  매입의사표시를 하기 전까지는 매출자의 재고자산에 포함함
  ③ 적송품 : 위탁자가 수탁자에게 판매를 위탁하기 위하여 보낸 상품으로, 수탁자가 제3자에게 판매하기 전
  까지는 위탁자의 재고자산에 포함함
  ④ 저당상품 : 저당권이 실행되어 소유권이 이전되기 전에는 단순히 저당만 잡힌 상태이므로 담보제공자의
  재고자산에 속함
  ⑤ 할부판매상품 : 대금이 모두 회수되지 않았다고 하더라도 상품의 판매시점에서 매출자의 재고자산에서
  제외함
  ⑥ 상품권 판매 : 상품권을 발행한 시점에선 매출자의 재고자산에 포함하며, 상품권을 회수한 시점에서 재
  고자산에서 제외함

10 유형자산

- 토지, 건물, 구축물, 기계장치, 건설중인자산, 차량운반구, 비품 등
- **취득원가** : 구입원가 또는 제작원가 및 경영진이 의도하는 방식으로 자산을 가동하기 위해 필요한 장소와
  상태에 이르게 하는 데 직접 관련되는 비용(원가)과 추정복구원가로 구성되며, 매입할인 등이 있는 경우에
  는 이를 차감함
  ① 일괄구입 시 : 각 자산의 취득원가는 개별자산의 공정가치를 기준으로 배분하여 취득원가를 산정
  ② 건물철거 시 : 건물을 신축하기 위하여 구건물이 있는 토지를 취득하고 그 건물을 철거하는 경우 철거 관
  련 비용(예 철거비용, 토지정지비용)은 취득원가에 가산하고(토지로 처리함) 철거건물의 부산물 판매수익
  은 취득원가에서 차감. 또한 건물을 신축하기 위하여 기존 당사 건물을 철거하는 경우에는 건물의 장
  부금액을 제거하여 유형자산처분손실로 반영하고, 철거비용은 당기 기타비용(유형자산처분손실이나 수
  수료비용)으로 처리함
  ③ 증여, 기타 무상취득 : 유형자산을 증여, 기타 무상으로 취득하는 경우에는 취득한 자산의 공정가치를 취
  득원가로 함

- **감가상각방법(연 감가상각비)**
  ① 정액법(직선법) : {(취득)원가 − 잔존가치} ÷ 내용연수
  ② 정률법(체감잔액법) : 미상각잔액((취득)원가 − 감가상각누계액) × 정률(%)
  ③ 생산량비례법(작업시간비례법) : {(취득)원가 − 잔존가치} × 당기실제생산량 ÷ 총추정생산량
  ④ 연수합계법(체감잔액법) : {(취득)원가 − 잔존가치} × 연수의 역순 ÷ 내용연수의 합계
- **감가상각의 회계처리** : (차) 감가상각비 ×××   (대) 감가상각누계액 ×××
- 처분하는 경우에는 처분시점에서 유형자산의 장부금액(원가−감가상각누계액)을 제거하는 회계처리를 하고, 장부금액과 처분금액의 차액은 유형자산처분이익 또는 유형자산처분손실(영업외손익)로 처리함. 회계기간 중에 유형자산이 처분되면 처분일까지의 감가상각비를 인식하여 이를 반영한 후에 처분에 따른 손익을 인식해야 함
- **취득 후 지출(후속원가)**
  ① 자본적 지출(자산처리) : 유형자산의 인식기준(미래 경제적 효익의 유입가능성이 매우 높고 원가를 신뢰성 있게 측정할 수 있음)을 충족하는 경우를 말함(예 생산능력 증대, 내용연수 연장, 상당한 원가절감 또는 품질향상을 가져오는 경우)
  ② 수익적 지출(비용처리) : 자산의 원상을 회복시키거나 능률유지를 위한 지출을 말함(예 수선유지를 위한 지출)

11 무형자산

- 영업권, 산업재산권(특허권, 실용신안권, 의장권, 상표권 등), 개발비, 소프트웨어, 라이선스, 프랜차이즈 등
- 내부적으로 창출한 무형자산이 인식기준에 부합하는지를 평가하기 위하여 무형자산의 창출과정을 연구단계와 개발단계로 구분하며 연구단계에서 발생한 지출은 무형자산으로 인식할 수 없고 발생한 기간의 비용으로 인식하며, 개발단계에서 발생한 지출은 6가지 일정요건을 모두 충족하는 경우에만 무형자산(개발비)으로 인식하고, 그 외의 경우에는 발생한 기간의 비용으로 인식함

[6가지 일정요건]
  ① 무형자산을 사용하거나 판매하기 위해 그 자산을 완성할 수 있는 기술적 실현가능성
  ② 무형자산을 완성하여 사용하거나 판매하려는 기업의 의도
  ③ 무형자산을 사용하거나 판매할 수 있는 기업의 능력
  ④ 무형자산이 미래 경제적 효익을 창출하는 방법. 특히 무형자산의 산출물이나 무형자산 자체를 거래하는 시장이 존재함을 제시할 수 있거나 또는 무형자산을 내부적으로 사용할 것이라면 그 유용성을 제시할 수 있음
  ⑤ 무형자산의 개발을 완료하고 그것을 판매하거나 사용하는 데 필요한 기술적, 재정적 자원 등의 입수가능성
  ⑥ 개발과정에서 발생한 무형자산 관련 지출을 신뢰성 있게 측정할 수 있는 기업의 능력

- **웹사이트 원가** : 웹사이트의 자체 개발 및 운영에 지출된 금액을 무형자산으로 인식하려면 무형자산 인식을 위한 일반적인 조건 뿐만 아니라 6가지 조건(기술적 실현가능성, 기업의 의도, 기업의 능력, 미래 경제적 효익의 창출 방법, 자원의 입수 가능성과 신뢰성 있는 측정)을 충족하여야 함

- **금융부채** : 현금이나 다른 금융자산을 지급해야 할 계약상의 의무를 포함하고 있는 금융상품으로 매입채무, 기타채무, 사채, 국공채를 말함. 그러므로 선수금, 선수수익, 충당부채, 우발부채, 법인세 등은 금융부채에 해당하지 않음

- **사채발행**

① 액면발행 : 사채가 발행될 때 회사가 수령하는 금액(발행금액)이 사채의 액면금액과 같은 경우의 발행을 말함

    (차) 현금   ×××   (대) 사채   ×××(액면금액)

② 할인발행 : 발행금액이 사채의 액면금액보다 적은 경우의 발행을 말하며 만기 시에 지급할 액면금액과 발행 시 발행금액과의 차액은 "사채할인발행차금"으로 처리함

    (차) 현금   ×××   (대) 사채   ×××(액면금액)
         사채할인발행차금   ×××

③ 할증발행 : 발행금액이 사채의 액면금액보다 큰 경우의 발행을 말하며 만기 시에 지급할 액면금액과 발행금액과의 차액은 "사채할증발행차금"으로 처리함

    (차) 현금   ×××   (대) 사채   ×××(액면금액)
                                    사채할증발행차금   ×××

※ 사채발행비는 사채를 발행하는 데 발생한 사채권인쇄비, 인수수수료, 안내광고비 등의 비용으로 사채의 발행금액에서 차감함. 따라서 사채가 액면발행되었거나 할인발행된 경우에는 이를 사채할인발행차금으로 처리하고, 사채가 할증발행된 경우에는 사채할증발행차금에서 차감함

- **충당부채** : 과거사건이나 거래의 결과에 의한 현재의무로서, 지출의 시기 또는 금액이 불확실하지만 그 의무를 이행하기 위하여 자원이 유출될 가능성이 매우 높고, 또한 당해 금액을 신뢰성 있게 추정할 수 있는 의무를 말하며 "과거사건이나 거래의 결과로 현재의무가 존재하며 당해 의무를 이행하기 위하여 자원이 유출될 가능성이 매우 높은 경우"에 부채로 인식함

- **우발부채** : 부채로 인식하지 아니하며 의무를 이행하기 위하여 자원이 유출될 가능성이 아주 낮지 않는 한 우발부채를 주석에 기재함

13 **자본**

- **한국채택국제회계기준**
  ① 납입자본 : 자본금, 주식발행초과금
  ② 이익잉여금 : 이익준비금, 임의적립금, 미처분이익잉여금
  ③ 기타자본구성요소 : 기타자본잉여금, 자본조정, 기타포괄손익
- **주당이익** : 주당이익은 보통주 1주당 이익(수익력)을 말한다.

$$기본주당이익 = \frac{보통주\ 당기순이익(당기순이익 - 우선주배당금)}{가중평균유통보통주식수(총주식수 - 자기주식)}$$

14 수익과 비용

- 수익인식의 5단계
  ① 1단계 : 고객과의 계약을 식별
  ② 2단계 : 수행의무를 식별
  ③ 3단계 : 거래가격을 산정
  ④ 4단계 : 거래가격을 계약 내 수행의무에 배분
  ⑤ 5단계 : 수행의무를 이행할 때 수익을 인식
- 비용 : 수익을 인식하는 기간에 대응하여 인식하는데 이를 수익비용대응의 원칙이라 함
  ① 직접적인 대응에 따른 인식
  ② 체계적이고 합리적인 배분에 따른 인식
  ③ 즉시 비용인식

15 원가의 기초

- 원가회계의 목적
  ① 재무제표의 작성에 필요한 원가정보의 제공
  ② 원가통제에 필요한 원가정보의 제공
  ③ 경영의사결정에 필요한 원가정보의 제공
- 원가의 분류
  ① 발생형태에 따른 분류 : 재료원가, 노무원가, 제조경비(원가의 3요소)
  ② 제품 및 부문에의 추적가능성에 따른 분류 : 직접원가, 간접원가
  ③ 원가행태에 따른 분류 : 고정원가, 변동원가, 준고정원가, 준변동원가
  ④ 관련원가와 비관련원가 : 의사결정에 영향을 미칠 수 있는 원가를 관련원가라 하고 의사결정에 영향을
     미치지 않는 원가를 비관련원가라 함
  ⑤ 매몰원가 : 과거의 의사결정으로부터 이미 발생한 원가로서 더 이상 의사결정에 영향을 줄 수 없는 원가
- 재료원가 : 재료원가 소비액 = 기초재료재고액 + 당기재료매입액 − 기말재료재고액
- 노무원가 : 노무원가 소비액 = 당기지급액 + 당기미지급액 + 전기선급액 − 전기미지급액 − 당기선급액
- 제조경비
  ① 월할제조경비 : 보험료, 임차료, 감가상각비 등(당월소비액 = 발생금액 ÷ 해당 개월수)
  ② 측정제조경비 : 전기사용료, 가스 · 수도사용료 등(당월소비액 = 당월 사용량 × 단위당 가격)
  ③ 지급제조경비 : 수선비, 운반비, 잡비 등
  ④ 발생제조경비 : 재료감모손실 등
- 원가의 계산
  ① 직접원가 = 직접재료원가 + 직접노무원가 + (직접제조경비)
     간접원가 = 간접재료원가 + 간접노무원가 + 간접제조경비
  ② 재료원가 = 기초재료재고액 + 당기재료매입액 − 기말재료재고액
  ③ 당기총제조원가 = 직접재료원가 + 직접노무원가 + (직접제조경비) + 제조간접원가
     = 직접원가 + 간접원가 = 직접재료원가 + 가공원가
  ④ 당기제품제조원가(완성품원가) = 기초재공품재고액 + 당기총제조원가 − 기말재공품재고액
  ⑤ 매출원가 = 기초제품재고액 + 당기제품제조원가 − 기말제품재고액
           └→ (판매가능액)

• 원가배부의 기준
  ① 인과관계기준 : 배부하려는 원가와 원가대상 사이에 추적 가능한 명확한 관계로 배부하는 것으로 가장 이상적인 원가배부기준. 경제적으로 실현가능한 경우에는 인과관계기준에 의해서 원가를 배부하여야 함
  ② 수혜기준 : 배부하려고 하는 원가로부터 원가대상에 제공된 경제적 효익을 측정할 수 있는 경우 경제적 효익의 크기에 비례하여 배부하는 기준
  ③ 부담능력기준 : 원가대상이 원가를 부담할 수 있는 능력에 비례하여 배부하는 기준
  ④ 공정성과 공평성기준 : 원가대상에 원가를 배부할 때에는 공정하고 공평하게 해야 한다는 기준

16 부문별 원가계산

• 보조부문원가의 배부기준(보조부문 상호 간의 용역수수관계의 인식정도에 따른 배부)
  ① 직접배부법 : 보조부문 상호 간에 용역을 주고받는 관계를 완전히 무시하고 모든 보조부문원가를 제조부문에만 직접배부하는 방법. 배부절차는 매우 간단하나, 보조부문 상호 간의 용역수수관계가 많은 경우는 부정확한 원가 배부가 됨
  ② 단계배부법 : 보조부문들 간에 일정한 배부 순서를 정한 다음 그 배부 순서에 따라 보조부문원가를 단계적으로 다른 보조부문과 제조부문에 배부하는 방법. 보조부문 상호 간의 용역수수관계를 일부만 반영함
  ③ 상호배부법 : 보조부문 상호 간의 용역수수관계를 완전하게 고려하는 방법으로 보조부문원가를 제조부문뿐만 아니라, 보조부문 상호 간에 배부함. 배부절차는 매우 복잡하나 정확한 원가 배부가 됨
• 제조부문원가의 배부 및 예정배부(제조간접원가의 배부)
  ① 실제배부법

제조간접원가 실제배부율 $= \dfrac{\text{실제 제조간접원가 총액}}{\text{실제 배부기준 총액}}$

제조간접원가 배부액 $=$ 제품별 배부기준의 실제발생액 $\times$ 실제배부율

※ **배부기준** : 직접재료원가, 직접노무원가, 직접원가, 직접노동시간, 기계작업시간

---

  ② 예정배부법 : 제조간접원가 예정배부율을 연초에 미리 산정해 두었다가 제품이 완성되면 이 예정배부율을 사용하여 제품에 배부할 제조간접원가 배부액을 결정하는 방법

제조간접원가 예정배부율 $= \dfrac{\text{예정제조간접원가총액}}{\text{예정배부기준총액}}$

제조간접원가 예정배부액 $=$ 제품별 배부기준의 실제발생액 $\times$ 예정배부율

※ **배부기준** : 직접재료원가, 직접노무원가, 직접원가, 직접노동시간, 기계작업시간

---

17 개별원가계산

- 개별원가계산의 특징
  ① 작업기록이 복잡하지만 개별 작업별로 원가를 집계하여 제품별 원가계산을 하므로 종합원가계산에 비해 정확한 원가계산이 가능하나, 원가관리에 많은 시간과 비용이 필요함
  ② 이질적인 제품을 주문생산하는 경우에 적합하고 핵심과제가 제조간접원가의 배부에 있음
  ③ 제조지시서에 따라 작업이 이루어지며 하나의 작업이나 제품집단에 원가를 직접 관련시킬 수 있음
  ④ 원가계산 시 원가표에 의해 제조간접원가를 부과하며 개별 작업원가표가 기초가 됨. 주문에 따라 제품을 생산하는 주문생산 업종에 적합하며 제품별로 손익분석 및 계산이 용이함
- 개별원가계산의 절차
  ① 직접원가의 집계 및 부과
  ② 제조간접원가의 배부 : 보조부문원가 배부 → 제조간접원가의 배부기준 선택 → 제조간접원가 배부율계산 → 제조간접원가 작업별 배부
  ③ 완성품원가와 기말재공품
  ④ 매출원가에 대체
- 개별원가계산의 종류
  ① 실제개별원가계산 : 실제 발생한 직접재료원가, 직접노무원가, 제조간접원가를 사용하여 제품의 원가를 계산하는 방법
  ② 정상개별원가계산 : 직접재료원가와 직접노무원가는 실제 발생한 원가를 사용하고 제조간접원가는 예정배부액을 사용하여 제품의 원가를 계산하는 방법

18 종합원가계산

- 일정 원가계산기간(통상 1개월)에 발생한 제조원가 총액을 집계한 다음, 이를 같은 기간 완성품수량으로 나누어 제품의 단위당원가를 계산하는 방법으로 연속된 공정에서 계속 반복적으로 생산하는 업종에서 사용하는 방법
  ① 공정별로 원가자료 및 생산량을 파악하여 이를 토대로 당월 완성품원가와 월말 재공품원가를 계산함
  ② 동일공정의 제품은 동질적이라는 가정에 따라 단위당 제품원가는 평균화과정에 기초하여 균등하게 되고, 연속적 대량생산의 형태이므로 재료원가(직접재료원가)와 가공원가(직접노무원가와 제조간접원가)로 구분하여 계산하므로 원가계산이 단순하고 복잡하지 않아 경제적이나 개별원가계산에 비하여 부정확함
  ③ 제조원가는 각 공정별로 집계되면 그 공정을 통과한 제품단위에 원가를 배부하며 공정별 원가 통제가 용이하고 책임회계에 적합함
- 종합원가계산의 절차
  ① 1단계 : 물량흐름 파악(각 계산방법에 따른 재공품 및 완성품 파악)
  ② 2단계 : 완성품환산량 계산(각 계산방법에 따른 환산량 계산)
  ③ 3단계 : 배부할 원가 요약(각 계산방법에 따른 투입총원가 요약)
  ④ 4단계 : 완성품환산량 단위당원가 계산(3단계의 총원가를 2단계의 총수량으로 나누어 계산)
  ⑤ 5단계 : 기말재공품원가와 당기완성품원가 계산

단계	선입선출법	평균법
1단계	기초재공품, 완성품, 기말재공품 파악	완성품, 기말재공품 파악
2단계 (완성품환산량)	완성품수량 − 기초재공품환산량 + 기말재공품환산량	완성품수량 + 기말재공품환산량
3단계	당기투입원가(재료원가 · 가공원가)	기초재공품원가(재료원가 · 가공원가) + 당기투입원가(재료원가 · 가공원가)
4단계 (단위당원가)	$\dfrac{당기투입원가(재료원가 \cdot 가공원가)}{완성품환산량}$	$\dfrac{기초재공품원가(재료원가 \cdot 가공원가) + 당기투입원가(재료원가 \cdot 가공원가)}{완성품환산량}$

5단계	• 기말재공품원가
	  = 기말재공품환산량 × 완성품단위당원가
	• 당기완성품원가
	  = 완성품수량 × 단위당원가
	  = 기초재공품 + 당기총제조원가 −
	    기말재공품
		• 기말재공품원가
		  = 기말재공품환산량 × 완성품단위당원가
		• 당기완성품원가
		  = 완성품수량 × 완성품단위당원가
		  = 기초재공품 + 당기총제조원가 − 기말재공품

※ 완성품수량 = 기초재공품 수량 + 당기착수량 − 기말재공품 수량
※ 기말재공품은 (직접)재료원가와 가공원가를 구분하여 계산한 후 합산함
※ 매출원가 = 기초제품 + 당기제품제조원가(당기완성품원가) − 기말제품
※ 선입선출법의 완성품환산량은 평균법보다 작거나 같게 계산되며 계산비용이 더 많이 발생됨
※ 종합원가계산에서 (직접)재료원가와 가공가공원가로 구분하는 이유는 재료원가와 가공원가의 투입시점이 다르기 때문임

• 종합원가계산방법과 개별원가계산방법 비교

구분	종합원가계산방법	개별원가계산방법
핵심과제	완성품환산량 계산	제조간접원가 배부
업종	식료품, 제과, 직물, 화학, 제지 등 (소품종 대량생산)	건설, 조선, 항공, 기계, 주문생산 (다품종 소량생산)
원가집계	공정 및 부문별 집계	개별작업별 집계
장점	경제성 및 편리함	정확한 원가계산

PART

01

회계의 기초

회계의 종류, 복식부기, 회계단위 및 회계기간, 거래, 계정과목, 거래의 8요소, 분개, 결산의 절차를 이해한다. 재무상태표, 포괄손익계산서의 작성방법을 정확히 이해하고 해당 계정과목을 정리해야 회계처리가 가능하다. 현금흐름표 작성방법을 파악하고 재무보고의 질적특성을 알아두도록 한다.

SECTION 01	중	12%
SECTION 02	중	12%
SECTION 03	상	35%
SECTION 04	상	22%
SECTION 05	중	19%

회계의 순환과정

※ 이 단원에서는 회계의 기초부터 결산까지의 과정을 다룬다. 회계의 전체적인 순환과정을 확인한다는 생각으로 학습한다. 기초과정을 학습한 수험생은 「SECTION 04 재무제표 작성」, 「SECTION 05 재무보고를 위한 개념체계」부터 학습해도 된다.

01 회계의 정의와 목적

① 회계의 정의 : 기업의 경영활동으로 인하여 발생하는 재산의 증감변화를 일정한 원리에 의하여 기록, 계산, 정리하여 얻어진 유용한 회계정보를 기업의 회계정보이용자(이해관계자)들에게 전달하는 과정이다.

② 회계(재무보고)의 목적
• 투자 및 신용제공에 대한 의사결정에 유용한 정보의 제공
• 미래현금흐름 예측에 유용한 정보 제공
• 재무상태, 경영성과, 현금흐름, 자본변동에 관한 정보 제공
• 경영자의 수탁책임 평가에 유용한 정보 제공

회계정보이용자(의사결정관계)
• 경영자(경영방침과 투자능력평가)
• 출자자(투자위험 및 투자수익평가)
• 채권자(원리금지급능력평가)
• 종업원(임금협상 및 급여지급능력평가)
• 국가(과세표준 및 조세정책)
• 거래처(결제대금지급능력평가)
• 고객(존속가능성에 대한 평가)
※ 경영자와 종업원을 내부이용자라고 하고 출자자, 채권자, 정부, 거래처, 고객을 외부이용자라고 한다.

02 회계의 종류

① 재무회계 : 기업 외부이해관계자인 주주, 채권자 등에게 경제적 의사결정에 유용한 정보를 제공하는 것을 목적으로 하는 회계이다.
② 관리회계 : 기업 내부이해관계자인 경영자에게 관리적 의사결정에 유용한 정보를 제공하는 것을 목적(예산(계획), 집행, 책임)으로 주로 경영자의 미래예측에 대한 정보를 제공하는 회계이다.

🅱 기적의 TIP

재무회계는 검증가능성을 강조하고, 관리회계는 목적적합성을 강조한다.

※ 원가회계 : 제품생산에 소요되는 원가를 파악하고 측정, 기록, 요약하여 기업경영의 의사결정에 필요한 원가정보를 획득하고, 제조기업의 재무상태와 경영성과를 명백히 하는 회계이다(예 제조원가 등).
※ 회계를 재무회계와 관리회계로 구분할 경우 원가회계는 재무회계와 관리회계 모두에 관련되는 회계이다. 즉, 원가정보를 집계, 배분, 분석하여 재무제표를 작성하므로 이는 재무회계이며, 원가정보를 이용하여 경영계획을 수립, 통제하거나 특수의사결정에 활용하므로 이는 관리회계에 해당하기 때문이다. 오늘날 원가회계는 원가정보를 의사결정과 성과평가에 사용하므로 원가회계를 원가관리회계로 통칭하여 사용하는 추세이다.

03 부기와 회계

① 부기 : "장부에 기입하다"를 줄인 말로 기업의 경영활동으로 인한 경제적 사건을 일정한 원리원칙에 따라 장부에 기록, 계산, 정리하여 그 원인과 결과를 명백히 밝히는 것을 말한다.
- 단식부기(단식회계) : 일정한 원리원칙 없이 상식적으로 현금이나 재화의 증감변화를 기록, 계산하는 불완전한 부기이다.
- 복식부기(복식회계) : 일정한 원리원칙에 따라 재화의 증감변화나 손익의 발생을 조직적으로 기록, 계산하는 완전한 부기(1494.루카파치올리)로 대부분의 기업들이 적용하는 방법이다. 자기검증기능을 가진다.

② 회계 : 부기가 기업의 경영활동으로 발생하는 경제적 사건을 단순히 기록, 계산, 정리하는 과정을 중요시 한 반면에, 회계는 부기의 기술적 측면을 바탕으로 산출된 회계정보를 기업의 이해관계자들에게 유용한 경제적 정보를 식별, 측정, 전달하는 과정이다. 즉, 부기는 회계정보를 산출하는 기법으로서 회계의 일부분에 속한다.

04 회계단위 및 회계연도(회계기간)

기록, 계산을 위한 장소적 범위(본점과 지점, 본사와 공장 등. 1기업 1회계단위)를 회계단위라고 하며, 시간적 범위를 회계연도(또는 회계기간)라고 한다(1회계연도는 상법상 1년을 초과할 수 없음).

🔧 기적의 TIP

거래를 발생시키는 사업장(회사)을 회계단위라 하며, 그 거래를 기록하는 기간을 회계연도라 한다.

기초	회계연도의 첫 날
기말	회계연도의 마지막 날
전기	앞 회계연도
당기	현재 회계연도
차기	다음 회계연도
전기이월	전기에서 당기로 넘어오는 것
차기이월	당기에서 차기로 넘기는 것
상반기	1월~6월
하반기	7월~12월

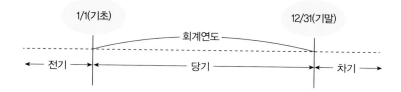

05 거래

- 자산 : 재화와 채권(재산)
- 부채 : 채무, 빚, 타인자본
- 자본 : 출자금, 자산−부채, 자기자본
- 수익 : 번 돈, 자본의 증가를 가져오는 것
- 비용 : 쓴 돈, 자본의 감소를 가져오는 것

기업의 경영활동에 의하여 <u>자산, 부채, 자본, 수익, 비용에 증감변화를 일으키는 모든 현상</u>을 말한다. 회계상의 거래만 회계처리대상이 되고 그렇지 않은 것은 회계처리에서 제외된다.

일상생활의 거래는 상품의 주문, 직원채용계약서, 토지 · 건물의 임대차계약 등도 거래(회계상 거래 아님)로 보며 화재, 도난, 손상, 감가상각 등(회계상 거래)에 대해서는 거래로 보지 않아서 회계상의 거래와 차이가 있다. 즉, 회계상의 거래와 중복되는 부분도 있고 그렇지 않은 부분도 있다.

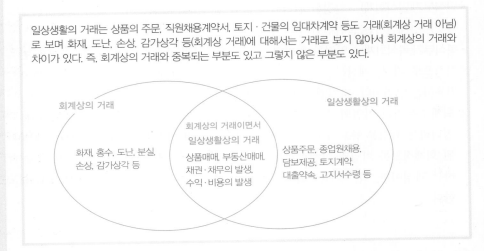

06 계정과 계정과목

기적의 TIP

계정과목
계정은 유사한 성질의 종류를 말하므로 같은 자산이라도 구체적인 이름이 필요하게 되는데 이를 계정과목이라 한다. 모든 거래는 구체적인 이름인 계정과목으로 기록하므로 계정과목을 숙지해야 한다.

거래는 자산, 부채, 자본, 수익, 비용의 5가지 성질의 항목으로 발생하게 되는데 이를 구체적으로 기록, 계산, 정리하기 위하여 설정된 단위를 계정이라 하고, 해당 계정의 구체적인 이름을 계정과목이라 한다(예 자산계정의 현금, 외상매출금, 상품, 건물 등).

07 계정의 분류

회사는 결산 시 자산, 부채, 자본은 "재무상태표"라는 보고서에 표시하며 수익, 비용은 "(포괄)손익계산서"라는 보고서에 표시하는데, 그래서 계정을 재무상태표 계정과 (포괄)손익계산서 계정으로 분류하게 된다.

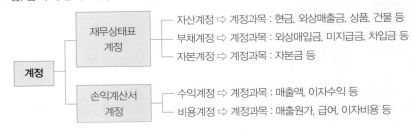

 개념 체크

1 "상품을 ₩1,000,000에 판매하기로 하고 계약서를 작성하다"는 회계상 거래이다. (○, ×)

1 ×

08 계정의 형식

계정의 형식에는 표준식과 잔액식이 있으나 학습 시에는 T자형 계정을 사용한다. 계정의 왼쪽을 "차변"이라 하고 오른쪽을 "대변"이라 한다.

① 표준식 계정(원장) : 기록계산이 용이하다.

날짜	적요	분면	금액	날짜	적요	분면	금액

② 잔액식 계정(원장) : 각 계정의 현재 잔액을 즉시 알 수 있다.

날짜	적요	분면	차변	대변	차 · 대	잔액

③ T자형 계정★

(차변)	계 정 과 목	(대변)
날짜 ××× 계정계좌	날짜 ××× 계정계좌	

★ T자형 계정
학습 시 모든 내용을 계정의 형식에 기록하기 불편하므로 가장 중요한 차변과 대변의 금액을 기록하면서 숙달하기 위해 사용한다.

09 거래의 8요소와 결합관계(차변(Debtor) : 왼쪽, 대변(Creditor) : 오른쪽)

기업의 재무상태에 변동을 가져오는 사항인 거래는 자산의 증가와 자산의 감소, 부채의 증가와 부채의 감소, 자본의 증가와 자본의 감소, 수익의 발생과 비용의 발생이라는 8개의 요소로 구성되어 있는데, 이를 "거래의 8요소"라 하며 거래의 8요소가 서로 결합되어 여러 가지의 조합을 이루는 관계를 거래요소의 결합관계라고 한다.

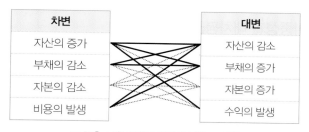

※ 굵은 선은 거래가 빈번한 것을 표시함

🅱 기적의 TIP

거래의 8요소
복식부기의 기본원리로 차변 거래가 발생하면 동시에 대변 거래가 발생하며 이를 거래의 이중성이라 한다.

🔟 계정의 기입방법

① 자산의 증가는 차변에, 자산의 감소는 대변에 기입한다.
② 부채의 증가는 대변에, 부채의 감소는 차변에 기입한다.
③ 자본의 증가는 대변에, 자본의 감소는 차변에 기입한다.
④ 비용의 발생은 차변에, 비용의 소멸은 대변에 기입한다.
⑤ 수익의 발생은 대변에, 수익의 소멸은 차변에 기입한다.

차변요소	자산계정		대변요소	잔액
자산의 증가 ⇨	증가(+) 잔액	감소(−)	⇦ 자산의 감소	차변
	부채계정			
부채의 감소 ⇨	감소(−)	증가(+) 잔액	⇦ 부채의 증가	대변
	자본계정			
자본의 감소 ⇨	감소(−)	증가(+) 잔액	⇦ 자본의 증가	대변
	비용계정			
비용의 발생 ⇨	발생(+) 잔액	소멸(−)	⇦ 비용의 소멸	차변
	수익계정			
수익의 소멸 ⇨	소멸(−)	발생(+) 잔액	⇦ 수익의 발생	대변

자산은 차변에서 생겨서 대변에서 감소(차변 − 대변)하므로 잔액은 차변에 남으며, 부채·자본은 대변에서 생겨서 차변에서 감소(대변 − 차변)하므로 잔액은 대변에 남는다. 수익과 비용은 각각 대변, 차변에서 발생하여 잔액으로 존재하다가 결산 시 손익계정으로 대체되어 소멸한다.

1️⃣1️⃣ 거래의 이중성과 대차평균의 원리

모든 거래는 반드시 어떤 계정의 차변과 다른 계정의 대변에 각각 금액을 기입하는데 이를 "거래의 이중성"이라 한다. 또한 거래가 발생하면 거래요소의 결합관계 때문에 반드시 어느 계정의 차변과 또 다른 계정의 대변에 같은 금액을 기입한다. 따라서 아무리 많은 거래가 기입되더라도 계정 전체의 차변금액의 합계와 대변금액의 합계는 반드시 일치하게 되는데, 이것을 "대차평균"의 원리라고 한다. 대차평균의 원리는 계정 전체의 차변금액 합계와 대변금액 합계의 일치 여부를 확인함으로써 장부기장과 계산의 정확성 여부를 판단할 수 있게 되는데 이를 "자기검증기능"이라 한다(복식부기의 자기검증기능).

개념 체크

1 미수수익의 잔액은 대변에 남는다. (○, ×)

1 ×(미수수익은 자산임)

⑫ 분개와 전기

1) 분개

분개란 회계상의 거래가 발생하면 차변과 대변으로 구분하고 해당 계정과목과 금액을 기입하는 절차를 말한다. 분개를 잘하는 방법은 거래관련 계정을 파악하고 거래의 8요소와 결합관계를 충분히 숙지해야 한다. 분개는 회계처리의 첫 절차이고 전기를 통해 장부에 옮겨 적으므로 분개에 오류가 생길 경우 모든 장부의 오류가 발생하므로 분개는 매우 중요하다.

① 발생한 거래가 회계상의 거래인가를 확인한다.
② 거래에 대한 구체적인 계정과목을 정한다.
③ 거래 내용을 분석하여 차변요소와 대변요소로 나눈다.
④ 각 계정에 기입될 금액을 결정한다.

🅕 기적의 TiP

분개를 잘 하기 위해서는 계정과목과 거래의 8요소를 정확히 알아야 된다.

2) 전기

분개를 하여 전표(또는 분개장)에 기록한 후 기록된 계정별로 별도의 장부에 다시 집계하는데 이 장부를 원장(총계정원장)이라 하며 이 원장의 각 계정 계좌에 옮겨 적는 것을 전기라 한다. 전기를 하는 이유는 특정 계정의 증감액과 거래내역을 손쉽게 파악하기 위해서이다.

① 날짜를 기입하고 분개의 왼쪽 금액은 해당 계정의 차변으로 오른쪽 금액은 해당 계정의 대변으로 옮겨 기입한다.
② 해당 계정계좌의 상대편 계정과목을 기입하여 추정을 가능하게 한다(상대편 계정과목이 2 이상이면 제좌라고 기입).

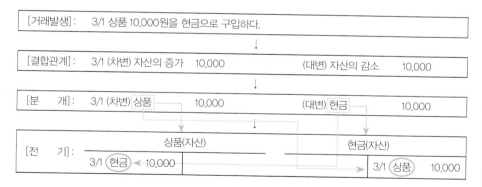

🔢 전표회계

전표란 일정한 양식에 따라 거래 내용을 기입하는 쪽지를 의미하며, 전표를 사용하여 회계처리하는 것을 전표회계라 한다. 전표회계의 흐름을 보면 분개장 대신 전표를 사용한다는 점이 다르다는 것을 알 수 있다.

1) 전표제도

① 3전표제 : 입금전표, 출금전표, 대체전표*
② 5전표제 : 입금전표, 출금전표, 대체전표, 매입전표, 매출전표

★ 대체전표
현금의 입출이 없는 거래와 두 개 이상의 거래가 복합된 경우에 사용하는 전표이다.

2) 전표회계의 장점

① 기장사무를 분담할 수 있다.
② 전기 횟수를 줄일 수 있다.
③ 장부 조직을 간소화할 수 있다.
④ 거래 내용을 신속하게 각 과에 전달할 수 있다.
⑤ 책임소재를 명확하게 할 수 있다.
⑥ 장부검사의 수단으로 이용될 수 있다.

🔢 회계의 순환과정

> 사건의 발생(거래식별) → 분개(분개장 또는 전표 작성) → 전기(원장, 보조부에 기입) → 결산(예비절차 ⋯▸ 본절차 ⋯▸ 재무제표 작성)

🔢 결산

기업은 일정기간을 정하여 회계기간을 설정하고 이 기간 중에 매일매일 발생하는 모든 거래를 분개하고 이를 총계정 원장에 전기한다. 그러나 이것만으로는 기업의 정확한 재무상태와 경영성과를 파악할 수 없기 때문에 회계기간 말에 기업의 재무상태를 실제 조사하여 장부를 수정 정리하고 마감한 후 정확한 재무상태와 경영성과를 파악하여 재무제표를 작성한다. 이와 같이 회계기간이 종료된 후 일정시점에 있어서 기업의 재무상태, 일정기간에 있어서 기업의 경영성과를 명확히 하기 위하여 장부를 정리·마감하는 일련의 절차를 결산이라 한다.

> 결산의 절차 : 결산의 예비절차 → 결산의 본절차 → 재무제표의 작성

✔ **개념 체크**

1 거래 발생 → 분개 → 전기 → 수정전 시산표 작성 → ( ) → 수정후 시산표 작성 → 각종 장부마감 → 결산보고서 작성

1 결산정리(수정)분개

1) 결산의 예비절차

① 분개장에서 총계정원장으로의 전기를 검증하는 수정전 시산표를 작성한다.
② 결산정리분개(결산수정분개)를 한다.
③ 수정후 시산표를 작성한 후 이를 기초로 하여 손익계산서와 재무상태표의 내용을 하나의 표에 모아서 작성하는 일람표인 정산표를 작성한다.

■ 시산표

원장의 전기가 정확한지를 검증하기 위하여 원장의 각 계정금액을 모아 작성하는 표로, 원장에 전기할 때 차변금액과 대변금액을 잘못 기록한 경우나 차변, 대변 한쪽만 기록하여 발생되는 대차 차액을 발견하기 위하여 작성하는 표이므로, 모든 오류를 찾아내지는 못한다.
• 시산표의 종류 : 합계시산표, 잔액시산표, 합계잔액시산표.
• 시산표 등식 : 기말자산＋총비용＝기말부채＋기초자본＋총수익

2) 결산의 본절차

① 집합손익* 계정을 설정한다.
② 수익, 비용 계정을 집합손익으로 대체하여 마감(수익, 비용은 소멸됨)하고, 집합손익계정에서 계산된 당기순손익을 자본(개인기업은 자본금, 주식회사는 미처분이익잉여금(또는 미처리결손금))계정으로 대체한다.
③ 자산, 부채, 자본계정을 마감한다.
④ 보조장부를 마감하고 자산, 부채, 자본은 차기로 이월한다.

★ 집합손익
결산 시 수익과 비용을 소멸하고 그 차액을 자본으로 대체하기 위하여 사용하는 임시계정으로 손익이라고도 한다.

3) 재무제표의 작성

재무상태표, 포괄손익계산서, 현금흐름표, 자본변동표, 주석

➕ 더 알기 TIP

장부의 종류
• **주요부(복식부기에서 반드시 필요한 기본 장부)** : 분개장, 총계정원장(분개장에 기록된 거래를 계정과목별로 기록한 장부)
• **보조부(주요부의 부족한 점을 보충하거나 필요사항을 보완하는 장부)**
 − 보조기입장(특정 계정의 증감 변동내역을 발생순서에 따라 상세히 기록한 장부) : 현금출납장, 당좌예금출납장, 매입장, 매출장, 받을어음기입장, 지급어음기입장 등
 − 보조원장(특정 계정의 구성내용을 세부적으로 구분하여 기록 · 관리하는 장부) : 상품재고장, 매입처원장, 매출처원장, 고정자산관리대장 등

Ⓟ 기적의 TIP

차기로 이월되므로 영구적으로 존속하는 계정이라는 의미에서 자산, 부채, 자본을 영구계정이라고 한다. 수익, 비용은 장부마감 후 잔액이 0이 되므로 임시계정이라고 한다.

✓ 개념 체크

1 상품재고장은 보조기입장이다. (ㅇ, ×)
2 시산표 작성은 결산의 본절차에 해당한다. (ㅇ, ×)

1 × 2 ×

분개연습

연습문제

1. 현금 ₩100,000을 1년 이내 갚기로 하고 나홀로 금융에서 차입하다.

(차)   (대)

※ 현금, 단기차입금 → 현금(자산), 단기차입금(부채) → 현금(자산의 증가), 단기차입금(부채의 증가) → 현금(자산의 증가 : 차변), 단기차입금(부채의 증가 : 대변)

2. 상품 ₩550,000을 매입하고 대금 중 ₩300,000은 현금으로 지급하고 잔액은 외상으로 하다.

(차)   (대)

※ 상품, 현금, 외상매입금 → 상품(자산), 현금(자산), 외상매입금(부채) → 상품(자산의 증가), 현금(자산의 감소), 외상매입금(부채의 증가) → 상품(자산의 증가 : 차변), 현금(자산의 감소 : 대변), 외상매입금(부채의 증가 : 대변)

3. 영택스에서 원재료 ₩6,000,000을 매입하기로 약정하고 대금 중 ₩600,000을 현금으로 미리 지급하였다.

(차)   (대)

※ 선급금, 현금 → 선급금(자산), 현금(자산) → 선급금(자산의 증가), 현금(자산의 감소) → 선급금(자산의 증가 : 차변), 현금(자산의 감소 : 대변)
※ 원재료는 받지 않고 계약금만 지급한 것이므로 미리 지급한 계약금만 회계처리한다. 선급금은 미리 지급한 돈으로 나중에 물건을 받을 권리가 생기는 것이므로 자산 중 채권에 해당한다.

4. 정도컴퓨터에서 영업용 컴퓨터 1대 ₩1,500,000을 구입하고, 대금은 익월에 지급하기로 하다.

(차)   (대)

※ 비품, 미지급금 → 비품(자산), 미지급금(부채) → 비품(자산의 증가), 미지급금(부채의 증가) → 비품(자산의 증가 : 차변), 미지급금(부채의 증가 : 대변)

5. 현금 ₩500,000과 자기앞수표 ₩1,000,000을 부자은행에 당좌예입하다.

   (차)   (대)

   ※ 현금, 당좌예금 → 현금(자산), 당좌예금(자산) → 현금(자산의 감소), 당좌예금(자산의 증가) → 현금(자산의 감소 : 대변), 당좌예금(자산의 증가) → 차변)
   ※ 자기앞수표는 주고 받을 때 현금으로 처리한다. 학습 시 현금이라는 단어는 한국은행이 발행한 통화(지폐와 주화)를 말한다.

6. 유달상사에서 외상매출금 ₩300,000을 현금으로 회수하여 즉시 보통예금통장에 예입하다.

   (차)   (대)

   ※ 외상매출금, 보통예금 → 외상매출금(자산), 보통예금(자산) → 외상매출금(자산의 감소), 보통예금(자산의 증가) → 외상매출금(자산의 감소 : 대변), 보통예금(자산의 증가 : 차변)
   ※ 이전에 외상으로 매출을 했다는 것이므로 회수 시 외상매출금을 감소시켜야 한다.

7. 본사건물 전기요금 ₩30,000과 수도요금 ₩20,000을 현금으로 지급하다.

   (차)   (대)

   ※ 수도광열비, 현금 → 수도광열비(비용), 현금(자산) → 수도광열비(비용의 발생), 현금(자산의 감소) → 수도광열비(비용의 발생 : 차변), 현금(자산의 감소 : 대변)

8. 무서운공장에 대여한 단기대여금 ₩500,000과 이에 대한 이자 ₩50,000 중 원천징수세액 ₩5,000을 차감한 잔액을 보통예금통장으로 받다.

   (차)   (대)

   ※ 단기대여금, 이자수익, 선납세금, 보통예금 → 단기대여금(자산), 이자수익(수익), 선납세금(자산), 보통예금(자산) → 단기대여금(자산의 감소), 이자수익(수익의 발생), 선납세금(자산의 증가), 보통예금(자산의 증가) → 단기대여금(자산의 감소 : 대변), 이자수익(수익의 발생 : 대변), 선납세금(자산의 증가 : 차변), 보통예금(자산의 증가 : 차변)
   ※ 원천징수세액은 이자소득을 받으면서 떼인 세금으로 다음연도 소득 신고 시 차감되므로 선납세금(선급법인세)으로 처리한다.

9. 나나가구에서 영업용 책상, 의자 1조 ₩80,000을 구입하고 대금은 당사 법인카드인 국민카드(신용카드)로 결제하다.

   (차)   (대)

   ※ 비품, 미지급금 → 비품(자산), 미지급금(부채) → 비품(자산의 증가), 미지급금(부채의 증가) → 비품(자산의 증가 : 차변), 미지급금(부채의 증가 : 대변)
   ※ 신용카드 대금은 나중에 지급하므로 부채(미지급금 : 상거래가 아니므로)로 처리한다.

10. 배달용 화물트럭의 유류대금 ₩500,000을 당좌수표를 발행하여 지급하다.

(차)   (대)

※ 차량유지비, 당좌예금 → 차량유지비(비용), 당좌예금(자산) → 차량유지비(비용의 발생), 당좌예금(자산의 감소) → 차량유지비(비용의 발생 : 차변), 당좌예금(자산의 감소 : 대변)

11. 태풍으로 인한 수재민 돕기 성금으로 현금 ₩900,000을 문화방송에 기탁하다.

(차)   (대)

※ 기부금, 현금 → 기부금(비용), 현금(자산) → 기부금(비용의 발생), 현금(자산의 감소) → 기부금(비용의 발생 : 차변), 현금(자산의 감소 : 대변)

12. 생각보다 맛있는 집에서 직원회식을 하고 회식대 ₩550,000을 당사 법인카드인 BC카드(신용카드)로 결제하다.

(차)   (대)

※ 복리후생비, 미지급금 → 복리후생비(비용), 미지급금(부채) → 복리후생비(비용의 발생), 미지급금(부채의 증가) → 복리후생비(비용의 발생 : 차변), 미지급금(부채의 증가 : 대변)

13. 금나라에서 빌린 단기차입금 ₩400,000과 그 이자 ₩15,000을 현금으로 지급하다.

(차)   (대)

※ 단기차입금, 이자비용, 현금 → 단기차입금(부채), 이자비용(비용), 현금(자산) → 단기차입금(부채의 감소), 이자비용(비용의 발생), 현금(자산의 감소) → 단기차입금(부채의 감소 : 차변), 이자비용(비용의 발생 : 차변), 현금(자산의 감소 : 대변)

14. 당사 이달분 불뿜는 건물의 사무실 집세 ₩300,000을 보통예금통장에서 계좌이체하다.

(차)   (대)

※ 임차료, 보통예금 → 임차료(비용), 보통예금(자산) → 임차료(비용의 발생), 보통예금(자산의 감소) → 임차료(비용의 발생 : 차변), 보통예금(자산의 감소 : 대변)

15. 사용 중이던 영업용 승용차(취득원가 ₩300,000, 감가상각누계액 ₩60,000)를
    ₩200,000에 중고좋아에 매각처분하고 대금은 월말에 받기로 하다.

    (차)   (대)

    ※ 차량운반구, 감가상각누계액, 미수금, 유형자산처분손실 → 차량운반구(자산의 감소), 감가상각누계액
      (자산의 증가), 미수금(자산의 증가), 유형자산처분손실(비용의 발생) → 차량운반구(자산의 감소 : 대
      변), 감가상각누계액(자산의 증가 : 차변), 미수금(자산의 증가 : 차변), 유형자산처분손실(비용의 발생 :
      차변)

16. 경리사원 우울해는 장부상 현금잔액보다 현금시재액이 ₩500,000이 부족하다
    는 것을 발견하였으나 원인을 알 수가 없었다.

    (차)   (대)

    ※ 현금, 현금과부족 → 현금(자산의 감소), 현금과부족(자산의 증가) → 현금(자산의 감소 : 대변), 현금과
      부족(자산의 증가 : 차변)
    ※ 현금부족 시 현금과부족 계정과목은 차변에 기입하며 현금과잉 시 대변에 기입한다.

17. 단기간 내의 매매차익을 목적으로 매입하였던 더조은(주)의 주식 10주(장부금액
    @₩31,000)를 한국상사에 1주당 ₩40,000에 처분하고 대금은 전액 동사의 당
    좌수표로 받다.

    (차)   (대)

    ※ 당기손익-공정가치측정금융자산, 현금, 당기손익-공정가치측정금융자산처분이익 → 당기손익-공
      정가치측정금융자산(자산), 현금(자산), 당기손익-공정가치측정금융자산처분이익(수익) → 당기손익-
      공정가치측정금융자산(자산의 감소), 현금(자산의 증가), 당기손익-공정가치측정금융자산처분이익(수
      익의 발생) → 당기손익-공정가치측정금융자산(자산의 감소 : 대변), 현금(자산의 증가 : 차변), 당기손
      익-공정가치측정금융자산처분이익(수익의 발생 : 대변)
    ※ 동사의 당좌수표는 타인발행당좌수표이므로 은행에 요구 시 즉시 현금으로 전환되므로 현금으로 처
      리한다.

18. (주)토이에게 제품 ₩2,000,000을 판매하기로 계약하고 10%의 계약금을 당좌
    예금계좌로 이체받다.

    (차)   (대)

    ※ 선수금, 당좌예금 → 선수금(부채), 당좌예금(자산) → 선수금(부채의 증가), 당좌예금(자산의 증가) →
      선수금(부채의 증가 : 대변), 당좌예금(자산의 증가 : 차변)
    ※ 제품은 아직 주지 않았으므로 거래가 아니고 계약금 받은 것만 거래이다.

19. 당사 대주주 돈만하로부터 영업에 사용할 목적으로 시가 ₩1,000,000의 건물
(원가 ₩500,000)을 증여받다.

(차)   (대)

※ 건물, 자산수증이익 → 건물(자산), 자산수증이익(수익) → 건물(자산의 증가), 자산수증이익(수익의 발
생) → 건물(자산의 증가 : 차변), 자산수증이익(수익의 발생 : 대변)
※ 건물을 무상으로 취득 시 시가를 취득원가로 한다.

20. 회사 운영자금에 사용할 목적으로 IBK에서 3년 후에 상환하기로 하고
₩1,500,000을 당사 보통예금계좌로 입금받다.

(차)   (대)

※ 장기차입금, 보통예금 → 장기차입금(부채), 보통예금(자산) → 장기차입금(부채의 증가), 보통예금(자
산의 증가) → 장기차입금(부채의 증가 : 대변), 보통예금(자산의 증가 : 차변)
※ 상환일이 1년 이후이므로 장기차입금으로 처리한다.

• 위와 같은 방법으로 여러 번 반복하면 자연스럽게 계정과목이 생각나고 해당 위치(차변, 대변)
가 쉽게 파악되어 갈수록 분개를 잘 할 수 있다.
• 분개는 회계에서 아주 중요하므로 반드시 학습되어야 한다는 것을 잊어서는 안 된다.

번호	차변	금액	대변	금액
1	현금	100,000	단기차입금	100,000
2	상품	550,000	현금	300,000
			외상매입금	250,000
3	선급금	600,000	현금	600,000
4	비품	1,500,000	미지급금	1,500,000
5	당좌예금	1,500,000	현금	1,500,000
6	보통예금	300,000	외상매출금	300,000
7	수도광열비	50,000	현금	50,000
8	선납세금(선급법인세)	5,000	단기대여금	500,000
	보통예금	545,000	이자수익	50,000
9	비품	80,000	미지급금	80,000
10	차량유지비	500,000	당좌예금	500,000
11	기부금	900,000	현금	900,000
12	복리후생비	550,000	미지급금	550,000
13	단기차입금	400,000	현금	415,000
	이자비용	15,000		
14	임차료	300,000	보통예금	300,000
15	감가상각누계액	60,000	차량운반구	300,000
	미수금	200,000		
	유형자산처분손실	40,000		
16	현금과부족	500,000	현금	500,000
17	현금	400,000	당기손익-공정가치측정 금융자산	310,000
			당기손익-공정가치측정 금융자산처분이익	90,000
18	당좌예금	200,000	선수금	200,000
19	건물	1,000,000	자산수증이익	1,000,000
20	보통예금	1,500,000	장기차입금	1,500,000

시험에 나온 분개문제 정리
(재무회계+원가회계)

핵심 포인트 ▶ 회계 공부가 끝난 후 다음 문제를 자주 반복해서 풀어본다. 분개는 빠른 시간 안에 잘 안 되니 마음을 편히 가지고 천천히 생각하면서 반복해야 하며, 분개연습의 해설대로 [계정과목 → 자산, 부채, 자본, 수익, 비용 → 거래의 8요소]를 생각하며 분개한다. 시험 직전에 최종적으로 다시 한 번 확인한다.

1. (주)상공은 현금의 실제 금액이 장부금액보다 ₩50,000 부족한 것을 발견하여 현금과부족 계정으로 회계처리를 하였다. 그 후 불일치 원인을 찾으려 노력하였지만 결산 시까지 발견할 수가 없었다. 결산 시 분개를 하시오.

(차) 잡손실	50,000	(대) 현금과부족	50,000

※ 현금과부족의 원인이 결산 시까지 판명되지 않으면 현금시재 부족액은 잡손실 계정으로 대체한다.

2. 다음은 기말 현재 현금과부족 계정 내역이다. 결산 당일에 현금의 보유액이 장부잔액보다 ₩10,000 부족함을 추가로 발견하다. 결산 시 분개를 하시오.(단, 현금과부족의 원인을 알 수 없음)

현금과부족			
12/21 현금	30,000	12/24 소모품비	20,000

(차) 잡손실	20,000	(대) 현금과부족	10,000
		현금	10,000

※ 결산 시까지 그 원인이 판명되지 않으면 현금시재 부족액은 잡손실 계정으로, 초과액은 잡이익 계정으로 대체한다. 결산일 당일 잔액이 부족하거나 과잉상태인 경우로 원인이 불명인 경우에는 즉시, 잡손실이나 잡이익 계정으로 회계처리한다.
   12/21 (차) 현금과부족   30,000   (대) 현금   30,000
   12/24 (차) 소모품비   20,000   (대) 현금과부족   20,000
   12/24 현재 현금과부족(부족액)은 ₩10,000인데 12/31일 10,000원이 더 부족하므로 ₩20,000을 잡손실로 처리하면서 상대계정에 현금과부족과 현금으로 처리한다.

3. (주)상공기업은 대한상점에 상품 ₩1,000,000을 매출하고 대금은 신용카드로 결제 받았다.(단, 상품 거래는 3분법으로 처리할 것)

(차) 외상매출금	1,000,000	(대) 매출	1,000,000

4. (주)상공전자는 업무용 노트북을 ₩1,650,000에 법인카드로 매입하고, 신용카드 매출전표를 발급받았다.

(차) 비품	1,650,000	(대) 미지급금	1,650,000

※ 업무용 노트북은 비품으로 처리하고, 법인카드 결제는 일반적인 상거래(재고자산 거래) 외의 거래이므로 미지급금으로 처리한다.

5. 다음은 일련의 거래이다. 해당 날짜별 분개를 하시오.

> • 2월 15일 : 직원 출장 시 출장비를 대략 계산하여 ₩200,000을 현금 지급하다.
> • 2월 20일 : 출장지에서 직원이 원인불명의 금액 ₩150,000을 송금해 왔다.
> • 2월 25일 : 출장이 끝난 후 직원의 출장비 정산 결과 ₩50,000 현금을 추가 지급했다.
> • 2월 26일 : 원인불명의 송금액은 외상매출금을 회수한 것으로 판명되었다.

2/15

(차) 가지급금	200,000	(대) 현금	200,000

2/20

(차) 보통예금	150,000	(대) 가수금	150,000

2/25

(차) 여비교통비	250,000	(대) 가지급금	200,000
		현금	50,000

2/26

(차) 가수금	150,000	(대) 외상매출금	150,000

6. A상점은 B상점으로부터 상품 ₩1,000,000을 매입하고, 상품대금 지급을 위하여 외상매출금이 있는 C상점을 지급인으로 환어음을 발행하여 C상점의 인수를 받아 B상점에게 지급하였다. A상점의 분개를 하시오.

(차) 매입	1,000,000	(대) 외상매출금	1,000,000

※ A상점 (차) 매입   1,000,000   (대) 외상매출금   1,000,000
    B상점 (차) 받을어음   1,000,000   (대) 매출   1,000,000
    C상점 (차) 외상매입금   1,000,000   (대) 지급어음   1,000,000

7. 다음은 일련의 거래이다. 해당 날짜별 분개를 하시오.(단, 차입거래로 처리할 것)

> • 7월 1일 : 상품매출대금으로 수취한 약속어음 ₩1,000,000을 할인하고 할인료 ₩30,000 을 차감한 잔액을 현금으로 받았다.
> • 7월 31일 : 약속어음의 만기일에 정상적으로 대금 결제가 이루어졌다.

7/1

(차) 현금	970,000	(대) 단기차입금	1,000,000
이자비용	30,000		

7/31

(차) 단기차입금	1,000,000	(대) 받을어음	1,000,000

※ 어음할인 시 매각거래와 차입거래의 회계처리는 다음과 같다(비교하여 알아 둘 것).
  • 매각거래 시

(차) 현금	970,000	(대) 받을어음	1,000,000
매출채권처분손실	30,000		

  • 차입거래 시

(차) 현금	970,000	(대) 단기차입금	1,000,000
이자비용	30,000		

8. (주)상공기업의 약속어음 할인과 관련된 거래를 분개하시오.(단, 매각거래로 처리할 것)

> 1개월 전에 (주)대한기업으로부터 받은 약속어음 ₩1,000,000(만기 3개월)을 은행에서 할인받고 할인료 ₩20,000을 차감한 잔액은 당좌예금하다.

(차) 당좌예금	980,000	(대) 받을어음	1,000,000
매출채권처분손실	20,000		

※ 어음할인 시 매각거래의 할인료는 매출채권처분손실로 처리한다.

9. (주)상공은 외상매입금 ₩500,000을 지급하기 위하여 (주)대한으로부터 받아 보관 중인 약속어음을 배서양도하였다.(단, 받을 어음의 배서양도는 매각거래로 함)

(차) 외상매입금	500,000	(대) 받을어음	500,000

10. 중고자동차매매업을 하는 (주)상공의 판매용 승용차를 구입한 내역이다.(단, 상품계정은 3분법에 의함)

> - **매입가격** : ₩8,000,000
> - **취득 시 수리비용** : ₩500,000
> - **대금지급수단** : 현금

(차) 매입	8,500,000	(대) 현금	8,500,000

※ 재고자산의 취득원가에는 취득에 직접적으로 관련되어 있으며 정상적으로 발생되는 부대비용(기타원가)을 포함한다.

11. 당기 초에 운용리스로 제공할 목적으로 건물을 취득하였다. 건물의 취득원가는 ₩10,000이며, 잔존가치는 ₩0, 내용연수는 10년으로 추정된다. 동 건물에 대하여 공정가치모형을 적용하기로 한다(기말 현재 공정가치는 ₩11,000). 기말 동 건물에 대한 분개를 하시오.(단, 법인세효과는 없음)

(차) 투자보동산	1,000	(대) 투자부동산평가이익	1,000

※ 운용리스로 제공할 목적이므로 건물은 투자부동산이며 공정가치모형을 적용하므로 감가상각을 하지 않는다. 결산 시 공정가치모형을 적용하므로 장부금액 ₩10,000과 공정가치 ₩11,000의 차액 ₩1,000을 투자부동산평가이익으로 처리한다.

12. 다음은 (주)상공의 매출채권의 손상과 관련된 거래이다. 결산 시 분개를 하시오.

> - **1월 1일** : 손실충당금잔액 ₩1,000
> - **10월 15일** : 서울상회의 매출채권 ₩1,500이 회수 불능되어 손상처리하다.
> - **12월 31일** : 매출채권 ₩100,000에 대하여 2% 손상을 예상하다.

(차) 손상차손(구.대손상각비)	2,000	(대) 손실충당금(구.대손충당금)	2,000

※ 10/15 (차) 손실충당금 1,000   (대) 매출채권   1,500
　　　　　손상차손   500
　12/31 손실충당금 설정 시 회계처리 : (차) 손상차손 2,000   (대) 손실충당금 2,000
　∴ 기말 손실충당금 설정액 = 손상추산액(매출채권잔액 × 손상율) − 손실충당금잔액 = 100,000 × 2% − 0
　　　　　　　　　　 = ₩2,000

13. 12월 결산법인 (주)상공의 당기 초의 매출채권에 대한 손실충당금잔액은 ₩50,000 이다. 당기 중에 매출채권 중 ₩70,000이 회수불능으로 판단되어 손상처리하였다. 한편, 당기 말 매출채권 총액은 ₩600,000이며, 동 매출채권에 대한 손실충당금은 ₩60,000으로 추정하였다. 결산 시 분개를 하시오. 포괄손익계산서에 표시될 손상차손도 구하시오.

(차) 손상차손	60,000	(대) 손실충당금	60,000

- 포괄손익계산서에 표시될 손상차손 = 기중 20,000 + 기말 60,000 = ₩80,000

※ 당기 중 (차) 손실충당금   50,000   (대) 매출채권   70,000
              손상차손   20,000

※ 당기 말 (차) 손상차손   60,000   (대) 손실충당금   60,000
  (기말 손실충당금 설정액 = 손상추산액 - 손실충당금잔액 = 60,000 - 0 = ₩60,000)
∴ 포괄손익계산서에 표시될 손상차손 = 기중 20,000 + 기말 60,000 = ₩80,000

14. (주)상공의 매출채권과 관련된 다음 자료에 의하여 12월 31일 결산 시 분개를 하시오.

> - 1월 1일 : 기초 매출채권에 대한 손실충당금계정 잔액은 ₩4,500이다.
> - 3월 15일 : 거래처의 파산으로 ₩3,200의 매출채권이 손상처리되었다.
> - 11월 12일 : 전기에 손상처리한 매출채권 ₩2,000이 현금으로 회수되었다.
> - 12월 31일 : 결산 시 매출채권 잔액 ₩500,000에 대하여 2%의 손상을 예상하다.

(차) 손상차손	6,700	(대) 손실충당금	6,700

※ 기말 손실충당금 설정액 = 손상추산액(매출채권잔액 × 손상율) - 손실충당금잔액
                      = 500,000 × 2% - 손실충당금잔액 3,300(4,500 - 3,200 + 2,000)
                      = ₩6,700

15. (주)상공은 사용 중이던 기계장치(취득원가 ₩5,000,000, 감가상각누계액 ₩1,500,000)를 새로운 기계장치와 교환하면서 현금 ₩1,000,000을 지급하였다. 새 기계장치의 공정가치가 ₩5,000,000일 때, 기계장치 교환 분개를 하시오.(단, 동 교환거래는 상업적 실질이 없다고 가정할 것)

(차) 기계장치	4,500,000	(대) 기계장치	5,000,000
감가상각누계액	1,500,000	현금	1,000,000

※ 교환거래에 상업적 실질이 결여되거나 취득한 자산과 제공한 자산 모두의 공정가치를 신뢰성 있게 측정할 수 없는 경우에는 제공한 자산의 장부금액을 원가로 측정한다. 따라서 기계장치의 취득원가를 제공한 기계장치의 장부금액으로 처리한다. 자산 교환에 현금수수액이 있을 경우 받은 경우에는 취득원가에서 차감하고, 지급한 경우에는 취득원가에 가산한다. 따라서 기계장치의 취득원가는 ₩3,500,000(취득원가 5,000,000 - 감가상각누계액 1,500,000) + ₩1,000,000 = ₩4,500,000이 된다.

16. A회사는 공정가치가 ₩30,000이고 장부금액이 ₩25,000인 토지를, B회사의 공정가치가 ₩50,000인 토지와 교환하면서 추가로 현금 ₩15,000을 지급하였다. 단, 이 거래가 상업적 실질이 있으며 취득한 자산과 제공된 자산의 공정가치는 신뢰성 있게 결정할 수 있으며, 취득한 자산의 공정가치가 제공된 자산의 공정가치보다 더 명백하지는 않다.

(차) 토지	45,000	(대) 토지	25,000
		현금	15,000
		유형자산처분이익	5,000

※ 교환거래로 자산을 취득하는 경우 상업적 실질이 있으면 유형자산의 원가는 제공한 자산의 공정가치로 측정한다(단, 취득한 자산의 공정가치가 더 명백한 경우에는 취득한 자산의 공정가치로 함). 자산 교환에 현금수수액이 있을 경우 받은 경우에는 취득원가에서 차감하고, 지급한 경우에는 취득원가에 가산한다.

17. (주)상공은 장부금액이 ₩52,000(취득원가 ₩90,000, 감가상각 누계액 ₩38,000)인 기계장치와 현금 ₩50,000을 제공하고 토지를 취득하였다. 단, 제공한 기계장치의 공정가치는 ₩68,000이며 이 거래는 상업실질이 있다.

(차) 토지	118,000	(대) 기계장치	90,000
감가상각누계액	38,000	현금	50,000
		유형자산처분이익	16,000

※ 교환거래로 자산을 취득하는 경우 상업적 실질이 있으면 유형자산의 원가는 제공한 자산의 공정가치로 측정한다(단, 취득한 자산의 공정가치가 더 명백한 경우에는 취득한 자산의 공정가치로 함). 자산 교환에 현금수수액이 있을 경우 받은 경우에는 취득원가에서 차감하고, 지급한 경우에는 취득원가에 가산한다. 따라서 토지의 취득원가는 제공한 기계장치의 공정가치 ₩68,000 + 현금 ₩50,000 = ₩118,000이 된다.

18. (주)상공기업은 사채 액면 ₩5,000,000(액면이자율 연 5%, 상환기간 5년)을 ₩4,500,000에 발행하고 납입금은 당좌예금하다.

(차) 당좌예금	4,500,000	(대) 사채	5,000,000
사채할인발행차금	500,000		

※ 액면금액보다 낮은 금액으로 발행하였으므로 할인발행이며 사채할인발행차금은 ₩500,000이다.

19. (주)상공기업은 거래은행으로부터 3년 뒤에 갚기로 하고, ₩1,000,000을 대출받아 보통예금계좌에 입금하였다.

(차) 보통예금	1,000,000	(대) 장기차입금	1,000,000

20. 다음은 종업원급여 지급과 관련된 거래이다. 8월 10일자 분개를 하시오.

> • 7월 25일 : 7월분 종업원급여 ₩1,000,000 중 소득세 ₩40,000, 국민건강보험료 ₩30,000
> 을 원천징수하고 잔액은 현금으로 지급하다.
> • 8월 10일 : 7월분 종업원급여 지급 시 차감한 소득세와 국민건강보험료(회사 부담금
> ₩30,000 포함)와 함께 현금으로 납부하다.

(차) 예수금	70,000	(대) 현금	100,000
복리후생비	30,000		

※ 7/25 (차) 급여	1,000,000	(대) 예수금	70,000
		현금	930,000

8/10 (차) 예수금	70,000	(대) 현금	100,000
복리후생비	30,000		

회사부담 건강보험료는 복리후생비로 처리한다.

21. 당기 1월 1일부터 6월 30일까지 ₩100,000(부가가치세를 제외한 금액)의 매출과
₩110,000(부가가치세를 제외한 금액)의 매입이 있었다. 매출과 매입이 모두 부가
가치세 과세거래일 때, 당기 제1기분 부가가치세 확정신고 시 분개를 하시오.(단,
예정신고는 없었으며, 부가가치세 신고 시 납부할 세액이 있으면 즉시 현금으
로 납부하고, 환급받을 세액이 있으면 신고 즉시 현금으로 환급받는다고 가정함)

(차) 부가가치세예수금	10,000	(대) 부가가치세대급금	11,000
현금	1,000		

※ 부가가치세예수금(매출세액) ₩10,000에서 부가가치세대급금(매입세액) ₩11,000을 차감하면 −₩1,000이
발생하므로 ₩1,000을 환급받게 된다.

22. 다음 계정에 의하는 경우 7월 25일 제1기분 부가가치세 확정신고 시 분개를 하시
오.(단, 제1기분 예정신고는 하였으며 부가가치세 확정신고 시 납부할 세액이 있
으면 즉시 현금으로 납부하고, 환급받을 세액이 있으면 신고 즉시 현금으로 환급
받는다고 가정함)

부가가치세대급금			부가가치세예수금		
5/2	100,000			5/4	130,000
7/1	70,000			7/20	90,000

(차) 부가가치세예수금	130,000	(대) 부가가치세대급금	100,000
		현금	30,000

※ 제1기 부가가치세 확정신고는 4.1 − 6.30 거래에 대해서 7.1 − 7.25에 신고하는 것이므로 해당 거래의
부가가치세예수금(매출세액) 130,000원에서 부가가치세대급금(매입세액) ₩100,000을 상계하고 차
감한 ₩30,000을 현금으로 분개한다.

23. (주)상공기업은 종업원이 퇴직하여 퇴직금 ₩1,000,000을 미리 적립해두었던 사외적립자산으로 지급하였다.(단, 퇴직급여제도는 확정급여제도를 채택하고 있음)

(차) 확정급여채무	1,000,000	(대) 사외적립자산	1,000,000

※ 확정급여제도(DB)
- 금융회사에 기여금을 적립한 경우
  (차) 사외적립자산(퇴직연금운용자산) ××× (대) 현금 등 ×××
- 기말 확정급여채무를 설정 시
  (차) 퇴직급여원가(퇴직급여) ××× (대) 확정급여채무 ×××
- 퇴사 후 퇴직금을 사외적립자산에서 지급한 경우
  (차) 확정급여채무 ××× (대) 사외적립자산 ×××

※ 확정기여제도(DC)
- 금융회사에 기여금을 납부한 경우
  (차) 퇴직급여원가(퇴직급여) ××× (대) 현금 등 ×××

24. (주)대한의 법인세 관련 거래이다. 법인세가 확정되어 납부할 때 분개를 하시오.(단, 이연법인세자산과 이연법인세 부채는 없는 것으로 가정함)

- 중간예납 시 법인세 ₩300,000을 현금으로 지급하다.
- 결산 시 법인세비용이 ₩650,000으로 추산되다.
- 법인세비용이 ₩650,000으로 확정되어 당좌수표를 발행하여 납부하다.

(차) 미지급법인세	350,000	(대) 당좌예금	350,000

※ 중간예납 시 : (차) 선급법인세	300,000	(대) 현금	300,000
※ 결산 시 : (차) 법인세비용	650,000	(대) 선급법인세	300,000
		미지급법인세	350,000
※ 납부 시 : (차) 미지급법인세	350,000	(대) 당좌예금	350,000

25. (주)상공은 3월 1일 소유하고 있던 오피스텔을 하늘상사에 임대(보증금 ₩10,000,000 월차임 ₩100,000)하고 임대료 ₩600,000을 현금으로 받아 즉시 보통예금에 예입하였다. 기말 임대료 미수분을 분개하시오.

(차) 미수수익	400,000	(대) 임대료	400,000

※ 3/1부터 12/31까지 10개월인데 ₩600,000원(6개월분)을 수령했으므로 나머지 4개월분(미수분) ₩400,000을 수익처리한다.

26. 수정전 시산표상 선급보험료계정 잔액은 ₩70,000이었다. 결산 시 미경과보험료는 ₩20,000임을 확인하였다. 기말 수정분개를 하시오.

(차) 보험료	50,000	(대) 선급보험료	50,000

※ 보험료 납부 시 선급보험료 계상 : (차) 선급보험료(선급비용) 70,000 (대) 현금 등 70,000
  ₩70,000 중 미경과보험료는 ₩20,000이므로 경과된 보험료 ₩50,000에 대한 수정분개를 하면 된다.

27. 다음 자료만을 이용하여 결산 시 미처분이익잉여금(또는 미처리결손금)으로 대체분개하시오.

> • 임대료 계정 잔액 ₩50,000을 대체하다.
> • 복리후생비 계정 잔액 ₩20,000을 대체하다.
> • 손익계정을 대체하다.

(차) 손익	30,000	(대) 미처분이익잉여금	30,000

※ 수익과 비용은 손익계정으로 대체하고 손익계정의 차액은 당기순이익 발생 시 미처분이익잉여금으로 당기순손실 발생 시 미처리결손금으로 대체한다.

(차) 임대료	50,000	(대) 손익	50,000
(차) 손익	20,000	(대) 복리후생비	20,000

28. 개별원가계산의 요소별 분개
① 재료 구입 시 : 재료를 ₩1,000,000에 구입하다.

(차) 재료	1,000,000	(대) 현금 등	1,000,000

재료 소비 시 : 재료 ₩1,000,000 중 ₩500,000을 제품 제조에 사용하다.

(차) 재료원가	500,000	(대) 재료	500,000

② 노무원가 지급 시 : 당월분 임금 ₩500,000을 지급하다.

(차) 임금	500,000	(대) 현금 등	500,000

③ 제조간접원가 배부 시 : 제조간접원가 ₩100,000을 원가계산을 위해 재공품에 대체하다.

(차) 재공품	100,000	(대) 제조간접원가	100,000

④ 생산 완료 시 : 완성된 재공품 ₩600,000을 제품에 대체하다.

(차) 제품	600,000	(대) 재공품	600,000

29. (주)상공의 제조부문의 예정배부액과 실제배부액이다. 부문원가배부차이를 매출
원가에 대체하는 분개를 하시오.

항목	예정배부액	실제발생액
제조1부문	60,000	90,000
제조2부문	180,000	160,000

(차) 매출원가	10,000	(대) 부문별배부차이		10,000

※ 예정배부액(제조1 + 제조2)은 ₩240,000인데 실제발생액은 ₩250,000이므로 ₩10,000 과소배부하였
다. 해당 내용을 매출원가조정법으로 회계처리하면 다음과 같다.

- 배부차이발생 : (차) 부문별배부차이　　10,000　　(대) 제조부문원가　　10,000
- 매출원가대체 : (차) 매출원가　　10,000　　(대) 부문별배부차이　　10,000

※ 매출원가조정법 : 제조간접원가 배부차이를 매출원가에 가감하는 방법으로 과소배부액은 매출원가에
가산하고 과대배부액은 매출원가에서 차감한다.

30. (주)상공의 당월 중에 제조부문원가 예정배부액은 ₩55,000이고, 당월 말에 제조부
문원가 실제배부액은 ₩50,000인 것으로 밝혀졌다. 이 차이를 조절하기 위한 분개를
하시오.

(차) 제조부문원가	5,000	(대) 부문원가배부차이	5,000

※ 제조부문원가 예정배부액은 ₩55,000인데 실제발생액은 ₩50,000이므로 ₩5,000 과대배부하였다.
　　(차) 제조부문원가　　5,000　　(대) 부문별배부차이　　5,000
※ 매출원가로 대체 시 : (차) 부문원가배부차이　5,000　(대) 매출원가　5,000

31. (주)상공은 월중에 절단부문원가 ₩100,000과 조립부문원가 ₩120,000을 예정배
부하였다. 월말에 집계된 부문원가의 실제 발생액은 절단부문 ₩80,000과 조립부
문 ₩90,000으로 집계되었다. 부문원가 실제발생액을 인식하는 분개를 하시오.

(차) 절단부문원가	80,000	(대) 제조간접원가	170,000
조립부문원가	90,000		

※ 실제발생액을 인식하는 분개이므로 제조간접원가 중 실제 절단부문원가 ₩80,000과 실제 조립부문
원가 ₩90,000로 대체한다.

32. (주)상공은 11월에 발생한 제조간접원가 ₩100,000를 집계한 후 원가계산을 위
하여 재공품계정으로 대체하였다.

(차) 재공품	100,000	(대) 제조간접원가	100,000

※ 제조간접원가는 인위적 배부기준에 의하여 재공품에 배부(대체)되며 회계처리는 다음과 같다.
　　(차) 재공품　×××　(대) 제조간접원가　×××

33. 완성된 제품의 제조원가가 ₩100,000일 경우의 거래를 분개하시오.

(차) 제품	100,000	(대) 재공품	100,000

※ 제품이 완성되면 재공품계정에서 제품계정으로 대체하는 회계처리를 한다.

34. 전주공업은 지난달 정규작업시간은 300시간이었으나 몇 번의 정전사고가 있어 실제작업시간은 280시간이었다. 시간당 임금이 ₩500이라 할 때 노무원가의 부과 및 배부에 대한 분개를 하시오.

(차) 재공품	140,000	(대) 노무원가	150,000
제조간접원가	10,000		

※ 전체 노무원가 300시간 × ₩500 = ₩150,000 중 직접 발생된 280시간의 노무원가는 재공품에 직접 부과하고 나머지 부득이하게 발생한 정전으로 인한 20시간은 제조간접원가로 배부하여 인위적 기준으로 배부한다.

재무제표 작성

한국채택국제회계기준에 의한 재무제표는 재무상태표, 포괄손익계산서, 현금흐름표, 자본변동표 및 주석으로 구성되며 회계정책을 소급하여 적용하거나 재무제표의 항목을 소급하여 재작성하는 경우에 전기초 재무상태표까지를 전체 재무제표로 한다.

01 재무상태표

재무상태표란 기업의 재무상태, 즉 특정시점 현재 기업이 보유하고 있는 경제적 자원인 자산과 경제적 의무인 부채, 그리고 자본을 말하며 이를 나타낸 보고서이다. 이러한 재무상태표는 기업의 유동성, 재무적 탄력성, 수익성과 위험을 평가하는 데 유용한 정보를 제공한다.

- **자산** : 기업이 보유하고 있는 각종 재화와 채권
- **부채** : 기업이 미래에 타인에게 지급해야 할 경제적 의무(채무, 타인자본)
- **자본** : 기업이 소유하고 있는 자산총액에서 타인에게 지급해야 할 부채총액을 차감한 잔액(자기자본, 순자산)

1) 유동자산과 비유동자산

유동자산이란 기업의 정상영업주기 내에 실현될 것으로 예상하거나, 정상영업주기 내에 판매하거나 소비할 의도가 있거나 주로 단기매매 목적으로 보유하는 자산, 보고기간 후 12개월 이내에 실현될 것으로 예상되는 자산, 현금이나 현금성자산으로서 교환이나 부채 상환 목적으로의 사용에 대한 제한 기간이 보고기간 후 12개월 이상이 아닌 자산을 말한다. 단, 재고자산 및 매출채권과 같이 정상영업주기의 일부로서 판매, 소비 또는 실현되는 자산의 경우에는 보고기간 후 12개월 이내에 실현될 것으로 예상되지 않는 경우에도 유동자산으로 분류한다. 유동자산이 아닌 모든 자산은 비유동자산으로 분류한다.

✅ 개념 체크

1 재무상태표는 일정기간의 자산, 부채, 자본을 나타낸 보고서이다. (○, ×)

1 ×

■ 분개를 위해 회계기준에 따른 자산 계정과목을 구분하여 알아두어야 한다.

• **유동자산**
  – **당좌자산** : 현금, 당좌예금, 보통예금, 현금성자산, 정기예금, 정기적금, 당기손익-공정가치
    측정금융자산, 외상매출금, 받을어음, 미수금, 단기대여금, 선급금, 현금과부족, 가지급금,
    소액현금, 선납세금(선급법인세), 미수수익, 선급비용
  – **재고자산** : 상품, 제품, 원재료, 재공품, 저장품, 미착상품, 시송품, 적송품

• **비유동자산**
  – **투자자산** : 상각후원가측정금융자산, 기타포괄손익-공정가치측정금융자산, 장기성예금, 장
    기대여금, 투자부동산, 퇴직연금운용자산
  – **유형자산** : 토지, 건물, 건설중인자산, 기계장치, 차량운반구, 비품
  – **무형자산** : 영업권, 산업재산권(특허권, 실용신안권, 의장권, 상표권), 개발비, 소프트웨어
  – **기타비유동자산** : 임차보증금, 부도어음

※ 한국채택국제회계기준에선 구체적인 항목으로 표시하지 않고 유동자산, 비유동자산으로 표
  시한다.

2) 유동부채와 비유동부채

유동부채란 정상영업주기 내에 결제될 것으로 예상되거나 주로 단기매매 목적으로
보유하는 부채, 보고기간 후 12개월 이내에 결제하는 부채, 보고기간 후 12개월 이상
부채의 결제를 연기할 수 있는 무조건의 권리를 가지고 있지 않는 경우를 말한다. 단,
매입채무 그리고 종업원 및 그 밖의 영업원가에 대한 미지급비용과 같은 유동부채는
기업의 정상영업주기 내에 사용되는 운전자본의 일부이므로 이러한 항목은 보고기간
후 12개월 후에 결제일이 도래한다 하더라도 유동부채로 분류한다. 유동부채가 아닌
모든 부채는 비유동부채로 분류한다.

■ 분개를 위해 회계기준에 따른 부채 계정과목을 구분하여 알아두어야 한다.

• **유동부채** : 외상매입금, 지급어음, 미지급금, 단기차입금, 선수금, 예수금, 유동성장기부채, 가
  수금, 미지급배당금, 미지급비용, 선수수익
• **비유동부채** : 사채, 장기차입금, 퇴직급여충당부채(확정급여채무), 임대보증금

3) 자본

기업이 소유하고 있는 자산총액에서 부채총액을 차감한 잔액으로, 주식회사는 자본
을 자본금, 자본잉여금, 자본조정, 기타포괄손익누계액 및 이익잉여금으로 분류하며
개인기업은 자본을 자본금으로 처리한다. 단, 한국채택국제회계기준에서는 자본을
납입자본, 이익잉여금 및 기타자본구성 요소로 분류한다.

※ 재무상태표 등식 : 자산 = 부채 + 자본

■ 분개를 위해 회계기준에 따른 자본 계정과목을 구분하여 알아두어야 한다.

- **자본금** : 보통주자본금, 우선주자본금
- **자본잉여금** : 주식발행초과금, 기타자본잉여금(감자차익, 자기주식처분이익)
- **자본조정** : 주식할인발행차금, 감자차손, 자기주식처분손실, 자기주식, 미교부주식배당금
- **기타포괄손익누계액** : 기타포괄손익–공정가치측정금융자산평가이익, 기타포괄손익–공정가치측정금융자산평가손실, 재평가잉여금
- **이익잉여금** : 이익준비금, 임의적립금, 미처분이익잉여금

※ 한국채택국제회계기준으로 분류하면 다음과 같으므로 해당 계정과목을 항목에 맞게 보면 된다.
- **납입자본** : (보통주, 우선주)자본금, 주식발행초과금
- **이익잉여금** : 이익준비금, 임의적립금, 미처분이익잉여금
- **기타자본구성요소** : 기타자본잉여금, 자본조정, 기타포괄손익★

★ 기타포괄손익
= 기타포괄손익누계액

4) 재무상태표의 작성기준

재무상태표에 자산과 부채를 배열하는 방법은 다음의 세 가지 방법이 있으며, 한국채택국제회계기준에서는 아래의 표시방법을 기업이 선택할 수 있도록 하고 있다.

① **유동성·비유동성 배열법** : 자산과 부채의 실현 예정일에 따라 유동성항목과 비유동성항목을 구분하여 자산과 부채를 표시한다.

② **유동성순서 배열법** : 자산과 부채를 오름차순이나 내림차순의 유동성순서에 따라 구분하여 표시한다.

③ **혼합표시방법** : 위 2가지 방법을 혼합하여 표시한다.

※ 그 외(일반회계기준)
자산과 부채의 총액표시 : 자산과 부채는 원칙적으로 상계하여 표시하지 않으며, 다만 다른 기업회계기준에서 요구하거나 허용하는 경우에는 예외로 한다.

02 포괄손익계산서

포괄손익계산서란 경영성과, 즉 일정기간 동안 기업이 경영활동을 수행한 결과 나타난 경제적 성과(수익, 비용)를 말하며 이를 나타내는 보고서이다. 포괄손익계산서는 소유주(주주)와의 자본거래에 따른 자본의 변동을 제외한 기업 순자산의 변동을 표시하는 보고서이다. 최소한 "수익, 금융원가, 지분법 적용대상인 관계기업과 공동기업의 당기순손익에 대한 지분, 법인세비용, 중단영업의 합계를 표시하는 단일금액"은 표시해야 한다.

① **수익** : 기업이 일정기간 동안 경영활동을 수행하는 과정에서 획득한 대가로 인하여 발생하는 자산의 유입 또는 부채의 감소로 자본의 증가를 가져오는 원인을 말한다.

② **비용** : 기업이 일정기간 동안 수익을 획득하기 위하여 발생한 자산의 유출이나 사용 또는 부채의 증가로 자본의 감소를 가져오는 원인을 말한다.

※ 총포괄손익 : 당기순손익 + 기타포괄손익

✓ 개념 체크

1 포괄손익계산서의 ( )은 기업의 미래현금흐름과 수익 창출능력 등의 예측에 유용한 정보를 제공한다.

1 총포괄손익

■ 분개를 위해 회계기준에 따른 수익, 비용 계정과목을 구분하여 알아두어야 한다.

- **영업수익(매출액)** : 상품매출, 제품매출
- **영업외수익** : 이자수익, 배당금수익, 임대료, 수수료수익, 당기손익-공정가치측정금융자산처
  분이익, 당기손익-공정가치측정금융자산평가이익, 유형자산처분이익, 투자자산처분이익, 보
  험금수익, 채무면제이익, 잡이익
- **영업비용** : 매출원가, 판매비와관리비
  - 매출원가 : 상품매출원가, 제품매출원가, 재고자산평가손실
  - 판매비와관리비 : 임차료, 수수료비용, 급여, 상여금, 퇴직급여, 여비교통비, 통신비, 수도광
    열비, 소모품비, 세금과공과, 보험료, 광고선전비, 운반비, 차량유지비, 도서인쇄비, 교육훈련비,
    복리후생비, 기업업무추진비, 수선비, 손상차손, 감가상각비, 무형자산상각비, 잡비
- **영업외비용** : 매출채권처분손실, 재고자산감모손실, 당기손익-공정가치측정금융자산처분손
  실, 당기손익-공정가치측정금융자산평가손실, 유형자산처분손실, 무형자산처분손실, 이자비
  용, 기타의손상차손, 기부금, 재해손실, 잡손실
- ※ 한국채택국제회계기준에선 영업외수익을 기타수익과 금융수익으로, 판매비와관리비를 판매비
  (물류원가), 관리비로, 영업외비용을 기타비용과 금융비용(금융원가)으로 표시한다.

1) 포괄손익계산서의 작성기준

포괄손익은 당기손익과 기타포괄손익으로 구성되며, 기타포괄손익은 당기손익으로
인식하지 않은 수익과 비용항목을 포함한다. 기업은 포괄손익계산서에 비용을 분류
하는 경우 성격별 비용으로 표시하는 방법과 기능별 비용으로 표시하는 방법 중에서
신뢰성 있고 더욱 목적적합한 정보를 제공할 수 있는 방법을 선택하여 분류할 수 있다.

① 성격별 비용분류법 : 당기손익에 포함된 비용을 그 성격(감가상각비, 원재료의 구
  입, 운송비, 종업원급여와 광고비 등)별로 통합하여 공시하는 방법이다. 성격별 분
  류법으로 비용을 분류하는 경우 비용을 기능별로 배분할 필요가 없기 때문에 작성
  이 간단할 수 있다.

② 기능별 비용분류법 : 성격별 비용을 기능별(매출원가, 물류원가와 관리활동원가
  등)로 재분류하여 공시하는 방법이다. 비용을 사용처별로 구분하여 공시하는 방법
  으로 매출원가를 다른 비용과 분리하여 공시하므로 매출원가법이라 불리기도 한
  다. 이 방법은 성격별 비용 분류보다 재무제표이용자에게 더욱 목적적합한 정보를
  제공할 수 있지만, 비용을 기능별로 배분해야 하기 때문에 자의적인 배분이 요구
  되고 상당한 정도의 판단이 개입될 수 있다는 것이 단점이다.

※ 그 외(일반회계기준)
수익과 비용의 총액표시 : 수익과 비용은 각각 총액으로 보고하는 것을 원칙으로 하므로 수익과 비용항목
을 직접 상계하여 그 전부 또는 일부를 제외해서는 안 된다. 다만, 다른 회계기준에서 요구하거나 허용하
는 경우에는 수익과 비용을 상계하여 표시할 수 있다.

개념 체크

1 포괄손익계산서에 포함될
최소한의 항목으로 매출원
가가 포함된다. (○, ×)

1 ×

2) 순손익의 계산방법

① 재산법(자본유지접근법) : 재산법은 재무상태표상 기말자본과 기초자본을 비교하여
  순손익을 계산하는 방법이다. 즉, 기말자본이 기초자본을 초과하는 경우에 그 차액
  은 순이익이 되고, 기말자본이 기초자본보다 적은 경우에 그 차액은 순손실이 된다.

- 기초자본 〈 기말자본 : 기말자본 − 기초자본 = 순이익
- 기초자본 〉 기말자본 : 기초자본 − 기말자본 = 순손실

② 손익법(거래접근법) : 손익법이란 일정기간 동안의 수익총액과 비용총액을 비교하여 순손익을 계산하는 방법이다. 즉, 일정기간 동안 발생한 수익총액이 비용총액을 초과하는 경우에 그 차액은 순이익이 되고, 수익총액이 비용총액보다 적은 경우에 그 차액은 순손실이 된다.

- 총수익 〉 총비용 : 수익 총액 − 비용 총액 = 순이익
- 총수익 〈 총비용 : 비용 총액 − 수익 총액 = 순손실

※ 손익계산서 등식 : 총비용+순이익=총수익, 총비용=총수익+순손실
※ 포괄손익계산서 등식 : 순이익+기타포괄이익−기타포괄손실=총포괄손익
※ 매출총이익률 = $\dfrac{\text{매출총이익(매출액 − 매출원가)}}{\text{매출액}} \times 100$

■ 보고식 재무상태표와 포괄손익계산서

재무상태표
제×기 20××년 ×월 ×일 현재

회사명   (단위 : 원)

과 목	당기 금액
자산	
유동자산	
현금및현금성자산	
단기금융자산	
매출채권	
기타채권	
재고자산	
비유동자산	
장기금융자산	
유형자산	
무형자산	
기타자산	
자산총계	
부채	
유동부채	
매입채무	
기타채무	
비유동부채	
장기금융부채	
사채	
부채총계	
자본	
납입자본	
이익잉여금	
기타자본구성요소	
자본총계	
부채와자본총계	

포괄손익계산서(기능별)
제×기 20××년 ×월 ×일부터 20××년 ×월 ×일까지

회사명   (단위 : 원)

과 목	당기 금액
매출액	
(−) 매출원가	
기초재고액	
당기매입액	
기말재고액	
매출총이익	
(−) 판매비(물류원가)	
(−) 관리비	
영업이익	
(+) 기타수익	
(−) 기타비용	
(+) 금융수익	
(−) 금융비용(금융원가)	
법인세비용차감전순이익	
(−) 법인세비용	
계속영업이익	
(+) 중단영업이익	
당기순이익	
(+) 기타포괄이익★	
(−) 기타포괄손실	
총포괄손익	
(+) 주당이익	

★ 기타포괄손익의 표시방법

기타포괄손익 부분은 당기손익으로 재분류되지 않은 항목과 당기손익으로 재분류되는 항목으로 각각 구분하여 포괄손익계산서에 표시하고, 기타포괄손익의 항목과 관련한 법인세비용은 포괄손익계산서나 주석에 공시한다. 기타포괄손익의 항목은 ①, ② 중 한 가지로 표시한다.

① 관련 법인세효과를 차감한 순액으로 표시
② 기타포괄손익의 항목과 관련된 법인세효과 반영 전 금액으로 표시하고, 각 항목들에 관련된 법인세효과는 단일 금액으로 합산하여 표시

✓ 개념 체크

1 매출액 ₩1,000,000, 매출총이익률이 30%일 경우 매출원가는 얼마인가?

1 ₩700,000

※ 한국채택국제회계기준에서는 재무상태표와 포괄손익계산서를 "보고식"으로만 작성하도록 하고 있다.

03 자본변동표

자본의 크기와 그 변동에 관한 정보를 제공하는 재무제표로서, 자본을 구성하고 있는 자본금, 자본잉여금, 자본조정, 기타포괄손익누계액, 이익잉여금(또는 결손금)의 변동에 대한 포괄적인 정보 및 소유주(주주)와의 자본거래에 따른 변동액을 구분 표시하여 제공한다.

자본변동표는 5가지 항목으로 구분한 후 변동내용을 제시하는 형식으로 작성된다.

① **자본금의 변동** : 유상증자(감자), 무상증자(감자)와 주식배당 등에 의하여 발생하며, 자본금은 보통주자본금과 우선주자본금으로 구분하여 표시한다.

② **자본잉여금의 변동** : 유상증자(감자), 무상증자(감자), 결손금처리 등에 의하여 발생하며 주식발행초과금과 기타자본잉여금으로 구분하여 표시한다.

③ **자본조정의 변동** : 자기주식, 주식할인발행차금, 주식선택권, 출자전환채무, 감자차손, 자기주식처분손실, 기타 이외의 원인으로 발생한 자본조정의 변동

④ **기타포괄손익누계액의 변동** : 기타포괄손익−공정가치측정금융자산평가손익, 해외사업환산손익, 현금흐름위험회피 파생상품평가손익, 기타 이외의 원인으로 발생한 기타포괄손익누계액의 변동

⑤ **이익잉여금의 변동** : 회계정책의 변경으로 인한 누적효과, 중대한 전기오류수정손익, 연차배당과 기타 전기말 미처분이익잉여금의 처분, 중간배당, 당기순이익, 기타 이외의 원인으로 발생한 이익잉여금의 변동

※ 한국채택국제회계기준에서는 납입자본(자본금, 주식발행초과금), 이익잉여금(이익준비금, 임의적립금, 미처분이익잉여금)과 기타자본구성요소(기타자본잉여금, 자본조정, 기타포괄손익)의 3가지 항목으로 구분하여 표시한다.

04 현금흐름표

재무제표는 기간별 보고를 원칙으로 하기 때문에 발생주의 회계를 기본원칙으로 도입하고 있으며, 모든 재무제표는 발생주의 원칙에 따라 작성하도록 하고 있다. 다만, 현금흐름표는 예외적으로 현금주의 원칙에 따라 작성하도록 하고 있다. 현금흐름표의 현금은 현금및현금성자산을 말한다.

현금흐름표는 기업의 현금흐름을 나타내는 표로서 현금의 변동내용을 명확하게 보고하기 위하여 당해 회계기간에 속하는 현금의 유입과 유출내용을 적정하게 표시하는 보고서이다. 이러한 현금흐름정보는 현금주의기준의 경영성과, 기업의 현금창출능력과 기업의 현금필요성에 대한 정보를 재무제표이용자에게 제공한다.

현금흐름표의 현금흐름은 크게 영업활동, 투자활동 및 재무활동으로 구분하여 표시하게 되는데 각각의 활동은 다음과 같다.

① **영업활동 현금흐름**

- 영업활동이라 함은 일반적으로 제품의 생산과 상품 및 용역의 구매·판매활동을 말하며, 투자활동과 재무활동에 속하지 아니하는 거래를 모두 포함한다. 따라서 영업활동 현금흐름은 일반적으로 당기순손익의 결정에 영향을 미치는 거래나 그 밖의 사건의 결과로 발생한다.

■ 영업활동 현금흐름의 예
- 재화의 판매와 용역 제공에 따른 현금유입
- 로열티, 수수료, 중개료 및 기타수익에 따른 현금유입
- 재화와 용역의 구입에 따른 현금유출
- 종업원과 관련하여 직·간접으로 발생하는 현금유출
- 법인세의 납부 또는 환급(재무활동과 투자활동에 명백히 관련되는 것은 제외)
- 단기매매목적으로 보유하는 계약에서 발생하는 현금유입과 현금유출

- **영업활동으로 인한 현금의 유입** : 제품 등의 판매에 따른 현금유입(매출채권 회수 포함), 이자수익과 배당금수익, 기타 투자활동과 재무활동에 속하지 아니하는 거래에서 발생된 현금유입
- **영업활동으로 인한 현금의 유출** : 원재료, 상품 등의 구입에 따른 현금유출(매입 채무 결제포함), 기타 상품과 용역의 공급자와 종업원에 대한 현금지출, 법인세 (토지 등 양도소득에 대한 법인세 제외)의 지급, 이자비용, 기타 투자활동과 재 무활동에 속하지 아니하는 거래에서 발생된 현금유출

- 영업활동으로 인한 현금흐름은 직접법 또는 간접법으로 표시한다. 직접법은 총현 금유입과 총현금유출을 주요항목별로 구분하여 표시하는 방법이고, 간접법은 포괄 손익계산서상의 당기순손익에 현금의 유출이 없는 비용 등을 가산하고 현금의 유 입이 없는 수익 등을 차감하며, 영업활동으로 인한 자산·부채의 변동을 가감하여 표시하는 방법(수익획득활동으로부터 조달된 현금에 대한 유용한 정보 제공)을 말 한다.

② **투자활동 현금흐름** : 투자활동이란 현금의 대여와 회수활동, 유가증권·투자자산· 유형자산 및 무형자산의 취득과 처분활동 등을 말한다. 재무상태표에 자산으로 인 식되는 지출만 투자활동으로 분류한다.

■ 투자활동 현금흐름의 예
- 유형자산, 무형자산 및 기타 장기성 자산의 취득에 따른 현금유출(자본화된 개발원가와 자가 건설 유형자산에 관련된 지출 포함)
- 유형자산, 무형자산 및 기타 장기성 자산의 처분에 따른 현금유입
- 다른 기업의 지분상품이나 채무상품 및 공동기업 투자지분의 취득에 따른 현금유출(현금성자 산으로 간주되는 상품이나 단기매매목적으로 보유하는 상품의 취득에 따른 유출액은 제외)

- 투자활동으로 인한 현금의 유입
  - **유동자산의 감소** : 단기금융상품처분, 단기대여금회수, 미수금회수
  - **투자자산의 감소** : 장기금융상품회수, 장기대여금회수, 상각후원가측정금융자산 처분, 기타포괄손익-공정가치측정금융자산처분, 투자부동산처분
  - **유형자산의 감소** : 토지, 건물, 기계장치, 차량운반구 등 처분
  - **무형자산의 감소** : 산업재산권, 어업권, 광업권 등 처분

🅑 기적의 TIP

이자, 배당금의 수취 및 지급 은 재무활동 또는 투자활동으로 분류가 가능하다.

- 투자활동으로 인한 현금의 유출
  - 유동자산의 증가 : 단기금융상품취득, 단기대여금대여
  - 투자자산의 증가 : 장기금융상품증가, 장기대여금증가, 상각후원가측정금융자산취득, 기타포괄손익-공정가치측정금융자산취득
  - 유형자산의 증가 : 토지, 건물, 기계장치, 차량운반구등 취득
  - 무형자산의 증가 : 산업재산권, 어업권, 광업권 등 취득
③ **재무활동 현금흐름** : 재무활동이란 현금의 차입 및 상환활동, 신주발행이나 배당금의 지급활동 등과 같이 부채 및 자본계정에 영향을 미치는 거래를 말한다. 미래현금흐름에 대한 자본 제공자의 청구권을 예측하는 데 유용하다.

■ 재무활동 현금흐름의 예
- 주식이나 기타 지분상품의 발행에 따른 현금유입
- 주식의 취득이나 상환에 따른 소유주에 대한 현금유출
- 담보·무담보부사채 및 어음의 발행과 기타 장·단기차입에 따른 현금유입
- 차입금의 상환에 따른 현금유출
- 다른 기업의 지분상품이나 채무상품 및 공동기업 투자지분의 처분에 따른 현금유입(현금성자산으로 간주되는 상품이나 단기매매목적으로 보유하는 상품의 처분에 따른 유입액은 제외)
- 제3자에 대한 선급금 및 대여금(금융회사의 현금 선지급과 대출채권은 제외)
- 제3자에 대한 선급금 및 대여금의 회수에 따른 현금유입(금융회사의 현금 선지급과 대출채권은 제외)

- 재무활동으로 인한 현금의 유입
  - 유동부채의 증가 : 단기차입금증가
  - 장기차입부채의 증가 : 사채발행, 장기차입금차입
  - 자본의 증가 : 유상증자, 자기주식처분
- 재무활동으로 인한 현금의 유출
  - 유동부채의 감소 : 단기차입금의 상환
  - 장기차입부채의 감소 : 사채·장기차입금 상환, 장기미지급금지급
  - 자본의 감소 : 유상감자, 자기주식취득

※ 현금흐름표의 한계 : 현금흐름표는 기간 간의 관계를 보여주지 않음으로써 장기현금흐름에 대한 전망을 평가하는 데 불완전한 정보를 제공한다. 따라서 미래현금흐름에 대한 전망을 평가하는 데 있어서는 현금흐름표 단독보다는 포괄손익계산서 또는 재무상태표와 연관하여 파악하는 것이 좋다.

05 주석

재무제표를 이해하는 데 필요한 추가적인 정보를 기술하는 것으로, 재무제표의 본문과 별도로 작성되며 추가적 설명이 필요하거나 동일한 내용으로 둘 이상의 계정과목에 대하여 설명을 하게 되는 경우에 사용한다. 상법 등 관련 법규에 따라 이익잉여금처분계산서(또는 결손금처리계산서)를 포함하여 작성하지만 이는 주석에 공시하는 것이지 이익잉여금처분계산서(또는 결손금처리계산서)가 재무제표가 되는 것은 아니다.

SECTION 05
재무보고를 위한 개념체계

출제빈도 상 중 하
반복학습 1 2 3
빈출 태그 ▶ 질적특성, 계속기업의 가정

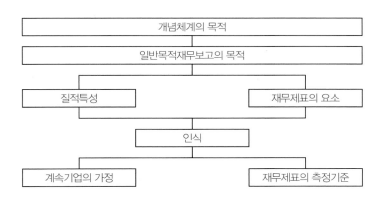

01 개념체계의 목적

외부이용자를 위한 재무제표의 작성과 표시에 있어 기초가 되는 개념을 정립하기 위함이며, 재무제표 작성자가 회계기준이 정립되지 않은 새로운 거래에 대하여 회계정책을 개발하는 데 준거체계를 제공하는 지침으로서 이 개념체계는 어떠한 경우에도 한국채택국제회계기준에 우선하지 아니한다.

① 회계기준제정기구 : 한국채택국제회계기준의 제정, 개정, 축소 시 도움 제공
② 재무제표 작성자 : 한국채택국제회계기준의 적용, 미비한 주제에 대한 회계처리 도움 제공
③ 감사인 : 재무제표가 한국채택국제회계기준을 따르고 있는지에 대한 의견제시에 도움 제공
④ 재무제표 이용자 : 한국채택국제회계기준에 따라 작성된 재무제표의 해석에 도움 제공

02 일반목적재무보고의 목적

① 투자 및 신용제공에 대한 의사결정에 유용한 정보 제공
② 미래현금흐름 예측에 유용한 정보 제공
③ 재무상태, 경영성과, 현금흐름, 자본변동에 관한 정보 제공
④ 경영자의 수탁책임 평가에 유용한 정보 제공

03 재무보고의 질적특성

회계정보가 정보이용자의 의사결정에 유용한 정보를 제공하기 위하여 갖추어야 할 주요 속성을 말한다.

1) 근본적 질적특성

① **목적적합성** : 회계정보가 의사결정 목적과 관련되어야 한다.
- **예측가치** : 정보이용자가 기업실체의 미래 재무상태, 경영성과 등을 예측하는 데에 그 정보가 활용될 수 있는 능력을 의미한다.
- **확인가치** : 제공되는 회계정보가 기업실체의 재무상태, 경영성과 등에 대한 정보이용자의 당초 기대치를 확인 또는 수정되게 함으로써 의사결정에 영향을 미칠 수 있는 능력을 말한다.
- **중요성** : 정보가 누락되거나 잘못 기재된 경우 특정 보고기업의 재무정보에 근거한 정보이용자의 의사결정에 영향을 줄 수 있다면 그 정보는 중요한 것이다.

② **표현충실성** : 회계정보가 신뢰성을 갖기 위해서는 그 정보가 나타내고자 하는 대상, 즉 기업실체의 경제적 자원과 의무, 그리고 이들의 변동을 초래하는 거래나 사건을 충실하게 표현하여야 한다.
- **완전한 서술** : 필요한 기술과 설명을 포함하여 정보 이용자가 서술되는 현상을 이해하는 데 필요한 모든 정보를 포함하는 것이다.
- **중립적 서술** : 재무정보의 선택이나 표시에 편의가 없는 것이다.
- **오류가 없는 서술** : 현상의 기술에 오류가 없고, 보고 정보를 생산하는 데 사용되는 절차의 선택과 적용 시 절차상 오류가 없음을 의미하며 모든 면에서 완벽하게 정확하다는 것을 의미하지 않는다.

2) 보강적 질적특성

① **비교가능성** : 회계정보는 기간별 비교가 가능해야 하고 기업실체 간의 비교가능성도 있어야 유용해진다. 즉, 유사한 거래나 사건의 재무적 영향을 측정·보고함에 있어서 기간별로 일관된 회계처리 방법을 사용하여야 하며, 기업실체 간에도 동일한 회계처리 방법을 사용하는 것이 바람직하다.

② **검증가능성** : 회계정보가 신뢰성을 갖기 위해서는 객관적으로 검증가능하여야 한다. 검증가능성이란 동일한 경제적 사건이나 거래에 대하여 동일한 측정방법을 적용할 경우 다수의 독립적인 측정자가 유사한 결론에 도달할 수 있어야 함을 의미한다.

③ **적시성** : 회계정보가 정보이용자에게 유용하기 위해서는 그 정보가 의사결정에 반영될 수 있도록 적시에 제공되어야 한다.

④ **이해가능성** : 이용자가 정보를 쉽게 이해할 수 있어야 한다는 것이므로 정보를 명확하고 간결하게 분류하고 특징지어 표시해야 한다.

근본적 질적특성
- 목적적합성 : 예측가치, 확인가치, 중요성
- 표현충실성 : 완전한 서술, 중립적 서술, 오류가 없는 서술

근본적 질적특성 적용절차
- 경제적 현상 식별
- 가장 목적적합한 유형 식별
- 그 정보가 이용가능하고 충실하게 표현할 수 있는지 결정

보강적 질적특성
- 비교가능성
- 검증가능성
- 적시성
- 이해가능성

✅ **개념 체크**

1. 재무정보의 근본적 질적특성은 목적적합성, 표현충실성, 비교가능성, 적시성 등이 있다. (○, ×)
2. 재무보고의 질적특성 중 비교가능성은 (   ) 질적특성이다.

1 × 2 보강적

04 인식

재무제표의 구성요소인 자산, 부채, 자본, 수익, 비용의 항목을 재무제표에 포함하기 위한 과정이다.

① **자산의 인식** : 미래의 경제적 효익이 기업실체에 유입될 가능성이 매우 높고 또한 그 측정속성에 대한 금액이 신뢰성 있게 측정될 수 있다면 자산으로 인식한다. 어떤 거래로 인한 지출이 발생하였을 때 그에 관련된 미래 경제적 효익의 유입가능성이 낮은 경우에는 당해 지출은 자산으로 인정하지 않고 비용으로 인식되어야 한다.

② **부채의 인식** : 현재의 의무를 미래에 이행할 때 경제적 효익이 유출될 가능성이 매우 높고 그 금액을 신뢰성 있게 측정할 수 있다면 이러한 의무는 부채로 인식한다. 그러나 일반적으로 미이행계약에 따른 의무는 부채로 인식하지 않는다. 다만, 계약이행이 법적으로 강제되어 있고 위약금과 같은 불이익의 조건이 있을 때에는 그러한 의무가 인식기준을 충족하면 부채로 인식되어야 한다.

③ **수익의 인식** : 경제적 효익이 유입됨으로써 자산이 증가하거나 부채가 감소하고 그 금액을 신뢰성 있게 측정할 수 있을 때 인식한다. 수익은 실현되었거나 또는 실현가능한 시점에서 인식되며 그 가득과정이 완료되어야 인식된다.

④ **비용의 인식** : 비용은 경제적 효익이 사용 또는 유출됨으로써 자산이 감소하거나 부채가 증가하고 그 금액을 신뢰성 있게 측정할 수 있을 때 인식한다. 경제적 효익이 수익획득활동에 소비되었을 때, 또는 미래의 경제적 효익이 감소되거나 소멸되었을 때 비용을 인식하는 시점으로 본다.

05 계속기업의 가정(재무보고의 기본가정(회계공준)*)

기업실체는 그 목적과 의무를 이행하기에 충분할 정도로 장기간 존속하며 미래에 영업을 계속할 것이라는 것을 말한다. 즉, 기업실체는 그 경영활동을 청산하거나 중대하게 축소시킬 의도가 없을 뿐 아니라 청산이 요구되는 상황도 없다고 가정된다.

★ 기본가정(회계공준)
기업실체를 둘러싼 환경으로부터 도출해낸 회계이론 전개의 기초가 되는 사실들을 말하며 개념체계에서는 계속기업을 유일한 기본가정으로 규정하고 있다.

06 재무제표의 측정기준

① **역사적 원가** : 자산은 취득당시 지급한 금액으로 기재한다.

② **현행원가** : 자산은 동등한 자산을 현재 시점에서 취득할 경우 그 대가로 지불한 금액으로 평가한다.

③ **실현가능가치** : 자산은 정상적으로 처분하는 경우 수취할 것으로 예상되는 금액으로 평가한다.

④ **현재가치** : 자산은 정상적인 영업과정에서 그 자산이 창출할 것으로 기대되는 미래의 금액의 현재가치로 평가한다.

※ 일반적으로 재무제표 작성 시 역사적 원가로 측정하지만 가치변동을 정확히 표시해야 할 경우 다른 측정기준을 함께 사용한다.

01 다음 중 회계정보이용자별 이용 목적으로 옳지 <u>않은</u> 것은?

① 경영자는 회계정보를 이용하여 예산과 실적 차이를 분석하고 성과를 파악함으로써 합리적인 기업경영을 할 수 있다.

② 투자자는 자신이 투자한 자본에 대하여 미래에 발생할 수 있는 배당수익에 대한 기대와 그 위험을 예측할 수 있다.

③ 채권자는 대여한 대여금의 원금회수 가능성과 그 이자수취 가능성을 예측할 수 있다.

④ 종업원은 경영층과 노동계약 및 근로조건에 대한 협상을 통하여 기업경영 계획수립에 직접 참여할 수 있다.

종업원은 노동계약 및 근로조건에 대한 협상을 할 수 있으나 경영 계획수립에 직접 참여할 수 없다.

02 다음 거래의 결합관계로 옳은 것은?

단기차입금 ₩1,000,000을 현금으로 상환하고 동시에 관련 이자 ₩30,000을 현금으로 지급하였다.

① (차) 자산의 증가   (대) 부채의 증가
                                          수익의 발생

② (차) 자산의 증가   (대) 자산의 감소
                                          수익의 발생

③ (차) 자산의 증가   (대) 자산의 감소
       비용의 발생

④ (차) 부채의 감소   (대) 자산의 감소
       비용의 발생

(차) 단기차입금(부채의 감소) 1,000,000   (대) 현금(자산의 감소)   1,030,000
      이자비용(비용의 발생)   30,000

03 (주)상공은 3전표제를 적용하여 회계처리를 하고 있다. 다음 거래 시 작성되는 전표의 종류는?

상품 ₩2,000,000을 매출하고 대금 중 ₩1,000,000은 현금으로 받고, 잔액은 우리은행 발행 자기앞수표로 받다.

① 출금전표
② 입금전표
③ 대체전표
④ 입금전표, 대체전표

• 자기앞수표는 현금이므로 입금전표에 기입한다.
• 3전표제 : 입금전표, 출금전표, 대체전표

04 다음 중 계정 잔액이 대변에 남는 항목으로 옳지 <u>않은</u> 것은?

① 자본금
② 차입금
③ 임대료
④ 자기주식

자기주식은 자기가 발행한 주식을 자기가 매입한 것이므로 자본에서 차감하는 형식으로 기재하여 차변에 잔액이 남는다(자본의 감소 : 차변).

05 다음 중 복식부기의 기본기능과 대차평균의 원리에 대한 설명으로 옳지 <u>않은</u> 것은?

① 거래의 이중성에 따라 회계상의 거래를 원인과 결과로 나누어 이중으로 기록한다.

② 거래의 이중성에 의하여 전체 계정의 차변 합계액과 대변 합계액은 다를 수도 있다.

③ 아무리 많은 거래가 발생하여도 회계등식 '자산=부채+자본'의 등호를 그대로 유지시킨다.

④ 수익은 자본을 증가시키고 비용은 자본을 감소시키므로 수익에서 비용을 차감한 금액이 (+)인 경우 곧 자본의 증가액이 된다.

대차평균의 원리이므로 차변 합계액과 대변 합계액은 반드시 일치해야 한다.

정답 01④ 02④ 03② 04④ 05②

06 다음 중 시산표에서 발견할 수 있는 오류로 옳은 것은?

① 이중으로 전기한 경우
② 분개를 누락한 경우
③ 분개 시 차변과 대변 계정과목이 바뀐 경우
④ 전기 시 차변 계정과목의 금액을 틀리게 기입한 경우

- -

시산표는 원장의 전기가 정확한지를 검증하기 위하여 원장의 각 계정금액을 모아 작성하는 표로 원장에 전기할 때 차변금액과 대변금액을 잘못 기록한 경우나 차변, 대변 한쪽만 기록하여 발생되는 대차 차액을 발견하기 위하여 작성하는 표이므로 모든 오류를 찾아내지는 못한다.

오답 피하기

①, ②, ③은 차변과 대변의 금액이 같으므로 오류를 찾을 수 없다.

07 다음은 (주)상공의 자료에 의한 (가), (다)의 금액으로 옳은 것은?(단, 당기순손익 외에는 자본의 변동이 없다고 가정함)

회계연도	기초자본	기말자본	총수익	총비용
20X1	3,200,000	(가)	2,500,000	2,200,000
20X2	(나)	3,000,000	(다)	2,700,000

① (가) 3,500,000 　　(다) 2,200,000
② (가) 2,900,000 　　(다) 2,800,000
③ (가) 3,500,000 　　(다) 3,200,000
④ (가) 2,900,000 　　(다) 2,600,000

- -

• 기초자본 + 총수익 − 총비용 = 기말자본
• 20x1년 기말자본 = 기초자본 3,200,000 + 총수익 2,500,000 − 총비용 2,200,000 = 3,500,000원
• 20x2년 기초자본 = 20x1년 기말자본 = 3,500,000
• 총수익 = 기말자본 3,000,000 − 기초자본 3,500,000 + 총비용 2,700,000 = 2,200,000원

08 다음은 개인기업인 상공상점의 자본금 거래 내용이다. 기말자본금으로 옳은 것은?

가. 1월 1일 현금 ₩1,000,000을 출자하여 영업을 시작하다.
나. 3월 10일 기업주가 현금 ₩500,000을 추가 출자하다.
다. 9월 30일 기업주가 개인적인 용도로 ₩200,000을 인출하다.
라. 12월 31일 입금되지 않은 인출금 계정을 정리하고, 당기순이익 ₩300,000을 자본금 계정에 대체하다.

① ₩1,300,000
② ₩1,500,000
③ ₩1,600,000
④ ₩1,800,000

- -

기초자본금 + 총수익 − 총비용 + 추가출자액 − 인출금 = 기말자본금
∴ 기말자본금 = 기초자본금 1,000,000 + 출자액 500,000 − 인출금 200,000 + 당기순이익 300,000 = 1,600,000원

09 (주)상공의 다음 자료만을 이용하여 결산 시 대체분개로 옳은 것은?

• 임대료 계정 잔액 ₩50,000을 대체하다.
• 복리후생비 계정 잔액 ₩20,000을 대체하다.
• 손익계정을 대체하다.

① (차) 손익　　　　　　50,000　(대) 임대료　　　　　50,000
② (차) 복리후생비　　20,000　(대) 손익　　　　　　20,000
③ (차) 손익　　　　　　30,000　(대) 미처분이익잉여금 30,000
④ (차) 미처리결손금 20,000　(대) 손익　　　　　　20,000

- -

수익과 비용은 손익계정으로 대체하고 손익계정의 차액은 당기순이익 발생 시 미처분이익잉여금으로, 당기순손실 발생 시 미처리결손금으로 대체한다.

오답 피하기

• ① : (차) 임대료　　50,000　(대) 손익　　　　50,000
• ② : (차) 손익　　　　20,000　(대) 복리후생비　20,000

10 다음은 회계순환과정 중 결산에 대한 내용이다. 옳지 <u>않은</u> 것은?

① 한 회계기간 동안의 재무성과와 재무상태를 파악하기 위하여 장부의 기록을 계산, 정리하여 마감하는 절차를 결산이라 한다.

② 결산의 절차는 예비절차, 본절차, 결산보고서 작성 절차 순으로 진행된다.

③ 포괄손익계산서는 현금주의 회계에 따라 작성되어 보고된다.

④ 결산수정분개 이전에 수정전 시산표를 작성하고 결산수정분개 및 전기 이후에는 수정후 시산표를 작성한다.

포괄손익계산서는 발생주의 회계에 따라 작성되어 보고된다.

11 결산 결과 당기순이익이 ₩300,000이 계상되었으나, 다음과 같은 결산정리사항이 누락되었다. 이를 반영한 후의 정확한 당기 순이익으로 옳은 것은?(단, 보험료는 지급할 때 비용 계정으로, 임대료는 받을 때 수익 계정으로 처리하였음)

가. 보험료 선급분 :	₩5,000
나. 임대료 선수분 :	₩20,000
다. 이자 미수분 :	₩15,000
라. 급여 미지급분 :	₩30,000

① ₩270,000

② ₩290,000

③ ₩300,000

④ ₩330,000

• 수정 전 당기순이익 300,000 + 선급비용(보험료) 5,000 − 선수수익(임대료) 20,000 + 미수수익(이자) 15,000 − 미지급비용(급여) 30,000 = 270,000원

• 수정 전 당기순이익 + 미수수익 + 선급비용 − 선수수익 − 미지급비용 = 수정 후 당기순이익

12 다음 재무정보의 질적특성 중 목적적합성과 관련이 <u>없는</u> 것은?

① 예측가치

② 중립적 서술

③ 확인가치

④ 중요성

• 중립적 서술은 충실한 표현에 해당한다.

• 근본적 질적특성 : 목적적합성(예측가치, 확인가치, 중요성), 충실한 표현(완전한 서술, 중립적 서술, 오류가 없는 서술)

13 다음은 '재무제표 표시'에서 재무상태표 표시와 관련된 설명이다. 옳지 <u>않은</u> 것은?

① 유동성 순서에 따른 표시방법이 신뢰성 있고 더욱 목적적합한 정보를 제공하는 경우를 제외하고는 유동자산과 비유동자산, 유동부채와 비유동부채로 재무상태를 구분하여 표시한다.

② 기업이 명확히 식별 가능한 영업주기 내에서 재화나 용역을 제공하는 경우, 재무상태표에 유동자산과 비유동자산 및 유동부채와 비유동부채를 구분하여 표시한다.

③ 유동성 순서에 따른 표시방법을 적용할 경우 모든 자산과 부채는 유동성 순서에 따라 표시한다.

④ 하나의 재무제표에서 유동성/비유동성 구분법과 유동성 순서에 따른 표시방법을 혼합하여 사용할 수 없다.

하나의 재무제표에서 유동성/비유동성 구분법과 유동성 순서에 따른 표시방법을 혼합하여 사용할 수 있다.

14 다음 중 재무제표에 대한 설명으로 옳지 <u>않은</u> 것은?

① 재무제표의 작성에 대한 책임은 경영자에게 있다.

② 재무제표는 화폐단위로 측정된 정보를 주로 제공한다.

③ 포괄손익계산서는 일정시점의 기업의 재무상태를 보여주는 보고서이다.

④ 재무제표는 정보이용자의 경제적 의사결정에 유용한 정보를 제공하기 위해 작성된다.

일정시점의 재무상태를 보여주는 보고서는 재무상태표이다.

15 다음 중 포괄손익계산서의 기타포괄손익의 구성요소에 해당하지 <u>않는</u> 것은?

① 재평가이익

② 기타포괄손익−공정가치측정 금융자산 평가손익

③ 해외사업장의 재무제표 환산으로 인한 손익

④ 투자부동산평가손익

투자부동산평가손익은 기타포괄손익이 아닌 당기손익에 해당한다.

16 다음은 포괄손익계산서의 비용을 기능별로 분류한 것이다. (가)에 해당하는 비용계정으로 옳은 것은?

매출원가
(가)
관리비
기타비용
금융비용

① 기부금
② 임차료
③ 이자비용
④ 광고선전비

(가는 판매비이다.

17 총포괄손익, 기타포괄손익, 당기순손익에 대한 내용이다. 옳지 않은 것은?

① 기타포괄손익 부분은 당해 기간의 기타포괄손익의 금액을 표시하는 항목을 성격별로 분류하고, 다른 한국채택국제회계 기준서에 따라 후속적으로 당기손익으로 재분류되지 않는 항목과 특정 조건을 충족하는 때에 후속적으로 당기손익으로 재분류되는 항목으로 구분하여 표시하여야 한다.
② 당기손익과 기타포괄손익은 단일의 포괄손익계산서에 두 부분으로 나누어 표시한다.
③ 포괄손익계산서에 당기손익 부분과 기타포괄손익 부분에 추가하여 당기순손익, 기타포괄손익, 당기손익과 기타포괄 손익을 합한 총포괄손익을 표시한다.
④ 수익과 비용의 어느 항목은 당기손익과 기타포괄손익을 표시하는 보고서 또는 주석에 특별손익 항목으로 표시할 수 있다.

특별손익이라는 항목은 없다.

18 현금흐름표에 보고되는 '영업활동 현금흐름'에 대한 다음의 서술 중 옳지 않은 것은?

① 일반적으로 영업활동 현금흐름을 보고하는 경우에는 간접법을 사용할 것을 권장한다. 간접법을 적용하여 표시한 현금흐름은 직접법에 의한 현금흐름에서는 파악할 수 없는 정보를 제공하며, 미래현금흐름을 추정하는 데 보다 유용한 정보를 제공한다.
② 영업활동 현금흐름은 주로 기업의 주요 수익창출활동에서 발생하므로 일반적으로 당기순이익의 결정에 영향을 미치는 거래나 그 밖의 사건의 결과로 발생한다.
③ 영업활동으로 인한 현금유입과 현금유출의 차이로서 계산하며, 이의 계산과 공시방법으로는 직접법과 간접법의 두 가지가 전부 사용될 수 있다.
④ 직접법과 간접법의 두 가지 방법 중 하나를 선택적으로 적용할 수 있으나, 한번 선택한 방법은 특별한 사정이 없는 한 매기 계속하여 적용하여야 할 것이다.

영업활동의 현금흐름표 작성 시 직접법이 간접법보다 미래 현금흐름을 추정하는 데 더 유용한 정보를 제공하지만 현실적으로 대부분의 기업은 편의성의 이유로 간접법으로 작성한다.

19 다음 중 자본변동표에 표시되지 않는 항목은?

① 자본금
② 자본잉여금
③ 이익잉여금
④ 장기대여금

• 장기대여금은 비유동자산이므로 재무상태표에 표시되는 항목이다.
• 자본변동표는 자본의 크기와 그 변동에 관한 정보를 제공하는 재무제표이다. 한국채택국제회계기준에서는 납입자본(자본금, 주식발행초과금), 이익잉여금(이익준비금, 임의적립금, 미처분이익잉여금)과 기타자본구성요소(기타자본잉여금, 자본조정, 기타포괄손익)의 3가지 항목으로 구분하여 표시한다.

20 다음 중 재무제표의 기본가정에 대한 설명으로 가장 올바르지 <u>않은</u> 것은?

① 기본가정이란 회계이론 전개의 기초가 되는 사실들을 의미한다.

② 기업에 경영활동을 청산할 의도나 필요성이 있더라도 계속기업의 가정에 따라 재무제표를 작성한다.

③ 목적적합성은 재무제표를 통해 제공되는 정보가 갖추어야 할 근본적인 질적특성이지만 개념체계에서 규정하는 기본가정에 해당하지는 않는다.

④ 재무보고를 위한 개념체계에서는 계속기업을 기본가정으로 규정한다.

기업에 경영활동을 청산하거나 중대하게 축소시킬 의도가 없을 뿐만 아니라 청산이 요구되는 상황도 없을 때 계속기업의 가정에 따라 재무제표를 작성한다.

21 다음 중 포괄손익계산서에 관한 설명으로 가장 올바르지 <u>않은</u> 것은?

① 포괄손익계산서에서 비용을 기능별 비용 분류를 하는 경우 성격별 비용 분류에 대한 추가 정보를 주석에 공시해야 한다.

② 금융원가는 포괄손익계산서에 표시해야 할 최소한의 항목 중 하나이다.

③ 기타포괄손익은 손익거래의 결과임에도 불구하고 당기손익에는 포함되지 않는 항목들을 의미한다.

④ 매출원가가 표시되어 있는 포괄손익계산서는 비용을 성격별로 분류하고 있는 것이다.

기능별 비용 분류란 비용을 사용처별로 구분하여 공시하는 방법으로 매출원가를 다른 비용(물류원가와 관리원가 등)과 분리하여 공시하는 것이다.

정답 20 ② 21 ④

PART

02

재무제표 요소

학습 방향

섹션별로 중요사항을 학습하면서 재무제표 요소의 특징을 이해한다. 자산은 금융자산, 매출채권의 손상에 관한 회계처리, 재고자산, 유형자산, 투자부동산을 숙지하고, 부채는 매입채무, 금융부채, 사채 발행방법과 충당부채를 숙지한다. 자본에서는 주식발행, 자본의 종류를 파악한다. 수익과 비용은 수익과 비용의 발생, 수익인식의 5단계, 퇴직급여를 학습하고 손익계산서의 계산구조를 알아야 한다. 또한 결산수정분개도 학습한다.

출제빈도

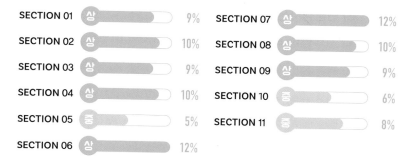

SECTION 01	상	9%	SECTION 07	상	12%
SECTION 02	상	10%	SECTION 08	상	10%
SECTION 03	상	9%	SECTION 09	상	9%
SECTION 04	상	10%	SECTION 10	중	6%
SECTION 05	중	5%	SECTION 11	중	8%
SECTION 06	상	12%			

현금및현금성자산

▶ 합격 강의

01 현금및현금성자산

현금과 요구불예금 및 현금성자산을 말하며 재무상태표에는 현금및현금성자산으로 표시한다.

1) 현금

현금이란 재화나 용역을 구입하거나 채무를 상환하는 데 사용되는 유동성이 가장 높은 자산이다. 회계상 현금으로 처리되는 것은 통화뿐만 아니라 언제든지 아무런 제약 없이 통화로 전환할 수 있는 통화대용증권(통화(지폐, 동전)), 통화대용증권(은행발행자기앞수표, 타인발행 당좌수표, 가계수표, 송금수표, 여행자수표, 배당금지급통지표, 만기가 공시된 공사채 이자지급표, 우편환증서★, 일람출급어음★, 전신환증서, 국고송금통지서)까지 포함된다.

★우편환증서
우체국에서 금액을 표시하여 발행한 환증서이다.

★일람출급어음
어음을 제시하는 날이 만기일이 되는 어음이다.

> 🅱 기적의 TIP
>
> 우표, 수입인지는 현금및현금성자산이 아니다.

2) 요구불예금

약속된 이자율의 희생 없이 예금자의 요구에 의해 언제든지 입출금이 자유로운 예금으로 당좌예금, 보통예금, 저축예금이 있다. 당좌예금은 당좌수표를 발행할 목적의 예금으로 발행인은 당좌수표를 발행한 시점에서 당좌예금의 감소로 처리하고, 당좌수표소지인은 타인발행수표(통화대용증권)를 수취한 시점에서 현금의 증가로 처리한다. 보통예금, 저축예금은 입출금이 자유로운 예금이며, 이자가 입금되는데 이자는 이자수익으로 처리한다.

> 🅱 기적의 TIP
>
> 현금및현금성자산에서 현금은 "현금과 요구불예금"을 포함하여 말한다.

3) 현금성자산

큰 거래비용 없이 현금으로 전환이 용이하고 이자율변동에 따른 가치변동의 위험이 경미한 금융상품(채권(공사채), 상환우선주, 양도성예금증서(CD), 환매채 등의 유동성이 높은 단기투자자산)으로 취득당시 만기(또는 상환일)가 3개월 이내에 도래하는 것을 말한다.

> 🅱 기적의 TIP
>
> 현금성자산은 보고기간 말로부터가 아니라 취득일로부터 만기가 3개월 이내에 도래하는 것임에 유의한다.

02 소액현금

기업에서는 현금 취급에 따른 도난과 분실 등의 위험을 방지하기 위하여 모두 당좌예입하고 지출은 당좌수표를 사용하게 된다. 그러나 소액의 지출까지 당좌수표를 사용하면 오히려 일이 번잡해지므로 소액의 경우 회계과에서 지출을 담당하는 용도계를 두고 매월 일정액을 선급(전도)하여 사용할 수 있게 하는데, 이를 소액현금(전도금)이라 한다. 소액현금제도는 일정액의 전도금을 사전에 설정하여 필요한 부서에 지급하고, 전도금을 받은 부서는 현금의 지출이 필요한 경우에 정식 승인절차를 거치지 아니하고 소액현금을 지출한 뒤에 일정기간 후에 지출된 금액을 일괄 보고하여 승인을 받은 후 사용액을 보충받는 제도이다.

03 현금과부족

현금의 실제잔액과 장부상잔액은 항상 일치하여야 하지만 기록의 잘못이나 분실, 도난 등으로 인하여 장부상잔액과 일치하지 않을 경우가 있다. 이러한 경우에 그 불일치의 원인이 확인될 때까지 일시적으로 현금과부족 계정을 설정하여 장부상잔액과 실제 현금보유액을 다음과 같이 회계처리하여 일치시켜야 한다. 그 후 그 원인이 판명되면 해당 계정으로 대체하고, <u>결산 시까지 그 원인이 판명되지 않으면 현금시재 부족액은 잡손실 계정으로, 초과액은 잡이익 계정으로 대체한다</u>(현금과부족은 임시 계정으로 재무상태표에 나타나지 않아야 함).

① 실제잔액이 장부상잔액보다 부족할 경우

  (차) 현금과부족   ×××   (대) 현금   ×××

  결산일(보고기간 종료일)까지 원인 불명인 경우

  (차) 잡손실   ×××   (대) 현금과부족   ×××

② 실제잔액이 장부상잔액보다 많을 경우

  (차) 현금   ×××   (대) 현금과부족   ×××

  결산일(보고기간 종료일)까지 원인 불명인 경우

  (차) 현금과부족   ×××   (대) 잡이익   ×××

※ 결산일 당일 잔액이 부족하거나 과잉상태인 경우로 원인이 불명인 경우에는 즉시 잡손실이나 잡이익 계정으로 회계처리한다.

1 기중에 현금이 부족하나 원인을 모를 경우 현금과부족 계정 차변에 기입한다. (○, ×)

1 ○

04 당좌차월

당좌수표 발생금액 중 당좌예금 잔액을 초과한 금액(당좌예금잔액이 (−)인 금액)으로 당좌차월금액이 기말 현재 보충되지 않을 경우 단기차입금으로 재무상태표에 표시한다. 한 은행의 당좌차월은 다른 은행의 당좌예금과 상계하여서는 아니 된다. 원래 당좌예금은 예금의 잔액 한도 내에서만 수표를 발행해야 하며 초과하여 발행할 경우 해당 수표는 은행에서 지급을 거절하므로 부도가 되며, 이 수표를 부도수표라 한다. 따라서 기업은 당좌차월계약을 맺어 이를 방지하고 있다.

05 은행계정조정표

회사 측 조정사항 중 중요사항
• 은행수수료, 이자비용 차감
• 은행에서 통지하지 않는 예금
• 부도어음과 수표

기말 은행 측 당좌예금 잔액과 회사 측 당좌예금장부 잔액이 일치하지 않을 경우 그 원인을 찾아서 잔액을 일치시키는 표를 말한다. 일반적으로 잔액이 일치하지 않는 원인은 다음과 같으며 불일치의 원인이 회사 측에 있는 경우에는 반드시 정정하는 분개를 한다.

① 회사에서 은행에 당좌예입하고 입금기록을 하였으나, 은행에서 미처 기록하지 못하여 은행 측 잔액에서 제외된 경우를 들 수 있는데 이를 은행미기입예금이라 하며 은행 측 잔액에 가산한다.

② 회사에서 당좌수표를 발행하고 출금기록을 하였으나, 수표소지인이 은행에 아직 지급청구를 하지 않음으로써 은행 측 잔액에 포함된 경우로, 이를 기발행미인출수표라 하며 은행 측 잔액에서 차감한다.

③ 은행이 직접 수금한 외상대금이나 예금에 대한 이자 등이 은행 측 잔액에는 입금기록이 되었으나, 회사에는 아직 통보가 되지 않아 장부에 입금기록을 하지 못한 경우로, 회사 측 잔액에 가산한다.

④ 은행에서 당좌차월이자나 추심수수료 등을 회사의 당좌예금계좌에서 차감하였으나, 회사에는 아직 통보가 되지 않아 장부에는 출금기록을 하지 않은 경우로, 회사 측 잔액에서 차감한다.

⑤ 회사 또는 은행의 기장오류이다.

✓ 개념 체크

1 당좌수표가 발행되었으나 아직 은행에서 인출되지 않는 경우 은행 측 잔액에서 조정하면 된다. (○, ×)

1 ○

01 다음 중 현금및현금성자산에 관한 설명으로 옳지 않은 것은?

① 현금및현금성자산에는 은행에 예탁한 현금인 보통예금과 당좌예금도 포함된다.

② 현금성자산은 큰 거래비용 없이 현금으로 전환이 용이하고, 이자율변동에 따른 가치변동의 위험이 중요하지 않으며, 취득당시 만기 또는 상환일이 3개월 이내에 도래하는 금융상품을 말한다.

③ 현금에는 자기앞수표, 송금수표, 우편환증서 등과 같은 통화 대용증권도 포함된다.

④ 금융자산 중 현금성자산의 요건을 충족하지 못하는 경우에는 6개월을 기준으로 단기금융자산으로 분류된다.

현금성자산의 요건을 충족하지 못하는 경우 1년을 기준으로 단기금융자산으로 분류한다.

02 다음은 (주)상공의 20X1년도 말 자산 내역 중 일부이다. 현금및현금성자산에 해당하는 금액은 얼마인가?

가. 지폐와 동전 :	₩40,000
나. 양도성예금증서(180일 만기) :	₩50,000
다. 타인발행 당좌수표 :	₩120,000
라. 배당금지급통지표 :	₩30,000
마. 일반 상거래상의 약속어음 :	₩100,000
	(만기 : 20X3년 2월 28일)
바. 만기가 1년 후인 정기예금 :	₩150,000
사. 만기가 2개월 이내인 채권 :	₩200,000
	(20X1년 12월 20일 취득)

① ₩470,000   ② ₩420,000
③ ₩390,000   ④ ₩320,000

현금및현금성자산
• **현금** : 통화(지폐, 동전), 통화대용증권(은행발행자기앞수표, 타인발행 당좌수표, 가계수표, 송금수표, 여행자수표, 배당금지급통지표, 만기가 공시된 공사채 이자지급표, 우편환증서, 일람출급어음, 전신환증서, 국고송금통지서)
• **요구불예금** : 당좌예금, 보통예금, 저축예금 등
• **현금성자산** : 금융상품(기업어음, 상환우선주, 양도성예금증서(CD), 환매채 등의 유동성이 높은 단기투자자산)으로 취득당시 만기(또는 상환일)가 3개월 이내에 도래하는 것
∴ 지폐와 동전 40,000 + 타인발행 당좌수표 120,000 + 배당금지급통지표 30,000 + 만기가 2개월 이내인 채권 200,000 = 390,000원

03 다음은 기말(12월 31일) 현재 현금과부족 계정 내역이다. 결산 당일에 현금의 보유액이 장부 잔액보다 ₩10,000 부족함을 추가로 발견하고 실시한 결산 정리 분개로 옳은 것은?(단, 현금과부족의 원인을 알 수 없음)

현금과부족

12/21 현금	30,000	12/24 소모품비	20,000

① (차변) 잡손실 10,000 (대변) 현금과부족 10,000

② (차변) 잡손실 20,000 (대변) 현금과부족 10,000
　　　　　　　　　　　　　　　　현금 10,000

③ (차변) 현금과부족 10,000 (대변) 잡이익 10,000

④ (차변) 현금과부족 20,000 (대변) 잡이익 10,000
　　　　　　　　　　　　　　　　현금 10,000

결산 시까지 그 원인이 판명되지 않으면 현금시재 부족액은 잡손실 계정으로, 초과액은 잡이익 계정으로 대체한다. 결산일 당일 잔액이 부족하거나 과잉상태인 경우로 원인이 불명인 경우에는 즉시 잡손실이나 잡이익 계정으로 회계처리한다.
• 12/21 (차) 현금과부족　　　30,000　　(대) 현금　　　　　30,000
• 12/24 (차) 소모품비　　　　20,000　　(대) 현금과부족　20,000
12/24 현재 현금과부족(부족액)은 10,000원인데 12/31일 10,000원이 더 부족하므로 20,000원을 잡손실로 처리하면서 상대계정에 현금과부족과 현금으로 처리한다.
• 12/31 (차) 잡손실　　　　　20,000　　(대) 현금과부족　10,000
　　　　　　　　　　　　　　　　　　　　　현금　　　　　10,000

---

04 다음의 현금계정에 기입된 일자별 거래 내용을 추정한 것으로 옳지 <u>않은</u> 것은?

현금			
1/1 자본금	1,000,000	1/20 외상매입금	200,000
1/23 보통예금	500,000	1/30 복리후생비	300,000

① 1/1 현금 ₩1,000,000을 출자하여 영업을 개시하다.
② 1/20 상품의 외상대금 ₩200,000을 현금으로 지급하다.
③ 1/23 현금 ₩500,000을 보통예금계좌에 예입하다.
④ 1/30 직원 회식비 ₩300,000을 자기앞수표로 지급하다.

- -
• 1/23 (차) 현금 500,000 (대) 보통예금 500,000
• 보통예금계좌에서 ₩500,000을 현금으로 인출하다.

05 다음은 (주)상공기업의 장부상 당좌예금 잔액과 은행의 당좌예금잔액과의 차이를 나타낸 것이다. 12월 31일 은행계정조정표 작성 후 조정된 당좌예금 잔액은 얼마인가?

잔액	가. 12월 31일 장부상 당좌예금 잔액 ₩500,000 나. 12월 31일 은행 당좌예금계좌 잔액 ₩600,000
불일치 원인	다. 12월 29일 발행한 당좌수표 ₩100,000이 아직 은행에서 인출되지 않음

① ₩400,000
② ₩500,000
③ ₩600,000
④ ₩700,000

- -
• 회사 측 잔액 = 500,000원(회사 측은 조정할 것 없음)
• 은행 측 잔액 = 600,000 − 당좌수표미인출 100,000 = 500,000원

금융자산

▶ 합격 강의

빈출 태그 ▶ 금융자산, 당기손익-공정가치측정금융자산, 금융상품

01 금융자산

① 현금과 예치금 : 현금및현금성자산(SECTION 01 참조)
② 다른 기업의 지분상품(지분증권) : 다른 기업의 지분상품을 보유하면서 현금배당등
을 요구할 수 있는 금융자산
③ 거래상대방에게서 현금 등 금융자산을 수취할 계약상 권리, 잠재적으로 유리한 조
건으로 거래상대방과 금융자산이나 금융부채를 교환하기로 한 계약상 권리, 대여
금 및 수취채권(SECTION 04 참조)

※ 본 장에서는 대한상공회의소 기준안에 맞추어 「당기손익 – 공정가치측정금융자산, 상각후원가측정금융자
산, 기타포괄손익 – 공정가치측정금융자산」에 대해서만 다루기로 한다(나머지는 다른 장 참조).

02 금융자산의 분류

금융자산은 현금및현금성자산을 제외하고 당기손익-공정가치측정금융자산, 상각후
원가측정금융자산, 기타포괄손익-공정가치금융자산, 대여금 및 수취채권★으로 분
류한다.

1) 당기손익-공정가치측정금융자산(FVPL)

상각후원가측정금융자산, 기타포괄손익-공정가치측정금융자산이 아닌 경우로 주로
단기간 내의 매매차익을 얻기 위하여 매입과 매도가 적극적이고 빈번하게 이루어지
는 금융자산을 말한다.
① 취득원가 : 인식(취득) 시 공정가치★로 측정하며 취득 시 직접 관련되어 발생되는
거래원가(부대비용)는 즉시 비용으로 처리한다.

> 예제 단기매매를 목적으로 한국(주)의 주식 10주를 @5,000원에 구입하고 거래수수료
> 1,000원과 함께 현금으로 지급하다. 회계처리를 하시오.
>
> | (차) 당기손익-공정가치측정금융자산 | 50,000 | (대) 현금 | 51,000 |
> |---|---|---|---|
> | 수수료비용 | 1,000 | | |
>
> 해설 당기손익-공정가치측정금융자산 취득 시 발생되는 제비용은 당기 비용으로 처리
> 한다.

금융상품
거래당사자 일방에게 금융자산을
발생시키고 동시에 다른 거래상대
방에게 금융부채나 지분상품을 발
생시키는 모든 계약으로 금융자산
(보유자), 금융부채(발행자), 지분상
품(발행자)이 이에 해당한다.
- **금융자산**
  - 현금및현금성자산
  - 매출채권 및 기타채권
  - 당기손익-공정가치측정금융
    자산
  - 기타포괄손익-공정가치측정
    금융자산
  - 상각후원가측정금융자산
- **금융부채**
  - 매입채무 및 기타채무
  - 사채
- **지분상품**

★ 수취채권(매출채권, 기타채권)
수취채권 중 기타채권의 선급금,
선급비용은 금융자산을 수취할 채
권이 아니라 일정한 재화나 용역을
제공받을 권리이므로 금융자산이
아니다.

★ 공정가치
측정일에 시장참여자 사이의 정상
적인 거래에서 자산을 매도하면서
수취하거나 부채를 이전하면서 지
급하게 될 가격을 말하며, 교환 시
에 발생할 수 있는 거래원가를 차
감하지 않은 금액이다.

② **배당금수익과 이자수익** : 지분증권(주식)에 투자한 경우 금전배당을 받을 경우 배당금수익으로 처리하며 채무증권(사채 등)에 투자한 경우 이자를 받을 경우 이자수익으로 처리한다.

※ 주식배당의 경우 자본변동이 없으므로 수익을 인식하지 아니하고 보유주식의 수량, 단가를 비망기록한다. 그러므로 주식수 증가로 평균단가 하락하며 처분 시 또는 평가 시 손익에 반영한다.

③ **기말평가(후속 측정 시)** : 결산일 현재 보유하고 있는 경우 공정가치로 평가하여, 공정가치의 변동분은 당기손익－공정가치측정금융자산평가이익 또는 당기손익－공정가치측정금융자산평가손실(영업외손익)로 처리한다. 평가이익과 평가손실이 동시에 발생한 경우에는 평가손익을 서로 상계하지 않고 각각 총액으로 보고하는 것이 원칙이지만, 그 금액이 중요하지 않은 경우에는 이를 상계하여 순액으로 표시할 수 있다.

④ **처분(양도)** : 처분금액(수수료 등이 발생하면 차감)과 장부금액의 차이금액을 당기손익－공정가치측정금융자산처분이익 또는 당기손익－공정가치측정금융자산처분손실(영업외손익)로 처리한다. 동일한 유가증권을 여러 번에 걸쳐 각각 서로 다른 가격으로 구입한 경우, 이를 양도하는 시점에서 단가를 산정해야 한다. 단가 산정은 개별법, 총평균법, 이동평균법 또는 기타 합리적인 방법을 사용한다.

2) 상각후원가측정금융자산(AC)

보유하는 기간 동안 원리금 지급만으로 구성되어 있는 현금흐름이 발생하며, 계약상 현금흐름을 수취하는 것을 목적으로 하는 사업모형 하에서의 금융자산으로 주로 만기가 고정되었고 지급금액이 확정되었거나 확정될 수 있는 비파생금융자산으로서 만기까지 보유할 적극적인 의도와 능력이 있는 경우의 금융자산을 말한다.

취득과 관련하여 거래원가(부대비용)가 발생하는 경우에는 최초 인식하는 공정가치에서 가산하며 기말평가 시 유효이자율법을 사용하여 상각후원가로 측정하므로 공정가치법을 적용하여 평가하지 않는다. 상각후원가를 장부금액으로 하는 금융자산의 손익은 당해 금융자산이 제거되거나 손상되었을 때 당기손익으로 인식하거나, 상각과정을 거쳐 당기손익에 반영한다.

3) 기타포괄손익－공정가치측정금융자산(FVOCI)

보유하는 기간 동안 원리금 지급만으로 구성되어 있는 현금흐름이 발생하며, 계약상 현금흐름을 수취하면서, 동시에 매도하는 것을 목적으로 하는 사업모형 하에서의 금융자산으로 주로 장기간 보유하며 만기까지 보유할 목적이 아닌 금융자산을 말한다. 취득 시 공정가치로 측정하며 취득과 관련하여 거래원가(부대비용)가 발생하는 경우에는 취득원가의 공정가치에 가산한다. 결산 시 시장성이 있거나 공정가치를 신뢰성 있게 측정할 수 있을 경우에는 공정가치로 평가하며 이때 미실현 보유손익인 기타포괄손익－공정가치측정금융자산평가이익 또는 기타포괄손익－공정가치측정금융자산평가손실은 기타포괄손익(자본)으로 분류하고, 매기말 평가손익은 서로 상계하며 기타포괄손익－공정가치측정금융자산을 처분하거나 손상차손을 인식하는 시점에 채무증권은 일괄하여 당기손익에 반영하고 지분증권은 기타포괄손익으로 계속 인식한다.

03 금융자산의 손상

한국채택국제회계기준에서는 상각후원가측정금융자산과 기타포괄손익-공정가치측정금융자산(채무상품만)에 대해서 손상차손을 규정하고 있다. 이때 실제 금융자산에서 신용손실(손상)이 발생하지 않더라도 기대신용손실*을 추정하여 손상을 인식한다. 기대신용손실은 개별 채무불이행 발생위험으로 가중평균한 신용손실로서 "일정 범위의 발생가능한 결과를 평가하여 산정한 금액으로서 편의가 없고 확률로 가중평균한 금액", "화폐의 시간가치", "보고기간 말에 과거자산, 현재 상황과 미래 경제적 상황의 예측에 대한 정보로서 합리적이고 뒷받침될 수 있으며 과도한 원가나 노력 없이 이용할 수 있는 정보"를 반영하여 측정한다.

① 신용이 손상된 경우 : 금융자산의 신용이 후속적으로 손상된 경우(금융자산의 발행자 또는 지급의무자의 중요한 재무적 어려움, 이자지급 또는 원금상환의 불이행이나 지연과 같은 계약 위반, 차입자의 재무적 어려움에 관련된 경제적 또는 법률적 이유로 인한 당초 차입조건의 불가피한 완화, 차입자의 파산이나 기타 재무구조조정의 가능성이 높은 상태가 된 경우, 재무적 어려움으로 당해 금융자산에 대한 활성거래시장의 소멸, 이미 발생한 신용손실을 반영하여 크게 할인한 가격으로 금융자산을 매입하거나 창출하는 경우) 전체기간에 대한 기대신용손실을 손상차손으로 인식한다.

② 신용이 손상되지 않은 경우 : 금융자산의 신용이 손상되지 않은 경우 신용위험의 유의적인 증가 여부에 따라 기대손상금액을 측정하고 상각후원가측정금융자산은 손상차손(비용)과 손실충당금으로 장부금액을 차감하여 표시하고, 기타포괄손익-공정가치측정금융자산은 손실충당금을 설정하는 대신 재평가손익(기타포괄손익)으로 조정한다.

• 금융상품의 신용위험이 유의적으로 증가한 경우 : 보고기간 말에 전체기간 기대신용손실에 해당하는 금액으로 손실충당금을 측정한다.

• 금융상품의 신용위험이 유의적으로 증가하지 않은 경우 : 보고기간 말에 12개월 기대신용손실금액에 해당하는 금액으로 손실충당금을 측정한다.

※ 당기손익-공정가치측정금융자산의 경우 손상의 효과가 이미 해당 금융자산의 평가손실로 당기손익에 반영되므로 손상처리를 하지 않는다.
※ 금융자산 중 지분상품의 경우에는 신용손실위험이 없으므로 손상처리를 하지 않는다.

③ 매출채권, 계약자산, 리스채권에 대한 간편법(매출채권 등도 금융자산이므로 손상 인식) : 매출채권, 계약자산 및 리스채권은 신용위험의 유의적인 증가 여부를 고려하지 아니하고 항상 전체기간 기대신용손실에 해당하는 금액으로 손실충당금을 측정한다. 기업은 매출채권, 리스채권, 계약자산에 각각 독립적으로 간편법 적용 여부에 관한 회계정책을 선택할 수 있다(SECTION 04 매출채권의 손상 참조).

★기대신용손실
금융상품의 기대존속기간 동안 발생할 것으로 예상하는 신용손실의 확률가중추정치로 신용손실은 모든 현금 부족액의 현재가치로 측정한다.

✓ 개념 체크

1 당기손익-공정가치측정금융자산의 부대비용은 취득원가의 공정가치에 가산한다. (○, ×)

2 기타포괄손익-공정가치측정금융자산은 총포괄손익과 당기순손익의 불일치를 초래하는 항목이다. (○, ×)

1 × 2 ○

04 금융자산의 재분류

금융자산을 관리하는 사업모형을 변경하는 경우에는 영향받는 모든 금융자산을 재분류해야 한다. 현금흐름이 원금과 이자만으로 구성되어 있지 않은 지분상품이나 파생상품은 사업모형을 선택할 수 없으므로 재분류하지 않는다.

① 상각후원가측정금융자산에서 당기손익-공정가치측정금융자산으로 재분류하는 경우에는 재분류일의 공정가치로 측정하며, 금융자산의 재분류 전 상각후원가와 공정가치의 차이에 따른 손익은 당기손익으로 인식한다.

② 상각후원가측정금융자산에서 기타포괄손익-공정가치측정금융자산으로 재분류하는 경우에는 재분류일의 공정가치로 측정하며, 금융자산의 재분류 전 상각후원가와 공정가치의 차이에 따른 손익은 기타포괄손익으로 인식한다.

③ 당기손익-공정가치측정금융자산에서 상각후원가측정금융자산으로 재분류하는 경우에는 재분류일의 공정가치가 새로운 총장부금액이 되며, 재분류일을 해당 금융자산의 최초인식일로 보며 유효이자율은 재분류일의 금융자산 공정가치에 기초하여 다시 산정한다.

④ 당기손익-공정가치측정금융자산에서 기타포괄손익-공정가치측정금융자산으로 재분류하는 경우[*]에는 계속 공정가치로 측정하며, 유효이자율은 재분류일의 금융자산 공정가치에 기초하여 다시 산정한다.

⑤ 기타포괄손익-공정가치금융자산에서 상각후원가측정금융자산으로 재분류하는 경우에는 재분류일의 공정가치로 측정하지만, 재분류 전에 인식한 기타포괄손익누계액은 자본에서 직접 제거하고 재분류일의 금융자산의 공정가치에서 조정한다.

⑥ 기타포괄손익-공정가치측정금융자산에서 당기손익-공정가치측정금융자산으로 재분류하는 경우에는 계속 공정가치로 측정하며, 재분류 전에 인식한 기타포괄손익누계액은 재분류일에 재분류조정으로 자본에서 당기손익으로 조정한다.

05 금융상품과 지분상품의 구분

지분상품은 기업의 자산에서 모든 부채를 차감한 후의 잔여지분을 나타내는 모든 계약을 말하며 다음 조건을 모두 충족하는 금융상품만이 지분상품(자본)으로 분류한다.

① 거래상대방에게 현금 등 금융자산을 인도하기로 하는 계약상 의무가 없는 계약

② 발행자에게 잠재적으로 불리한 조건으로 거래상대방과 금융자산이나 금융부채를 교환하는 계약상 의무가 없는 계약

③ 변동 가능한 수량의 자기지분상품을 인도할 계약상 의무가 없는 비파생상품계약

01 다음 중 금융자산으로 분류되는 계정과목을 짝지은 것으로 옳지 않은 것은?

① 받을어음, 선급비용
② 단기대여금, 외상매출금
③ 외상매출금, 미수금
④ 당좌예금, 현금성자산

금융자산 : 현금및현금성자산, 당기손익–공정가치측정금융자산, 상각후원가측정금융자산, 기타포괄손익–공정가치측정금융자산, 대여금 및 수취채권(선급금, 선급비용 제외)

02 다음 중 금융자산에 대한 설명으로 옳지 않은 것은?

① 금융자산의 정형화된 매입 또는 매도는 매매일이나 결제일에 인식하거나 제거한다.
② 금융자산을 재분류하는 경우에 그 재분류를 최초 취득일로부터 소급법을 적용한다.
③ 당기손익–공정가치측정 금융자산의 취득 시 거래원가는 지출 시점에 비용으로 인식한다.
④ 금융자산을 관리하는 사업모형을 변경하는 경우에는 이로 인해 영향받는 모든 금융자산을 재분류해야 한다.

금융자산을 재분류하는 경우에는 전진법을 적용한다.

03 다음 중 금융자산에 대한 설명으로 옳은 것은?

① 선급비용과 같이 미래 경제적 효익이 재화나 용역의 수취인 자산
② 잠재적으로 불리한 조건으로 거래상대방과 금융자산이나 금융부채를 교환하기로 한 계약상 처리
③ 재고자산이나 유형자산 및 리스자산 등과 같이 현금 등 금융자산이 유입될 기회를 제공하는 자산
④ 계약상 현금흐름의 수취 목적으로 보유하는 상각후원가 측정금융자산

---

④는 국공 · 회사채에 해당하므로 금융자산이다.

오답 피하기

• ① : 선급비용
• ② : 금융부채
• ③ : 재고자산, 유형자산, 리스자산

04 금융자산의 분류에 대한 내용이다. 옳지 <u>않은</u> 것은?

① 금융자산은 사업모형 및 계약상 현금흐름 특성 모두에 근거하여 후속적으로 상각후원가, 기타포괄손익-공정가치, 당기손익-공정가치로 측정되도록 분류한다.

② 계약상 현금흐름을 수취하기 위해 보유하는 것이 목적인 사업모형 하에서 금융자산을 보유하면서, 동시에 금융자산의 계약조건에 따라 특정일에 원리금 지급만으로 구성되어 있는 현금흐름이 발생하는 경우에는 '당기손익-공정가치측정금융자산'으로 분류한다.

③ 계약상 현금흐름의 수취와 금융자산의 매도, 둘 다를 통해 목적을 이루는 사업모형 하에서 금융자산을 보유하면서, 동시에 금융자산의 계약조건에 따라 특정일에 원리금 지급만으로 구성되어 있는 현금흐름이 발생하는 경우에는 '기타포괄손익-공정가치측정금융자산'으로 분류한다.

④ 지분상품에 대한 투자로 단기매매항목이 아니고 사업결합에서 취득자가 인식하는 조건부대가가 아닌 지분상품으로 최초 인식시점에 후속적인 공정가치 변동을 기타포괄손익으로 표시하기로 한 경우에는 '기타포괄손익-공정가치측정지분상품'으로 분류한다.

> 계약상 현금흐름을 수취하기 위해 보유하는 것이 목적인 사업모형 하에서 금융자산을 보유하면서, 동시에 금융자산의 계약조건에 따라 특정일에 원리금 지급만으로 구성되어 있는 현금흐름이 발생하는 경우에는 '상각후원가측정 금융자산'으로 분류한다.

05 다음은 '금융상품 : 표시'에 따라 금융상품의 정의와 관련된 설명이다. 올바르게 설명한 것을 모두 고르면 몇 개인가?

> 가. 미래에 현금을 수취할 계약상 권리에 해당하는 금융자산의 일반적인 예로는 매출채권과 대여금, 투자사채 등이 있다.
> 나. 금융상품을 수취, 인도 또는 교환하는 계약상 권리 또는 계약상 의무는 그 자체로 금융상품이 아니다.
> 다. 실물자산(재고자산, 유형자산), 리스자산과 무형자산(특허권, 상표권)은 금융자산이다.
> 라. 미래 경제적 효익이 현금 등 금융자산을 수취할 권리가 아니라 재화나 용역의 수취인 자산(선급비용)은 금융자산이다.

① 1개
② 2개
③ 3개
④ 4개

- 금융상품 : 금융자산(보유자), 금융부채(발행자), 지분상품(발행자)
- 미래에 현금을 수취할 계약상 권리에 해당하는 금융자산에는 현금과 예치금, 대여금 및 수취채권, 다른 기업의 지분상품(주식, 사채·국공채 : 당기손익-공정가치측정금융자산, 상각후원가측정금융자산, 기타포괄손익-공정가치측정금융자산)이 있다.

투자부동산

▶ 합격 강의

빈출 태그 ▶ 투자부동산, 원가모형과 공정가치모형

투자부동산은 임대수익이나 시세차익 또는 두 가지 모두를 얻기 위하여 소유자나 금융리스의 이용자가 보유하고 있는 부동산[*]을 말한다.

01 투자부동산의 인식

투자부동산은 해당 자산에서 발생하는 미래 경제적 효익의 유입가능성이 높고, 해당 자산의 원가를 신뢰성 있게 측정할 수 있을 경우 자산으로 인식한다. 투자부동산은 최초 인식시점에 원가로 측정한다. 거래원가(부대비용)는 최초 측정에 포함하며, 구입한 투자부동산의 원가는 구입금액과 구입에 직접 관련이 있는 지출로 구성된다. 또한 처분 시 장부금액과 처분금액의 차액은 투자부동산처분손익에 반영한다.

02 원가모형 및 공정가치모형

투자부동산은 최초 인식시점에 원가로 측정한 후 보고기간 말에 공정가치모형과 원가모형 중 하나를 회계정책으로 선택하여 모든 투자부동산에 적용한다.

① 원가모형 : 최초 인식 이후 모든 투자부동산에 대하여 원가의 금액을 장부금액으로 한다. 유형자산의 회계처리를 준용하여 감가상각한다.
② 공정가치모형 : 최초 인식 이후 모든 투자부동산에 대하여 감가상각을 수행하지 않고 공정가치로 평가하여 측정한다. 투자부동산의 공정가치 변동으로 발생하는 손익은 투자부동산평가손익으로 하여 발생한 기간의 당기손익으로 인식한다.

예제 당사는 투자목적의 건물을 다음과 같이 당기에 취득하였다. 당기 감가상각비와 평가손익을 계산하시오.

- 내용연수 : 9년
- 취득원가 : 1,000,000원
- 잔존가치 : 100,000원
- 감가상각방법 : 정액법
- 당기 말 공정가치 : 1,500,000원
- 평가방법 : 공정가치모형

해설 건물이 투자부동산이고 공정가치모형을 적용하므로 감가상각을 하지 않는다. 따라서 감가상각비는 0원이다. 결산 시 공정가치모형을 적용하므로 장부금액(취득원가) 1,000,000원과 공정가치 1,500,000원의 차액 500,000원이 당기손익(투자부동산평가이익)에 반영된다.

★ 투자부동산
- 장기 시세차익을 얻기 위하여 보유하고 있는 토지
- 장래 용도를 결정하지 못한 채로 보유하고 있는 토지
- 직접 소유하고 운용리스로 제공하는 건물(또는 보유하는 건물에 관련되고 운용리스로 제공하는 사용권자산)
- 운용리스로 제공하기 위하여 보유하고 있는 미사용 건물
- 미래에 투자부동산으로 사용하기 위하여 건설 또는 개발 중인 부동산

투자부동산이 아닌 경우
- 자가사용 부동산
- 정상적인 영업과정에서 판매하기 위한 부동산
- 제3자를 위하여 건설 또는 개발 중인 자산
- 금융리스로 제공한 부동산

투자부동산 용도변경 대체
부동산의 용도가 변경되는 경우 다음과 같은 사실로 입증되는 경우에만 투자부동산의 대체가 발생한다.
- 자가사용의 개시 : 투자부동산을 자가사용부동산(유형자산)으로 대체
- 정상적인 영업과정에서 판매하기 위한 개발의 시작 : 투자부동산을 재고자산으로 대체
- 자가사용이 종료 : 자가사용부동산(유형자산)을 투자부동산으로 대체
- 제3자에게 운용리스 제공 : 재고자산을 투자부동산으로 대체

원가모형 및 공정가치모형
- 원가모형 : 손익인식 ×, 감가상각 ○
- 공정가치모형 : 손익인식 ○, 감가상각 ×

✓ 개념 체크

1 장기 시세차익 목적으로 보유하는 토지와 직접소유하고 운용리스로 제공하는 건물은 투자부동산이다. (○, ×)

1 ○

01 다음 중 **투자부동산**에 해당하는 자산으로 적합하지 <u>않은</u> 것은?

① 임대수익을 목적으로 보유하고 있는 건물
② 장기 시세차익 목적으로 보유하고 있는 토지
③ 자가 사용 목적으로 건설 또는 개발 중인 부동산
④ 운용리스로 제공하기 위하여 보유하는 미사용 건물

자가 사용 목적으로 건설 또는 개발 중인 부동산은 유형자산이다.

02 다음 중 **투자부동산**에 대한 설명으로 옳지 <u>않은</u> 것은?

① 투자부동산은 최초 인식시점에 원가로 측정한다.
② 외부구입한 투자부동산의 원가는 구입금액과 구입에 직접 관련이 있는 지출로 구성된다.
③ 자가 건설한 투자부동산의 원가는 건설 또는 개발이 완료된 시점까지의 투입원가이다.
④ 운용리스에서 리스이용자가 보유하는 부동산에 대한 권리를 투자부동산으로 분류하는 경우에는 모든 투자부동산에 대하여 원가모형을 적용하여 평가한다.

운용리스에서 리스이용자가 보유하는 부동산에 대한 권리를 투자부동산으로 분류하는 경우 공정가치모형을 적용하여 평가한다.

03 **투자부동산**에 관한 다음의 설명 중 옳지 <u>않은</u> 것은?

① 투자부동산의 용도로 건설 중이거나 개발 중인 자산은 유형자산기준서를 적용하지 아니한다.
② 투자부동산은 최초 인식시점에 원가로 측정한 후 보고기간 말에 공정가치모형과 원가모형 중 하나를 선택하여 모든 투자부동산에 적용한다.
③ 투자부동산의 사용목적이 변경된 경우에는 투자부동산은 다른 자산항목으로의 계정대체가 발생한다.
④ 투자부동산의 공정가치 변동으로 발생하는 손익은 발생한 기간의 기타포괄손익에 반영한다.

투자부동산의 공정가치 변동으로 발생하는 손익은 공정가치모형에서 발생한 기간의 당기손익으로 인식한다.

04 다음은 (주)상공이 **투자부동산**으로 분류하여 보유하고 있는 건물에 대한 자료이다. (주)상공의 20×1년 당기손익에 미치는 영향으로 옳은 것은?(단, 회계기간은 20×1년 1월 1일~12월 31일이며, 법인세비용은 고려하지 않음)

- 취득일 : 20×1년 7월 1일
- 내용연수 : 20년
- 취득원가 : ₩4,000,000
- 잔존가치 : ₩400,000
- 감가상각방법 : 정액법
- 20×1년 12월 31일 공정가치 : ₩4,200,000
- 평가방법 : 공정가치모형

① 손실 ₩90,000
② 손실 ₩200,000
③ 이익 ₩90,000
④ 이익 ₩200,000

건물이 투자부동산이고 공정가치모형을 적용하므로 감가상각을 하지 않는다. 따라서 감가상각비는 발생되지 않는다. 결산 시 공정가치모형을 적용하므로 장부금액(취득원가) ₩4,000,000과 공정가치 ₩4,200,000의 차액 ₩200,000을 당기손익(투자부동산평가이익)에 반영하게 된다.

정답 01③ 02④ 03④ 04④

매출채권과 매입채무

▶ 합격 강의

빈출 태그 ▶ 외상매출금, 받을어음, 외상매입금, 지급어음, 매출채권의 손상에 관한 회계처리

매출채권이란 일반적인 상거래*에서 발생한 채권으로 외상매출금과 받을어음으로 구분된다. 일반적인 상거래라 함은 당해 기업의 사업목적을 위한 정상적 영업활동에서 발생하는 거래로서 판매기업의 경우에는 상품매출 거래를, 제조기업의 경우에는 제품매출 거래를 말한다.

> ★ 일반적인 상거래
> 주된 영업활동 또는 재고자산 거래를 말한다.

01 외상매출과 외상매입

1) 외상매출금과 외상매입금

① **외상매출금** : 일반적인 상거래에서 발생한 채권, 즉 상품이나 제품을 외상으로 판매하고 아직 그 대금을 회수하지 않은 미수액으로, 보고기간 종료일로부터 1년 이내에 회수될 금액을 말한다.

② **외상매입금** : 일반적인 상거래에서 발생한 채무, 즉 상품이나 원재료를 외상으로 매입하고 아직 그 대금을 지급하지 않은 미지급액으로, 보고기간 종료일로부터 1년 이내에 지급해야 할 금액을 말한다.

> ※ 판매운임과 매입운임 : 상품의 매매와 관련하여 발생하는 비용 중 대표적인 것이 운임(운송비)인데 해당 운임의 부담자는 매매계약, 즉 상품의 매매계약 시 소유권의 이전시기를 정하는 방법인 선적지인도기준과 도착지인도기준에 따라 다르다. 선적지인도기준은 재화가 선적되는 시점에서 재화의 소유권이 구매자에게 이전되는 계약조건이고, 도착지인도기준은 재화가 매입자에게 도착하는 시점에서 재화의 소유권이 구매자에게 이전되는 계약조건이다. 선적지인도기준으로 상품을 매입할 때 발생하는 운임은 매입자가 부담하여 구입하는 자산의 취득원가에 가산하고, 도착지인도기준으로 상품을 매입할 때 발생하는 운임은 판매자가 부담하여 판매비로 처리한다.

2) 매출처원장과 매입처원장

① **매출처원장** : 기업의 주된 영업활동인 재화를 판매하거나 용역을 제공할 때에 발생하는 받을 권리를 "외상매출금"이라고 하는데, 기업에서 발생하는 채권 중 가장 빈번히 발생할 뿐만 아니라 기업의 영업자금을 조달하는 가장 중요한 자산으로서 효율적인 관리가 필요하다. 판매처의 수가 상당히 많고 회수불능채권이 발생하는 채권관리가 무엇보다 중요하다. 외상으로 판매하였을 때에 총계정원장의 외상매출금계정을 사용하여 회계처리하고, 또한 각 거래처별로 채권을 관리하기 위해 보조원장인 매출처원장을 사용하여 기록한다.

> ✓ 개념 체크
>
> 1 일반적인 상거래(주된 영업활동, 재고자산 거래)의 거래에서 채권은 미수금, 채무는 미지급금으로 처리한다. (○, ×)
>
> 1 ×

② **매입처원장** : 기업의 주된 영업활동과 관련된 재화와 용역을 매입할 때에 발생하는 지급의무인 매입채무를 "외상매입금"이라고 하는데, 기업에서 발생하는 채무 중 가장 빈번히 발생할 뿐만 아니라 매입처의 수가 상당히 많고 지급시기를 관리해야 되기 때문에 매출채권과 마찬가지로 매입채무의 관리도 무엇보다 중요하다. 외상으로 재화와 용역을 매입하였을 때에 총계정원장의 외상매입금계정을 사용하여 회계처리하고, 또한 각 거래처별로 채무를 관리하기 위해 보조원장인 매입처원장을 사용하여 기록한다.

③ 거래처원장은 외상매출금계정과 외상매입금계정에 관하여 매출처원장과 매입처원장을 작성하는 것이다. 즉, "외상매출금"계정에 대해서는 매출처원장을, "외상매입금"계정에 대해서는 매입처원장을 작성한다.

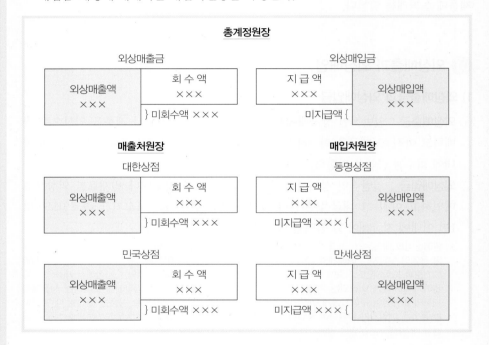

02 어음

1) 받을어음과 지급어음

① 받을어음 : 일반적인 상거래에서 발생한 어음상의 "권리"로서, 그 지급기일이 보고 기간 종료일로부터 1년 내에 도래하는 어음을 말한다.

② 지급어음 : 일반적인 상거래에서 발생한 어음상의 "의무"로서, 그 지급기일이 보고 기간종료일로부터 1년 이내에 도래하는 어음을 말한다.

③ 어음에는 약속어음과 환어음이 있다. 일반적으로는 약속어음이 많이 쓰이고 환어음은 국제거래의 결제 이외에는 거의 사용되지 않고 있다.

이자 여부에 따른 어음
- 무이자부어음 : 무이자
- 이자부어음 : 이자지급
  (만기금액 = 액면금액 + 이자)

- 약속어음 : 발행인(채무자)이 수취인(채권자)에게 일정한 기일에 일정한 금액을 지급할 것을 약속한 "지급약속증권"이다(둘 사이의 거래 시 사용).
  상품을 매출하고 타사(동점)약속어음을 받으면 받을어음(차변, 자산증가)이며 당사 약속어음을 받으면 지급어음(차변, 부채감소)으로 처리한다.
  - 상품매입하고 어음발행 시 : (차) 매입　　 ×××　　　 (대) 지급어음　 ×××
  - 상품매출하고 어음수취 시 : (차) 받을어음　×××　　　 (대) 매출　　　 ×××

- 환어음 : 발행인이 지명인(채무자)에게 일정한 기일에 일정한 금액을 수취인(채권자)에게 지급할 것을 위탁한 "지급위탁증권"이다. 환어음의 수취인은 지명인에게 어음을 제시하여 지급의 승낙을 받아야 한다. 지명인이 지급을 승낙하여 환어음의 인수란에 서명함으로써 지명인은 지급인이 되고 발행인과의 채무는 소멸된다. 따라서 환어음의 수취인은 어음의 인수를 받음으로써 어음상의 채권을 갖게 되고, 지명인은 인수를 함으로써 어음상의 채무를 지게 된다(증서에 지급인이 표시되어 있음. 셋 사이의 거래 시 사용).

  - 상품을 매입하고 매출처 앞 환어음 발행 시(매입자가 발행) :

  (차) 매입　　　　　 ×××　　　 (대) 외상매출금(지명인)　×××

  - 매입처 발행 환어음 인수 시(지명인이 인수) :

  (차) 외상매입금　　 ×××　　　 (대) 지급어음　　　　　 ×××

  - 상품매출 후 환어음 수취 시(수취인은 지명인의 승낙을 얻어 인수) :

  (차) 받을어음　　　 ×××　　　 (대) 매출　　　　　　　 ×××

※ 전자어음도 동일하게 처리한다.

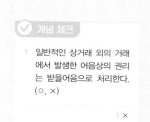

| 예제 | A상점은 B상점으로부터 상품 ₩1,000,000을 매입하고, 상품 대금 지급을 위하여 외상매출금이 있는 C상점을 지급인으로 환어음을 발행하여 C상점의 인수를 받아 B상점에게 지급하였다. 각 상점의 회계처리를 하시오. |

해설					
A상점	(차) 매입(B상점)	1,000,000	(대) 외상매출금(C상점)	1,000,000
B상점	(차) 받을어음(C상점)	1,000,000	(대) 매출(A상점)	1,000,000
C상점	(차) 외상매입금(A상점)	1,000,000	(대) 지급어음(B상점)	1,000,000

기적의 TIP

환어음 거래는 각 상점들의 회계처리를 알아야 한다.

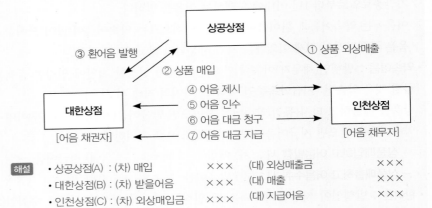

해설				
• 상공상점(A) :	(차) 매입	×××	(대) 외상매출금	×××
• 대한상점(B) :	(차) 받을어음	×××	(대) 매출	×××
• 인천상점(C) :	(차) 외상매입금	×××	(대) 지급어음	×××

받을어음		지급어음	

• 어음의 수취
• 어음개서에 의한
  신어음 수취
	• 어음대금 회수(추심)
	• 어음의 배서양도
	• 어음의 할인
	• 손상발생
	• 어음개서에 의한
	  구어음 지급
		• 어음대금 지급
		• 자기발행 약속어음
		  회수
		• 어음개서에 의한
		  구어음 회수
			• 약속어음 발행
			• 환어음인수
			• 어음개서에 의한
			  신어음 발행

※ 어음의 개서 : 어음의 지급인이 만기일에 지급할 자금이 없는 경우 어음 소지인과 협의하여 지급기일을 연장하고, 새로운 어음을 발행하여 구어음과 교환하는 것을 말한다.

2) 어음미수금(미수금)과 어음미지급금(미지급금)

① 어음미수금(미수금) : 재고자산 이외의 자산을 매각 처분하고 어음을 받은 경우
② 어음미지급금(미지급금) : 재고자산 이외의 자산을 취득하고 어음을 발행한 경우

3) 어음의 배서

어음의 소지인이 당해 어음의 만기일 이전에 어음상의 권리를 타인에게 양도하는 것을 어음의 배서라고 한다. 배서는 어음소지인(배서인)이 어음의 뒷면에 양도의 의사를 표시하고 기명날인하여 양수인에게 어음을 교부하는 것이다. 어음의 배서에는 추심위임배서, 배서양도, 어음할인을 위한 배서로 총 세 가지 경우가 있다.

① **추심위임배서** : 타인이 발행한 어음의 대금회수(추심)를 거래은행에 의뢰하는 경우, 어음의 뒷면에 배서하고 어음을 은행에 넘겨주는 것을 추심위임배서라고 한다. 이 경우 추심의뢰한 어음에 대해서는 소유권 이전이 아니므로 회계처리하지 않고 추심료 지급에 대한 것만 수수료비용으로 회계처리한다. 그리고 만기일에 은행으로부터 추심되었다는 통지를 받으면 어음상의 권리를 소멸시키고 해당 자산을 증가시킨다.

② **배서양도** : 어음소지인이 당해 어음의 만기일 이전에 어음상의 권리를 타인에게 양도하는 것을 어음의 배서양도라고 한다. 배서양도는 어음에 대한 소유권이 이전되므로 배서양도하는 시점에서 어음상의 권리를 소멸시킨다.

③ **어음할인** : 어음은 만기일 이전에 금융기관에 배서하고 할인료를 차감한 잔액을 받아 자금을 융통할 수 있는데, 이를 어음의 할인이라고 한다. 할인료는 받을어음의 만기지급금액에 대한 신용제공기간 동안의 선이자에 해당하는데 「어음금액 × 연이자율 × 일수(신용제공기간)/365」로 계산된다.

일반적으로 매출채권(받을어음)을 금융기관 등에서 할인하는 거래에 대하여는 해당 금융자산의 미래 경제적 효익에 대한 양수인의 통제권에 특정한 제약이 없는 한 매각거래*(할인료는 "매출채권처분손실"로 처리)로 회계처리하며 그렇지 않는 경우에는 차입거래*(할인료는 "이자비용"으로 처리)로 처리한다.

★ 매각거래
금융자산의 제거요건을 만족한 거래로 할인 시 매출채권을 차감한다.

★ 차입거래
금융자산의 제거요건을 만족하지 못한 거래로 만기일에 매출채권을 차감한다.

> **예제**   대한상사에서 받은 받을어음(만기 1년 이내) 100,000원을 거래은행에 할인하고 할인료 1,000원을 차감한 잔액을 보통예금계좌에 입금받았다. 회계처리를 하시오.
>
> ① 매각거래 시 : "매출채권처분손실"로 처리한다.
>
> | (차) 매출채권처분손실 | 1,000 | (대) 받을어음 | 100,000 |
> |---|---|---|---|
> | 보통예금 | 99,000 | | |
>
> ② 차입거래 시 : "이자비용"으로 처리한다.
>
> | (차) 이자비용 | 1,000 | (대) 단기차입금 | 100,000 |
> |---|---|---|---|
> | 보통예금 | 99,000 | | |

✔ 개념 체크

1 어음을 할인할 경우 매각거래인 경우 할인료는 (매출채권처분손실, 이자비용)(으)로 처리한다. 알맞은 것을 선택하시오.

1 매출채권처분손실

1. 어음의 만기금액

- **이자부어음** : 액면금액 + 액면이자

  이자부어음의 만기금액 = 액면금액 + 액면이자(액면금액 × 이자율 × $\dfrac{\text{상환기간}}{12}$)

  이자부어음할인료 = 만기금액 × 할인율 × $\dfrac{\text{상환기간}}{12}$

  ∴ 이자부어음 수령액 = 어음의 만기금액 − 어음할인료

- **무이자부어음** : 액면금액

2. 카드 관련 회계처리

- **신용카드에 의한 상품매매** : 신용카드로 결제할 경우 대금이 즉시 입금되거나 출금되지 않으므로
  - **상품매출 시** : (차) 외상매출금   ×××   (대) 매출   ×××
    (상거래(상품매매거래)이므로 외상매출금처리, 상거래가 아닐 경우 미수금)
  - **상품매입 시** : (차) 매입   ×××   (대) 외상매입금   ×××
    (상거래(상품매매거래)이므로 외상매입금처리, 상거래가 아닐 경우 미지급금)
- **직불, 체크카드에 의한 상품매매** : 직불, 체크카드로 결제할 경우 즉시 계좌에서 인출되므로
  - **상품매출 시** : (차) 보통예금   ×××   (대) 매출   ×××
  - **상품매출 시** : (차) 수수료비용   ×××
  - **상품매입 시** : (차) 매입   ×××   (대) 보통예금   ×××

03 매출채권의 손상

SECTION 02 03 금융자산의 손상의 "기대신용손실 측정" 부분과 동일하다. 즉, 실제 금융자산에서 신용손실(손상)이 발생하지 않더라도 기대신용손실을 추정하여 손상을 인식하고 기대신용손실은 ① 일정 범위의 발생 가능한 결과를 평가하여 산정한 금액으로서 편의가 없고 확률로 가중한 금액, ② 화폐의 시간가치, ③ 보고기간 말에 과거사건, 현재 상황과 미래 경제적 상황의 예측에 대한 정보로서 합리적이고 뒷받침될 수 있으며 과도한 원가나 노력 없이 이용할 수 있는 정보를 반영하여 측정한다.

하지만 위의 원칙과 일관된다면 매출채권, 계약자산 및 리스채권은 신용 위험의 유의적인 증가여부를 고려하지 아니하고 항상 전체기간 기대신용손실에 해당하는 금액으로 손실충당금을 측정한다. 따라서 기업은 매출채권, 계약자산 및 리스채권에 각각 독립적으로 간편법 적용에 관한 회계정책을 선택할 수 있다(예) 매출채권잔액비율법, 연령분석법 등).

1) 신용이 손상된 경우 : (금융자산)손상차손

회수불능채권에 대한 손상을 계상하는 계정으로 매출채권의 손상(구.대손비용)은 판매비와관리비의 "손상차손(구.대손상각비)"으로, 기타채권에 대한 손상은 영업외비용의 "기타의손상차손(구.기타의대손상각비)"으로 처리한다.

2) 신용이 손상되지 않은 경우 : (금융자산)손실충당금

충당금설정법에 의하여 설정되는 것으로 수취채권의 잔액 중 회수불능채권의 추정금액을 말한다. 손실충당금(구.대손충당금)은 수취채권의 평가계정으로서 수취채권의 장부금액(또는 순실현가능가치)을 나타내기 위해 수취채권으로부터 차감하는 형식으로 표시한다.

※ 신용이 손상된 경우와 손상되지 않은 경우의 구분은 SECTION 02 ❸ 금융자산의 손상을 참조한다.

손실충당금 표시
채권에서 차감(대변)하는 평가계정이므로 재무상태표 자산에 다음과 같이 표시된다.

| 외상매출금 | xxx | |
| 손실충당금 | xxx | xxx |

3) 손실충당금환입(구.대손충당금환입)

충당금설정법에 의하여 손실충당금을 설정하였으나 전기에 설정한 손실충당금잔액이 당기에 새로 설정할 손실충당금보다 많아 차액을 환입하는 경우에 사용한다.

4) 손상처리 방법 및 손실충당금설정법

① 손상발생 시 손실충당금잔액을 조회하여 손실충당금으로 회계처리하며, 부족하거나 없을 경우에는 당기 비용으로 처리한다.

② 간편법(손실충당금설정방법(보충법)) : 관련 수취채권 등이 기록되는 연도의 외상매출액 또는 수취채권 잔액으로부터 회수불능채권 금액을 추정하여 손실충당금을 설정하고, 동시에 이를 동 기간의 비용으로 회계처리하는 방법이다.

매출채권비율법과 연령분석법을 재무상태표접근법이라고 한다.

• 매출채권잔액비율법 : 매출채권잔액을 과거의 경험이나 통계 등을 이용하여 산출한 일정한 손상예상율을 매출채권잔액에 곱하여 손상예상액을 산출하는 방법이다.

> 기말 손실충당금 설정액 = 기말채권잔액 × 손상추정율(%)* − 손실충당금잔액

★ 손상예상액

• 연령분석법 : 매출채권잔액을 회수기일의 경과일수에 따라 분류하여 손상을 추정하는 방법으로 매출채권의 순실현가능가치를 매출채권잔액비율법보다 더 정확하게 보고할 수 있다.

> 기말 손실충당금 설정액 = 경과일수 채권별 잔액 × 경과일수 채권별 손상추정율(%)* − 손실충당금잔액

③ 회계처리방법

• 손실충당금잔액이 없을 경우 : 전액 비용처리한다.

  (차) 손상차손   ×××   (대) 손실충당금   ×××

• 손상예상액 > 손실충당금잔액 : 예상액 − 잔액 = 보충액 만큼 비용처리한다.

  (차) 손상차손   ×××   (대) 손실충당금   ×××

• 손상예상액 < 손실충당금잔액 : 잔액 − 예상액 = 환입액 만큼 환입처리한다.

  (차) 손실충당금   ×××   (대) 손실충당금환입   ×××

손실충당금을 설정하는 이유
매출을 인식하는 기간에 매출채권의 손상을 인식하여 수익비용 대응의 원칙에 따르기 위함이다.

기말 손실충당금잔액은 손상예상액이다.

④ 손상대금 회수 시

| (차) 현금 등 | ××× | (대) 손실충당금 | ××× |

> **예제** 기말 외상매출금 잔액 10,000,000원에 대하여 1%의 손실충당금을 설정하다.
> 회계처리를 하시오.
>
> 기말 손실충당금 설정액 = 10,000,000원 × 1% − 손실충당금잔액
>
> ① 손실충당금잔액이 없을 경우
>
> | (차) 손상차손 | 100,000 | (대) 손실충당금 | 100,000 |
>
> ② 손실충당금잔액이 50,000원 남아 있을 경우
>
> | (차) 손상차손 | 50,000 | (대) 손실충당금 | 50,000 |
>
> ③ 손실충당금잔액이 120,000원 남아 있을 경우
>
> | (차) 손실충당금 | 20,000 | (대) 손실충당금환입 | 20,000 |

✔ 개념 체크

1 기초 매출채권의 손실충당금잔액 ₩1,000, 기중 매출채권 ₩1,500이 회수불능되어 손상처리하다. 기말 매출채권 ₩100,000에 대하여 2% 손상을 예상하여 처리할 경우 결산 후 전체 매출채권의 손상차손은?

1 500 + 2,000 = ₩2,500

01 다음의 거래를 분개할 경우 차변의 외상매출금 금액은 얼마인가?

> (주)상공기업은 (주)대한기업에 상품 ₩1,000,000(부가가치세 10% 별도)을 외상으로 매출하고 운임 ₩50,000은 현금으로 지급하다.

① ₩1,000,000
② ₩1,050,000
③ ₩1,100,000
④ ₩1,150,000

(차) 외상매출금	1,100,000	(대) 매출	1,000,000
운반비	50,000	부가가치세예수금	100,000
		현금	50,000

02 다음은 (주)상공기업의 받을어음 계정이다. 기중 받을어음 대금 회수액은 얼마인가?

받을어음

전기이월	250,000	당좌예금	500,000
매출	450,000	외상매입금	100,000
외상매출금	300,000	차기이월	400,000
	1,000,000		1,000,000

① ₩400,000
② ₩450,000
③ ₩500,000
④ ₩600,000

받을어음 회수 시 대변에 기입하므로 500,000원(당좌예금)이 된다. 또한 대변에 있는 외상매입금은 외상매입금을 받을어음으로 상환한 거래이다.

받을어음

• 어음의 수취	• 어음대금 회수(추심)
	• 어음의 배서양도
	• 어음의 할인
	• 손상발생

03 다음 거래 내용 중 회계처리 결과가 재무제표의 매출채권을 증가시키는 것끼리 짝지어진 것은?

① 타인발행 약속어음 수취, 어음의 부도
② 외상매출금의 실제 손상, 약속어음 배서양도
③ 약속어음 대금의 회수, 약속어음의 할인양도
④ 재화의 외상 판매, 약속어음의 수취

어음의 부도, 외상매출금의 손상, 약속어음 배서양도, 약속어음 대금의 회수, 약속어음의 할인양도는 매출채권을 감소시킨다.

04 어음거래와 관련하여 장부에 기입하는 내용으로 옳지 **않은** 것은?(단, 어음의 할인은 매각거래로 처리함)

① 환어음을 인수하면 지급어음 계정 대변에 기입한다.
② 어음 대금을 회수하면 받을어음 계정 대변에 기입한다.
③ 환어음을 수취하면 받을어음 계정 차변에 기입한다.
④ 약속어음을 은행으로부터 할인받으면 받을어음 계정 차변에 기입한다.

매각거래이므로 대변에 기입한다.

(차) 매출채권처분손실	×××	(대) 받을어음	×××
현금 등	×××		

05 다음은 (주)상공의 매출채권 손상과 관련된 거래이다. 결산 후 포괄손익계산서에 표시될 손상차손은 얼마인가?(단, 결산일은 12월 31일임)

> 1월 1일   손실충당금잔액 ₩1,000
> 10월 15일 서울상회의 매출채권 ₩1,500이 회수불능되어 손상처리하다.
> 12월 31일 매출채권 ₩100,000에 대하여 2% 손상을 예상하다.

① ₩1,500
② ₩2,000
③ ₩2,500
④ ₩30,000

• 10/15 (차) 손실충당금 1,000   (대) 매출채권 1,500
　　　　　손상차손 500
• 12/31 기말 손실충당금 설정 시 회계처리
　(차) 손상차손 2,000   (대) 손실충당금 2,000
∵ 기말 손실충당금 설정액
　= 손상추산액(매출채권잔액×손상율) − 손실충당금잔액
　= 100,000×2% − 0
　= 2,000원
∴ 포괄손익계산서에 표시될 손상차손 = 500 + 2,000 = 2,500원

정답 01③ 02③ 03④ 04④ 05③

기타채권과 채무

▶ 합격 강의

빈출 태그 ▶ 기타채권·채무, 부가가치세예수금, 부가가치세대급금

기타채권 ↔ 기타채무
- 단기대여금 ↔ 단기차입금
- 장기대여금 ↔ 장기차입금
- 미수금 ↔ 미지급금
- 선급금 ↔ 선수금
- 가지급금 ↔ 가수금
- 부가가치세대급금 ↔ 부가가치세예수금

★ 재고자산(상품 등)이 아닌
일반적인 상거래 외의 거래

재고자산(상품 등)의 외상매출, 매입계정
- 외상매출금
- 외상매입금

🅕 기적의 TIP

수취채권(매출채권, 기타채권) 중 선급금이나 선급비용 그리고 지급채무 중 선수금이나 선수수익은 금융자산을 수취할 채권이나 지급할 채무가 아니라 일정한 재화나 용역을 제공받을 권리나 제공할 의무이므로 금융자산이나 금융부채가 아니다(다른 수취채권이나 지급채무와 차이점).

1) 대여금과 차입금

대여금과 차입금은 장단기에 따라 단기대여금과 장기대여금, 단기차입금과 장기차입금으로 구분된다. 단기대여금이란 회수기한이 보고기간 종료일로부터 1년 이내에 도래하는 대여금을 말하며, 단기차입금이란 기업에 필요한 운용자금 조달을 위하여 금융기관 등으로부터 차입한 당좌차월액과 보고기간 종료일로부터 1년 이내에 상환될 차입금을 말한다.

2) 미수금과 미지급금

미수금과 미지급금은 장단기에 따라 미수금과 장기미수금, 미지급금과 장기미지급금으로 구분된다. 미수금이란 재고자산(상품 등)이 아닌★ 차량이나 비품의 매각대금, 서비스 제공대금 등이 입금되지 않은 경우를 말하며, 미지급금이란 재고자산(상품 등)이 아닌 비품 등을 매입하고 지급하지 못한 경우를 말한다. 미수금과 미지급금계정은 보고기간 종료일로부터 1년 이내인 경우에 사용한다.

3) 선급금과 선수금

선급금과 선수금은 장단기에 따라 선급금과 장기선급금, 선수금과 장기선수금으로 구분된다. 선급금이란 상품 등의 매입을 위하여 미리 지급한 금액으로 상품 등을 인수하면 해당 계정으로 대체된다. 선수금이란 상품 등을 인도하기 전에 미리 받은 금액으로 상품 등을 인도하면 해당 계정으로 대체된다.

4) 가지급금과 가수금

가지급금이란 실제로 현금지출은 있었으나, 계정과목이나 금액을 확정할 수 없을 때 일시적으로 처리하는 자산 계정이며 가수금이란 현금을 받았으나 계정과목이나 금액을 확정할 수 없을 때에 사용하는 부채계정이다. 추후에 계정과목이나 금액이 확정되면 해당 계정으로 대체한다. 가지급금 또는 가수금 등의 미결산항목은 결산 시에 적절한 계정으로 대체하여 재무상태표에는 나타나지 않아야 한다.

5) 예수금

일반적인 상거래 이외에서 발생한 일시적 제 예수액을 말한다. 예를 들면, 종업원에게 급여 지급 시 원천징수*하여 세무서에 납부하기까지 일시적으로 예수하는 원천징수 소득세예수금, 국민연금예수금, 건강보험료예수금 등이 예수금 계정에 포함된다.

6) 부가가치세예수금과 부가가치세대급금

상품 등(재화와 용역의 거래)을 인도(공급)하고 대금과 함께 받는 부가가치세*(매출세액)는 부가가치세예수금(부채)으로 처리하며 반대로 상품 등을 인도받고 부담한 부가가치세(매입세액)는 부가가치세대급금(자산)으로 처리한다.

■ 납부 전 정산 시 회계처리

① 매출세액이 매입세액보다 클 경우

(차) 부가가치세예수금	×××	(대) 부가가치세대급금	×××
		미지급세금	×××

② 매출세액이 매입세액보다 작을 경우

(차) 부가가치세예수금	×××	(대) 부가가치세대급금	×××
미수금	×××		

※ 정산없이 즉시 납부 및 환급받을 경우에는 미지급세금, 미수금 없이 납부한 계정이나 받은 계정으로 처리한다.

★ 원천징수
상대방의 소득이 되는 금액을 지급할 때 이를 지급하는 자(원천징수 의무자)가 그 금액을 받는 사람(납세의무자)이 내야 할 세금을 미리 떼어서 대신 납부하는 제도를 말한다.

★ 부가가치세(VAT)
재화나 용역의 생산 또는 유통단계에서 발생되는 부가가치에 대해 부과되는 조세이다.

법인 부가가치세 신고와 납부
• 제1기 예정신고(1–3) : 4.1~25
• 제1기 확정신고(4–6) : 7.1~25
• 제2기 예정신고(7–9) : 10.1~25
• 제2기 예정신고(10–12) : 차기 1.1~25

개인(일반과세자) 부가가치세 신고와 납부
• 제1기 신고(1–6) : 7.1~25
• 제2기 신고(7–9) : 차기 1.1~25

 개념 체크

1 부가가치세 정산 시 부가가치세 매입세액보다 부가가치세 매출세액이 큰 경우 그 차액은 (   )계정으로 처리한다.

1 미지급세금

01 대여금과 차입금, 미수금과 미지급금에 대한 설명이다. 옳지 <u>않은</u> 것은?

① 기업이 상품 이외의 자산을 외상으로 처분한 경우에 발생한 채권은 미수금계정의 차변에 기입한다.

② 기업이 종업원이나 거래처 등으로부터 차용증서를 받고 1년 이내에 회수하는 조건으로 현금 등을 빌려준 경우 단기대여금계정의 대변에 기입한다.

③ 기업이 자금 융통을 위하여 차용증서를 써주고 거래처나 은행 등으로부터 현금을 차입하고, 1년 이내에 갚기로 한 경우 단기차입금계정의 대변에 기입한다.

④ 기업이 상품 이외의 자산을 외상으로 매입한 경우에 발생한 채무는 미지급금계정의 대변에 기입한다.

차용증서를 받고 1년 이내에 회수하는 조건으로 현금 등을 빌려준 경우에는 단기대여금계정 차변에 기입한다(자산의 증가 : 차변).

02 다음 거래에 대한 회계처리 방법으로 옳은 것은?

① 상품을 매출하고 신용카드로 결제받은 경우 차변에 미수금 계정으로 처리한다.

② 사무용 소모품을 구입하고 신용카드로 결제한 경우 대변에 미지급금 계정으로 기입한다.

③ 업무용 비품을 구입하고 직불카드로 결제한 경우 대변에 외상매입금 계정으로 처리한다.

④ 상품을 매입하고 신용카드로 결제한 경우 대변에 미지급금 계정으로 처리한다.

오답 피하기
- ① : 외상매출금
- ③ : 직불카드와 연결된 통장
- ④ : 외상매입금

03 (주)상공은 제조업 및 도소매업을 영위하고 있다. 다음 중 선급금으로 회계처리할 수 <u>없는</u> 것은?

① 미리 지급한 상품 대금의 일부 금액

② 건물 신축을 위해 지급한 계약금

③ 제품의 외주가공처에 미리 지급한 가공비

④ 원재료를 구입하고 계약금으로 지급한 금액

건물 신축을 위해 지급한 계약금은 건설중인자산으로 처리한다.

04 (주)상공기업은 거래은행으로부터 3년 뒤에 갚기로 하고, ₩1,000,000을 대출받아 보통예금계좌에 입금하였다. 이를 분개할 경우 대변의 계정과목으로 옳은 것은?

① 선수금

② 미지급금

③ 단기차입금

④ 장기차입금

(차) 보통예금 1,000,000　　(대) 장기차입금 1,000,000

정답　01② 02② 03② 04④

05 다음의 계정과목에 대한 설명이 옳지 <u>않은</u> 것은?

① 가지급금과 가수금은 계정이나 금액이 확정되는 시점에 적절한 계정으로 대체하며 최종 재무제표에는 나타나지 않아야 하는 계정이다.

② 가지급금은 여비와 업무추진비의 명목으로 일단 지급한 경우에 계상한다.

③ 예수금은 종업원이 부담하는 소득세나 건강보험료 등을 기업이 미리 원천징수한 경우에 계상한다.

④ 장기적으로 거래처에 원료를 공급하기로 계약하고 수취한 계약금은 가수금으로 계상한다.

장기적으로 거래처에 원료를 공급하기로 하고 수취한 계약금은 장기선수금으로 계상한다.

06 202X년 1월 1일부터 6월 30일까지 ₩100,000(부가가치세를 제외한 금액)의 매출과 ₩110,000(부가가치세를 제외한 금액)의 매입이 있었다. 매출과 매입이 모두 부가가치세 과세거래일 때, 202X년 제1기분 부가가치세 확정신고 시 해야 할 분개는?(단, 예정신고는 없었으며, 부가가치세 신고 시 납부할 세액이 있으면 즉시 납부하고, 환급받을 세액이 있으면 신고 즉시 환급받는다고 가정함)

① (차) 부가가치세예수금 10,000 (대) 부가가치세대급금 10,000

② (차) 부가가치세예수금 10,000 (대) 부가가치세대급금 11,000
　　　현금　　　　　　　1,000

③ (차) 부가가치세예수금 11,000 (대) 부가가치세대급금 10,000
　　　　　　　　　　　　　　　　　　현금　　　　　　1,000

④ (차) 부가가치세예수금 11,000 (대) 부가가치세대급금 11,000

부가가치세예수금(매출세액) 10,000원에서 부가가치세대급금(매입세액) 11,000원을 차감하면 −1,000이 발생하므로 1,000원을 환급받게 된다.

(차) 부가가치세예수금　　　10,000　　　(대) 부가가치세대급금　　　11,000
　　현금　　　　　　　　　1,000

SECTION 06 재고자산

출제빈도 상 중 하
반복학습 1 2 3

빈출 태그 ▶ 재고자산평가방법, 기말평가, 특수매매

정상적인 영업과정에서 판매를 위하여 보유하거나 생산 과정에 있는 자산(상품, 제품) 및 생산 또는 서비스 제공 과정에 투입될 원재료나 소모품의 형태로 존재하는 자산이다.

01 재고자산의 종류

① **상품** : 정상적인 영업활동을 통하여 판매할 목적으로 구입한 것을 말하며 부동산 매매업에 있어서 판매를 목적으로 소유하는 토지, 건물 등이 상품에 포함된다.
② **제품** : 판매를 목적으로 제조한 생산품·부산물 등을 말한다.
③ **원재료** : 제품의 생산에 소비할 목적으로 구입한 원료·재료 등을 말한다.
④ **재공품** : 제품의 제조를 위하여 재공과정에 있는 것을 말하며 반제품(현재 상태로 판매가능한 재공품)을 포함한다.
⑤ **저장품** : 소모품, 소모공구기구, 비품 및 수선용부분품 등을 말한다.

02 재고자산의 취득원가

재고자산의 순매입액
= 매입가 + 부대비용(운반비 등) – 매입환출및에누리 – 매입할인

매입원가 또는 제조원가를 말하며 취득에 직접적으로 관련되어 있으며, 정상적으로 발생되는 부대비용(기타원가)를 포함하며 매입환출, 매입에누리, 매입할인은 차감한다.
① **매입환출및에누리** : 매입환출은 매입한 상품의 하자, 파손 등의 사유로 판매자에게 반품 처리한 것이며, 매입에누리는 매입한 상품의 불량, 파손, 결함 등의 이유로 결제금액을 깎는 것을 말한다.
② **매입할인** : 외상대금을 약정(1/20, n/30★등)된 할인기간 내에 지급하고 대금의 일부를 깎는 것을 말한다.

★ 20일 이내 상환 시 1% 할인, 30일 이내에 상환할 것

예제 다음을 회계처리하시오.

① 상품 100,000원을 외상으로 매입하면서 운임 10,000원을 당사가 부담하기로 하였다. 결제는 상품 대금은 외상으로 하고 운임은 현금으로 지급하였다. 회계처리를 하시오.

(차) 상품	110,000	(대) 외상매입금	100,000
		현금	10,000

② 매입한 상품의 일부에서 불량이 발생하여 30,000원을 외상매입금에서 차감하기로 하였다. 회계처리를 하시오.

(차) 외상매입금	30,000	(대) 매입환출및에누리	30,000

03 재고자산의 수량 파악방법

① 실지재고조사법(실사법) : 재고자산의 입고 수량만을 기록하고 출고 수량은 기록하지 않고 기말에 실지 재고를 조사하여 기말재고수량을 파악하는 방법이다. 따라서 당기 판매가능수량(기초재고수량＋당기매입수량)에서 기말실지재고수량을 차감하여 당기판매수량을 파악한다. 단위당원가가 적고, 입출고가 빈번한 상품을 취급하는 업종에 적용가능하며 감모 시 판매수량이 과대 계상된다.

② 계속기록법 : 입고와 출고가 이루어질 때마다 장부에 계속적으로 수량을 기록하여 재고수량을 장부에서 언제든지 파악할 수 있는 방법으로 실지재고조사는 하지 않는다. 고가의 상품을 소량으로 취급하는 업종에 적용가능하며 감모 시 기말재고수량이 과대 계상된다.

③ 혼합법(병행법) : 계속기록법과 실지재고조사법을 병행하여 사용하면, 장부상재고량과 실지재고량을 모두 알 수 있기 때문에 감모가 자주 발생하는 경우에 사용한다.

04 재고자산의 단가(원가) 파악방법

통상적으로 상호 교환될 수 없는 재고항목이나 특정 프로젝트별로 생산되는 제품 또는 서비스의 원가는 개별법을 사용하여 파악하며, 개별법이 적용되지 않는 재고자산의 원가는 선입선출법, 후입선출법*, 가중평균법(이동평균법, 총평균법)을 사용하여 파악한다. 성격과 용도 면에서 유사한 재고자산에는 동일한 원가 파악방법을 적용하여야 하며, 성격이나 용도 면에서 차이가 있는 재고자산에는 서로 다른 원가 파악방법을 적용할 수 있다.

★ 후입선출법
한국채택국제회계기준에서 인정하지 않는다.

✓ 개념 체크

1 재고자산의 원가 파악방법에는 선입선출법, 이동평균법, 총평균법, 계속기록법 등이 있다. (ㅇ, ×)

1 ×

그 외의 회계기준에서 인정하는 단가(원가) 파악방법
- 소매재고법 : 판매가격기준으로 평가한 기말재고금액에 원가율을 적용하여 기말재고자산의 원가를 결정하는 방법으로 유통업종에서만 사용
- 표준원가법 : 재료원가, 소모품가, 노무원가 및 효율성과 생산능력 활용도를 반영

① **개별법** : 매입상품별로 매입가격을 알 수 있도록 개별적으로 관리하여 판매된 부분에 대한 원가와 기말에 남아있는 재고자산의 원가를 개별적으로 파악하여 매출원가와 기말재고액을 파악하는 방법이다.

장점	이론상 가장 이상적인 방법으로 수익과 비용이 정확히 대응되어 정확한 이익 측정
단점	종류와 수량이 많고 거래가 빈번한 경우 적용 불가

② **선입선출법** : 먼저 매입한 재고자산이 먼저 판매되는 것으로 가정하여 매출원가와 기말재고원가를 파악하는 방법이다.

장점	물량의 흐름과 일치함. 물가상승 시에는 순이익이 높게 계상되고 기말재고원가는 최근에 원가로 계상되므로 재무상태표상 재고자산은 시가에 가까움
단점	먼저 매입한 재고자산이 먼저 판매되므로 매출시점 현재의 매출액(수익)과 과거의 매출원가(비용)가 대응되므로 수익과 비용의 대응이 정확하지 않음

물가상승 시 각 방법의 비교
- 기말재고금액 : 선입선출법 〉이동평균법 〉총평균법 〉후입선출법
- 매출원가 : 후입선출법 〉총평균법 〉이동평균법 〉선입선출법
- 당기순이익 : 선입선출법 〉이동평균법 〉총평균법 〉후입선출법

③ **후입선출법** : 가장 나중(최근)에 매입한 재고자산이 먼저 판매되는 것으로 가정하여 매출원가와 기말재고원가를 파악하는 방법이다. 한국채택국제회계기준에서는 인정하지 않는다.

장점	나중에 매입한 재고자산이 먼저 판매되므로 매출시점 현재의 매출액(수익)과 현재의 매출원가(비용)가 대응되므로 수익과 비용의 대응이 적절히 이루어짐. 물가상승 시에는 순이익이 낮게 계상되고 기말재고자산원가는 과거의 원가로 계상되므로 기말재고원가가 낮게 계상됨
단점	물량의 흐름과 일치하지 않음

④ **이동평균법** : 재고자산이 출고되는 시점에서의 평균원가로 매출원가와 기말재고원가를 결정하는 방법이다.

> (매입직전재고액 + 금번매입액) ÷ (매입직전재고수량 + 금번 매입수량) = 이동평균원가

⑤ **총평균법** : 당기에 판매된 재고자산은 모두 동일한 원가라는 가정하에 매출원가와 기말재고원가를 결정하는 방법이다.

> (기초재고액 + 당기매입액) ÷ (기초재고수량 + 당기매입수량) = 총평균원가

✔ **개념 체크**

1 매출액과 현재의 매출원가가 대응되는 재고자산 단가 파악방법은 선입선출법이다. (○, ×)

1 ×

05 재고자산의 기말평가(저가법)

재고자산의 시가(순실현가능가치)가 장부금액(원가)보다 하락한 경우에 발생한 손실(실제 재고수량 × (단위당원가 – 순실현가능가치))로 시가를 장부금액(원가)으로 조정하는 방법이다. 차액을 (차변) 재고자산평가손실(매출원가:영업비용) ××× (대변) 재고자산평가충당금(재고자산에서 차감) ××× 으로 회계처리한다. 평가손실을 초래했던 상황이 해소되어 새로운 시가가 장부금액보다 상승한 경우에는 최초의 장부금액을 초과하지 않는 범위 내에서 평가손실을 환입한다.

저가법의 원인(재고자산평가손실)
- 물리적으로 손상된 경우
- 완전히 또는 부분적으로 진부화된 경우
- 판매가격이 하락한 경우
- 완성하거나 판매하는데 원가가 상승한 경우

- **재고자산별 순실현가능가치의 추정**
- **판매목적 상품 · 제품 · 재공품** : 순실현가능가치
  - 순실현가능가치 : 정상적인 영업과정의 예상 판매가격 – 예상되는 추가 완성원가와 판매비용
- **사용목적 원재료 · 기타 소모품** : 현행대체원가(단, 완성될 제품이 원가 이상으로 판매되는 경우 감액하지 않음)
  - **현행대체원가** : 현재 시점에서 매입하거나 재생산하는 데 소요되는 금액

한국채택국제회계기준에서 저가법평가는 항목별로 적용하는 것이 원칙이며, 다만 재고자산항목이 유사한 목적 또는 용도를 갖는 동일한 제품군과 관련되고, 동일한 지역에서 생산되어 판매되며, 실무적으로 동일한 제품군에 속하는 다른 항목과 구분하여 평가할 수 없는 경우에는 서로 유사하거나 관련 있는 항목들을 통합하여 조별로 적용하는 것을 인정한다.

06 재고자산의 감모손실

도난, 분실, 파손, 증발, 마모 등에 의한 수량부족으로 장부상 수량에 비하여 실제 수량이 부족한 경우에 발생하는 손실((장부수량 – 실제수량) × 단위당원가)을 말한다.
① **정상적인 경우** : 원가성을 인정하여 매출원가(영업비용)에 가산한다.
② **비정상적인 경우** : 원가성이 인정되지 않으므로 재고자산감모손실(영업외비용)로 처리한다.

🅑 기적의 TIP

재고자산평가손실과 재고자산감모손실의 차이를 구분해야 한다.

07 특수매매(기말재고자산의 포함여부 결정)

① **미착상품** : 운송 중에 있어 아직 도착하지 않은 상품으로 선적지 인도조건과 목적지(도착지)인도조건이 있다. 선적지 인도조건인 경우에는 상품이 선적된 시점에 소유권이 매입자에게 이전되기 때문에 미착상품은 매입자의 재고자산에 포함되나, 목적지(도착지) 인도조건인 경우에는 상품이 목적지(도착지)에 도착하여 매입자가 인수한 시점에 소유권이 매입자에게 이전되기 때문에 매입자의 재고자산에 포함하지 않는다.

🅑 기적의 TIP

선적지 인도조건
선적된 시점에 매입자가 운임, 보험료 등을 부담하므로 운임, 보험료 등을 재고자산의 취득원가에 포함하여 처리한다.

기적의 TIP

시송품과 적송품은 모두 판매되기 전까지 매출자의 재고자산이므로 각각 시송품, 적송품으로 재고자산 회계처리한다.

② **시송품** : 매입자가 일정기간 사용한 후 매입 여부를 결정하는 조건으로 판매한 상품을 말하며 매입자가 매입의사표시를 하기 전까지는 매출자의 재고자산에 포함한다.

③ **적송품** : 위탁자가 수탁자에게 판매를 위탁하기 위하여 보낸 상품으로 수탁자가 제3자에게 판매하기 전까지는 위탁자의 재고자산에 포함한다.

④ **저당상품** : 저당권이 실행되어 소유권이 이전되기 전에는 단순히 저당만 잡힌 상태이므로 담보제공자의 재고자산에 속한다.

⑤ **반품률이 높은 재고자산** : 반품률을 과거의 경험 등에 의하여 합리적으로 추정 가능한 경우에는 상품 인도 시에 반품률을 적절히 반영하여 판매된 것으로 보아 판매자의 재고자산에서 제외한다.

⑥ **할부판매상품** : 대금이 모두 회수되지 않았다고 하더라도 상품의 판매시점에서 매출자의 재고자산에서 제외한다.

⑦ **상품권 판매** : 상품권을 발행한 시점에선 매출자의 재고자산에 포함하며 상품권을 회수한 시점에서 재고자산에서 제외한다.

이론을 확인하는 기출문제

01 다음 중 (주)대한의 재고자산에 해당하지 <u>않는</u> 것은?

① (주)대한이 매입하여 창고에 보관하고 있는 재고자산

② (주)대한이 선적지 인도조건으로 판매하여 해상 운송 중인 재고자산

③ (주)대한이 판매를 목적으로 위탁한 재고자산 중 수탁자가 보관하고 있는 잔여분

④ (주)대한이 침수피해를 예방하기 위해 일시적으로 (주)설악의 창고로 옮겨 놓은 재고자산

선적지 인도조건으로 판매하여 해상 운송 중인 재고자산은 선적을 했으므로 재고자산에서 제외한다.

02 다음은 갑상품에 대한 매입 · 매출 관련 자료이다. 재고자산을 이동평균법으로 평가할 때, 10월 중 매출원가는 얼마인가?

10월 1일	기초재고 20개	@₩1,200	₩24,000
5일	매입 60개	@₩1,600	₩96,000
10일	매출 40개	@₩2,000	₩80,000
17일	매입 50개	@₩1,860	₩93,000
25일	매출 30개	@₩2,300	₩69,000

① ₩104,000　　　② ₩111,000

③ ₩114,600　　　④ ₩125,000

이동평균법 : 재고자산이 출고되는 시점에서의 평균원가로 매출원가와 기말재고원가를 결정하는 방법이다((매입직전재고액+금번매입액)÷(매입직전재고수량+금번 매입수량)).

• 10/10(매출 시) 평균원가 = (24,000+96,000)÷(20+60) = @1,500원
• 10/25(매출 시) 평균원가 = ((@1,500×40) + 93,000)÷(40+50) = @1,700원
∴ 매출원가 = 40개×@1,500(10/10) + 30개×@1,700(10/25) = 111,000원

정답 01 ② 02 ②

03 다음은 (주)상공기업의 5월 중 갑상품 관련 거래 내역이다. 이를 통해 5월의 기말상품재고액이 가장 높게 나타나는 재고자산 평가방법과 회계처리 결과에 대한 설명으로 옳은 것은?

가. 5월 1일 전월이월	100개 @₩1,000
나. 5월 10일 매입	100개 @₩1,200
다. 5월 15일 매출	100개 @₩1,500
라. 5월 20일 매입	100개 @₩1,300

① 총평균법이며 매출총이익은 ₩50,000이다.
② 선입선출법이며 기말상품재고액은 ₩250,000이다.
③ 이동평균법이며 매출원가는 ₩110,000이다.
④ 후입선출법이며 매출원가는 ₩120,000이다.

매입금액이 갈수록 높아지므로 기말상품재고액이 가장 높게 나타나는 자산 평가방법은 선입선출법(먼저 매입한 재료를 먼저 판매)이며 그 금액은 100개×@1,200+100×@1,300 = 250,000원이다.
※ 물가상승 시 각 방법의 비교
• 기말재고금액 : 선입선출법 〉 이동평균법 〉 총평균법 〉 후입선출법
• 매출원가 : 후입선출법 〉 총평균법 〉 이동평균법 〉 선입선출법
• 당기순이익 : 선입선출법 〉 이동평균법 〉 총평균법 〉 후입선출법

04 (주)대망은 20X1년 8월 5일에 발생한 화재로 인하여 모든 재고자산이 소실되었다. 20X1년 1월 1일부터 8월 5일까지의 확인된 자료는 다음과 같다. 매출총이익률이 30%라면 화재로 인해 소실된 재고자산은 얼마인가?

가. 1월 1일 기초재고자산 :	₩300,000
나. 8월 5일까지의 순매출액 :	₩2,000,000
다. 8월 5일까지의 총매입액 :	₩1,500,000
라. 8월 5일까지의 매입환출액 :	₩20,000

① ₩200,000
② ₩280,000
③ ₩300,000
④ ₩380,000

• 화재로 소실된 재고자산 = 기초재고+순매입액(총매입액-매입환출및에누리)
                          - 매출원가
• 매출총이익률 = (매출액-매출원가)÷매출액
             = (2,000,000-매출원가)÷2,000,000
             = 0.3(30%)
∴ 매출원가 = 1,400,000
∴ 화재로 소실된 재고자산 = (300,000+1,500,000-20,000) - 1,400,000
                        = 380,000원

05 특수매매의 회계처리에 대한 설명으로 옳은 것은?

① 상품권 판매의 경우 상품권을 발행한 날 매출계정으로 처리한다.
② 시용판매의 경우 상품을 고객에게 인도한 날 매출계정으로 처리한다.
③ 위탁판매의 경우 수탁자에게 상품을 발송한 날 매출계정으로 처리한다.
④ 단기할부판매의 경우 상품을 인도한 날 매출계정으로 처리한다.

매출 시점
• 상품권 판매 – 회수일
• 시용판매 – 고객이 매입의사를 표시한 날
• 위탁판매 – 수탁자가 제3자에게 판매한 날
• 단기할부판매 – 인도한 날

유형자산

▶ 합격강의

장기간 사용할 목적으로 보유하는 물리적 형체가 있는 자산이다. 유형자산으로 처리하기 위해서는 자산으로부터 발생하는 미래 경제적 효익이 기업에 유입될 가능성이 높고, 자산의 원가를 신뢰성 있게 측정할 수 있어야 한다.

01 유형자산의 분류

토지, 건물 등
- 영업목적: 투자부동산
- 매매목적: 재고자산
- 영업목적: 유형자산

① **토지** : 대지, 임야, 전답 등으로 하며, 매매목적으로 보유하는 토지와 비업무용 토지는 제외된다.
② **건물** : 회사의 영업활동에 사용되고 있는 점포, 창고, 사무소, 공장 등의 건물과 냉난방, 전기, 통신 및 기타의 건물부속설비 등을 말한다.
③ **구축물** : 자기의 영업활동을 위해 사용하는 토지 위에 정착한 건물 이외의 교량, 궤도, 갱도, 정원설비 및 기타의 토목설비 또는 공작물 등을 말한다.
④ **기계장치** : 제품 등의 제조 · 생산을 위해 사용하는 기계장치, 운송설비(콘베어, 호이스트, 기중기 등)와 기타의 부속설비 등을 말한다.
⑤ **건설중인자산** : 유형자산의 건설을 위하여 직접 또는 간접으로 소요된 재료비, 노무비, 경비로 하되, 건설을 위하여 지출한 도급금액 등을 포함한다. 건설중인자산은 유형자산의 취득을 위하여 취득 완료 시까지 지출한 금액을 처리하는 임시계정으로서 취득 완료 시에 해당 계정으로 대체된다.
⑥ **기타자산** : 차량운반구, 비품 등을 말한다.

02 유형자산의 취득원가

최초에는 원가로 측정하며, 원가는 자산을 취득하기 위하여 자산의 취득시점이나 건설시점에서 지급한 현금 또는 현금성자산이나 제공한 기타 대가의 공정가치를 말한다. 또한 현물출자, 증여, 기타 무상으로 취득한 자산은 공정가치를 취득원가로 한다.

✔ **개념 체크**

1 신축건물 준공 중에 발생되는 금융비용(이자비용)은 (   )계정으로 처리한다(단, 자본화대상인 차입원가임).

1 건설중인자산

① **취득원가의 구성** : 구입원가 또는 제작원가 및 경영진이 의도하는 방식으로 자산을 가동하기 위해 필요한 장소와 상태에 이르게 하는 데 직접 관련되는 비용(원가)과 추정복구원가로 구성되며 매입할인 등이 있는 경우에는 이를 차감한다(ⓔ 설치장소 준비원가, 외부 운송 및 취급관련원가, 설치원가 및 조립원가, 유형자산이 정상적으로 작동되는지 여부를 시험하는 과정에서 발생하는 원가, 취득세, 국·공채 매입 시 매입금액과 현재가치의 차액, 자본화대상인 차입원가★ 등).

② **일괄구입** : 각 자산의 취득원가는 개별자산의 공정가치를 기준으로 배분하여 취득원가를 산정한다.

③ **건물철거** : 건물을 신축하기 위하여 구건물이 있는 토지를 취득하고 그 건물을 철거하는 경우 철거 관련 비용(ⓔ 철거비용, 토지정지비용)은 취득원가에 가산하고 (토지로 처리함) 철거건물의 부산물 판매수익은 취득원가에서 차감한다. 또한 건물을 신축하기 위하여 기존 당사 건물을 철거하는 경우에는 건물의 장부금액을 제거하여 유형자산처분손실로 반영하고, 철거비용은 당기 기타비용(유형자산처분손실이나 수수료비용)으로 처리한다.

④ **증여, 기타 무상취득** : 유형자산을 증여, 기타 무상으로 취득하는 경우에는 취득한 자산의 공정가치를 취득원가로 한다. 이 경우 자산의 상대계정은 자산수증이익(영업외수익)으로 처리한다.

> **예제** 다음의 예제를 회계처리하시오.
>
> ① 당사는 본사 건물을 신축하고자 건물이 세워져 있는 부지를 1,000,000원에 구입하고 대금은 당좌수표를 발행하여 지급하였다. 또한 건물의 철거비용으로 10,000원을 보통예금 계좌로 이체하였으며 철거 시 나온 고철을 처분하면서 5,000원을 현금으로 받았다. 회계처리를 하시오.
>
> | (차) 토지 | 1,005,000 | (대) 당좌예금 | 1,000,000 |
> | 현금 | 5,000 | 보통예금 | 10,000 |
>
> ② 신축사옥을 짓기 위하여 당사의 구사옥(취득원가 1,000,000원, 감가상각누계액 700,000원)을 철거하고 철거비 10,000원을 현금으로 지급하였다. 회계처리를 하시오.
>
> | (차) 감가상각누계액 | 700,000 | (대) 건물 | 1,000,000 |
> | 유형자산처분손실 | 310,000 | 현금 | 10,000 |
>
> **해설** 철거비를 수수료비용으로 처리할 경우 유형자산처분손실 300,000원, 수수료비용 10,000원으로 처리하며 둘 다 영업외비용으로 처리해야 한다.

⑤ **교환에 의한 취득★** : 교환거래로 자산을 취득하는 경우 당해 유형자산의 원가는 제공한 자산의 공정가치로 측정하는 것이 원칙이지만, 교환거래에 상업적 실질이 결여되거나 취득한 자산과 제공한 자산 모두의 공정가치를 신뢰성 있게 측정할 수 없는 경우에는 제공한 자산의 장부금액을 원가로 측정한다.

유형자산의 (취득)원가가 아닌 예
- 새로운 시설을 개설하는 데 소요되는 원가
- 새로운 상품과 서비스를 소개하는 데 소요되는 원가(ⓔ 광고 및 판촉활동과 관련된 원가)
- 새로운 지역에서 또는 새로운 고객층을 대상으로 영업을 하는 데 소요되는 원가(ⓔ 직원 교육훈련비)
- 관리 및 기타 일반간접원가

★**자본화대상인 차입원가**
일정한 요건을 만족하는 적격자산의 취득, 건설 또는 제조와 직접 관련된 차입원가는 자본화(자산처리)하며, 적격자산과 관련이 없는 기타 차입원가는 발생기간에 비용으로 인식한다.

★**교환에 의한 취득**
- 상업적 실질이 있는 경우 : 제공한 자산의 공정가치 (단, 취득한 자산의 공정가치가 더 명백한 경우에는 취득한 자산의 공정가치)
- 상업적 실질이 없는 경우 : 제공한 자산의 장부금액

기적의 TIP
자산의 교환에 현금수수액이 있을 경우 "받을 경우"에는 취득원가에 차감하고, "지급할 경우"에는 취득원가에 가산한다.

• 자본적 지출 : 개조, 개량, 증설, 확장, 엘리베이터 설치 등
• 수익적 지출 : 오래된 건물 도색, 파손된 유리교체, 배터리/타이어 교환, 조명기구 교환 등

03 취득 후 지출(후속원가)

① **자본적 지출(자산처리)** : 유형자산의 인식기준(미래 경제적 효익의 유입가능성이 매우 높고 원가를 신뢰성 있게 측정할 수 있음)을 충족하는 경우를 말한다(예 생산능력 증대, 내용연수 연장, 상당한 원가절감 또는 품질향상을 가져오는 경우).

② **수익적 지출(비용처리)** : 자산의 원상을 회복시키거나 능률유지를 위한 지출을 말한다(예 수선유지를 위한 지출).

04 감가상각

유형자산은 사용에 의한 소모, 시간의 경과와 기술의 변화에 따른 진부화 등에 의해 경제적 효익이 감소하며 장부금액은 일반적으로 이러한 경제적 효익의 소멸을 반영할 수 있는 감가상각액의 인식을 통하여 감소한다. 감가상각의 주목적은 수익비용대응원칙에 따라 취득원가를 사용기간에 걸쳐 배분하는 과정일 뿐이지 해당 유형자산을 공정가치로 평가하는 가치평가과정이 아니다. 따라서 감가상각액은 유형자산의 장부금액이 공정가치에 미달하더라도 계속하여 인식한다. 유형자산의 감가상각은 자산이 사용가능한 때부터 시작하며 토지와 건설중인자산, 골동품은 감가상각을 하지 않는다.

기적의 TIP

처분 시에는 처분일까지 감가상각을 하며, 사용을 중단하고 폐기할 경우에는 감가상각을 하지 않는다.

1) 감가상각비계산의 3요소 : (취득)원가[★], 내용연수, 잔존가치

① **(취득)원가** : 취득금액 + 취득 시 제비용 + 자본적 지출
② **내용연수** : 자산으로부터 기대되는 효용
③ **잔존가치** : 내용연수 경과 후 남아 있을 것으로 예상되는 금액

[★] 취득원가에 자본적 지출분이 포함될 수도 있으므로 원가라는 용어가 정확하다.

2) 감가상각방법(연 감가상각비)

① **정액법(직선법)** : {(취득)원가 − 잔존가치} ÷ 내용연수
② **정률법(체감잔액법)** : 미상각잔액((취득)원가 − 감가상각누계액) × 정률(%)[★]

$$\left(정률 = 1 - \sqrt[내용연수]{\dfrac{잔존가치}{취득원가}}\right)$$

③ **생산량비례법(작업시간비례법)** : {(취득)원가 − 잔존가치} × 당기실제생산량 ÷ 총추정생산량
④ **연수합계법(체감잔액법)** : {(취득)원가 − 잔존가치} × 연수의 역순 ÷ 내용연수의 합계

[★] 정률 = 상각률

3) 감가상각의 회계처리

(차) 감가상각비	×××	(대) 감가상각누계액	×××

개념 체크

1 취득한 연도에 감가상각비가 가장 많이 처리되는 방법은 정률법이다. (○, ×)

1 ○

05 유형자산의 처분, 폐기

유형자산을 처분하는 경우에는 처분시점에서 유형자산의 장부금액(원가 - 감가상각누계액)을 제거하는 회계처리를 하고, 장부금액과 처분금액의 차액은 유형자산처분이익 또는 유형자산처분손실(영업외손익)로 처리한다. 회계기간 중에 유형자산이 처분되면 처분일까지의 감가상각비를 인식하여 이를 반영한 후에 처분에 따른 손익을 인식해야 한다.

① 처분이나 폐기 시 회계처리(처분이익 발생 시)

(차) 감가상각누계액	×××	(대) 유형자산	×××(취득원가)
받을 돈(받은 돈)	×××	유형자산처분이익	×××

② 처분이나 폐기 시 회계처리(처분손실 발생 시)

(차) 감가상각누계액	×××	(대) 유형자산	×××(취득원가)
받을 돈(받은 돈)	×××		
유형자산처분손실	×××		

> **예제** 건물(취득원가 1,000,000원, 감가상각누계액 500,000원)을 600,000원에 처분하고 대금은 1개월 후에 받기로 하였다. 회계처리를 하시오.

(차) 감가상각누계액	500,000	(대) 건물	1,000,000
미수금	600,000	유형자산처분이익	100,000

B 기적의 TIP

감가상각누계액 표시
자산에서 차감(대변)하는 평가계정이므로 재무상태표 자산에 다음과 같이 표시된다.

차량운반구	xxx	
감가상각누계액	xxx	xxx

06 유형자산의 손상차손

유형자산을 보유하고 있는 중에 심각한 시장가치 하락, 마모나 급속한 진부화, 제조공정의 변경, 재해 등으로 인하여 해당 유형자산으로부터 미래에 기대되는 경제적 효익(회수가능액)이 장부금액에 현저히 미달할 가능성이 있는 것으로 판단되는 경우에는 유형자산손상차손을 인식해야 한다.

유형자산의 손상징후가 있다고 판단되고, 당해 유형자산의 사용 및 처분으로부터 기대되는 미래의 현금흐름총액의 추정액이 장부금액에 미달하는 경우에는 장부금액을 회수가능액(Max(① 순공정가치, ② 사용가치))으로 조정하고 그 차액을 손상차손, 손상차손누계액(유형자산에서 차감)으로 표시한다.

(차) 유형자산손상차손	×××	(대) 유형자산손상차손누계액	×××
		(유형자산에서 차감)	

✓ 개념 체크

1 기계장치(취득원가 ₩12,000,000, 전기말 감가상각누계액 ₩3,000,000)를 3년 사용 후 ₩10,000,000에 처분 시 처분손익은 얼마인가?(단, 내용연수 10년, 잔존가치 0, 정액법)

1 ₩1,000,000

① 손상차손의 발생에 대한 객관적인 증거가 있는지에 대해서는 매기 결산 때마다 판단한다.

② 매 보고기간 말마다 유형자산에 대해 과거에 인식한 손상차손이 더 이상 존재하지 않거나 감소된 것을 시사하는 징후가 있는지를 검토하여 손상차손환입의 인식여부를 고려한다.

③ 손상된 자산의 회수가능액이 당해 장부금액을 초과하는 경우에는, 과거에 손상차손을 인식하기 전 장부금액의 감가상각 후 잔액을 한도로 하여 그 초과액을 손상차손환입의 계정인 당기손익으로 인식한다.

07 인식시점 이후의 측정

원가모형이나 재평가모형 중 하나를 회계정책으로 선택하여 유형자산 분류별로 동일하게 적용한다.

① **원가모형** : 최초 인식 후에 유형자산은 원가에서 감가상각누계액과 손상차손누계액을 차감한 금액을 장부금액으로 한다.

② **재평가모형** : 최초 인식 후에 공정가치를 신뢰성 있게 측정할 수 있는 유형자산은 재평가일의 공정가치에서 이후의 감가상각누계액과 이후의 손상차손누계액을 차감한 재평가금액을 장부금액으로 한다. 재평가는 보고기간 말에 자산의 장부금액이 공정가치와 중요하게 차이가 나지 않도록 주기적으로 수행한다. 재평가일의 공정가치가 장부금액보다 크면 재평가잉여금(기타포괄손익)으로, 작으면 재평가손실(비용)로 처리한다. 재평가잉여금은 향후 재평가손실이 발생하는 경우 재평가잉여금 잔액을 한도로 하여 감소시키며 동일한 유형자산에 대하여 당기손실로 인식한 재평가손실은 향후 재평가잉여금이 발생하는 경우 기인식 재평가손실을 한도로 하여 당기이익(재평가손실환입)으로 인식한다. 유형자산과 관련하여 기타포괄손익(자본)에 계상된 재평가잉여금은 당해 자산이 폐기되거나 처분되어 재무제표에서 제거될 때 일괄적으로 이익잉여금으로 대체한다.

> **예제** 당기 3월 1일에 토지를 1,000,000원에 취득하였다. 당기 말 현재 토지의 공정가치는 2,000,000원이다. 당사는 재평가모형으로 평가하기로 하였다. 당기 말 회계처리를 하시오.
>
> | (차) 토지 | 1,000,000 | (대) 재평가잉여금 | 1,000,000 |
> |---|---|---|---|
> | | | (기타포괄손익) | |

01 다음 유형자산에 대한 지출 중 해당 유형자산의 취득원가에 가산되지 <u>않는</u> 것은?

① 생산성을 향상시키기 위한 지출
② 기존의 건물을 증설하기 위한 지출
③ 기계장치의 단순한 수선을 위한 지출
④ 내용연수를 상당히 연장시키기 위한 지출

유형자산 취득이후 자산의 원상을 회복시키거나 능률유지를 위한 지출을 수익적 지출이라고 하며 비용으로 처리한다(예 수선유지를 위한 지출 등).

02 (주)초록은 저장창고를 신축하기 위하여 토지를 구입하였다. (주)초록은 토지 구입직후에 동 토지 위에 있던 낡은 창고를 철거하였는데, 이때 철거비용이 ₩1,000,000이 발생하였다. 철거비용 ₩1,000,000을 회계처리하는 방법으로 옳은 것은?

① 당기 비용으로 처리한다.
② 취득한 토지원가에 가산한다.
③ 신축되는 저장창고의 원가에 가산한다.
④ 별도의 독립적인 구축물계정으로 인식한다.

건물을 신축하기 위하여 구건물이 있는 토지를 취득하고 그 건물을 철거하는 경우 철거비용은 취득원가에 가산하고(토지로 처리함) 철거건물의 부산물 판매수익은 취득원가에서 차감한다.

03 다음은 (주)상공이 건물을 신축하기 위하여 (주)서울로부터 구입한 건물을 철거한 자료이다. 토지의 취득원가를 계산한 것으로 옳은 것은?

가. 구입금액 : 구건물	₩50,000,000
토지	₩30,000,000
나. 소유권이전 제비용 :	₩500,000
다. 건물철거비용 :	₩1,000,000
라. 구건물 철거부수입 :	₩500,000
마. 신건물 설계비 :	₩800,000

① ₩30,000,000　　② ₩31,000,000
③ ₩80,000,000　　④ ₩81,000,000

• 건물을 신축하기 위하여 구건물이 있는 토지를 취득한 경우 취득 시 발생된 제비용을 포함하여 토지로 처리하고 그 건물을 철거하는 경우 철거비용은 토지를 정상적으로 사용하기 위하여 발생한 것이므로 취득원가에 가산하고 철거건물의 부산물 판매수익은 취득원가에서 차감한다.
• 토지의 취득원가 = 구건물 50,000,000+토지 30,000,000+제비용 500,000+철거비용 1,000,000 – 철거부수입 500,000 = 81,000,000원
※ 신건물 설계비는 토지 취득과정에서 발생되는 비용이 아니다.

04 내용연수가 5년인 설비자산을 기초에 취득하였다. 회계기간이 1월 1일부터 12월 31일까지라고 할 때, 3차 연도의 정액법에 의한 감가상각금액과 연수합계법에 의한 감가상각금액을 비교한 것으로 옳은 것은?

① 정액법이 크다.
② 연수합계법이 크다.
③ 두 방법에 의한 금액이 같다.
④ 잔존가액의 크기에 따라 달라진다.

• 정액법 = (취득원가−잔존가치)÷내용연수
• 연수합계법 = (취득원가−잔존가치)×연수의 역순÷내용연수의 합계
　– 3년차 정액법 감가상각비 = (취득원가−잔존가치)÷5
　– 3년차 연수합계법 감가상각비 = (취득원가−잔존가치)×3÷(1+2+3+4+5 = 15)
∴ 3년차의 감가상각비는 두 방법의 금액이 같다.

05 다음은 (주)상공의 기계장치와 (주)서울의 건물과의 교환 내역이다. 이 거래와 관련하여 (주)상공의 유형자산처분손실 금액으로 옳은 것은?(단, (주)상공은 공정가치의 차액 ₩100,000을 현금으로 지급하였음)

회사	(주)상공	(주)서울
유형자산	기계장치	건물
취득원가	₩2,000,000	₩4,000,000
감가상각누계액	₩800,000	₩3,100,000
공정가치	₩1,000,000	₩1,100,000

① ₩100,000　　② ₩200,000
③ ₩300,000　　④ ₩400,000

• 유형자산을 교환거래로 취득하는 경우 당해 유형자산의 원가는 제공한 자산의 공정가치로 측정하는 것이 원칙이지만, 교환거래에 상업적 실질이 결여되거나 취득한 자산과 제공한 자산 모두의 공정가치를 신뢰성 있게 측정할 수 없는 경우에는 제공한 자산의 장부금액을 원가로 측정한다.
• 따라서 (주)상공은 건물의 취득원가를 기계장치의 공정가치인 1,000,000원으로 처리한다. 다만, 자산의 교환에 현금수수액이 있을 경우, "지급할 경우"에는 취득원가에 가산하고, "받을 경우"에는 취득원가에서 차감한다.
∴ 건물의 취득원가 = 1,000,000 + 100,000 = 1,100,000원이다.

(차) 건물	1,100,000	(대) 기계장치	2,000,000
감가상각누계액	800,000	현금	100,000
유형자산처분손실	200,000		

무형자산

▶ 합격 강의

빈출 태그 ▶ 무형자산의 종류, 내부 프로젝트의 개발활동에 대한 무형자산 요건

기업이 영업활동을 위해 장기간 보유하고 있으며, 물리적 형체가 없지만 식별 가능하고, 기업이 통제하고 있으며, 미래 경제적 효익이 있는 비화폐성 자산을 말한다. 무형자산으로 처리하기 위해서는 유형자산과 마찬가지로 자산으로부터 발생하는 미래 경제적 효익이 기업에 유입될 가능성이 높고, 자산의 원가를 신뢰성 있게 측정할 수 있어야 한다.

01 무형자산의 분류

① 영업권 : 개별적으로 식별하여 별도로 인식할 수 없으나, 사업결합에서 획득한 그 밖의 자산에서 발생하는 미래 경제적 효익을 나타내는 자산을 말한다(내부적으로 창출한 영업권은 자산으로 인식하지 않음).
② 산업재산권 : 일정기간 독점적·배타적으로 이용할 수 있는 권리로서 특허권, 실용신안권, 의장권 및 상표권, 상호권 및 상품명 등을 포함한다.
③ 개발비 : 제조비법, 공식, 모델, 디자인 및 시작품 등의 개발과 관련하여 발생한 비용으로서 자산에서 발생하는 미래 경제적 효익이 기업에 유입될 가능성이 매우 높고, 자산의 원가를 신뢰성 있게 측정할 수 있는 것을 말한다. 그 이외의 경우는 경상개발비의 과목으로 해서 발생한 기간에 비용으로 인식한다.
④ 기타의 무형자산 : 소프트웨어, 라이선스, 프랜차이즈, 저작권, 탐사평가자산* 등

★탐사평가자산
석유나 가스 등의 광물자원을 개발하기 위해 광물자원에 대한 탐사와 평가 과정에서 발생한 지출이다.

02 무형자산의 인식과 최초측정

무형자산을 최초로 인식할 때에는 원가로 측정하며 개별 취득 시 원가는 구입가격(매입할인을 차감하고 수입관세를 포함)과 자산을 의도한 목적에 사용할 수 있도록 준비하는 데 직접 관련된 원가를 취득원가에 산입한다.

✓ 개념 체크

1 무형자산 취득 시 공정가치로 인식한다. (○, ×)

1 ×(원가로 인식)

03 취득 또는 완성 후의 지출

무형자산의 취득 또는 완성 후의 지출로서 다음의 요건을 모두 충족하는 경우에는 자본적 지출로 처리하고, 그렇지 않은 경우에는 발생한 기간의 비용(수익적 지출)으로 인식한다.

① 관련 지출이 무형자산의 미래 경제적 효익을 실질적으로 증가시킬 가능성이 매우 크다.
② 관련된 지출을 신뢰성 있게 측정할 수 있으며, 무형자산과 관련된다.

04 무형자산의 상각과 잔존가치

무형자산의 취득원가를 내용연수 동안 체계적이고 합리적인 방법에 따라 각 회계기간의 비용으로 계상하는 것을 상각이라고 하며, 상각은 유형자산과 마찬가지로 수익비용대응의 원칙에 따라 취득원가를 사용기간에 배분하는 원가배분의 과정이지 무형자산의 공정가치를 평가하는 과정이 아니다. 무형자산의 상각방법도 유형자산과 마찬가지로 정액법, 정률법, 생산량비례법 등 여러 가지 방법 중에서 해당 자산의 소비형태에 맞는 합리적인 방법을 선택하여 적용하며 합리적인 상각방법을 정할 수 없는 경우에는 정액법을 사용한다.

또한 무형자산의 잔존가치는 없는 것을 원칙으로 한다. 다만, 경제적 내용연수보다 짧은 상각기간을 정한 경우에 상각기간이 종료될 때 제3자가 자산을 구입하는 약정이 있거나, 그 자산에 대한 거래시장이 존재하여 상각기간이 종료되는 시점에 자산의 잔존가치가 거래시장에서 결정될 가능성이 매우 높다면 잔존가치를 인식할 수 있다.

기적의 TIP

비한정내용연수를 가진 무형자산은 상각하지 않고 손상여부를 검토한다.

05 무형자산의 손상

무형자산의 경우에도 유형자산과 마찬가지로 해당 무형자산의 시장가격이 급격하게 하락하는 등의 이유로 미래 경제적 효익(회수가능액)이 장부금액에 현저히 미달할 가능성이 있는 것으로 판단되는 경우에는 무형자산 손상차손을 인식하며, 회계처리방법은 유형자산과 동일하다. 내용연수가 비한정인 무형자산 또는 아직 사용할 수 없는 무형자산에 대해서는 자산손상을 시사하는 징후가 있는지에 관계없이 매년 회수가능액을 추정하여 손상검사를 실시한다.

① **손상차손** : 자산의 장부금액 − 회수가능액
② **회수가능액** : MAX(순공정가치, 사용가치)

개념 체크

1 무형자산은 취득한 시점부터 상각한다. (○, ×)

1 ×(사용가능한 시점부터)

06 내부적으로 창출한 무형자산

① 내부적으로 창출한 무형자산이 인식기준에 부합하는지를 평가하기 위하여 무형자산의 창출과정을 연구단계와 개발단계로 구분한다. 연구단계에서 발생한 지출은 무형자산으로 인식할 수 없고 발생한 기간의 비용으로 인식하며, 개발단계에서 발생한 지출은 다음의 6가지 일정요건을 모두 충족하는 경우에만 무형자산(개발비)으로 인식하고, 그 외의 경우에는 발생한 기간의 비용으로 인식한다.

내부적으로 창출한 무형자산의 원가에 포함하지 않는 경우
• 판매비와관리비 및 기타 일반경비 지출(단, 자산을 의도한 용도로 사용할 수 있도록 준비하는 데 직접적으로 관련된 경우는 제외)
• 자산이 계획된 성과를 달성하기 전에 발생한 명백한 비효율로 인한 손실과 영업손실, 자산을 운용하는 직원의 교육훈련과 관련된 지출

연구단계(활동)
• 새로운 지식이나 이해를 얻기 위해 수행하는 독창적이고 계획적인 탐색활동
• 평가, 최종선택, 응용활동, 재료, 장치, 제품, 공정, 시스템이나 용역에 대한 대체안을 탐색하는 활동

> ■ 6가지 일정요건
> • 무형자산을 사용하거나 판매하기 위해 그 자산을 완성할 수 있는 기술적 실현가능성
> • 무형자산을 완성하여 사용하거나 판매하려는 기업의 의도
> • 무형자산을 사용하거나 판매할 수 있는 기업의 능력
> • 무형자산이 미래 경제적 효익을 창출하는 방법. 그중에서도 특히 무형자산의 산출물이나 무형자산 자체를 거래하는 시장이 존재함을 제시할 수 있거나 또는 무형자산을 내부적으로 사용할 것이라면 그 유용성을 제시할 수 있다.
> • 무형자산의 개발을 완료하고 그것을 판매하거나 사용하는 데 필요한 기술적, 재정적 자원 등의 입수 가능성
> • 개발과정에서 발생한 무형자산 관련 지출을 신뢰성 있게 측정할 수 있는 기업의 능력

② 내부적으로 창출한 무형자산의 원가는 무형자산의 인식기준을 최초로 충족한 이후에 발생한 지출금액으로 하며, 그 자산의 창출, 제조, 사용준비에 직접 관련된 지출과 합리적이고 일관성 있게 배분된 간접 지출을 모두 포함한다.

③ 무형자산을 창출하기 위한 내부 프로젝트를 연구단계와 개발단계로 구분할 수 없는 경우에는 그 프로젝트에서 발생한 지출은 모두 연구단계에서 발생한 것으로 본다.

07 웹사이트원가

웹사이트의 자체 개발 및 운영에 지출된 금액을 무형자산으로 인식하려면 무형자산 인식을 위한 일반적인 조건(미래 경제적 효익이 유입될 가능성이 높고, 취득원가를 신뢰성 있게 측정 가능)뿐만 아니라 내부 프로젝트의 개발활동에 대한 지출을 무형자산으로 인식하기 위한 구체적인 6가지 조건(기술적 실현가능성, 기업의 의도, 기업의 능력, 미래 경제적 효익의 창출 방법, 자원의 입수 가능성과 신뢰성 있는 측정)을 충족하여야 한다. 웹사이트의 계획단계에서는 실현가능성 연구, 목적과 세부사항 정의, 대안의 평가 및 선택을 하며, 개발단계는 응용프로그램과 하부구조 개발단계, 그래픽 디자인 개발단계 및 콘텐츠 개발단계로 나눌 수 있다. 웹사이트의 자체 개발 및 운영에 지출된 금액은 해당 웹사이트가 수익을 창출할 수 있다면 웹사이트가 미래 경제적 효익을 창출할 것임을 제시할 수 있게 되므로, 관련 웹사이트 개발원가를 무형자산으로 인식한다.

웹사이트원가
• 계획단계 : 비용처리
• 개발단계 : 무형자산 요건 충족 시 자산(웹사이트원가)으로 인식
• 단순 판매촉진과 광고를 위해 개발한 웹사이트원가 : 비용 처리

01 다음 중 무형자산이 <u>아닌</u> 것은?

① 임차보증금
② 상표권
③ 산업재산권
④ 컴퓨터 소프트웨어

··

임차보증금은 비유동자산 중 기타비유동자산이다.

02 다음에서 설명하는 자산의 종류에 해당하는 것은?

> 구체적인 존재 형태는 가지고 있지 않지만 사실상의 가치 및 법률상의 권리를 가지고 있는 것과 미래에 기업의 수익 창출에 기여할 것으로 예상되는 비화폐성 자산을 말한다.

① 토지
② 영업권
③ 투자부동산
④ 건설중인자산

··

• 무형자산에 대한 설명이다.
• **무형자산** : 영업권, 산업재산권(특허권, 실용신안권, 의장권, 상표권), 개발비, 소프트웨어 등

03 무형자산의 취득원가에 대한 설명으로 옳지 <u>않은</u> 것은?

① 구입가격에 자산을 의도한 목적에 사용할 수 있도록 준비하는 데 직접 관련되는 원가를 가산한다.
② 무형자산과 기타자산을 일괄 취득한 경우, 자산의 공정가치에 비례하여 배분한 금액을 취득원가로 한다.
③ 정부보조금에 의해 무형자산을 무상 또는 공정가치보다 낮은 대가로 취득한 경우, 취득원가를 공정가치로 할 수 있다.
④ 무형자산을 취득한 후에 이를 사용하거나 재배치하는 데 발생하는 원가는 취득원가에 포함한다.

··

무형자산을 취득한 후에 이를 사용하거나 재배치하는 데 발생하는 원가는 수익적 지출(비용)로 처리한다.

04 (주)상공은 신약 개발과 관련하여 발생한 개발비 ₩300,000이 무형자산의 요건을 충족하여 20X1년 1월 1일부터 개발비로 기록한 후 정액법(내용연수 : 5년)으로 상각해오고 있는 중에 20X3년 1월 1일에 이 신약 제조기술에 대해서 성공적으로 특허권을 취득하고, 그 비용으로 ₩700,000을 지출하였다. 특허권의 취득원가로 기록할 금액은 얼마인가?

① ₩180,000
② ₩700,000
③ ₩820,000
④ ₩1,000,000

··

개발비와 특허권은 각각 회계처리하므로 특허권의 취득원가는 700,000원이다.

정답 01① 02② 03④ 04②

비유동부채

비유동부채란 보고기간 종료일로부터 1년 이후에 상환되어야 하는 장기의 채무를 말한다.

01 금융부채의 개념

금융부채란 현금이나 다른 금융자산을 지급해야 할 계약상의 의무를 포함하고 있는 금융상품이다.

① 매입채무 : 거래상대방에게서 현금 등 금융자산을 인도하기로 한 계약상 의무, 잠재적으로 불리한 조건으로 거래상대방과 금융자산이나 금융부채를 교환하기로 한 계약상 의무이다.

② 기타채무 : 인도할 자기 지분상품의 수량이 확정되지 않은 비파생상품, 확정 수량의 자기지분상품에 대하여 확정금액의 현금 등 금융자산을 교환하여 결제하는 방법이 아닌 방법으로 결제되거나 결제될 수 있는 파생상품이다.

③ 사채, 국공채

02 (회)사채

기업이 일반대중으로부터 자금을 조달할 목적으로 집단적, 대량적으로 발행하는 채권으로서 소액으로 분할하여 자본시장을 통해 발행되며, 지정된 만기일에 정해진 금액을 지급하고 일정한 이자를 정기적으로 지급할 것을 약속하는 증서상의 부채를 말한다.

1) 사채발행

발행방법	조건	상황
액면발행	발행금액=액면금액	액면이자율=시장이자율
할인발행	발행금액<액면금액	액면이자율<시장이자율
할증발행	발행금액>액면금액	액면이자율>시장이자율

🇫 기적의 TIP

기타채무 중 선수금, 선수수익은 금융자산으로 지급할 채무가 아니라 일정한 재화나 용역을 제공할 의무이므로 금융부채가 아니며 정부가 부과하는 법인세나 의제의무에 해당하는 충당부채도 금융부채가 아니다.

이자율

- 시장이자율 : 사채구입대신 다른 곳에 투자하여 받을 수 있는 평균이자율
- 유효이자율 : 사채의 현재가치를 사채의 취득원가와 일치시키는 이자율

✓ 개념 체크

1 사채를 할인발행한 경우 사채의 장부금액은 시간이 경과함에 따라(감소, 증가)한다. 알맞은 것을 선택하시오.

1 증가

① **액면발행** : 사채가 발행될 때 회사가 수령하는 금액(발행금액)이 사채의 액면금액과 같은 경우의 발행을 말한다.

| (차) 현금 | ××× | (대) 사채 | ×××(액면금액) |

② **할인발행** : 발행금액이 사채의 액면금액보다 적은 경우의 발행을 말한다. 만기 시에 지급할 액면금액과 발행 시 발행금액과의 차액은 "사채할인발행차금"으로 처리한다.

| (차) 현금 | ××× | (대) 사채 | ×××(액면금액) |
| 사채할인발행차금 | ××× | | |

③ **할증발행** : 발행금액이 사채의 액면금액보다 큰 경우의 발행을 말한다. 만기 시에 지급할 액면금액과 발행금액과의 차액은 "사채할증발행차금"으로 처리한다.

| (차) 현금 | ××× | (대) 사채 | ×××(액면금액) |
| | | 사채할증발행차금 | ××× |

기적의 TIP

사채할인발행차금은 사채액면금액에서 차감하며, 사채할증발행차금은 사채액면금액에 부가한다.

※ 사채발행비는 사채를 발행하는 데 발생한 사채권인쇄비, 인수수수료, 안내광고비 등의 비용으로 사채의 발행금액에서 차감한다. 따라서 사채가 액면발행되었거나 할인발행된 경우에는 이를 사채할인발행차금으로 처리하고 사채가 할증발행된 경우에는 사채할증발행차금에서 차감한다.

예제 다음의 예제를 회계처리하시오.

① 액면총액 100,000원 사채를 90,000원에 발행하고 대금은 보통예금에 입금하였다.

| (차) 보통예금 | 90,000 | (대) 사채 | 100,000 |
| 사채할인발행차금 | 10,000 | | |

② 액면총액 100,00원 사채를 120,000원에 발행하고 대금은 보통예금에 입금하였다.

| (차) 보통예금 | 120,000 | (대) 사채 | 100,000 |
| | | 사채할증발행차금 | 20,000 |

③ 액면총액 100,000원 사채를 액면금액으로 발행하고 발행수수료 5,000원을 제외한 대금을 보통예금에 입금하였다.

| (차) 보통예금 | 95,000 | (대) 사채 | 100,000 |
| 사채할인발행차금 | 5,000 | | |

2) 할인액의 상각(할증액의 환입)

사채발행 시부터 최종 상환 시까지의 기간에 유효이자율(시장이자율)법을 적용하여 상각(환입)하고 동 상각 또는 환입액은 사채이자에 가감한다. 즉, 할인액 상각액은 지급할 이자비용에 가산하고, 할증액 환입액은 지급할 이자비용에서 차감시킨다. 유효이자율법을 적용하면 할인 시 이자비용은 갈수록 많이 상각하게 되고 할증 시 이자비용은 갈수로 적게 환입하게 된다. 이를 정리하면 다음과 같다.

시간의 경과에 따른 구분	사채장부금액	사채이자비용	사채발행차금상각액
사채할인발행 시	증가한다	증가한다	증가한다
사채할증발행 시	감소한다	감소한다	증가한다

예제　기말 회사가 발행한 사채의 액면이자 10,000원과 사채할인발행차금 상각액 10,000원을 유효이자율에 의거 상각하고 대금은 현금으로 지급하였다. 회계처리를 하시오.

(차) 이자비용	20,000	(대) 현금	10,000
		사채할인발행차금	10,000

3) 사채발행금액, 이자비용, 장부금액, 사채발행차금상각액 계산하기

• 현가계수 = 현재가치요소
• 연금현가계수 = 연금현재가치요소

① 사채발행금액(상각 전 장부금액) = 원금의 현재가치(액면금액×현가계수)+이자의 현재가치(이자비용×연금현가계수)

② 사채이자비용 = 사채 발행금액×유효이자율

③ 사채장부금액(상각 후 장부금액) = 사채 발행금액+사채발행차금(유효이자−액면이자)

　＊ 유효이자 = 사채발행금액×유효이자율, 액면이자 = 사채액면금액×액면이자율

④ 사채발행차금상각액 = 유효이자 − 액면이자

예제　회사채(액면금액 : 100,000원, 만기 : 3년, 액면이자율 : 10%, 유효이자율 : 12%, 이자지급일 : 매년 말, 3년 현가계수 : 0.71178, 3년 연금현가계수 : 2.40183)를 발행하고자 할 경우 발행금액과 1년 말 이자비용, 사채할인발행차금상각액, 장부금액을 구하시오.

해설　• 발행금액 = 원금의 현재가치(100,000×0.71178(현가계수))+이자의 현재가치
　　(10,000×2.40183(연금현가계수) = 24,018) = 71,178+24,018 = 95,196원
　　　＊ 발행금액이 액면금액보다 작으므로 "할인발행"이라고 한다.
　• 이자비용(1년 말) : 95,196×12% = 11,424원(유효이자)
　• 사채할인발행차금상각액(사채발행차금상각액)
　　= 유효이자 11,424−액면이자 10,000 = 1,424원
　　　＊ 할인발행이므로 사채발행차금을 사채할인발행차금이라고 한다.
　• 장부금액(상각 후 장부금액)
　　= 사채발행금액+사채발행차금(유효이자−액면이자)
　　= 95,196+11,424−10,000 = 96,620원

✓ 개념 체크

1 사채를 할증발행할 경우 유효이자율법에 의한 이자비용은 매년 (증가, 감소)한다. 알맞은 것을 선택하시오.

2 만기 3년, 액면금액 1억 원, 표시이자율 10%인 사채의 발행금액은?(단, 유효이자율은 8%(3년 현가계수 0.79383, 3년 연금현가계수 2.57710)임)

1 감소
2 1억 원 × 0.79383 + 1,000만원 × 2.57710 = 105,154,000원

이자율

- **시장이자율** : 사채를 발행할 당시에 채권시장에서 실제로 유통되는 이자율을 말하며, 투자자의 입장에서는 실제로 얻을 수 있으리라고 기대하는 이자율이며 발행자 입장에서는 실제로 부담하는 이자율을 말한다.
- **액면이자율** : 사채권면에 기록되어 있는 이자율로 발행자가 지급하기로 약정한 이자율이며, 표시이자율 또는 권면이자율이라고도 한다.
- **유효이자율법** : 매기 인식할 이자부담율(이자비용÷부채)이 균등하도록 사채발행차금을 상각하는 방법으로 감가상각의 정률법과 유사하다. 유효이자율법은 사채발행차금의 상각으로 인하여 사채 순장부금액이 변동함에 따라 매기 인식할 이자비용도 비례하여 변동하도록 함으로써 매기 부담할 이자율이 일정하게 유지되도록 하는 방법이다. 유효이자율법은 계산이 복잡하다는 단점이 있으나 이론적으로 우수하므로 한국채택국제회계기준에서는 유효이자율법만을 인정한다.
- **이자지급방법** : 액면이자(= 액면금액×액면이자율)를 지급하는 방법을 말하며, "연 1회 12월 31일 후급", 연 2회 "7월 1일과 1월 1일 후급" 등이 있다.
- **상환방법** : 액면금액을 상환하는 방법을 말하며, 만기 일시상환방법, 일정기간 분할상환방법 등이 있다.

4) 사채의 상환

사채는 만기일에 사채의 액면금액을 상환하여야 한다. 그러나 회사가 자금의 여유가 있거나 시중의 이자율이 하락한 경우 또는 사채의 시가가 하락한 경우에 (자기)사채를 상환하거나 소각하려고 할 것이고 이를 조기상환 또는 매입상환이라고 한다. 사채상환금액과 사채장부금액(액면금액−사채할인발행차금+사채할증발행차금)의 차이로 인하여, 차액이 발생하면 "사채상환이익(손실)"(영업외손익)으로 회계처리한다. 따라서 만기에 상환하는 경우에는 상환손익이 발생하지 않는다.

장기채권 · 채무의 현재가치

- 장기채권 · 채무의 발행금액(상각 전 장부금액)
  = 원금의 현재가치(액면금액×현가계수) + 이자의 현재가치(이자비용×연금현가계수)
- 장기채권 · 채무의 이자비용 = 장기채권 · 채무의 발행금액×유효이자율
- 장기채권 · 채무의 장부금액(상각 후 장부금액)
  = 장기채권 · 채무의 발행금액 + 현재가치할인차금(유효이자 − 액면이자)
- 현재가치할인차금 상각액 = 유효이자 − 액면이자

03 충당부채와 우발부채

1) 충당부채

① 충당부채는 과거사건이나 거래의 결과에 의한 현재의무로서, 지출의 시기 또는 금액이 불확실하지만 그 의무를 이행하기 위하여 자원이 유출될 가능성이 매우 높고 또한 당해 금액을 신뢰성 있게 추정할 수 있는 의무를 말한다.

전환사채와 신주인수권부사채

사채이지만 잠재적 주식의 성격을 동시에 가진 사채로 사채권자가 권리(전환권, 신주인수권)를 행사한 경우 사채발행회사의 발행주식수가 증가하고 사채권자는 주주가 되는 사채이다.

- 전환사채에 있어서 전환권을 행사하면 사채가 소멸(부채감소)되나, 신주인수권부사채에 있어서는 신주인수권을 행사하더라도 사채가 소멸되지 않는다(부채불변).
- 전환권을 행사하여 전환사채가 신주로 전환되면 그에 대한 대가로 별도의 출자를 필요로 하지 않으나, 신주인수권부사채의 경우에는 신주발행의 대가로 별도의 금액을 회사에 납입해야 한다.
- 전환사채는 자본이 증가하고 부채가 감소되며 자산과 무관하나 신주인수권부사채는 자본이 증가하고 부채는 그대로이며 납입금만큼 자산이 증가한다.

사채 상환 시 손익

- 사채상환금액 〉 장부금액 : 사채상환손실
- 사채상환금액 〈 장부금액 : 사채상환이익
- 사채상환금액 = 장부금액 : 사채상환손익 없음

1 사채 보유자가 일정한 조건 하에 보통주로의 전환을 청구할 수 있는 권리가 부여된 사채를 ( )라고 한다.

1 전환사채

② 충당부채는 다음의 요건을 모두 충족하는 경우에 인식한다.
- 과거사건이나 거래의 결과로 현재의무가 존재한다.
- 당해 의무를 이행하기 위하여 자원이 유출될 가능성이 매우 높다.
- 그 의무의 이행에 소요되는 금액을 신뢰성 있게 추정할 수 있다.

③ 충당부채로 인식하는 금액은 현재의무의 이행에 소요되는 지출에 대한 보고기간 말 현재 최선의 추정치이어야 한다. 충당부채의 금액에 대한 최선의 추정치는 관련된 사건과 상황에 대한 불확실성이 고려되어야 한다. 충당부채의 명목금액과 현재가치의 차이가 중요한 경우에는 의무를 이행하기 위하여 예상되는 지출액의 현재가치로 평가한다. 충당부채는 보고기간 말마다 그 잔액을 검토하고, 보고기간 말 현재 최선의 추정치를 반영하여 증감조정한다. 충당부채는 최초의 인식시점에서 의도한 목적과 용도에만 사용하여야 한다. 다른 목적으로 충당부채를 사용하면 상이한 목적을 가진 두 가지 지출의 영향이 적절하게 표시되지 못하기 때문이다 (예 제품보증충당부채*, 하자보수충당부채 등).

★ 제품보증충당부채
기업이 판매한 제품이나 서비스에 대해 결함이 있을 경우 미래에 수리 또는 교환해 주겠다는 것이므로 부채로 처리해야 하며 수익비용대응의 원칙에 따라 제품을 판매할 때 그 비용을 추정하여 충당부채로 인식한다(건설업 : 하자보수충당부채).

2) 우발부채

우발부채는 과거사건은 발생하였으나 기업이 전적으로 통제할 수 없는 하나 또는 그 이상의 불확실한 미래사건의 발생여부에 의하여서만 그 존재여부가 확인되는 잠재적인 의무, 또는 과거사건이나 거래의 결과로 발생한 현재의무이지만 그 의무를 이행하기 위하여 자원이 유출될 가능성이 매우 높지가 않거나 또는 그 가능성은 매우 높으나 당해 의무를 이행하여야 할 금액을 신뢰성 있게 추정할 수 없는 경우에 해당하는 잠재적인 부채를 말한다. 따라서 우발부채는 부채로 인식하지 아니하며 의무를 이행하기 위하여 자원이 유출될 가능성이 아주 낮지 않는 한, 우발부채를 주석에 기재한다.

금액추정 가능성 / 자원유출 가능성	신뢰성 있게 추정 가능	추정 불가능
가능성이 매우 높음	충당부채 인식	우발부채로 주석공시
가능성이 어느 정도 있음	우발부채로 주석공시	우발부채로 주석공시
가능성이 거의 없음	공시하지 않음	공시하지 않음

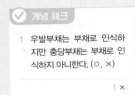

✔ 개념 체크

1 우발부채는 부채로 인식하지만 충당부채는 부채로 인식하지 아니한다. (○, ×)

1 ×

01 다음은 금융부채에 대한 설명이다. 이에 해당하는 계정과목으로 옳지 **않은** 것은?

> 거래상대방에게 현금 등 금융자산으로 인도하기로 한 계약상의 의무

① 미지급금
② 선수수익
③ 매입채무
④ 단기차입금

··
선수금, 선수수익은 금융자산으로 결제되는 항목이 아니므로 금융부채가 아니다.

02 다음 중 금융부채에 해당하는 것은?

① 다른 기업의 지분상품
② 거래상대방으로부터 현금 등 금융자산을 수취할 계약상 권리
③ 거래상대방에게 현금 등 금융자산을 인도하기로 한 계약상 의무
④ 자기지분상품을 미래에 수취하거나 인도하기 위한 계약인 금융상품

··
금융부채란 현금이나 다른 금융자산을 지급해야 할 계약상의 의무를 포함하고 있는 금융상품이다.

03 금융부채와 지분상품의 분류에 대한 설명으로 옳지 **않은** 것은?

① 사채를 발행한 회사는 발행한 사채를 금융부채로 분류한다.
② 충당부채, 선수금, 선수수익, 퇴직급여부채는 금융부채로 분류한다.
③ 자금 조달 목적으로 발행한 금융상품(주식)은 지분상품으로 분류한다.
④ 거래상대방에게 일정한 현금 등을 지급하기로 한 계약상의 의무는 금융부채로 분류한다.

··
선수금, 선수수익은 금융자산으로 결제되는 항목이 아니므로 금융부채가 아니다.

04 다음 중 사채에 표시된 액면이자율이 시장이자율보다 낮을 때의 사채 발행방법으로 옳은 것은?(단, 사채발행비는 없다고 가정함)

① 할인발행
② 할증발행
③ 액면발행
④ 시차발행

··
사채 발행방법
• **액면발행** : 액면이자율＝시장이자율, 발행금액＝액면금액
• **할인발행** : 액면이자율＜시장이자율, 발행금액＜액면금액
• **할증발행** : 액면이자율＞시장이자율, 발행금액＞액면금액

05 다음 중 충당부채와 우발부채에 관한 설명으로 옳지 **않은** 것은?

① 과거에 우발부채로 처리하였더라도 이후 충당부채의 인식조건을 충족하였다면 재무상태표에 충당부채로 인식한다.
② 충당부채를 인식할 때의 인식조건인 현재의 의무는 법적의무와 의제의무를 포함한다.
③ 과거사건에 의하여 발생하였거나 기업이 전적으로 통제할 수 없는 하나 이상의 불확실한 미래사건의 발생여부에 의하여서만 그 존재가 확인되는 잠재적 의무의 경우 우발부채로 인식하여 주석으로 공시한다.
④ 제품판매 시 소비자에게 일정기간 동안 무상으로 품질보증서비스를 제공하기로 한 경우 품질보증서비스의 제공가능성이 높고, 금액이 신뢰성 있게 추정된다면 품질보증서비스를 실제로 제공할 때 비용으로 인식하여야 한다.

··
제품판매 시 소비자에게 일정기간 동안 무상으로 품질보증서비스를 제공하기로 한 경우 장차 부채가 발생할 것이 거의 확실하므로 매년 결산 시 해당 비용을 추정하여 제품보증충당부채로 인식해야 한다.

··
정답 01② 02③ 03② 04① 05④

- 기업의 자산에서 모든 부채를 차감한 후의 잔여지분을 나타내며, 주주로부터의 납입자본에 기업활동을 통하여 획득하고 기업의 활동을 위해 유보된 금액을 가산하고, 기업활동으로부터의 손실 및 소유자에 대한 배당으로 인한 주주 지분 감소액을 차감한 잔액이다(주주자본, 자기자본, 순자산).
- 일반적으로 자본을 크게 자본거래자본과 손익거래자본으로 구분한다. 자본거래자본은 자본금과 자본잉여금, 그리고 자본조정항목으로 구분하고, 손익거래자본은 기타포괄손익누계액*과 이익잉여금으로 구분한다.(일반기업회계기준)
  - **자본거래** : 거래상대방이 회사의 현재 주주나 잠재적 주주인 거래
  - **손익거래** : 회사의 순자산 변동분 중 주주와의 자본거래를 제외한 나머지의 모든 거래
- 한국채택국제회계기준에 의하여 재무상태표에 공시할 때는 납입자본, 이익잉여금과 기타자본구성요소의 세 가지 분류로 구분하여 표시하므로 해당 항목에 맞게 분류하면 된다.
  - **납입자본** : 자본금, 주식발행초과금
  - **이익잉여금** : 이익준비금, 임의적립금, 미처분이익잉여금
  - **기타자본구성요소** : 기타자본잉여금, 자본조정, 기타포괄손익

★ 기타포괄손익누계액
= 기타포괄손익

01 개인기업의 자본

개인기업은 법인기업과 달리 기업실체와 기업주가 동일하므로, 자본과 관련된 모든 회계처리는 자본금계정 하나로 처리한다.
① 자본을 원천별로 구분할 필요가 없으며 배당을 제한할 필요도 없고 기업주가 불입한 자금이든 기업활동에서 얻은 이익이든 그 원천을 구분할 필요가 없다.
② 사업주의 가사(개인적) 등의 목적으로 사용될 경우 회계기간 중의 거래는 인출금으로 처리하여 기입하고 기말에 자본금에 대체한다.
③ 기초자본+총수익−총비용+추가출자액−인출금 = 기말자본
  └→ 당기순이익(손실)

기적의 TIP

개인기업의 자본은 자본금 계정만 존재한다. 만약, 기중에 사업주가 개인적으로 사용한 것은 인출금으로 처리했다가 결산 시 자본금에서 차감한다.

✓ **개념 체크**

1 자본의 등식 : 자산 − ( ) = 자본

1 부채

02 주식회사의 자본

주식회사는 소액으로 분할된 주식을 자본시장을 통하여 발행함으로써 주주로부터 투자자금을 조달하는 회사를 말한다. 주주는 본인이 매입(인수)한 주식금액을 한도로 하여 책임을 지며 기업의 채무에 대하여 아무런 책임을 지지 않는다.

① 기업이 발행하는 주식의 종류에는 크게 보통주와 우선주가 있다. 발행된 보통주의 액면금액은 보통주자본금으로 분류하고, 우선주의 액면금액은 우선주자본금으로 분류한다.

② 보통주를 소유한 주주는 자신이 투자한 주식금액을 한도로 유한책임을 지지만 기업의 최종위험을 부담하는 자로서 기업의 자본에 대한 소유권을 가진 자이다.

③ 우선주를 소유한 주주는 이익배당권이나 청산 시 잔여재산 분배권 등 특정권리에 대해서는 보통주를 소유한 주주보다 우선적인 권리를 가지지만 그 외의 것에 대해서는 권리가 제한되는 주주를 말한다. 우선주에는 부여된 우선 권리에 따라 여러 종류의 우선주가 있다.

03 주당이익

① 주당이익은 보통주 1주당 이익(수익력)을 말한다.

② 기본주당이익 $= \dfrac{\text{보통주 당기순이익(당기순이익} - \text{우선주배당금)}}{\text{가중평균유통보통주식수(총주식수} - \text{자기주식)}}$

③ 특정기업의 경영성과를 비교 시 유용하며 주가수익률의 기초자료로 사용한다.

➕ 더 알기 TIP

희석주당이익

기본주당이익은 희석성잠재적보통주★가 실제로 보통주로 전환된 경우에만 주당순이익의 계산에 포함하고 있으나, 희석성잠재적보통주의 권리가 행사되면 보통주가 발행될 것이므로 주당이익이 희석되는 효과가 발생하므로 아직 권리가 행사되지 않은 희석성잠재적보통주도 보통주식수로 환산하여 희석주당이익을 산정한다.

희석주당이익 $= \dfrac{\text{희석당기순이익}}{\text{가중평균유통보통주식수} + \text{희석성잠재적보통주의 주식수}}$

04 자본금

주주에 의해 불입된 자본 중 상법규정에 의하여 법정자본으로 계상된 부분을 말하며 발행주식 총수에 주당액면금액을 곱한 것을 말한다. 보통주자본금과 우선주자본금으로 분류한다.

주당이익
- 당기순이익에 대한 주주의 몫
- 기업 간 경영성과 비교 유용
- 주가 과대/과소평가 유용

기본주당이익 및 희석주당이익
- 기본주당이익 : 실제 발행되는 보통주식수로 계산
- 희석주당이익 : 실제 발행되는 보통주식수, 잠재적보통주식(전환사채, 전환우선주 등)수를 합산하여 계산

★ 희석성잠재적보통주
(전환사채, 전환우선주 등)
증권의 소유자가 권리를 행사하면 보통주가 추가적으로 발행되어 주당이익, 기본주당이익이 감소(희석)되는 효과를 초래하는 증권이다.

🎈 기적의 TIP

유상증자
회사가 주식을 발행함으로써 주식의 증가와 함께 회사의 순자산이 실질적으로 증가하게 되는 것을 말한다. 실질적 증자라고도 한다.

1) 주식의 발행

① 액면발행(액면금액 = 발행금액) : 주권상의 액면금액과 동일한 금액으로 주식을 발행하는 경우를 말한다.

② 할인발행(액면금액 > 발행금액) : 주권상의 액면금액보다 낮은 금액으로 주식을 발행하는 경우를 말한다. 주식의 발행금액과는 상관없이 주식의 액면금액을 대변에 자본금 계정으로 기록하고, 차변에 주주로부터 제공받은 자금을 기입하며 액면금액에 미달하는 부분은 "주식할인발행차금"으로 처리한다.

③ 할증발행(액면금액 < 발행금액) : 주권상의 액면금액보다 높은 금액으로 주식을 발행하는 경우를 말한다. 주식의 발행금액과는 상관없이 주식의 액면금액을 대변에 자본금계정으로 기록하고, 차변에 주주로부터 제공받은 자금을 기입하며 액면금액을 초과하는 부분은 "주식발행초과금"으로 처리한다.

2) 현물출자에 의한 주식발행

주식발행의 대가로 현금 대신에 회사가 필요로 하는 현물로 납입받는 경우를 말하며 제공받은 현물의 공정가치를 주식의 발행금액으로 한다. 다만, 취득하는 자산의 공정가치가 명확하지 않은 경우에는 예외적으로 발행하는 주식의 공정가치를 주식의 발행가액으로 한다.

※ 신주발행비는 주식의 발행과 직접 관련하여 발생한 비용(법률비용, 주주모집을 위한 광고비, 주권인쇄비, 증권회사수수료 등)으로 주식발행금액에서 차감한다. 즉, 주식이 액면발행 또는 할인발행된 경우에는 주식할인발행차금으로 처리하고 주식이 할증발행된 경우에는 주식발행초과금에서 차감한다.

예제 다음의 예제를 회계처리하시오.

① 자본금을 증자하기 위하여 액면금액 10,000원인 보통주 10주를 5,000원에 발행하고 대금은 보통예금에 입금하였다.

(차) 보통예금	50,000	(대) 자본금	100,000
주식할인발행차금	50,000		

② 자본금을 증자하기 위하여 액면금액 10,000원인 보통주 10주를 20,000원에 발행하고 대금은 보통예금에 입금하였다.

(차) 보통예금	200,000	(대) 자본금	100,000
		주식발행초과금	100,000

③ 자본금을 증자하기 위하여 액면금액 10,000원인 보통주 10주를 10,000원에 발행하고 신주발행비 1,000원을 제외한 대금은 보통예금에 입금하였다.

(차) 보통예금	99,000	(대) 자본금	100,000
주식할인발행차금	1,000		

05 자본잉여금

증자나 감자 등 주주와의 거래(자본거래)에서 발생하여 자본을 증가시키는 잉여금을 말한다. 자본잉여금은 주식발행초과금과 기타자본잉여금(감자차익, 자기주식처분이익 등)으로 구분하며 주주에 대한 배당금의 재원으로 사용할 수 없고 무상증자를 통한 자본금으로의 전입(자본전입) 및 결손보전을 위하여만 사용될 수 있다.

1) 주식발행초과금

주식을 할증발행하는 경우에 발행금액이 액면금액을 초과하는 부분을 말한다. 다만, 주식발행초과금이 발생할 당시에 장부상 주식할인발행차금 미상각액이 존재하는 경우에는 발생된 주식발행초과금의 범위 내에서 주식할인발행차금 미상각액을 상계처리한 후의 금액으로 한다.

2) 기타의 자본잉여금

① 감자차익 : 자본금을 감소하는 경우에 그 감소액이 주식소각의 대가로 주주에게 반환되는 금액 또는 결손금 보전에 충당한 금액을 초과한 때에 그 초과금액을 말한다. 다만, 감자차손이 있는 경우에는 동 금액을 차감한 후의 금액으로 한다.
② 자기주식처분이익 : 자기주식은 회사가 이미 발행한 주식을 유상 또는 무상으로 재취득한 주식으로서 공식적으로 소각되지 않은 주식을 말하는데, 이러한 자기주식을 처분하는 경우 취득원가를 초과하여 처분할 때 발생하는 이익을 자기주식처분이익이라고 한다.

> 예제 다음의 예제를 회계처리하시오.
> ① 사업을 축소하기 위하여 주식 10주 액면가 @10,000원을 주당 @5,000원에 매입하여 소각하고 대금은 현금으로 지급하였다.

(차) 자본금	100,000	(대) 현금	50,000
		감자차익	50,000

> ② 자기주식 10주 취득가 @10,000원을 12,000원에 처분하고 대금은 현금으로 받았다.

(차) 현금	120,000	(대) 자기주식	100,000
		자기주식처분이익	20,000

🅑 기적의 TIP

유상감자
회사가 발행주식을 법적으로 감소시키고, 이에 대한 대가를 주주들에게 지분 비율에 따라 금전으로 지급하는 자본거래이다. 감자 시 소각되는 주식의 액면금액을 감소시키고, 감자대가의 차이를 감자차익 또는 감자차손으로 하여 자본항목으로 처리한다.

🅑 기적의 TIP

무상감자
누적결손금이 커지는 경우 결손보전 등의 목적으로 감자대가의 지급 없이 무상으로 주식을 상환하여 소각시키는 자본거래이다. 무상감자의 경우 감자대가가 없으므로 감자차손은 발생하지 않는다.

✅ 개념 체크

1 주식을 발행하여 발생한 주식발행초과금은 얼마인가? (단, 액면금액 ₩100,000, 발행금액 ₩120,000, 주식할인발행차금 ₩10,000)

1 ₩10,000

06 자본조정

당해 항목의 성격으로 보아 자본거래에 해당하나 최종 납입된 자본으로 볼 수 없거나, 자본의 가감 성격으로 자본금이나 자본잉여금으로 분류할 수 없는 항목을 말한다.

① **주식할인발행차금** : 주식발행금액이 액면금액에 미달하는 경우 그 미달금액을 말한다. 발생 시 주식발행초과금의 범위 내에서 상계처리하고 남은 잔액은 자본조정 항목으로 계상한 후 이익잉여금의 처분으로 상계하여 보전한다.

② **자기주식** : 회사가 이미 발행한 주식을 유상 또는 무상으로 재취득한 주식을 말한다. 자기주식은 자본에서 차감하는 형식으로 기재한다.

• **처분 시** : 처분금액이 장부금액보다 크다면 그 차액을 자기주식처분이익으로 회계처리하고 작다면 자기주식처분이익의 범위 내에서 상계처리한다.

• **소각 시** : 취득원가와 액면금액을 비교하여 취득원가가 더 큰 경우에는 감자차익에서 우선적으로 차감하고 나머지는 감자차손으로 처리하고, 액면금액이 더 큰 경우에는 감자차익으로 처리한다.

③ **미교부주식배당금** : 배당 결의일 현재 미지급된 주식 배당액을 말하며, 배당 지급일에 주식을 교부하면 자본금 계정에 대체된다. 미교부주식배당금은 자본에 가산하는 형식으로 기재한다.

④ **감자차손** : 자본금을 감소하는 경우에 주주에게 환급되는 금액이 소각된 주식의 액면금액을 초과한 때에 그 초과금액을 감자차익과 상계한다. 상계하고 남은 잔액은 자본조정항목으로 계상한 후 이익잉여금의 처분으로 상계하여 보전한다.

⑤ **자기주식처분손실** : 자기주식 매각 시 처분금액이 취득원가보다 적은 경우에 자기주식처분이익과 상계한다.

예제 자본조정 상계 회계처리

보통주(액면금액 주당 5,0000) 1,000주를 4,500원에 발행하면서 주금을 보통예금으로 납입받았다.(단, 주식발행초과금 잔액은 200,000원 있음)

(차) 보통예금	4,500,000	(대) 자본금	5,000,000
주식발행초과금	200,000		
주식할인발행차금	300,000		

예제 다음의 예제를 회계처리하시오.

① 지난달 주주총회에서 결의한 주식배당 10주 액면가 @10,000원을 주권을 발행하여 배당을 실시하였다.

| (차) 미교부주식배당금 | 100,000 | (대) 자본금 | 100,000 |

② 사업을 축소하기 위하여 주식 10주 액면가 @10,000원을 주당 @12,000원에 매입하여 소각하고 대금은 현금으로 지급하였다.

| (차) 자본금 | 100,000 | (대) 현금 | 120,000 |
| 감자차손 | 20,000 | | |

③ 자기주식 10주 취득가 @10,000원을 5,000원에 처분하고 대금은 현금으로 받았다.

| (차) 현금 | 50,000 | (대) 자기주식 | 100,000 |
| 자기주식처분손실 | 50,000 | | |

07 기타포괄손익누계액과 이익잉여금

① **기타포괄손익누계액** : 손익거래 중 손익계산서의 당기손익으로 분류하기 어려운 손익항목의 잔액으로 소멸 시 당기손익에 반영된다. 기타포괄손익은 후속적으로 당기손익으로 재분류조정할 수 있으며, 또는 이익잉여금으로 직접 대체할 수도 있다.

• **기타포괄손익–공정가치측정금융자산평가손익** : 기타포괄손익–공정가치측정금융자산으로 분류된 주식이나 채권을 공정가치로 평가함에 따라 발생하는 평가손익을 말한다.

• 해외사업환산손익, 현금흐름위험회피 파생상품평가손익, 지분법자본변동, 재평가잉여금★

② **이익잉여금** : 손익계산서에 보고된 손익과 다른 자본항목에서 이입된 금액의 합계액에서 주주에 대한 배당, 자본금으로의 전입 및 자본조정항목의 상각 등으로 처분된 금액을 차감한 잔액을 말한다.

• **이익준비금** : 상법규정에 따라 적립된 법정적립금으로서 자본금의 1/2에 달할 때까지 매 결산기에 금전에 의한 이익배당액의 1/10 이상의 금액을 적립해야 한다.

• **임의적립금** : 법령이 아닌 회사 임의적으로 일정한 목적을 위하여 정관 또는 주주총회의 결의에 의하여 이익의 일부를 적립하는 것으로 사업확장적립금, 감채적립금, 배당평균적립금, 결손보전적립금, 별도적립금이 있다.

• 해외사업환산손익 : 해외지점(사업소) 또는 해외소재 기업의 자산과 부채를 외화환산할 때 발생하는 환산손익
• 재평가잉여금 : 유형자산 등을 재평가모형에 따라 평가할 경우 발생하는 재평가이익

★ 재평가손실은 당기손익으로 처리한다.

기적의 TIP

이익준비금의 적립액을 숙지한다.

개념 체크

1 당기 배당액 중 ₩1,000,000을 금전배당한 경우 회사가 설정해야 할 이익준비금 법정 최소금액은 얼마인가?

1 ₩100,000

- **미처분이익잉여금(또는 미처리결손금)** : 기업이 벌어들인 이익 중 배당금이나 다른 잉여금으로 처분되지 않고 남아 있는 이익잉여금으로서 당기 이익잉여금처분계산서의 미처분이익잉여금을 말한다. 그리고 미처리결손금이란 기업이 결손을 보고한 경우에 보고된 결손금 중 다른 잉여금으로 보전되지 않고 이월된 부분으로서 당기 결손금처리계산서의 미처리결손금을 말한다.

■ 미처분이익잉여금의 처분
- 현금배당은 회사가 창출한 이익을 주주들에게 현금으로 배분하는 자본거래이다.
  - 배당기준일에는 배당대상주식만이 결정될 뿐 배당금액이 결정되지 아니하므로 배당과 관련한 회계처리는 없다.
  - 배당결의일에는 배당재원인 미처분이익잉여금을 차감하고 배당금을 미지급배당금(유동부채)으로 계상한다.
- 주식배당은 회사가 창출한 이익을 주식을 발행하여 교부하는 자본거래이다.
  - 배당결의일에 배당재원인 미처분이익잉여금을 차감하고, 배당금을 미교부주식배당(자본조정목)으로 계상한다.
  - 배당지급일에는 주식을 발행하여 교부하고 미교부주식배당을 차감처리한다.
- 현물배당은 회사가 창출한 이익을 주주들에게 비현금 자산으로 배분하는 자본거래이다.

예제 주주총회에서 전기분 이익잉여금처분계산서의 다음 내용과 같이 처분이 확정되었다. 회계처리를 하시오.

| 이익준비금 100,000 | 현금배당 1,000,000 |
| 주식배당 500,000 | 사업확장적립금 100,000 |

(차) 미처분이익잉여금	1,700,000	(대) 이익준비금	100,000
		미지급배당금	1,000,000
		미교부주식배당금	500,000
		사업확장적립금	100,000

재무제표 분석방법

재무제표의 분석방법으로 추세분석, 비율분석이 있다.

- **추세분석** : 연속되는 몇 회계기간의 자료를 비교함으로써 기업의 상태를 파악하는 것이다. 수평적분석이라고 도 한다. 기업 간의 회계처리 방법에 차이가 없어야 추세분석을 통해 비교 가능하다. 여러 기간의 재무제표를 구성하는 각 재무제표 항목의 상대적인 크기를 백분율로 표시하여 비교 분석하는 것이다.

- **비율분석** : 재무제표의 개별 항목 간의 상관관계를 산출하여 기업의 재무상태와 경영성과를 안정성, 활동성, 수익성, 성장성 등으로 분석하는 것이다.

  - **안정성 비율** : 기업의 단기부채 지급능력 및 시장변화에 대한 재무적 대응능력 평가

  $$유동비율(\%) = \frac{유동자산}{유동부채} \times 100 \qquad 고정비율(\%) = \frac{고정자산}{자기자본} \times 100$$

  $$부채비율(\%) = \frac{부채(타인자본)}{자기자본} \times 100 \qquad 이자보상비율(\%) = \frac{영업이익}{이자비용} \times 100$$

  - **활동성 비율** : 기업의 자산이용의 효율성 평가

  $$총자본회전율(\%) = \frac{매출액}{평균총자본} \times 100 \qquad 매출채권회전율(\%) = \frac{매출액}{평균매출채권} \times 100$$

  $$자기자본회전율(\%) = \frac{매출액}{평균자기자본} \times 100 \qquad 재고자산회전율(\%)^{\star} = \frac{매출액}{평균재고자산} \times 100$$

  - **수익성 비율** : 기업의 자산이용 효율성 및 이익 창출능력 평가

  $$총자산영업이익율(\%) = \frac{영업이익}{평균총자산} \times 100 \qquad 매출액순이익율(\%) = \frac{당기순이익}{매출액} \times 100$$

  $$자기자본순이익율(\%) = \frac{당기순이익}{평균자기자본} \times 100 \qquad 매출액이익율(\%) = \frac{영업이익}{매출액} \times 100$$

  - **성장성 비율** : 기업의 규모 및 수익창출력의 증가비율 평가

  $$매출액증가율(\%) = \frac{당기매출액}{전기 매출액} \times 100 \qquad 총자산증가율(\%) = \frac{당기총자산}{전기총자산} \times 100$$

  $$순이익증가율(\%) = \frac{당기순이익}{전기순이익} \times 100 \qquad 자기자본증가율(\%) = \frac{당기자기자본}{전기자기자본} \times 100$$

★ 재고자산회전율
$$= \frac{매출원가}{평균재고자산((기초재고+기말재고)/2)}$$

✔ 개념 체크

1 기초상품재고액 ₩500,000, 기말상품재고액 ₩700,000, 매출원가 ₩2,400,000일 경우 재고자산회전율은?

1 4

01 자본에 대한 설명으로 옳지 <u>않은</u> 것은?

① 자본은 납입자본, 이익잉여금, 기타자본요소로 분류할 수 있다.

② 자본금은 발행주식수와 주당 발행금액의 곱으로 산출된다.

③ 주식할인발행차금은 기타자본요소로 분류된다.

④ 기타포괄손익누계액은 당기순손익에 포함되지 않고 자본으로 분류, 표시한다.

자본금은 주주에 의해 불입된 자본 중 상법규정에 의하여 법정자본으로 계상된 부분을 말하며 발행주식 총수에 주당액면금액을 곱한 것을 말한다.

02 (주)상공은 1주당 액면금액이 5,000원인 보통주 10,000주를 발행하고 현금 61,000,000원의 납입을 받았다. 이후 주식발행 과정에서 발생한 신주발행비 1,000,000원을 추가로 지급하였다. 이 경우 자본잉여금의 증가분은 얼마인가?

① 10,000,000원

② 11,000,000원

③ 12,000,000원

④ 13,000,000원

(차) 현금	61,000,000	(대) 자본금	50,000,000
		주식발행초과금	10,000,000
		현금 등	1,000,000

신주발행비는 주식의 발행과 직접 관련하여 발생한 비용(법률비용, 주주모집을 위한 광고비, 주권인쇄비, 증권회사수수료 등)으로 주식발행금액에서 차감한다. 즉, 주식이 액면발행 또는 할인발행된 경우에는 주식할인발행차금으로 처리하고 주식이 할증발행된 경우에는 주식발행초과금에서 차감한다.

03 다음 자료에 의하여 결산일 현재 재무상태표에 나타난 자본 총액을 계산하면 얼마인가?

가. 보통주 자본금 :	₩200,000
나. 우선주 자본금 :	₩300,000
다. 주식발행초과금 :	₩90,000
라. 자기주식 :	₩50,000

① ₩640,000

② ₩590,000

③ ₩550,000

④ ₩540,000

• 자본총액 = 보통주 자본금+우선주 자본금+주식발행초과금−자기주식
= 200,000+300,000+90,000−50,000 = 540,000원

• 자기주식은 자기가 발행한 주식을 자기가 매입한 것이므로 자본에서 차감하는 형식으로 기재한다.

04 (주)상공은 주주총회에서 미처분이익잉여금을 아래와 같이 처분하기로 의결하였다. 배당금과 이익준비금을 계산한 것으로 옳은 것은?

| 가. 자본금은 ₩10,000,000이다. |
| 나. 현금배당 5% |
| 다. 이익준비금은 법정 최소금액을 적립한다. |
| 라. 당기순이익 ₩1,000,000이다. |

① (배당금) ₩10,000　(이익준비금) ₩100,000

② (배당금) ₩50,000　(이익준비금) ₩500,000

③ (배당금) ₩100,000　(이익준비금) ₩10,000

④ (배당금) ₩500,000　(이익준비금) ₩50,000

• 배당금 = 10,000,000×5% = 500,000원.

• 이익준비금 = 500,000×10% = 50,000원

• 이익준비금은 상법규정에 따라 적립된 법정적립금으로서 자본금의 1/2에 달할 때까지 매 결산기에 금전에 의한 이익배당액의 1/10 이상의 금액을 적립해야 한다.

05 (주)상공의 다음 자료를 이용하여 전기이월미처분이익잉여금을 계산한 것으로 옳은 것은?

가. 차기이월미처분이익잉여금 :	₩1,000,000
나. 중간배당액(현금) :	₩100,000
다. 당기순이익 :	₩1,000,000
라. 임의적립금이입액 :	₩200,000
마. 현금 배당금 :	₩500,000
바. 이익준비금은 법정최소금액 적립하였음	

① ₩460,000

② ₩510,000

③ ₩700,000

④ ₩900,000

전기이월미처분이익잉여금+당기순이익−중간배당액+임의적립금이입액−현금배당금−이익준비금 = 차기이월미처분이익잉여금

∴ 전기이월미처분이익잉여금 : 460,000원

※ 이익준비금의 법정최소금액은 현금배당(중간배당액+현금 배당금)의 1/10이므로 60,000원이다.

06 다음 중 주당이익에 대한 설명으로 옳지 않은 것은?

① 보통주 1주당 귀속되는 순손익을 말한다.

② 주당이익은 기업의 수익력을 나타낸다.

③ 주가수익율로서 주가수준의 적정성을 평가하는 유용한 정보가 될 수 있다.

④ 포괄손익계산서에는 주당이익을 표시하지 않는다.

포괄손익계산서에서는 주당이익을 표시한다.

SECTION

11

수익과 비용

출제빈도 (상) (중) (하)
반복학습 1 2 3

▶ 합격강의

빈출 태그 ▶ 수익인식의 단계, 거래형태별 수익인식, 퇴직급여, 법인세비용

01 수익

수익은 자본참여자의 출자관련 증가분을 제외한 자본의 증가를 수반하는 것으로서 회계기간의 기업활동을 통하여 발생하는 경제적 효익의 총유입을 말한다(발생주의). 기업이 수익을 인식하기 위해서는 수익인식의 5단계를 적용해야 한다.

1) 수익의 인식

① 수익은 실현되었거나 또는 실현가능한 시점에서 인식된다.
② 수익은 수익가득과정 동안 점진적이고 계속적으로 창출된다.
③ 수익은 경제적 효익이 유입됨으로써 자산이 증가하거나 부채가 감소하고 그 금액을 신뢰성 있게 측정할 수 있을 때 손익계산서에 인식한다.

2) 수익의 측정

① 수익은 재화의 판매, 용역의 제공이나 자산의 사용에 대하여 받았거나 또는 받을 대가의 공정가치로 측정하며 매출에누리와 할인 및 환입은 수익에서 차감한다.
② 판매대가가 재화의 판매 또는 용역의 제공 이후 장기간에 걸쳐 유입되는 경우에는 그 공정가치가 미래에 받을 금액의 합계액보다 작을 수 있다. 이때 공정가치는 명목금액의 현재가치로 측정하며, 공정가치와 명목금액과의 차액은 현금회수기간에 걸쳐 이자수익으로 인식한다.
③ 성격과 가치가 유사한 재화나 용역 간의 교환은 수익발생거래로 보지 아니하며, 상이한 재화, 용역 간의 교환은 수익발생거래로 본다.

🅕 기적의 TIP

성격과 가치가 상이한 재화, 용역 간의 거래 시 수취한 재화, 용역의 공정가치로 수익을 측정한다. 단, 수취한 재화, 용역의 공정가치를 측정할 수 없을 경우에는 제공한 재화, 용역의 공정가치로 측정한다.

02 수익인식의 5단계

① 1단계 : 고객과의 계약을 식별

계약은 둘 이상의 당사자 사이에 집행 가능한 권리와 의무가 생기게 하는 합의이다.

② 2단계 : 수행의무를 식별

하나의 계약은 고객에게 재화나 용역을 이전하는 여러 약속을 포함한다. 그 재화나 용역들이 구별된다면 약속은 수행의무이다. 고객이 재화나 용역 그 자체에서나 쉽게 구할 수 있는 다른 자원과 함께하여 효익을 얻을 수 있고, 그 약속을 계약 내의 다른 약속과 별도로 식별해 낼 수 있다면 재화나 용역은 구별된다.

③ 3단계 : 거래가격을 산정

거래가격은 고객에게 약속한 재화나 용역을 이전하고 그 대가로 기업이 받을 권리를 갖게 될 것으로 예상하는 금액이며 고객이 지급하는 고정된 금액일 수도 있으나, 어떤 경우에는 변동대가를 포함하거나 현금 외의 형태로 지급될 수도 있다. 거래가격은 계약에 유의적인 금융요소가 포함된다면 화폐의 시간가치 영향을 조정하며, 고객에게 지급하는 대가가 있는 경우에도 거래가격에서 조정한다. 대가가 변동된다면, 고객에게 약속한 재화나 용역을 이전하고 그 대가로 받을 권리를 갖게 될 것으로 예상하는 금액을 추정한다. 변동대가는 변동대가와 관련된 불확실성이 나중에 해소될 때, 인식된 누적 수익 금액 중 유의적인 부분을 되돌리지(환원하지) 않을 가능성이 매우 높은 정도까지만 거래가격에 포함한다.

④ 4단계 : 거래가격을 계약 내 수행의무에 배분

거래가격은 일반적으로 계약에서 약속한 각 구별되는 재화나 용역의 상대적 개별 판매가격을 기준으로 배분한다. 개별 판매가격을 관측할 수 없다면 추정해야 한다. 거래가격에 계약의 일부분에만 관련되는 할인액이나 변동대가가 포함되는 경우가 있다.

⑤ 5단계 : 수행의무를 이행할 때 수익을 인식

기업이 약속한 재화나 용역을 고객에게 이전하여 수행의무를 이행할 때 수익을 인식한다. 인식하는 수익 금액은 이행한 수행의무에 배분된 금액이다. 수행의무는 한 시점에 이행하거나, 기간에 걸쳐 이행한다. 기간에 걸쳐 이행하는 수행의무의 수익은 그 수행의무의 진행률을 적절하게 측정하는 방법을 선택하여 인식한다.

수익인식 5단계
- 계약식별 : 서면, 구두, 합의
- 수행의무 식별
  - 구별되는 재화나 용역
  - 약속을 수행의무로 식별
  - 하나의 계약에 여러 수행의무 포함 가능
- 거래가격 산정 : 받을 금액
- 거래가격 배분 : 재화와 용역을 한꺼번에 판매 시 각각의 상대적 판매가격을 기준으로 배분
- 수익인식
  - 한 시점에서 이행
  - 기간에 걸쳐 이행

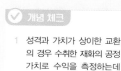

✅ 개념 체크

1 성격과 가치가 상이한 교환의 경우 수취한 재화의 공정가치로 수익을 측정하는데 이는 수익인식의 (   )단계이다.

1 3

03 거래형태별 수익의 인식

1) 재화의 판매

① 재화의 판매로 인한 수익은 다음 조건이 모두 충족될 때 인식한다.
- 재화의 소유에 따른 유의적인 위험과 보상이 구매자에게 이전된다.
- 판매자는 판매한 재화에 대하여 소유권이 있을 때 통상적으로 행사하는 정도의 관리나 효과적인 통제를 할 수 없다.
- 수익금액을 신뢰성 있게 측정할 수 있다.
- 경제적 효익의 유입 가능성이 매우 높다.
- 거래와 관련하여 발생했거나 발생할 원가를 신뢰성 있게 측정할 수 있다.

② 판매자가 소유에 따른 중요한 위험을 부담하는 경우에는 당해 거래를 판매로 보지 아니하며, 수익을 인식하지 아니한다. 이러한 사례는 다음과 같다.
- **제품보증조건부판매** : 인도된 재화의 결함에 대하여 정상적인 품질보증범위를 초과하여 책임지는 경우
- **위탁판매** : 판매대금의 회수가 구매자의 재판매에 의해 결정되는 경우
- **설치조건부판매** : 설치조건부판매에서 계약의 중요한 부분을 차지하는 설치가 완료되지 않은 경우
- **반품권이 있는 판매(반품조건부판매)** : 구매자에게 제한적인 반품권을 부여한 판매는 거래 이후에도 판매자가 소유에 따른 위험과 보상의 일부를 부담하므로 상황에 따라서 수익의 인식여부가 달라진다. 과거의 경험과 기타 관련 요인에 기초하여 미래의 반환금액을 신뢰성 있게 추정할 수 있다면 판매시점에 반품예상액을 제외한 금액을 수익으로 인식하고 추정반환금액은 '환불부채'로 인식(이때 반품으로 회수할 자산은 회수비용을 차감한 금액으로 '반환제품회수권'으로 인식함)하며, 그렇지 않는 경우에는 구매자가 재화의 선적을 공식적으로 수락한 시점 또는 재화가 인도된 후 반품기간이 종료된 시점에 수익을 인식하고 기업이 받은 대가를 전액 환불부채로 인식해야 한다.

③ 수익은 수익금액과 관련원가를 모두 신뢰성 있게 측정할 수 있는 시점에 인식하며, 관련된 비용을 신뢰성 있게 측정할 수 없다면 수익을 인식할 수 없다. <u>수익은 거래와 관련된 경제적 효익의 유입가능성이 높은(50% 초과) 경우에만 인식한다.</u> 이미 수익으로 인식한 금액에 대해서는 추후에 회수가능성이 불확실해지는 경우에도 이미 인식한 수익금액을 조정하지 않는다.

④ 거래별 수익인식
- 할부판매의 경우에는 이자수익에 해당하는 부분을 제외한 판매가액을 재화가 인도되는 시점에 수익으로 인식한다.
- 위탁판매의 경우 위탁자가 수익으로 인식하는 시점은 재화를 수탁자에게 적송한 시점이 아니라 수탁자가 그 재화를 제3자에게 판매한 시점에 수익으로 인식한다. 수탁자가 적송품을 제3자에게 판매하기 이전에는 수익을 인식하지 않으므로 수탁자가 보유하고 있는 적송품은 비록 위탁자의 창고에 보관되어 있지 않더라도 위탁자의 재고자산에 포함된다.

- 시용판매의 경우에는 고객이 매입의사표시를 하여야 당해 재화에 대한 위험과 보상이 실질적으로 이전되므로 상품의 인도시점에서는 매출처리하지 않고(비망기록), 고객이 매입의사표시를 한 시점에서 수익(매출)을 인식한다.
- 설치 및 검사조건부 판매의 경우에는 구매자에게 재화가 인도되어 설치와 검사가 완료되었을 때 수익을 인식한다.
- 구매자에게 제한적인 반품권을 부여한 판매는 거래 이후에도 판매자가 소유에 따른 위험과 보상의 일부를 부담하므로 상황에 따라서 수익의 인식여부가 달라진다. 과거의 경험과 기타 관련 요인에 기초하여 미래의 반환금액을 신뢰성 있게 추정할 수 있다면, 판매시점에 수익을 인식하고 추정반환금액은 부채로 인식한다. 그렇지 않은 경우 판매시점에 수익을 인식할 수 없으며, 구매자가 재화의 선적을 공식적으로 수락한 시점 또는 재화가 인도된 후 반품기간이 종료된 시점에 수익을 인식한다.
- 상품권과 관련된 수익은 지정된 재화나 용역을 인도하고 상품권을 회수하는 시점에 인식한다.
- 완납인도 예약판매란 구매자가 최종 할부금을 지급한 경우에만 재화가 인도되는 판매를 말하며, 이러한 판매는 재화를 인도하는 시점에만 수익을 인식한다.
- 유통업자, 판매자, 또는 재판매를 목적으로 하는 기타상인 등과 같은 중간상에 대한 판매는 재화의 소유에 따른 위험과 보상이 구매자에게 이전되는 시점에 수익을 인식한다.
- 현재 재고가 없는 재화를 인도하기 전에 미리 판매대금의 전부 또는 일부를 수취하는 주문의 경우 고객에게 재화를 인도한 시점에 수익을 인식한다.
- 출판물 등에 대하여 구독료를 미리 받은 경우에 구독료 수령 시점에 수익을 인식하지 않고, 그 가액이 매 기간 비슷한 품목을 구독신청에 의해 판매하는 경우에는 구독기간에 걸쳐 정액기준으로 수익을 인식한다. 구독신청에 의해 판매하는 품목의 가액이 기간별로 다른 경우에는 발송된 품목의 판매가액이 구독신청을 받은 모든 품목의 추정 총판매가액에서 차지하는 비율에 따라 가중평균하여 수익을 인식한다.

2) 용역의 제공

① 수익은 다음의 조건이 모두 충족되는 경우 용역제공거래의 성과를 신뢰성 있게 추정할 수 있다고 보고 진행기준에 따라 인식한다.
- 거래 전체의 수익금액을 신뢰성 있게 측정할 수 있다.
- 경제적 효익의 유입 가능성이 매우 높다.
- 진행률을 신뢰성 있게 측정할 수 있다.
- 이미 발생한 원가 및 거래의 완료를 위하여 투입하여야 할 원가를 신뢰성 있게 측정할 수 있다.

개념 체크

1 정기간행물 등과 같이 그 금액이 매 기간 비슷한 품목을 구독신청에 의해 판매하는 경우에는 구독기간에 걸쳐 정액법으로 수익을 인식한다. (○, ×)

1 ○

② 거래의 진행률은 다양한 방법으로 결정할 수 있다. 기업은 수행된 용역을 신뢰성 있게 측정할 수 있는 방법을 사용하여야 한다.

- **원가비율법** : 총추정원가 대비 현재까지 발생한 누적원가의 비율
- **투하노력법** : 총예상용역량 대비 현재까지 수행한 누적용역량의 비율
- **완성단위법** : 작업수행 정도의 조사

③ **거래별 수익인식**

- 설치 수수료는 재화가 판매되는 시점에 수익을 인식하는 재화의 판매에 부수되는 설치의 경우를 제외하고는 설치의 진행률에 따라 수익으로 인식
- 소프트웨어를 판매 시 판매 후 지원 및 제품개선 용역까지 포함하여 가격이 결정되는 경우처럼, 제품판매가격에 판매 후 제공할 용역에 대한 식별 가능한 금액이 포함되어 있는 경우에는, 그 금액을 이연하여 용역수행기간에 걸쳐 수익으로 인식한다.
- 광고매체 수수료는 광고 또는 상업방송이 대중에게 전달될 때 인식하고, 광고제작 수수료는 광고제작의 진행률에 따라 인식한다.
- 보험대리 수수료는 보험대리인이 추가로 용역을 제공할 필요가 없는 경우에 보험 대리인은 대리인이 받았거나 받을 수수료를 해당 보험의 효과적인 개시일 또는 갱신일에 수익으로 인식한다.
- 예술공연, 축하연, 기타 특별공연 등에서 발생하는 입장료 수익은 행사가 개최되는 시점에 인식한다. 수강료 수익은 강의기간에 걸쳐 수익으로 인식한다.
- 입회비 및 회원가입비는 제공되는 용역의 성격에 따라 수익인식이 결정된다. 회비가 회원가입만을 위한 것이고 기타 모든 용역이나 제품의 제공대가가 별도로 수취되거나 별도의 연회비가 있다면, 이러한 회비는 회수에 유의적인 불확실성이 없는 시점에 수익으로 인식한다. 회비를 납부하고 회원가입기간 동안 무상으로 용역이나 간행물을 제공받거나 재화나 용역을 비회원보다 저렴한 가격으로 구매할 수 있는 경우에는 이러한 효익이 제공되는 시기, 성격 및 가치를 반영하는 기준으로 수익을 인식한다.
- 프랜차이즈 수수료는 창업지원용역과 운영지원용역, 설비와 기타 유형자산 및 경영기법의 제공에 대한 대가를 포함하며, 프랜차이즈 수수료는 부과목적에 따라 달리 인식한다.
    - 창업지원용역 수수료는 본사가 제공해야 하는 모든 창업지원용역과 기타의무사항(가맹점 입지선정, 직원교육, 자금조달 등)의 대부분이 실질적으로 이행된 시점에 수익으로 인식한다.
    - 창업지원용역 수수료가 장기간 동안 회수되고, 회수하는 데 유의적인 불확실성이 존재하는 경우에는 현금수취 시점에 수익을 인식한다.
    - 운영지원용역 수수료는 해당 용역이 제공됨에 따라 수익으로 인식한다.
    - 별도로 수취하는 운영지원용역 수수료가 운영지원용역의 원가를 회수하고 적정 이익을 보장하는 데 충분하지 못한 경우에는 창업지원용역 수수료의 일부를 이연하여 운영지원용역 제공됨에 따라 수익으로 인식한다.

- 설비와 기타 유형자산의 제공에 따른 수수료는 해당 자산을 인도하거나 소유권을 이전하는 시점에 제공된 자산의 공정가치를 기초로 산정한 금액을 수익으로 인식한다.
  - 계약에 따라 제3자에게 판매하는 가격보다 저렴한 가격 또는 적정 판매이익이 보장되지 않는 가격으로 설비 등을 제공하는 경우에는 창업지원용역 수수료의 일부를 이연한 후 설비 등을 가맹점에 판매하는 기간에 수익으로 인식한다. 본사가 단순히 가맹점을 대리하여 거래하는 경우 수익은 발생하지 않는다.
- 주문·개발하는 소프트웨어의 대가로 수취하는 수수료는 진행기준에 따라 수익을 인식한다.
- 건설계약의 경우 기간에 걸쳐 수행의무를 이행하는 경우 수행의무 완료까지의 진행률을 측정하여 기간에 걸쳐 수익을 인식한다. 진행을 측정할 수 있는 경우에는 건설계약과 관련한 계약수익과 계약원가는 보고기간 말 현재 계약활동의 진행률을 기준으로 각각 수익과 비용으로 인식하며 진행률을 합리적으로 측정할 수 없는 경우에는 발생한 계약원가의 범위 내에서 회수가능성이 높은 금액만을 수익으로 인식하고, 계약원가는 발생한 기간의 비용으로 인식한다.

3) 기타의 수익(이자/배당금/로열티)

① **이자** : 투자채무상품에 대한 이자수익은 원칙적으로 유효이자율을 적용하여 발생기준에 따라 수익을 인식한다.

② **배당금** : 투자지분상품에 대한 배당수익은 주주로서 배당을 받을 권리가 확정되는 시점에 인식한다.

③ **로열티** : 무형자산의 제공으로 인한 로열티 수익은 관련된 계약의 실질을 반영하여 발생기준에 따라 인식한다.

04 비용

1) 비용의 인식 및 측정

비용은 경제적 효익이 사용 또는 유출됨으로써 자산이 감소하거나 부채가 증가하고 그 금액을 신뢰성 있게 측정할 수 있을 때 인식한다. 비용은 주된 영업활동에서 발생한 비용과 일시적이나 우연적인 거래로부터 발생한 손실로 분류된다.

비용은 수익을 인식하는 기간에 대응하여 인식하는데 이를 수익비용대응의 원칙이라고 한다.

① **직접적인 대응에 따른 인식** : 비용은 발생된 원가와 특정 수익항목의 가득 간에 존재하는 직접적인 관련성을 기준으로 포괄손익계산서에 인식한다. 수익에 원가를 대응시키는 과정에는 동일한 거래나 그 밖의 사건에 따라 직접 그리고 공통으로 발생하는 수익과 비용을 동시에 또는 통합하여 인식하는 것이 포함된다.

기적의 TIP

라이선스
소프트웨어, 음악 등 지적 재산권에 대한 고객의 권리로 고객에게 부여한 라이선스를 접근권(일정기간 판매자가 갱신 등 관리하는 지적재산에 접근할 권리)과 사용권(라이선스 부여한 시점에 존재하는 지적재산권을 사용할 권리)으로 구분한다. 라이선스가 접근권이라면 라이선스 사용기간에 걸쳐 수익을 인식하고, 사용권이라면 라이선스를 부여하는 시점에 수익을 인식한다(⑩ 접근권 : 캐릭터, 사용권 : 앨범).

개념 체크

1 주문, 개발하는 소프트웨어는 소프트웨어를 인도하는 시점에 수익을 인식한다.
(○, ×)

1 ×(진행기준에 따라 인식)

② 체계적이고 합리적인 배분에 따른 인식 : 경제적 효익이 여러 회계기간에 걸쳐 발생할 것으로 기대되고 수익과의 관련성이 단지 포괄적으로 또는 간접적으로만 결정될 수 있는 경우, 비용은 체계적이고 합리적인 배분절차를 기준으로 포괄손익계산서에 인식된다.

③ 즉시 비용인식 : 미래 경제적 효익이 기대되지 않는 지출이거나, 미래 경제적 효익이 기대되더라도 재무상태표에 자산으로 인식되기 위한 조건을 원래 충족하지 못하거나 더 이상 충족하지 못하는 부분은 즉시 포괄손익계산서에 비용으로 인식되어야 한다.

2) 종업원급여

• 근로에 대한 대가 : 근속 중(단기종업원급여, 기타장기종업원급여), 퇴직후(퇴직급여)
• 퇴직에 대한 대개(퇴직 시 지급) : 해고급여

종업원급여는 종업원이 제공한 근무용역과 교환하거나 해고하면서 기업이 제공하는 모든 종류의 대가를 말한다. 이러한 종업원급여는 단기종업원급여, 퇴직급여, 기타장기종업원급여 및 해고급여로 구분한다.

① 단기종업원급여 : 종업원이 관련 근무용역을 제공하는 연차보고기간 이후 12개월 이내에 전부 결제될 것으로 예상되는 종업원급여를 말한다. 종업원이 회계기간에 근무용역을 제공할 때 근무용역과 교환하여 지급이 예상되는 단기종업원급여는 할인되지 않은 금액으로 인식하며, 자산의 원가에 포함하는 경우를 제외하고는 비용으로 인식한다.

• 누적유급휴가 : 당기에 사용되지 않으면 차기로 이월되는 휴가이다.
• 비누적유급휴가 : 당기에 사용되지 않으면 이월되지 않고 소멸되는 휴가이다.

유급휴가는 누적유급휴가와 비누적유급휴가로 구분하며 누적유급휴가의 경우에는 종업원이 미래 유급휴가 권리를 증가시키는 근무용역을 제공하는 때에 예상원가를 인식하고 비누적유급휴가의 경우에는 종업원이 휴가를 실제 사용하는 때에 실제원가를 인식한다.

★ 해고급여
해고할 때 지급하는 급여로 명예퇴직수당 등이 해당한다. 해고에 대한 대가이므로 퇴직급여에서 제외된다.

② 퇴직급여(퇴직후급여) : 퇴직후급여는 고용주가 종업원의 퇴직 이후에 지급하는 종업원급여를 말하며, 단기종업원급여와 해고급여★는 제외된다. 지급시기가 종업원 퇴직시점이기는 하지만 이는 근로에 대한 대가이며, 종업원이 퇴직급여에 대한 수급권을 획득하는 시기가 근속기간 중이므로 기업은 수익비용대응논리에 따라 예상퇴직급여액을 당해 종업원의 근속기간 중에 비용으로 인식하고 이에 따른 부채를 계상한다.

3) 퇴직급여제도(퇴직연금)

기업이 종업원에게 퇴직급여를 지급하는 근거가 되는 협약을 퇴직급여제도라 한다. 퇴직급여제도는 제도의 주요 규약에서 도출되는 경제적 실질에 따라 확정기여제도와 확정급여제도로 분류한다.

① 확정기여제도(DC) : 기업이 별개의 실체(기금)에 고정 기여금을 납부하고, 그 기금의 책임 하에 당기와 과거 기간에 종업원이 제공한 근무용역과 관련된 모든 급여를 지급하는 퇴직급여제도이다. 종업원이 회계기간에 근무용역을 제공한 때 근무용역과 교환하여 기금에 퇴직급여와 관련된 기여금을 납부하면서 모든 의무가 종료되므로, 원칙적으로 당해 회계기간과 관련된 기여금 납부 시에 비용으로 인식한다 (종업원 계좌, 위험은 종업원이 부담).

기적의 TIP

확정기여제도
당해 회계기간에 대하여 기업이 납부해야 할 부담금을 퇴직금으로 인식한다.

(차) 퇴직급여원가(퇴직급여)　×××　　　(대) 현금 등　　　×××

② 확정급여제도(DB) : 확정기여제도 이외의 모든 퇴직급여 제도를 말하며, 보험수리적평가기법에 의하여 퇴직 후 예상급여를 확정시키고 이에 대한 지급을 기업이 보증하는 형태이다. 기업이 실질적으로 제도와 관련된 보험수리적위험과 투자위험을 부담하므로, 기금이 모든 종업원급여를 지급할 수 있을 정도로 충분한 자산을 보유해야 한다(회사 계좌, 위험은 회사가 부담).

(차) 사외적립자산　　　　×××　　　(대) 현금 등　　　×××
　　　(퇴직연금운용자산)

※ 사외적립자산 : 기업이 종업원의 퇴직급여를 지급하기 위하여 사외금융기관에 적립하는 자산으로 공정가치로 측정한다.

확정급여제도 회계처리
· 기중(외부적립 시)
　(차) 사외적립자산 ×××
　(대) 현금 등　　　×××
· 기중(수익인식 시)
　(차) 사외적립자산 ×××
　(대) 기대수익(퇴직연금운용
　　　수익)　　　×××
· 기말
　(차) 퇴직급여원가 ×××
　(대) 확정급여채무 ×××
· 지급 시
　(차) 확정급여채무 ×××
　(대) 사외적립자산 ×××

4) 확정급여부채(비유동부채) : 확정급여채무–사외적립자산

종업원이 퇴직한다면 지급해야 할 퇴직급여의 현재가치로 추정한 예상미래 지급액이다.

① 기말 확정급여채무 설정 시

(차) 퇴직급여원가　×××　　　(대) 확정급여채무　　×××
　　　(퇴직급여)　　　　　　　　　　(퇴직급여충당부채)

② 종업원이 퇴사 후 퇴직금을 사외적립자산에서 지급한 경우

(차) 확정급여채무　×××　　　(대) 사외적립자산　　×××

5) 기타장기종업원급여 및 해고급여

① 기타장기종업원급여 : 종업원이 관련 근무용역을 제공한 연차보고기간 말부터 12개월 이후에 결제될 종업원급여로 장기근속휴가나 안식년휴가와 같은 장기유급휴가, 그 밖의 장기근속급여, 장기장애급여, 이익분배금과 상여금, 이연된 보상을 말한다.

② 해고급여 : 통상적인 퇴직시점 이전에 종업원을 해고하고자 하는 기업의 결정, 해고의 대가로 기업이 제안하는 급여를 수락하는 종업원의 결정 중 하나의 결과로서 종업원을 해고하는 대가로 제공되는 종업원급여로 종업원의 요청으로 인한 해고나 의무적인 퇴직규정으로 인하여 발생하는 종업원급여는 퇴직급여이기 때문에 해고급여에 포함하지 아니한다.

개념 체크

1 사외적립자산은 (공정가치, 장부금액)으로 측정하며 확정급여채무의 현재가치에서 차감하여 재무상태표에 표시한다. 알맞은 것을 선택하시오.

1 공정가치

6) 법인세비용

현행 법인세법에서는 기중에 원천징수나 중간예납 등을 통하여 당기법인세 중 일부를 미리 납부하도록 규정하고 있는데 동 납부액은 선급법인세의 계정으로 하여 자산으로 인식한다. 결산일에 회사가 납부하여야 할 법인세부담액인 당기법인세를 산정하여 선급법인세와 상계하고 추정액이 더 큰 경우에는 차액을 당기법인세부채(미지급법인세)로 처리하며, 추정액이 더 작은 경우에는 당기법인세자산으로 처리한다.

① 중간예납 시 : (차) 선급법인세 ×××　　　　(대) 현금 등　　　　　×××
② 결산 시　　 : (차) 법인세비용 ×××　　　　(대) 선급법인세　　　×××
　　　　　　　　　　　　　　　　　　　　　　　　미지급법인세　　 ×××
③ 납부 시　　 : (차) 미지급법인세 ×××　　　(대) 현금 등　　　　　×××

■ 손익계산서의 구조

포괄손익계산서(기능별)

회사명　　　　　제×기 20××년 ×월 ×일부터 20××년 ×월 일까지　　　　　(단위 : 원)

매출액	×××	⋯ 영업수익
(−) 매출원가	×××	⋯ 영업비용
기초재고액	×××	
당기매입액	×××	
기말재고액	×××	
매출총이익	×××	⋯ 첫 번째 이익
(−) 판매비(물류원가)	×××	⋯ 영업비용
(−) 관리비	×××	
영업이익	×××	⋯ 두 번째 이익
(+) 기타수익	×××	⋯ 영업외수익*
(−) 기타비용	×××	⋯ 영업외비용*
(+) 금융수익	×××	⋯ 영업외수익*
(−) 금융비용(금융원가)	×××	⋯ 영업외비용*
법인세비용차감전순이익	×××	⋯ 세 번째 이익
(−) 법인세비용	×××	
계속영업이익	×××	
(+) 중단영업이익	×××	
당기순이익	×××	⋯ 네 번째 이익
(+) 기타포괄손익	×××	
총포괄손익	×××	
주당이익	×××	

* 표시는 일반기업회계기준에 따른 분류임

01 다음 중 거래형태별 수익인식 시점에 대한 설명으로 옳은 것은?

① 이자수익은 현금을 수취하는 시점
② 재화의 판매는 대금이 회수되는 시점
③ 상품권을 이용한 판매의 수익은 상품권을 판매하는 시점
④ 배당금수익은 받을 권리가 확정되는 시점

수익인식 시점
• 이자수익 – 발생주의
• 재화의 판매 – 인도시점
• 상품권 판매 – 회수시점(인도시점)

02 수익인식의 5단계와 관련된 다음의 설명 중 옳지 않은 것은?

① 1단계로 수행할 절차는 고객과의 계약을 식별하는 것이다.
② 2단계로 수행할 절차는 기업이 고객에게 수행할 의무를 식별하는 것이다. 하나의 계약에 하나의 수행의무가 포함되어야 한다. 즉, 하나의 계약에 여러 수행의무가 포함될 수는 없다.
③ 3단계로 수행할 절차는 거래가격을 산정하는 것이다. 거래가격은 고객이 지급하는 고정된 금액일 수도 있으나, 어떤 경우에는 변동대가를 포함할 수도 있다.
④ 4단계로 수행할 절차는 거래가격을 수행의무에 배분하는 것이다. 개별 판매가격을 관측할 수 없다면 이를 추정해서 수행 의무에 배분해야 한다.

• 2단계 : 수행의무를 식별
• 하나의 계약은 고객에게 재화나 용역을 이전하는 여러 약속을 포함한다. 그 재화나 용역들이 구별된다면 약속은 수행의무이고 별도로 회계처리한다.

03 비용의 인식에 대한 설명으로 옳지 않은 것은?

① 자산의 경제적 효익의 감소, 소멸이 명백할 때 비용으로 인식한다.
② 비용은 수익을 창출하는 과정에서 희생된 자원으로서 순자산의 감소를 초래한다.
③ 수익과 비용을 대응시키는 방법에는 직접대응, 체계적이고 합리적인 배분 및 즉시 비용화가 있다.
④ 미래 경제적 효익이 기대되지 않는 지출은 비용으로 인식할 수 없다.

미래 경제적 효익이 기대되지 않는 지출은 즉시 비용처리해야 한다.

04 다음은 (주)상공기업의 종업원 퇴직금에 대한 내용이다. 이에 대한 분개로 옳은 것은?

> 확정급여제도를 채택하고 있는 (주)상공은 A종업원에 대한 퇴직금 1,000,000원을 사외적립자산을 활용하여 지급하였다.

① 분개없음
② (차) 퇴직급여   1,000,000   (대) 사외적립자산   1,000,000
③ (차) 확정급여채무 1,000,000   (대) 임의적립금   1,000,000
④ (차) 확정급여채무 1,000,000   (대) 사외적립자산   1,000,000

확정급여제도(DB)
• 기말 확정급여채무를 설정 시
  (차) 퇴직급여원가(퇴직급여)   ×××   (대) 확정급여채무 ×××
• 금융회사에 기여금을 적립한 경우
  (차) 사외적립자산(퇴직연금운용자산) ×××   (대) 현금 등   ×××
• 퇴사 후 퇴직금을 사외적립자산에서 지급한 경우
  (차) 확정급여채무   ×××   (대) 사외적립자산 ×××

05 다음 중 확정기여형 및 확정급여형 퇴직연금제도에 대한 설명으로 옳지 않은 것은?

① 퇴직급여제도는 제도의 주요 규약에서 도출되는 경제적 실질에 따라 확정기여제도 또는 확정급여제도로 분류된다.

② 확정기여제도에서는 기업이 별개의 실체(기금, 보험회사)에 사전에 확정된 기여금을 납부하는 것으로 기업의 의무가 종결된다.

③ 확정급여제도에서는 기업이 퇴직급여에 관한 모든 의무를 부담한다.

④ 확정기여제도에서는 보험수리적위험과 투자위험을 기업이 실질적으로 부담한다.

확정급여제도(DB)에서 보험수리적위험과 투자위험을 기업이 실질적으로 부담한다.

06 다음은 (주)대한의 법인세 관련 거래이다. 법인세가 확정되어 납부할 때 분개로 옳은 것은?(단, 이연법인세자산과 이연법인세 부채는 없는 것으로 가정함)

> 가. 중간예납 시 법인세 ₩300,000을 현금으로 지급하다.
> 나. 결산 시 법인세비용이 ₩650,000으로 추산된다.
> 다. 법인세비용이 ₩650,000으로 확정되어 당좌수표를 발행하여 납부하다.

① (차) 선급법인세 350,000 (대) 당좌예금 350,000

② (차) 미지급법인세 350,000 (대) 당좌예금 350,000

③ (차) 법인세비용 650,000 (대) 미지급법인세 300,000
  당좌예금 350,000

④ (차) 법인세비용 650,000 (대) 선급법인세 300,000
  당좌예금 350,000

이연법인세 자산과 부채가 없다고 가정하고 보기를 기준으로 회계처리하면 다음과 같다.
- **중간예납 시** : (차) 선급법인세 300,000 (대) 당좌예금 300,000
- **결산 시** : (차) 법인세비용 650,000 (대) 선급법인세 300,000
  미지급법인세 350,000
- **납부 시** : (차) 미지급법인세 350,000 (대) 당좌예금 350,000

PART

03

원가회계

학습 방향

원가회계의 목적, 원가의 분류, 원가의 흐름, 재료원가 · 노무원가 · 제조경비의 계산,
부문별 원가계산, 제조간접원가의 배부, 개별 원가계산, 종합원가계산방법의 내용을
해당 문제와 더불어 학습하는 것이 필요하다.

출제빈도

SECTION 01	중	15%
SECTION 02	중	15%
SECTION 03	상	35%
SECTION 04	상	35%

원가의 기초

▶ 합격강의

빈출 태그 ▶ 원가의 3요소, 고정원가 · 변동원가 · 준고정원가 · 준변동원가, 매몰원가, 직접원가 · 간접원가, 원가의 계산,
제조원가명세서, 원가배부의 기준

01 원가회계의 목적과 분류

1) 원가회계의 정의

① 정의 : 원가란 재화나 용역을 얻기 위해 희생된 경제적 자원을 화폐단위로 측정한
것을 말하며 소멸여부에 따라 자산과 비용 또는 손실로 분류된다. 미소멸원가는
자산으로 계상되어 재무상태표에 표시되며, 소멸원가는 수익창출에 공헌한 비용
과 공헌하지 못한 손실로 분류되어 손익계산서에 표시된다.

② 원가회계와 관리회계의 비교 : 회계를 재무회계와 관리회계로 구분할 경우 원가회
계는 재무회계와 관리회계 양자 모두에 관련된다고 할 수 있다. 원가회계에서 원
가정보를 집계, 배분, 분석하여 외부 공표용 재무제표를 작성하는 데 사용한다면
이는 재무회계의 역할을 수행하는 것이다. 원가정보를 이용하여 경영계획을 수립,
통제한다거나 특수의사결정에 활용한다면 이는 관리회계의 역할을 수행하는 것이
다. 오늘날 원가회계는 원가정보를 의사결정과 성과평가에 사용하므로 원가회계
를 원가관리회계로 통칭하여 사용하는 추세이다.

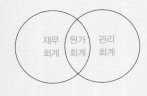

원가회계
- 성과의 측정과 평가를 위한 정
  보의 제공
- 원가의 관리와 통제의 목적
- 제품원가의 계산

2) 원가회계의 목적

① 재무제표의 작성에 필요한 원가정보의 제공 : 당기제품제조원가는 손익계산서의 매
출원가 계산에 필요하며 기말원재료, 기말재공품은 재무상태표를 작성하는 데 필
요하다.

② 원가통제에 필요한 원가정보의 제공 : 원가가 과대 또는 과소하게 발생하거나 또는
불필요하게 낭비되는 것을 통제, 관리하는 데 필요한 정보를 제공한다.

③ 경영의사결정에 필요한 원가정보의 제공 : 경영자의 가격결정, 예산편성(계획) 등
경영의사결정을 하는 데 필요한 정보를 제공한다.

- **원가와 비용의 관계**
  - 원가 : 재화나 용역의 생산을 위하여 소비되는 경제적 가치(제조원가)
  - 비용 : 일정기간의 수익을 얻기 위하여 소비되는 경제적 가치(기간원가★)
- **원가항목과 비원가항목**★ : 원가는 정상적인 제조과정에서 발생하는 것만 포함하므로 기업의 경영활동을 위하여 소비되는 경제적 가치라 할지라도 비원가항목은 전액을 발생기간의 비용 또는 손실로 계상해야 한다.

3) 원가의 분류

① **발생형태에 따른 분류** : 재료원가, 노무원가, 제조경비(원가의 3요소)

- **재료원가(직접재료원가)** : 제품의 제조를 위해 소비된 물적요소(재료)
- **노무원가(직접노무원가)** : 제품의 제조를 위해 투입된 인적요소(노동력)(例 임금, 급료 등)
- **제조경비(제조간접원가)** : 재료원가와 노무원가를 제외한 나머지 제조원가요소(例 감가상각비, 가스수도료, 전력비 등)

  ※ 재료원가와 재료비라는 용어 가운데 재료원가가 정확한 표현이지만 관례적으로 재료비라는 용어도 많이 사용하고 있다(나머지 용어도 같음).

② **제품 및 부문에의 추적가능성에 따른 분류** : 직접원가, 간접원가

- **직접원가** : 특정 제품의 제조를 위해서만 소비되어 추적이 가능한 원가(특정 제품에 부과할 수 있는 원가)를 말한다(例 직접재료원가, 직접노무원가, 직접제조경비).
- **간접원가** : 여러 제품의 제조를 위하여 공통적으로 소비되어 추적이 불가능한 원가(특정 제품에 직접 부과할 수 없는 원가)를 말한다(例 간접재료원가, 간접노무원가, 간접제조경비).

③ **원가행태에 따른 분류** : 고정원가, 변동원가, 준고정원가, 준변동원가

- **고정원가** : 조업도 증감에 관계없이 관련범위 내에서는 항상 원가총액이 일정하게 발생하는 원가로서 조업도가 증가하면 총원가는 일정하고 단위당원가는 감소한다(例 감가상각비, 재산세, 보험료, 임차료 등).
- **변동원가** : 조업도★의 증감에 따라 비례하여 변동하는 원가로서 조업도가 증가하면 총원가는 비례하여 증가하며 단위당원가는 일정하다(例 직접재료원가, 직접노무원가, 변동제조간접원가).
- **준고정원가(계단원가)** : 일정한 조업도 범위 내에서는 고정원가와 같이 원가총액이 일정하지만 그 범위를 초과하면 총원가가 증가하는 원가이다(例 작업량 추가에 따른 공장감독자의 급료, 공장의 임대면적 증가에 따른 임차료 등).
- **준변동원가(혼합원가)** : 고정원가와 변동원가의 성격을 동시에 갖고 있는 원가로 조업도가 없어도 일정 고정원가(기본요금)가 발생하고 조업도가 증가할 경우 비례하여 증가한다(例 전력비, 통신비 등).

★ 기간원가
매출원가, 판매비와관리비

★ 비원가항목
- 제조활동과 관련 없는 가치의 감소(판매관리활동에서 발생하는 광고선전비와 급여)
- 제조활동과 관계가 있으나 비정상적인 상태에서 발생하는 경제적 가치의 감소(돌발적인 기계고장, 파업기간의 임금, 갑작스런 정전으로 발생하는 불량품의 제조원가 등)
- 기업 목적과 무관한 가치의 감소(화재나 도난 등에 의한 원재료나 제품의 감소액)

- 재료원가 = 재료비
- 노무원가 = 노무비
- 직접원가 = 직접비, 기초원가, 기본원가
- 간접원가 = 간접비, 공통비
- 고정원가 = 고정비
- 변동원가 = 변동비

★ 조업도(Volume)
일정기간 동안 생산설비의 이용 정도로 주로 시간, 수량으로 측정한다.

✓ 개념 체크

1 원가는 추적가능성에 따라 직접원가와 간접원가로 구분한다. (○, ×)

1 ○

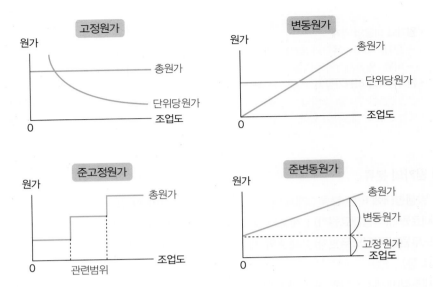

④ 기초원가, 가공원가

★기초원가(= 기본원가, 직접원가)
해당 제품에만 직접 사용하므로 기초가 되고 기본이 된다.
= 직접재료원가 + 직접노무원가

- **기초원가★** : 직접재료원가와 직접노무원가를 합한 금액을 말하며 기본원가라고도 한다.
- **가공원가** : 제품을 제조에서 발생하는 총제조원가 중에서 직접재료원가를 제외한 나머지를 말하며 전환원가라고도 한다.

> 가공원가 = 직접노무원가 + (직접제조경비) + 제조간접원가

⑤ 의사결정 관련성에 따른 분류

- **관련원가와 비관련원가** : 의사결정에 영향을 미칠 수 있는 원가를 관련원가라 하고 의사결정에 영향을 미치지 않는 원가를 비관련원가라고 한다.

★매몰원가
예를 들어 사용하던 기계장치를 처분할 경우 처분시점의 기계장치의 장부금액이 매몰원가이다.

- **매몰원가★** : 과거의 의사결정으로부터 이미 발생한 원가로서 더 이상 의사결정에 영향을 줄 수 없는 원가를 말한다.
- **기회원가** : 원가요소를 현재 용도 이외에 다른 용도로 사용했을 경우에 얻을 수 있는 최대금액을 말한다. 둘 이상의 선택 가능한 방법 중에서 한 가지를 선택함으로서 포기한 것이 이에 해당한다. 따라서 회계장부에는 기록되지 않지만 의사결정 시에는 고려해야 하는 원가이다.
- **회피가능원가와 회피불능원가** : 특정한 대체안을 선택함으로써 절약되거나 발생하지 않는 원가를 회피가능원가라고 하며, 특정한 대체안을 선택하는 것과 관계없이 계속해서 발생하는 원가를 회피불능원가라고 한다.
- **통제가능원가와 통제불능원가** :
  - 의사결정자가 그 발생에 영향을 미칠 수 있는 원가를 통제가능원가라고 하고, 의사결정자가 그 발생을 통제할 수 없는 원가를 통제불능원가(예 특정 과거에 이루어진 의사결정에 의해서 발생하는 감가상각비, 임차료 등과 같은 비용은 이미 정해져 있거나 이미 발생한 원가)라고 한다.

– 원가를 통제가능성에 따라 분류할 경우 시간적 차원을 고려하여야 한다. 왜냐하면 단기적으로는 통제불능원가라 해도 충분히 긴 시간이 주어지면 통제가능원가가 될 수 있기 때문이다. 통제가능하다고 하는 것은 경영자가 원가 발생액을 통제할 수 있는 재량권을 갖고 있음을 의미하며 관리계층에 따라 동일한 원가에 대한 통제가능성이 달라진다. 통제가능원가의 경우 특정 부문 경영자의 성과를 평가하는 데 활용한다.

자산과의 관련성에 따른 분류
• 소멸원가 : 용역잠재력이 소멸되어 미래에 경제적 효익을 제공할 수 없는 원가
• 미소멸원가 : 미래에 경제적 효익을 제공할 수 있는 원가(자산으로 표시)

02 원가의 구성과 흐름

1) 원가의 구성

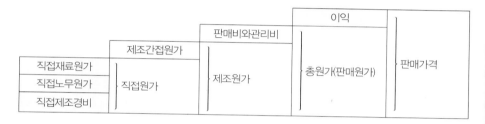

2) 원가의 흐름

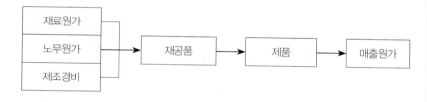

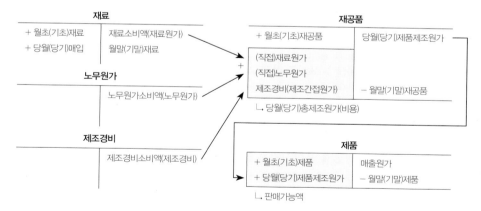

※ 개별원가계산에서는 재료원가, 노무원가, 제조경비를 직접재료원가, 직접노무원가, 제조간접원가로 구분하여 계산한다.

 개념 체크

1 원가의 흐름이다. ( )에 들어갈 용어는? 재료원가 – ( ) – 제품 – 매출원가

1 재공품

03 원가의 계산과 제조원가명세서

1) 원가의 계산

★ 직접제조경비는 실제 거의 발생되지 않으므로 직접원가는 직접재료원가와 직접노무원가이다.

★ 제조간접원가
= 간접재료원가 + 간접노무원가 + 간접제조경비.

• 제조간접원가 = 제조간접비
• 당기총제조원가 = 당기총제조비용

① 직접원가 = 직접재료원가 + 직접노무원가 + (직접제조경비)★

  간접원가 = 간접재료원가 + 간접노무원가 + 간접제조경비

② 재료원가 = 기초재료재고액 + 당기재료매입액 − 기말재료재고액

③ 당기총제조원가 = 직접재료원가 + 직접노무원가 + (직접제조경비)+ 제조간접원가★

  = 직접원가 + 간접원가 = 직접재료원가 + 가공원가

④ 당기제품제조원가(완성품원가) = 기초재공품재고액 + 당기총제조원가 − 기말재공품재고액

⑤ 매출원가 = 기초제품재고액 + 당기제품제조원가 − 기말제품재고액
  └ 판매가능액

2) 원가계산 방법의 분류

① 원가의 집계방법(또는 생산형태)에 따른 분류

• 개별원가계산 : 개별제품(작업)마다 원가를 구분하여 계산하는 방법으로 성능, 규격 등이 서로 다른 제품을 주문에 의하여 개별적으로 생산하는 형태에서 계산하는 방법이다. 건설업, 조선업, 기계제작업, 항공기제조업 등에서 사용한다. 직접원가와 간접원가의 구분이 필요하고 제조간접원가 배부가 매우 중요하다.

• 종합원가계산 : 일정한 기간 동안 발생된 총원가를 완성품수량으로 나누어 단위당 원가를 계산하는 방법으로 연속적으로 대량생산하는 형태에서 계산하는 방법이다. 화학 · 제지 · 제당 · 제분 · 철강업 등에서 사용한다.

② 원가의 측정방법에 따른 분류

• 실제원가(사후원가)계산 : 실제직접재료원가 + 실제직접노무원가 + 실제제조간접원가

• 정상원가(사전원가)계산 : 실제직접재료원가 + 실제직접노무원가 + 예정제조간접원가

• 표준원가(사전원가)계산 : 표준직접재료원가 + 표준직접노무원가 + 표준제조간접원가

③ 원가계산 범위에 따른 분류

• 전부원가계산 : 직접재료원가, 직접노무원가, 고정제조간접원가 및 변동제조간접원가 모두를 제품의 원가에 포함시키는 원가계산 방법이다. 재무제표를 작성할 때에는 전부원가계산을 사용하여야 한다. 일반적으로 원가계산이라 하면 전부원가계산을 뜻한다.

• 변동원가계산 : 직접재료원가, 직접노무원가 및 변동제조간접원가를 제품원가에 포함시키고, 고정제조간접원가는 기간비용으로 처리하는 원가계산 방법이다.

기적의 TIP

재무제표를 작성할 때에는 실제원가계산을 이용하여 계산한 금액으로 제품과 재공품, 매출원가를 기록해야 한다.

기적의 TIP

표준원가계산
과학적, 통계적 방법으로 미리 설정한 표준원가로 미리 측정하고 실제원가와 비교하여 그 차이를 분석함으로서 계획수립(예산편성), 원가통제, 종업원 성과평가에 유용한 계산 방법이다.

기적의 TIP

변동원가는 변동하는 원가만을 가지고 제품제조원가를 계산하므로 고정원가를 포함하지 않는다.

개념 체크

1 제지, 화학, 제당업은 개별원가계산을 한다. (○, ×)

1 ×

3) 제조원가명세서

제조원가명세서는 완성된 제품의 제조원가를 상세히 나타내기 위한 보고서로서 당기 제품제조원가는 손익계산서의 매출원가를 계산하는 데 사용하고, 기말원재료, 기말 재공품은 재무상태표를 작성하는 데 필요한 정보를 제공한다. 일반적으로 재료원가, 노무원가, 경비로 당기총제조비용이 표시되지만 개별원가계산에서는 직접재료원가, 직접노무원가, 제조간접원가로 구분하여 표시할 수도 있다.

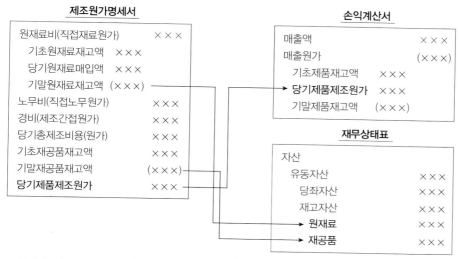

※ 금액란의 (   )는 차감을 의미한다.

✔️ 개념 체크

1 제조원가명세서에 나타나지 않는 항목은 기말제품이다. (○, ×)

1 ○

04 원가계산의 절차

제1단계 : 요소별 원가계산 ⇨ 제2단계 : 부문별 원가계산 ⇨ 제3단계 : 제품별 원가계산

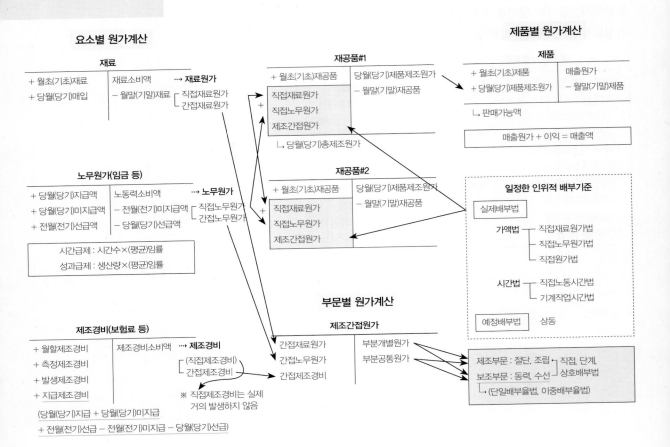

05 재료원가, 노무원가, 제조경비의 계산 : 요소별 원가계산

1) 재료원가 : 재료원가 = 재료의 소비량 × 재료의 소비단가

재료비 소비액 = 기초재료재고액 + 당기재료매입액 − 기말재료재고액

① 재료의 소비량 결정방법 : 계속기록법, 실지재고조사법, 혼합법
② 재료의 소비단가 결정방법 : 선입선출법, 후입선출법, 이동평균법, 총평균법
③ 재료원가 회계처리 : 재료소비(직접 : 5,000, 간접 : 5,000)에서 재공품, 제조간접
   원가로 대체하는 분개(㉠ → ㉡ → ㉢ → ㉣)

기적의 TIP
재무회계의 재고자산의 수량 결정방법, 원가결정방법과 동일한 내용이다.

(차) 재료원가	10,000	(대) 재료	10,000	----- ㉠
(차) 직접재료원가	5,000	(대) 재료원가	10,000	----- ㉡
간접재료원가	5,000			
(차) 재공품	5,000	(대) 직접재료원가	5,000	----- ㉢
(차) 제조간접원가	5,000	(대) 간접재료원가	5,000	----- ㉣

※ 직접재료원가는 재공품계정 차변에 대체되고 간접재료원가는 제조간접원가계정 차변에 대체된다.

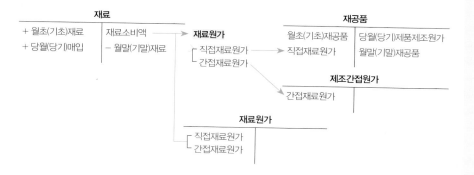

2) 노무원가

> 노무원가 소비액 = 당기지급액 + 당기미지급액 + 전기선급액 - 전기미지급액 - 당기선급액

① 시간급제에 의한 노무원가의 계산 : 작업시간에 비례하여 기본임금을 결정하는 제도
② 성과급에 의한 노무원가의 계산 : 작업량에 따라 기본임금을 결정하는 제도
③ 노무원가 회계처리 : 노무원가소비(직접 : 5,000, 간접 : 5,000)에서 재공품, 제조간접원가로 대체하는 분개(㉠ → ㉡ → ㉢ → ㉣)

(차) 노무원가	10,000	(대) 현금	10,000	----- ㉠
(차) 직접노무원가	5,000	(대) 노무원가	10,000	----- ㉡
간접노무원가	5,000			
(차) 재공품	5,000	(대) 직접노무원가	5,000	----- ㉢
(차) 제조간접원가	5,000	(대) 간접노무원가	5,000	----- ㉣

※ 직접노무원가는 재공품계정 차변에 대체되고 간접노무원가는 제조간접원가계정 차변에 대체된다.

3) 제조경비

① **월할제조경비** : 1년 또는 일정 기간분을 총괄하여 일시에 지급하는 제조경비(예 보험료, 임차료, 감가상각비 등)를 말한다(당월소비액 = 발생금액÷해당 개월 수).

② **측정제조경비** : 계량기에 의해 소비액을 측정할 수 있는 제조경비(예 전기사용료, 가스·수도사용료 등)를 말한다(당월소비액 = 당월 사용량×단위당 가격).

③ **지급제조경비** : 매월의 소비액을 그 달에 지급하는 제조경비를 말한다. 전월 선급액이나 당월 미지급액이 있을 경우 당월소비액은 당월지급액+당월미지급액+전월선급액−전월미지급액−당월선급액으로 계산한다(예 수선비, 운반비, 잡비 등).

④ **발생제조경비** : 재료감모손실 등과 같이 현금의 지출이 없이 발생하는 제조경비를 말한다. 재료감모손실은 재료의 장부상재고액과 실제재고액과의 차이로서, 정상적인 재료감모손실은 제조원가에 산입시키고, 비정상적인 재료감모손실은 영업외비용으로 처리한다.

⑤ **제조경비 회계처리** : 제조경비발생(간접 : 10,000)에서 제조간접원가로 대체하는 분개(㉠ → ㉡ → ㉢)

(차) 보험료	10,000	(대) 현금	10,000 ----- ㉠
(차) 간접제조경비	10,000	(대) 보험료	10,000 ----- ㉡
(차) 제조간접원가	10,000	(대) 간접제조경비	10,000 ----- ㉢

※ 직접제조경비는 재공품계정 차변에 대체되고 간접제조경비는 제조간접원가계정 차변에 대체된다(직접제조경비는 없다고 가정함).

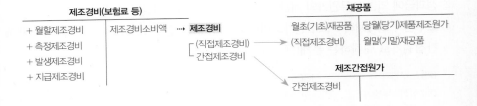

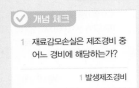

■ 원가 흐름 회계처리

재료원가, 노무원가, 제조경비에서 발생한 제조간접원가는 일정한 인위적 배부기준에 의하여 재공품에 배부된다.

① (차) 재공품   20,000   (대) 간접재료원가   5,000
                                       간접노무원가   5,000
                                       간접제조경비   10,000

※ 제조간접원가는 간접재료원가, 간접노무원가, 간접제조경비를 합한 금액이다.

② 재공품계정에서 제품계정으로의 회계처리

    (차) 제품   30,000   (대) 재공품   30,000

③ 제품계정에서 매출원가로의 회계처리

    (차) 매출원가   30,000   (대) 제품   30,000

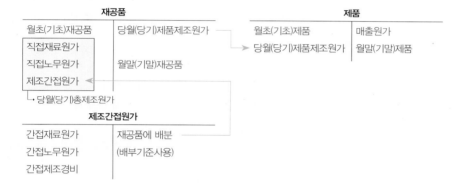

■ 위 내용을 정리하여 공식화하면 다음과 같다.

• 당기총제조원가 = 직접재료원가 + 직접노무원가 + 제조간접원가
• 당기제품제조원가(완성품원가) = 기초재공품재고액 + 당기총제조원가 − 기말재공품재고액
• 매출원가 = 기초제품재고액 + 당기제품제조원가 − 기말제품재고액

🅱 기적의 TIP

회계처리 과정의 이해
간접재료원가, 간접노무원가, 간접제조경비는 제조간접원가로 대체된 후 일정한 배부기준에 따라 재공품계정에 배부되며(①) 재공품계정에 있던 직접원가와 함께 제품계정으로 대체된다(②). 제품계정은 매출한 만큼 매출원가로 대체된다(③).

✔ 개념 체크

1 당기에 완성되어 제품으로 대체된 완성품의 제조원가는 (   )이다.

1 당기제품제조원가

원가배부의 의의 및 목적, 절차기준

1) 원가부문의 설정

① 제조부문 : 제품의 제조 활동을 직접 담당하는 부문(절단부문, 조립부문, 선반부문 등)이다.

② 보조부문 : 제품의 제조에는 직접 참여하지 않고, 제조부문의 제조 활동을 돕기 위해 여러 가지 용역을 제공하는 부문(동력부문, 수선부문, 검사부문 등)이다.

2) 원가의 배부기준

공통적으로 발생한 원가(간접원가)를 집계하여 합리적인 배부기준(인과관계기준, 수혜기준, 부담능력기준, 공정성과 공평성기준)에 따라 원가대상에 대응시킨다.

① 인과관계기준 : 배부하려는 원가와 원가대상 사이에 추적 가능한 명확한 관계로 배부하는 것으로 가장 이상적인 원가배부기준이다. 경제적으로 실현가능한 경우에는 인과관계기준에 의해서 원가를 배부하여야 한다.

② 수혜기준 : 배부하려고 하는 원가로부터 원가대상에 제공된 경제적 효익을 측정할 수 있는 경우 경제적 효익의 크기에 비례하여 배부하는 기준이다.

③ 부담능력기준 : 원가대상이 원가를 부담할 수 있는 능력에 비례하여 배부하는 기준이다.

④ 공정성과 공평성기준 : 원가대상에 원가를 배부할 때에는 공정하고 공평하게 해야 한다는 기준이다.

원가배부의 목적
- 최적의 자원배부를 위한 경제적 의사결정
- 재고자산의 금액과 매출원가의 정확한 산출로 유용한 정보 제공
- 제품의 가격결정과 제품선택의 의사결정
- 경영자와 종업원의 원가절감 동기부여 및 성과평가

기적의 TIP

자원배부에 관한 의사결정과 동기부여에 두는 경우 인과관계가 지배적인 기준으로 사용된다.

개념 체크

1 원가의 배부기준에서 가장 먼저 고려할 기준은?

1 인과관계

01 다음 중 원가회계의 목적이 <u>아닌</u> 것은?

① 원가의 관리와 통제의 목적
② 성과의 측정과 평가를 위한 정보의 제공
③ 기업의 잠재적 투자가치평가 및 기업실제가치 측정에 필요한 정보 제공
④ 제품원가의 계산

기업의 잠재적 투자가치평가 및 기업실제가치 측정에 필요한 정보 제공은 재무회계의 목적이다.

02 경영자는 실제로 발생한 원가와 생산하기 전 예정원가와 비교함으로써 절약과 낭비, 능률과 비능률이 어느 부서에서 발생하였는지 알게 되고 나아갈 개선책을 마련한다. 다음 중 이와 가장 밀접한 관계가 있는 것은?

① 재무상태표 작성
② 포괄손익계산서 작성
③ 원가통제
④ 신용의사결정

원가통제에 대한 설명이다.

03 원가를 제품원가와 기간원가로 구분할 때 다음 중 기간원가에 속하지 <u>않는</u> 것은?

① 소모품비
② 생산직 근로자의 임금
③ 판매원의 급료
④ 사장의 급료

생산직 근로자의 임금은 제품원가이다.
원가와 비용의 관계
• 원가 : 재화나 용역의 생산을 위하여 소비되는 경제적 가치(제조원가)
• 비용 : 일정기간의 수익을 얻기 위하여 소비되는 경제적 가치(기간원가 = 매출원가, 판매비와관리비)

04 개별원가회계에서 원가분류를 어떻게 해야 하는가?

① 고정원가, 변동원가   ② 직접원가, 간접원가
③ 재료원가, 제조경비   ④ 직접원가, 가공원가

개별원가계산은 성능, 규격, 품질 등이 서로 다른 여러 종류의 제품을 주로 고객의 주문에 의하여 소량씩 개별적으로 생산하는 경우 각 개별 작업별로 제품별 원가계산을 하는 방법이므로 각 제품의 제조과정에서 발생하는 제조원가를 집계하기 위하여 직접원가(직접재료원가, 직접노무원가), 간접원가(제조간접원가)로 상세히 기록한다.

05 다음은 원가행태에 따른 제조원가분류이다. 성격이 <u>다른</u> 하나는?

① 직접재료원가   ② 직접노무원가
③ 변동제조간접원가   ④ 고정제조간접원가

①, ②, ③은 변동원가이고, ④는 고정원가이다.

06 다음 중 혼합원가에 대한 설명으로 올바른 것은?

① 조업도가 0인 상태에서는 원가가 0이나, 조업도가 증가하면 총원가가 증가하는 행태를 보인다.
② 조업도가 0인 상태에서도 일정한 원가가 발생하며, 조업도가 증가하면 총원가가 증가하는 행태를 보인다.
③ 조업도가 0인 상태에서는 원가가 0이나, 조업도가 증가하면 단위당원가가 증가하는 행태를 보인다.
④ 조업도가 0인 상태에서도 일정한 원가가 발생하며, 조업도가 증가하면 단위당원가가 증가하는 행태를 보인다.

혼합원가(준변동가)는 고정원가와 변동원가의 성격을 동시에 갖고 있는 원가로 조업도가 없어도 일정 고정원가(기본요금)가 발생하고 조업도가 증가할 경우 비례하여 증가한다. 📝 전력비, 통신비 등

07 다음은 추적가능성에 따른 원가의 분류이다. (가)에 대한 설명으로 옳지 <u>않은</u> 것은?

기본원가	직접재료원가	
		(가)

① 전환원가라고도 한다.
② 가공원가라고도 한다.
③ 특정 제품을 제조하기 위한 기초원가를 의미한다.
④ 직접노무원가와 제조간접원가가 이 원가에 해당한다.

(가) : 가공원가(전환원가) = 직접노무원가 + 제조간접원가

정답 01 ③ 02 ③ 03 ② 04 ② 05 ④ 06 ② 07 ③

08 다음 중 제조간접원가에 관한 설명으로 옳은 것은?

① 기초원가 또는 기본원가라고 한다.
② 모든 공장 노무원가를 포함한다.
③ 변동원가가 될 수도 있고 고정원가가 될 수도 있다.
④ 특정 제품에 소비된 원가를 추적할 수 있기 때문에 직접 부과한다.

• 제조간접원가는 간접재료원가+간접노무원가+간접제조경비이므로 변동원가가 될 수도 있고 고정원가가 될 수도 있다.
• 기초원가 또는 기본원가는 직접원가이므로 제조간접원가가 아니며, 모든 공장의 노무원가에는 직접노무원가가 포함되므로 틀리고, 특정 제품에 소비된 원가를 직접 부과하는 것은 직접원가에 대한 설명이다.

09 노후화된 기계장치를 처분하고 새로운 기계장치를 구입하려고 한다. 새로운 기계장치를 사용하면 품질이 향상되어 현재 년 매출보다 10% 증가할 것을 예상한다. 다음 자료에 의하면 매몰원가는 얼마인가?

가. 기계장치의 취득원가 :	₩8,000,000
나. 노후화된 기계장치의 매각수익 :	₩1,000,000
다. 년 매출액 :	₩100,000,000
라. 새로운 기계의 취득원가 :	₩15,000,000

① ₩1,000,000
② ₩8,000,000
③ ₩10,000,000
④ ₩15,000,000

매몰원가는 과거의 의사결정으로부터 이미 발생한 원가로서 더 이상 의사결정에 영향을 줄 수 없는 원가를 말하므로 문제에서 노후화된 기계장치의 취득원가 8,000,000이 매몰원가가 된다.

10 원가와 의사결정과의 관련성에 대한 설명으로 적절하지 <u>않은</u> 것은?

① 과거에 발생한 원가도 미래의 의사결정과정에 고려할 필요가 있다.
② 매몰원가는 과거의 의사결정으로 인하여 발생한 원가로서 대안간의 차이가 발생하지 않는 원가를 말한다.
③ 기회원가는 자원을 현재의 용도에 사용함으로써 얻을 수 있는 순현금유입과 차선의 대체안에 사용할 때 얻을 수 있는 순현금유입의 차액이 아니라, 차선의 대체안으로부터의 순현금유입 그 자체이다.
④ 관련원가에는 여러 가지 대체안들과 실제 선택된 의사결정 대안 간에서 발생하는 원가의 차이인 차액원가가 있다.

과거에 발생한 원가(매몰원가)는 미래의 의사결정과정에 고려할 필요가 없다.

11 특정 제품의 생산을 위하여 소비한 원가 및 판매와 관련하여 직접원가 ₩15,000, 제조간접원가 ₩5,000, 판매비와관리비 ₩4,000이 각각 발생하였다. 판매가격은 이익(제조원가의 10%)을 가산하여 결정한다고 할 때, 판매가격은 얼마인가?

① ₩24,500
② ₩25,000
③ ₩26,000
④ ₩27,500

판매가격 = 제조원가(직접원가+제조간접원가)+판매비와관리비+이익
= 15,000+5,000+4,000+20,000×10%
= 26,000원

12 재료의 출고 때 개별작업 또는 제품의 직접재료원가가 추적 가능한 경우에는 어떤 계정에 대체하는가?

① 재공품
② 제조간접원가
③ 보조재료원가
④ 간접재료원가

제품의 직접재료원가가 추적 가능한 경우에는 재공품계정에 대체하고 추적이 불가능한 경우에는 제조간접원가계정에 대체한다.

13 다음과 같이 원가를 파악할 수 있는 계정과목으로 옳은 것은?

> • 당월에 완성된 제품의 제조원가와 월말재공품원가를 파악할 수 있는 계정이다.
> • 월초재공품원가와 당월 재료원가, 노무원가, 경비를 파악할 수 있는 계정이다.

① 재료원가계정
② 노무원가계정
③ 경비계정
④ 재공품계정

재공품계정에 대한 내용이다.

재공품	
당월재공품	당월제품제조원가
직접재료원가	월말재공품
직접노무원가	
제조간접원가(경비)	

14 (주)대한공업의 다음 자료에 의하여 가공원가와 판매가격을 계산한 것으로 옳은 것은?

가. 직접재료원가 :	₩200,000
나. 직접노무원가 :	₩500,000
다. 제조간접가 : 변동 제조간접원가	₩250,000
고정 제조간접원가	₩100,000
라. 본사 건물 임차료 :	₩50,000
마. 기대 이익은 판매원가의 30%이다.	

① (가공원가) ₩700,000
   (판매가격) ₩1,235,000
② (가공원가) ₩850,000
   (판매가격) ₩1,365,000
③ (가공원가) ₩850,000
   (판매가격) ₩1,430,000
④ (가공원가) ₩950,000
   (판매가격) ₩1,430,000

• 가공원가 = 직접노무원가+제조간접원가 = 500,000+350,000
    = 850,000원
• 판매가격 = 제조원가(직접재료원가+제조간접원가)+판매비와관리비+이익
• 제조원가 = 직접재료원가 200,000+직접노무원가 500,000+제조간접원가
    350,000 = 1,050,000원
• 판매비와관리비 = 임차료 50,000원
• 기대이익 = 판매가(제조원가+판매비와관리비) 1,100,000×30%
    = 330,000원
∴ 판매가격 = 1,050,000+50,000+330,000 = 1,430,000원

15 제조기업의 제조원가명세서에 대한 설명으로 옳지 않은 것은?

① 당기총제조원가는 직접재료원가, 직접노무원가, 제조간접원가의 합계액을 의미한다.
② 당기의 제품제조원가의 내용을 상세히 알기 위해 작성하는 명세서를 말한다.
③ 재무상태표에 표시되는 재료, 재공품, 제품 등의 재고자산 가격을 결정하기 위한 원가정보를 제공한다.
④ 당기총제조원가는 기능별포괄손익계산서의 매출원가를 산정하는 데 필요한 당기제품제조원가와 항상 일치한다.

• 당기총제조원가는 당기제품제조원가와 일치하지 않는다.
• 당기제품제조원가 = 기초재공품+당기총제조원가−기말재공품

16 다음은 원가배부기준에 대한 설명이다. 관계가 있는 항목은?

> 배부하려고 하는 원가로부터 원가대상에 제공된 효익을 측정할 수 있는 경우에 효익의 크기에 따라 원가를 배부하는 기준이다.

① 인과관계기준
② 수혜기준
③ 부담능력기준
④ 공정성기준

오답 피하기

• 인과관계기준 : 배부하려는 원가와 원가대상 사이에 추적 가능한 명확한 관계로 배부하는 것으로 가장 이상적인 원가배부기준이다. 경제적으로 실현가능한 경우에는 인과관계기준에 의해서 원가를 배부하여야 한다.
• 부담능력기준 : 원가대상이 원가를 부담할 수 있는 능력에 비례하여 배부하는 기준이다.
• 공정성기준 : 원가대상에 원가를 배부할 때에는 공정하고 공평하게 해야 한다는 기준이다.

17 원가배부의 일반적인 목적을 설명한 것 중 옳지 않은 것은?

① 재고자산 평가와 이익 측정을 위한 매출원가를 계산하기 위해 관련된 원가를 재고자산과 매출원가에 배부하여야 한다.
② 개별제품과 직접적인 인과관계가 없는 원가는 제품에 배부하면 안 된다.
③ 부문경영자나 종업원들이 합리적인 행동을 하도록 하기 위해서는 각 부문이나 활동별로 원가를 배부한다.
④ 제품의 가격결정, 부품의 자가제조 또는 외부구입과 같은 의사결정에 필요한 정보를 제공할 수 있어야 한다.

개별제품과 직접적인 인과관계가 없는 원가는 합리적인 배부기준(인과관계기준, 수혜기준, 부담능력기준, 공정성과 공평성기준)에 따라 원가대상에 배부한다.

부문별 원가계산

빈출 태그 ▶ 부문별 원가계산의 절차, 보조부문원가의 배부기준, 실제배부법, 예정배부법, 배부차이

▶ 합격강의

• 부문원가 = 부문비
• 제조부문원가 = 제조부문비
• 부문직접원가 = 부문직접비
• 부문간접원가 = 부문간접비
• 보조부문원가 = 보조부문비
• 제조부문원가 = 제조부문비

제조간접원가의 제조부문 원가계산(SECTION 02 끝부분 '더 알기 TIP' 참조)
• 공장전체 원가계산 : 제조간접원가를 제조부문과 보조부문으로 나누지 않고 배부하므로 계산이 쉽지만 제품원가계산이 부정확하다.
• 부문별 원가계산 : 제조간접원가를 제조부문과 보조부문으로 나누어 계산하므로 공장전체로 배부하는 것보다 정확하고 원가관리통제에 유용하지만 계산이 복잡하고 시간과 비용이 많이 든다.
※ 공장전체 원가계산으로 계산하나 부문별 원가계산으로 계산하나 제조간접원가배부총액은 같다.

✅ 개념 체크

1 건물의 감가상각비는 각 부문의 인원수로 배부한다. (○, ×)

1 ×

01 부문별 원가계산

제조간접원가를 그 발생 장소별로 분류, 집계하여 배부하는 절차를 말한다. 이때 발생하는 장소를 부문이라고 하고, 장소별로 분류, 집계된 원가를 부문원가라고 한다.

02 부문별 원가계산의 절차

> 원가중심점에 배부 → 보조부문 배부 → 제조부문 배부 → 제품에 배부

• 부문직접원가(개별원가)를 각 부문에 부과한다.(①, ②)
• 부문간접원가(공통원가)를 각 부문에 배부한다.(③, ④)
• 보조부문원가를 제조부문에 배부(직접·단계·상호배부법)한다.(⑤)
• 제조부문원가를 각 제품에 배부한다.

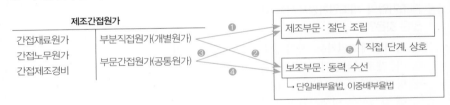

1) 부문간접원가(공통원가)의 배부기준

부문간접원가(공통원가)	배부기준
감가상각비	• 기계 : 기계 작업 시간 • 건물 : 사용 면적
전기사용료	각 부문의 전기소비량 또는 각 부문의 기계마력 수×운전시간
수선비	각 부문의 수선 횟수
가스수도사용료	각 부문의 수도 가스 사용량
운반비	각 부문의 운반물품의 무게, 운반거리, 운반 횟수 등
복리후생비	각 부문의 종업원 수
임차료, 재산세, 화재보험료	각 부문이 차지하는 면적 또는 기계의 가격

2) 보조부문원가의 이유와 배부목적

① 배부의 이유 : 보조부문의 활동은 제품을 직접 생산하는 것은 아니지만 최종제품을 생산하기 위해서는 반드시 필요한 것이므로 보조부문의 원가는 제품원가에 포함되어야 한다.

② 보조부문원가 배부의 목적 : 제조부문의 활동을 보조하기 위하여 보조부문에서 발생한 원가는 제조간접원가로 분류되므로 제조활동과 관련하여 직접, 간접적으로 발생한 모든 제조원가를 제품에 배부하기 위해서는 보조부문과 제조부문 등 부문별로 제조간접원가를 집계하고 집계된 보조부문의 원가를 제조부문에 배부한 뒤, 제조부문에서 발생한 제조간접원가와 보조부문에서 배부된 원가를 합하여 개별제품에 배부하여야 한다.

3) 보조부문원가의 배부기준

① 보조부문 상호 간의 용역수수관계의 인식정도에 따른 배부

- 직접배부법 : 보조부문 상호 간에 용역을 주고받는 관계를 완전히 무시하고 모든 보조부문원가를 제조부문에만 직접배부하는 방법이다. 배부절차는 매우 간단하나, 보조부문 상호 간의 용역수수관계가 많은 경우는 부정확한 원가 배부가 된다.
- 단계배부법 : 보조부문들 간에 일정한 배부 순서를 정한 다음 그 배부 순서에 따라 보조부문원가를 단계적으로 다른 보조부문과 제조부문에 배부하는 방법으로 보조부문 상호 간의 용역수수관계를 일부만 반영하는 방법이다.
- 상호배부법 : 보조부문 상호 간의 용역수수관계를 완전하게 고려하는 방법으로, 보조부문원가를 제조부문뿐만 아니라, 보조부문 상호 간에 배부하는 방법이다. 배부절차는 매우 복잡하나, 정확한 원가 배부가 된다.

② 보조부문원가의 원가행태에 의한 구분에 따른 배부

- 단일배부율법 : 모든 보조부문의 원가를 하나의 배부기준을 사용하여 배부하는 방법이다. 이중배부율법에 비해 간편하지만 그만큼 정확한 배부가 곤란하다.
- 이중배부율법 : 보조부분원가를 변동원가와 고정원가로 구분하여 각각 별개의 배부기준을 사용하여 배부하는 방법으로 변동원가는 실제 용역제공량을 기준으로 배부하며, 고정원가는 최대용역제공가능량을 기준으로 배부한다.

※ 이중배부율법을 사용하는 이유 : 고정원가는 용역을 제공하는 데 필요한 설비와 관련된 것인 반면 변동원가는 용역의 실제사용량과 관련이 있기 때문이다. 즉, 잠재적 용역을 제공하기 위해 많은 설비를 보유하고 있어 고정원가가 많이 발생한다면 해당 제조부문에는 실제사용량 기준이 아니라 최대사용가능량을 기준으로 배부해야 합리적이다.

※ 보조부문 상호 간의 용역수수관계의 인식정도에 따른 배부방법과 보조부문원가의 원가행태에 의한 구분에 따른 배부방법은 서로 결합하여 사용할 수 있다.

✓ **개념 체크**

1 직접배부법과 단계배부법은 상호 간의 용역수수관계를 일부만 고려함으로 이중배부율을 사용하지 못한다. (○, ×)

1 ×

| 예제 | 당사는 2개의 제조부문과 2개의 보조부문이 있으며 각 부문별 원가발생액과 보조부문의 용역공급이 다음과 같을 경우 아래 물음에 답하시오. |

① 직접배부법을 이용하여 수선부문에서 조립부문으로 배부될 보조부문원가를 구하시오.

② 단계배부법을 이용하여 수선부문에서 조립부문으로 배부될 보조부문원가를 구하시오(전력부문원가를 먼저 배분).

③ 상호배부법을 이용하여 수선부문과 전력부문에서 조립부문에 배부될 보조부문원가를 구하시오.

구분	보조부문		제조부문	
	전력부문	수선부문	조립부문	절단부문
전력부문공급(kw)		100kw	50kw	50kw
수선부문공급(시간)	1,200시간		200시간	200시간
자기부문원가(원)	100,000원	200,000원	500,000원	420,000원

| 해설 | ① 수선부문이 조립부문에 배부된 원가 |

$= 200,000 \times 200$시간$/400$시간$(200+200) = 100,000$원

② 전력부문에서 수선부문에 배부된 원가

$= 100,000 \times 100kw/200kw(100+50+50) = 50,000$원

수선부문이 조립부문에 배부된 원가

$= (200,000+50,000) \times 200$시간$/400$시간$= 125,000$원

③ 전력부문(X), 수선부문(Y)이라 하고 연립방정식을 이용하여 배부한다.

$X = 100,000+0.75(1,200/1,600)Y$

$Y = 200,000+0.5(100/200)X$

∴ 전력부문 = 400,000원, 수선부문 = 400,000원

수선부문이 조립부문에 배부된 원가

$= 400,000 \times 200$시간$/1,600$시간$= 50,000$원

전력부문이 조립부문에 배부된 원가

$= 400,000 \times 50kw/200kw = 100,000$원

03 제조부문원가의 배부 및 예정배부(제조간접원가의 배부)

제조간접원가를 제조부문과 보조부문에 배부하고, 보조부문을 제조부문에 배부한 후 제조부문원가의 발생액을 재공품에 대체한다. 제조간접원가는 여러 종류의 제품을 제조하기 위하여 공통으로 사용한 원가이므로 특정 제품에 사용된 원가를 추적하기가 어려워 일정한 배부기준에 따라 여러 제품에 배부하여야 한다. 배부방법으로 실제배부법과 예정배부법을 사용한다.

실제배부법의 문제점
- 제조간접원가의 실제 발생액이 월말에야 집계되므로 원가계산 시간이 느려진다.
- 월별로 제품의 생산량에 큰 차이가 있는 경우 고정원가로 인하여 제품단위당원가가 다르게 계산된다. → 예정배부법이 필요하게 된다.

1) 실제배부법

원가계산 기말에 실제로 발생한 제조간접원가를 각 제품에 배부하는 방법이다.

① **가액법(가격법)** : 각 제품의 제조에 소비된 직접원가를 기준으로 제조간접원가를 배부하는 방법으로 직접재료원가법, 직접노무원가법, 직접원가(직접재료원가+직접노무원가)법이 있다.

② **시간법** : 각 제품의 제조에 소비된 시간을 기준으로 제조간접원가를 배부하는 방법으로 직접노동시간법, 기계작업시간법이 있다.

> 예제 당사는 실제개별원가계산* 제도를 적용하고 있다. 직접재료원가를 기준으로 제조간접원가를 배부한다. No.1에 배부될 제조간접원가를 구하시오.

구분	공장전체 발생	작업지시서 No.1
직접재료원가	2,000,000원	400,000원
직접노무원가	4,000,000원	1,400,000원
제조간접원가	2,000,000원	

> 해설 실제배부액 = 제품별 배부기준의 실제발생액×실제배부율

실제배부율 $=\dfrac{\text{실제 제조간접원가 총액}}{\text{직접재료원가 총액}}$

No.1에 제조간접원가 실제 배부액 $= 400{,}000원 \times \dfrac{2{,}000{,}000원}{2{,}000{,}000원} = 400{,}000원$

2) 예정배부법

제조간접원가 예정배부율을 연초에 미리 산정해 두었다가, 제품이 완성되면 이 예정배부율을 사용하여 제품에 배부할 제조간접원가 배부액을 결정하는 방법이다. 제조간접원가를 예정배부하는 경우의 계산 방법은 실제배부법을 적용하는 방법과 같다. 예정배부법에서는 1년 동안 사용할 예정배부율을 다음과 같이 계산한다.

제조원가 배부액

= 실제 제조간접원가 총액
$\times \dfrac{\text{배부기준 실제발생액}}{\text{실제 배부기준 총액}}$

★ 실제개별원가
실제 발생한 직접원가와 제조간접원가를 사용하여 계산하는 방법이다.

🅕 기적의 TIP

예정배부법을 사용하는 이유
실제배부법을 사용할 경우 발생하는 문제점인 원가계산의 지연, 월별 생산수량의 차이가 심한 경우 단위당원가가 달라지는 것을 해결하고자 사용한다.

예제 당사는 정상개별원가계산★제도를 적용하고 있다. 직접노동시간을 기준으로 제조간접
원가를 예정배부한다. 실제발생제조간접원가가 430,000원이라고 할 때, 제조간접원가
의 배부차이를 구하시오.

구분	실제	예정
총직접노동시간	20,000시간	30,000시간
총제조간접원가	( )	600,000원

해설 예정배부율 = $\dfrac{예정제조간접원가총액}{예정배부기준총액}$ = $\dfrac{600,000원}{30,000시간}$ = @20원

예정배부액 = 실제발생액 × 예정배부율 = 20,000시간 × @20원 = 400,000원

실제발생제조간접원가가 430,000원이므로 배부차이는 30,000원 과소배부이다.

3) 예정배부 시 제조간접원가 배부차이 조정 방법

제조간접원가를 예정배부하게 되면 실제 제조간접원가와 일치하지 않게 되는데 이를
제조간접원가 배부차이라고 하며 예정배부액이 실제발생액보다 적은 경우를 "과소배
부"라고 하고, 예정배부액이 실제발생액보다 많은 경우를 "과대배부"라고 한다. 재무
제표를 작성할 시에는 실제원가계산을 적용해야 하므로 제조간접원가를 예정배부한
경우에는 실제와의 차액을 제조간접원가 배부차이 계정에 설정하여 대체해 두었다가
기말에 매출원가조정법, 비례배부법, 영업외손익법으로 배부차이를 조정하여 실제원
가로 표시되도록 해야 한다.

① **매출원가조정법** : 제조간접원가 배부차이를 매출원가에 가감하는 방법으로 과소배
부액은 매출원가에 가산하고 과대배부액은 매출원가에서 차감한다. 매출원가에
비하여 기말재고자산의 금액이 적을 경우에 사용된다. 재무상태표상에 실제원가
가가 아닌 예정원가로 표시된다.

② **비례배부법**★
• 제조간접원가 배부차이★를 기말재공품, 기말제품, 매출원가의 상대적 비율에 비례
하여 배부하는 방법이다. 배부차이가 상대적으로 크고 중요한 경우에 사용된다. 이
방법은 배부차이를 각 계정에 배부하기 위한 금액을 무엇으로 할 것인가에 따라 총
원가기준법과 원가요소기준법으로 나누어진다.
– 총원가기준법 : 재공품, 제품, 매출원가의 총액을 기준으로 하여 배부차이를 각
계정에 배부하는 방법이다.
– 원가요소기준법 : 재공품, 제품, 매출원가에 포함된 제조간접원가의 비율을 기준
으로 배부차이를 각 계정에 배부하는 방법이다.
• 기말재고자산과 매출원가에 포함된 직접재료원가, 직접노무원가, 제조간접원가의
상대적 비율이 동일하지 않다면 원가요소기준법이 훨씬 정확하다.

★ 비례배부법 = 안분법

★ 제조간접원가 배부차이
비례배부법은 기말재고자산에 배
부하지만 매출원가조정법·영업외
손익법은 기말재고자산에 배부하
지 않는다.

✓ 개념 체크

1 제조간접원가 예정배부액 =
배부기준의 실제발생액 ×
(실제, 예정)배부율
알맞은 것을 선택하시오.

1 예정

③ 영업외손익법 : 제조간접원가 배부차이를 영업외손익으로 처리하는 방법으로 과소
배부액은 영업외비용으로 처리하고 과대배부액은 영업외수익으로 처리한다. 제조
간접원가 배부차이가 비정상적인 사건으로 인하여 발생한 경우에 사용된다.

※ 비례배부법은 기말재공품, 기말제품, 매출원가에 비례배분하므로 전부 매출원가에 배부하는 매출원가조
정법이나, 전부 영업외손익 처리하는 영업외손익법보다 좀 더 정확하다고 볼 수 있다. 만약에 과소배부되
었을 경우 당기순이익은 비례배부법 〉 매출원가조정법 = 영업외손익법 순서대로 표시되는데, 이는 비례
배부법이 과소배부액을 재공품, 제품, 매출원가에 각각 배부하여 매출원가가 상대적으로 적게 계상되면서
전체 비용이 매출원가조정법이나 영업외손익법보다 적게 계산되기 때문이다.

4) 예정배부 시 제조간접원가 배부차이 조정 회계처리

① 비례배부법

- 과소배부액의 조정

<table>
<tr><td>(차) 재공품</td><td>×××</td><td>(대) 제조간접원가배부차이</td><td>×××</td></tr>
<tr><td>제품</td><td>×××</td><td></td><td></td></tr>
<tr><td>매출원가</td><td>×××</td><td></td><td></td></tr>
</table>

- 과대배부액의 조정

<table>
<tr><td>(차) 제조간접원가배부차이</td><td>×××</td><td>(대) 재공품</td><td>×××</td></tr>
<tr><td></td><td></td><td>제품</td><td>×××</td></tr>
<tr><td></td><td></td><td>매출원가</td><td>×××</td></tr>
</table>

② 매출원가조정법

- 과소배부액의 조정

<table>
<tr><td>(차) 매출원가</td><td>×××</td><td>(대) 제조간접원가배부차이</td><td>×××</td></tr>
</table>

- 과대배부액의 조정

<table>
<tr><td>(차) 제조간접원가배부차이</td><td>×××</td><td>(대) 매출원가</td><td>×××</td></tr>
</table>

③ 영업외손익법

- 과소배부액의 조정

<table>
<tr><td>(차) 배부차이손실</td><td>×××</td><td>(대) 제조간접원가배부차이</td><td>×××</td></tr>
</table>

- 과대배부액의 조정

<table>
<tr><td>(차) 제조간접원가배부차이</td><td>×××</td><td>(대) 배부차이이익</td><td>×××</td></tr>
</table>

- 비례배부법 = 비례배분법
- 제조간접원가배부차이 = 제조간접비배부차이

➕ 더 알기 TIP

1. 제조간접원가 배부방법(제조부문원가를 제품에 배부 시 배부율)

제조간접원가 배부 시 배부율은 제조간접원가 발생액과 배부기준의 금액이 파악되는 기말에 결정된다. 제조간접원가 배부율을 결정한 후에는 개별작업별로 소요된 배부기준에 제조간접원가배부율을 곱하여 개별작업에 제조간접원가를 배부한다. 제조간접원가를 배부할 때 공장전체배부율을 사용할 것인지 또는 각각의 제조부문별로 다른 부문별배부율을 사용할 것인지를 결정한다. 이에 따라 제조간접원가 배부율이 달라진다.

✓ 개념 체크

1 배부차이를 기말재공품, 기말제품, 매출원가의 상대적 비율에 따라 배부하는 방법은 (　)이다.

1 비례배부법

- **공장전체배부율(공장전체 제조간접원가 배부율)**
  - 모든 제조간접가를 하나의 원가집합(공장전체)에 집계하고 단일의 배부기준을 사용하여 배부하는 방법으로 보조부문원가 배부가 불필요하므로 보조원가배부는 의미가 없다.
  - 제조간접가를 제조부문과 보조부문으로 나누지 않고 모든 원가를 기준으로 배부율(공장전체 제조간접원가 ÷ 공장전체 배부기준 = 공장전체배부율)을 구한 후 각 제품에 곱하여 배부액(공장전체배부기준 × 공장전체배부율)을 계산한다. 보조부문에서 발생한 원가를 무시하므로 보조부문 간 용역의 수수는 물론이고 보조부문이 제조부문에 제공한 용역도 간접가 배부에 영향을 주지 않는다. 공장전체배부율을 사용할 경우 원가집계와 배부과정이 간단하지만 부문별배부율을 사용할 경우보다 원가계산이 부정확하다.
- **부문별배부율(부문별 제조간접원가 배부율)(SECTION 02 부문별 원가계산 참조)**
  - 제조간접가를 여러 원가집합(제조부문)에 집계하고, 제조부문별로 서로 다른 배부기준을 사용하여 각각 배부하는 방법이므로 보조원가배부가 중요하다.
  - 제조간접가를 제조부문과 보조부문으로 나누어 부문별 배부기준으로 제조부문별 배부율을 구하는 방법으로, 부문별 기계작업시간 또는 직접노동시간을 배부기준으로 제조부문별로 배부율(부문별 제조간접원가 ÷ 부문별 배부기준 = 부문별배부율)을 구하고 각 제조부문에서의 제품 제조에 소요된 기계작업시간 또는 직접노동시간을 곱하여 배부액(부문별 배부기준 × 부문별배부율)을 계산한다. 보조부문가 배부방법에 따라 개별제품의 원가가 달라지게 되므로 제품원가계산을 위한 보조부문원가 배부가 반드시 필요하다. 부문별배부율을 사용할 경우 각 제조부문의 특성에 따라 제조간접가의 배부가 이루어지므로 보다 정확한 제품원가를 계산할 수 있지만, 원가계산절차가 복잡하다.

- 공장전체배부율 $= \dfrac{\text{공장전체 제조간접원가}}{\text{공장전체 배부기준}}$
- 제조원가배부액 = 공장전체배부기준 × 공장전체배부율

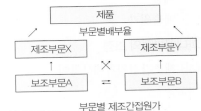

- 부문별배부율 $= \dfrac{\text{부문별 제조간접원가}}{\text{부문별 배부기준}}$
- 제조원가배부액 = 부문별배부기준 × 부문별배부율

2. 부문별 원가계산 시 제조부문원가의 예정배부 시 배부차이

부문별 원가계산 시 제조부문원가에서 예정배부액을 제품에 배부하고 제조부문원가계정 차변에 나타나는 실제발생액과 비교하여 차액은 부문원가배부차이계정에 대체하고 제조간접원가 배부차이와 마찬가지로 매출원가, 재공품, 제품계정에 대체한다.

- **과대배부 시** : 예정배부액이 과대 계상되었으므로 부문원가배부차이를 차감한다.

  (차) 제조부문원가(조립부문원가) ×××   (대) 부문원가배부차이   ×××

① 부문원가 예정배부 시			
(차) 재공품	×××	(대) 제조부문원가	×××
② 제조간접원가 부문별 배부			
(차) 제조부문원가(조립부문원가)	×××	(대) 제조간접원가	×××
(차) 보조부문원가(동력부문원가)	×××	(대) 제조간접원가	×××
③ 보조부문원가를 제조부문에 대체			
(차) 제조부문원가(조립부문원가)	×××	(대) 보조부문원가(동력부문원가) ×××	
④ 부문원가배부차이 조정(과대배부)			
(차) 제조부문원가(조립부문원가)	×××	(대) 부문원가배부차이	×××
※ 매출원가로 대체 시			
(차) 부문원가배부차이	×××	(대) 매출원가	×××

- **과소배부 시** : 예정배부액이 과소 계상되었으므로 부문원가배부차이를 가산한다.

  (차) 부문원가배부차이 ×××   (대) 제조부문원가(조립부문원가) ×××

  ※ 매출원가로 대체 시

  (차) 매출원가 ×××   (대) 부문원가배부차이   ×××

✔ 개념 체크

1 (   )배부율은 원가집계와 배부과정이 간단하지만 부문별배부율을 사용할 경우보다 원가계산이 부정확하다.

1 공장전체

01 다음 중 개별원가계산에 대한 회계처리로서 옳은 것은?

① 재료 구입 시 :
  (차) 재공품 ××× (대) 재료   ×××
② 노무원가 지급 시 :
  (차) 재공품 ××× (대) 노무원가   ×××
③ 제조간접원가 배부 시 :
  (차) 재공품 ××× (대) 제조간접원가 ×××
④ 생산 완료 시 :
  (차) 재공품 ××× (대) 제품   ×××

오답 피하기
• 재료 구입 시 : (차) 재료   ××× (대) 현금 등 ×××
• 노무원가 지급 시 : (차) 임금 등 ××× (대) 현금 등 ×××
• 생산 완료 시 : (차) 제품   ××× (대) 재공품 ×××

02 (주)대한공업의 다음 자료를 이용하여 당월의 매출원가를 계산하면 얼마인가?

가. 월초 및 월말 재고액			
구분	재료	재공품	제품
월초 재고액	₩30,000	₩80,000	₩150,000
월말 재고액	₩40,000	₩60,000	₩200,000

나. 직접재료 매입액	₩350,000
다. 직접노무원가 발생액	₩700,000
라. 제조간접원가 발생액	₩430,000

① ₩1,290,000
② ₩1,440,000
③ ₩1,470,000
④ ₩1,490,000

• 매출원가 = 월초제품+당월제품제조원가−월말제품
• 당월제품제조원가 = 월초재공품 80,000+당월총제조원가 1,470,000−월말재공품 60,000 = 1,490,000원
• 당월총제조원가 = 직접재료원가(기초 30,000+당월매입 350,000−월말 40,000) 340,000+직접노무원가 700,000+제조간접원가 430,000 = 1,470,000원
∴ 매출원가 = 월초제품 150,000+당월제품제조원가 1,490,000−월말제품 200,000 = 1,440,000원

03 다음 중 보조부문원가 배부기준으로 가장 옳지 <u>않은</u> 것은?

① 전력부문 : 각 제조부문의 종업원 수
② 수선부문 : 수선유지횟수 또는 수선작업시간
③ 품질검사 : 검사수량, 검사인원 또는 검사시간
④ 공장건물관리부문 : 각 제조부문이 차지하고 있는 점유면적

• 전력부문 : 각 부문의 전기소비량
• 복리후생비 : 각 부문의 종업원 수

04 보조부문원가를 제조부문에 배부하는 방법에 대한 설명으로 옳지 <u>않은</u> 것은?

① 직접배부법은 보조부문원가를 다른 보조부문에는 배부하지 않고 제조부문에만 배부하는 방법이다.
② 단계배부법은 보조부문원가를 배부순서에 따라 순차적으로 다른 보조부문과 제조부문에 배부하는 방법이다.
③ 상호배부법은 보조부문 상호 간의 용역수수관계를 완전히 인식하여 보조부문원가를 다른 보조부문과 제조부문에 배부하는 방법이다.
④ 계산의 정확성은 단계배부법, 상호배부법, 직접배부법 순으로 높게 나타난다.

계산의 정확성 : 상호배부법 > 단계배부법 > 직접배부법

05 부문별 원가계산의 순서를 바르게 나열한 것은?

(ㄱ) 부문공통원가를 각 부문에 배부한다.
(ㄴ) 부문개별원가를 각 부문에 부과한다.
(ㄷ) 보조부문원가를 제조부문에 배부한다.
(ㄹ) 제조부문원가를 각 제품에 배부한다.

① (ㄱ)→(ㄴ)→(ㄷ)→(ㄹ)
② (ㄴ)→(ㄱ)→(ㄷ)→(ㄹ)
③ (ㄷ)→(ㄴ)→(ㄱ)→(ㄹ)
④ (ㄹ)→(ㄴ)→(ㄱ)→(ㄷ)

부문별 원가계산의 절차
(ㄴ) 부문직접원가(개별원가)를 각 부문에 부과한다.
(ㄱ) 부문간접원가(공통원가)를 각 부문에 배부한다.
(ㄷ) 보조부문원가를 제조부문에 배부한다.
(ㄹ) 제조부문원가를 각 제품에 배부한다.

정답 01③ 02② 03① 04④ 05②

06 다음은 원가의 배분과 부문별 원가계산에 대한 설명이다. 옳지 않은 것은?

① 부문별 원가계산의 마지막 절차는 제조부문에 발생한 원가를 매출원가계정에 대체한다.

② 원가부문은 원가요소를 분류, 집계하는 계산상의 구분으로서 제조부문과 보조부문으로 구분한다.

③ 제조부문은 직접 제품 제조 작업을 수행하는 부문을 말하여 조립부문, 동력부문, 주조부문 등으로 세분할 수 있다.

④ 부문별 원가계산은 제조기업에서 원가요소 중 제조간접원가를 발생한 장소별로 분류하고 집계하는 원가계산절차이다.

부문별 원가계산의 마지막 절차는 제조부문에 발생한 원가를 재공품계정에 대체한다.

07 (주)한빛전자는 보조부문원가를 다른 보조부문에 배분하지 않고 제조부문에만 배분한다. 20X1년 자료는 다음과 같다. 20X1년 B조립 제조부문에 배분할 수선부문원가는 얼마인가?

구분	보조부문	
	수선부문	품질부문
제조간접비 발생액	₩240,000	₩360,000
용역제공비율		
수선부문		5%
품질부문	20%	
A조립 제조부문	40%	35%
B조립 제조부문	40%	60%
합계	100%	100%

① ₩96,000

② ₩120,000

③ ₩216,000

④ ₩240,000

• 보조부문원가를 다른 보조부문에 배분하지 않는 것은 직접배부법이다.
• 수선부문에서 B조립 제조부문에 배부될 수선부문원가

$$= 240,000 \times \frac{40\%}{80\%(40+40)} = 120,000$$

08 제조부문비(총액 ₩42,000) 제품별 배부액을 직접재료원가를 기준으로 계산할 때, 절단부문비와 조립부문비의 배부율은 각각 얼마인가?

제조부문원가 : 절단부문원가		₩28,000
조립부문원가		₩14,000
직접재료원가 :		₩50,000
(A제품 ₩20,000, B제품 ₩30,000)		
직접노무원가 :		₩20,000
(A제품 ₩9,000, B제품 ₩11,000)		

① 절단부문 배부율 : ₩0.4
   조립부문 배부율 : ₩0.2

② 절단부문 배부율 : ₩0.56
   조립부문 배부율 : ₩0.28

③ 절단부문 배부율 : ₩0.4
   조립부문 배부율 : ₩0.28

④ 절단부문 배부율 : ₩0.56
   조립부문 배부율 : ₩0.2

• 전체배부율 = 제조간접원가 총액÷직접재료원가 총액
  = 42,000÷50,000 = 0.84
• 절단부문 배부율 = 전체배부율 × $\frac{절단부문비}{(절단부문비+조립부문비)}$
  = 0.84×28,000÷(28,000+14,000) = 0.56
• 조립부문 배부율 = 전체배부율 × $\frac{조립부문비}{(절단부문비+조립부문비)}$
  = 0.84×14,000÷(28,000+14,000) = 0.28

09 (주)대한에서 직접재료원가를 기준으로 제조간접원가를 배부할 때 제조지시서 NO.107의 제조간접원가는 얼마인가?

구분	총작업	제조지시서 NO.107
직접재료원가	₩800,000	₩20,000
직접노무원가	₩460,000	₩60,000
직접노동시간	6,000시간	400시간
제조간접원가	₩260,000	( )

① ₩9,500

② ₩8,500

③ ₩7,500

④ ₩6,500

• 제조간접원가 실제배부율 = 실제 제조간접원가 총액÷실제 배부기준(직접재료원가) 총액 = 260,000÷800,000 = 0.325
• N0.107 제조간접원가 배부액 = 제품별 배부기준(직접재료원가)의 실제발생액 × 실제배부율 = 20,000×0.325 = 6,500

정답 06① 07② 08② 09④

10 다음 자료로 제조간접원가를 직접원가법을 사용하여 배부할 때, 제조지시서#3의 제조원가는 얼마인가?

분류	제조지시서#3	총원가
직접재료원가	₩250,000	₩800,000
직접노무원가	₩350,000	₩1,000,000
제조간접원가	( )	₩900,000

① ₩900,000
② ₩750,000
③ ₩550,000
④ ₩300,000

- **직접원가법** : 직접재료원가+직접노무원가
- 제조간접원가 실제배부율 = $\dfrac{\text{실제 제조간접가 총액}}{\text{직접원가 총액}}$

$= \dfrac{900,000}{1,800,000(800,000+1,000,000)} = 0.5$

- #3 제조간접원가 배부액 = 제품별 직접원가의 실제발생액×실제배부율
  = 600,000(250,000+350,000)×0.5
  = 300,000원
- ∴ #3의 제조원가 = 직접재료원가+직접노무원가+제조간접원가
  = 250,000+350,000+300,000 = 900,000원

11 제조간접원가는 직접노무원가 실제발생액을 기준으로 제품에 배부하며, 제조간접원가 실제발생 총액은 ₩8,400이다. 작업지시서 No.1의 제조원가는 얼마인가?

	직접재료원가	직접노무원가
작업지시서 No.1	₩4,000	₩8,000
작업지시서 No.2	₩2,000	₩6,000
계	₩6,000	₩14,000

① ₩4,800
② ₩12,000
③ ₩16,800
④ ₩20,400

- 제조간접원가 실제배부율 = 실제 제조간접원가 총액÷직접노무원가 총액
  = 8,400÷14,000 = 0.6
- No.1 제조간접원가 배부액 = 직접노무원가의 실제발생액×실제배부율
  = 8,000×0.6 = 4,800원
- ∴ No.1의 제조원가 = 직접재료원가+직접노무원가+제조간접원가
  = 4,000+8,000+4,800 = 16,800원

12 다음은 개별원가계산을 실시하고 있는 나주공업의 이번 달 원가자료이다. 제조간접원가 예정배부율은 직접노무원가의 50%이다. 이달 중 완성된 제조지시서는 #1001과 #1002이다. 완성품 원가는 얼마인가?

제조지시서	#1001	#1002	#1003	계
전기이월	₩5,000	—	—	₩5,000
직접 재료원가	₩8,200	₩4,500	₩6,400	₩19,100
직접 노무원가	₩3,000	₩4,600	₩3,400	₩11,000
계	₩16,200	₩9,100	₩9,800	₩35,100

① ₩11,500
② ₩25,300
③ ₩29,100
④ ₩35,100

- #1001과 #1002이 완성된 제품이므로 완성품원가 = #1001의 제조원가+ #1002의 제조원가
- #1001의 제조원가 = 전기이월 5,000+직접재료원가 8,200+직접노무원가 3,000+제조간접원가 1,500(직접노무가의 50%)
  = 17,700
- #1002의 제조원가 = 직접재료원가 4,500+직접노무원가 4,600+제조간접원가 2,300(직접노무원가의 50%) = 11,400
- ∴ 완성품원가 = #1001의 제조원가+#1002의 제조원가 = 17,700+11,400
  = 29,100

13 직접노무시간을 기준으로 제조간접원가를 배부하고 있다. 추정 제조간접원가 총액은 ₩250,000이고 추정 직접노무시간은 100,000시간이다. 제조간접원가 실제발생액은 ₩260,000이고 실제 직접노무시간은 105,000시간이다. 이 기간 동안 제조간접원가 과소(대)배부는 얼마인가?

① ₩2,250 과대배부
② ₩2,250 과소배부
③ ₩2,500 과대배부
④ ₩2,500 과소배부

- 제조간접원가 실제발생액은 260,000원인데 예정배부액은 262,500원이므로 2,500원 과대배부이다.
- 제조간접원가 예정배부율 = $\dfrac{\text{예정제조간접가총액}}{\text{예정직접노무시간총액}} = \dfrac{250,000}{100,000} = 2.5$
- 제조간접원가 예정배부액 = 제품별 직접노무시간의 실제발생액×예정배부율
  = 105,000×2.5 = 262,500원

14 다음 자료에 의하여 제조간접원가 배부차이를 계산하면 얼마인가?

가. 당월 제조간접원가 예정배부액 :	₩500,000
나. 당월 제조간접원가 실제발생액 :	
– 재료원가	₩200,000
– 노무원가	₩250,000
– 제조경비	₩100,000

① 과다배부 ₩50,000
② 과소배부 ₩50,000
③ 과다배부 ₩150,000
④ 과소배부 ₩150,000

- -

예정배부액이 500,000원인데 실제발생액이 550,000원(200,000+250,000+100,000)이므로 50,000원 과소배부되었다.

15 다음 (   ) 안에 들어갈 내용으로 알맞은 것은?

정상원가계산에서는 제조간접원가의 실제발생액과 배부총액에 차이가 발생한다. 이러한 배부차이를 조정하는 방법으로 기말재공품이나 기말제품이 부담하여야 할 배부차이를 무시하는 방법은 (   )이다.

① 매출원가조정법
② 총원가기준법
③ 원가요소기준법
④ 안분법(비례배부법)

- -

제조간접원가 배부차이 조정법
- **매출원가조정법** : 배부차이를 매출원가에 가감하는 방법으로 과소배부액은 매출원가에 가산하고 과대배부액은 매출원가에서 차감한다.
- **비례배부법(안분법)** : 배부차이를 기말재공품, 기말제품, 매출원가의 상대적 비율에 비례하여 배분하는 방법이다.
- **영업외손익법** : 배부차이를 영업외손익으로 처리하는 방법으로 과소배부액은 영업외비용으로 처리하고 과대배부액은 영업외수익으로 처리한다.

16 다음의 자료와 같이 제1부문과 제2부문으로 구성된 공장이 있다. 제품P에 대한 제조간접원가를 부문별 배부와 공장전체 배부로 각각 계산할 때 바르게 계산된 것은?

	제1부문	제2부문	공장전체
제조간접원가	₩3,000	₩9,000	₩12,000
직접노동시간	200시간	300시간	500시간
제품P의 사용시간	15시간	25시간	40시간

	부문별 배부	공장전체 배부
①	₩835	₩1,100
②	₩960	₩975
③	₩975	₩960
④	₩1,100	₩835

- -

- **공장전체배부율 사용**(제조간접원가를 공장전체 단일로 배부)
  공장전체배부율 = 제조간접원가총액 12,000 ÷ 전체직접노동시간총액 500
  = 24
  ∴ 제품P배부액 = 제품P 사용시간 40 × 공장전체배부율 24 = 960원
- **부문별배부율 사용**(제조간접원가를 부문별로 배부)
  – 제1부문 배부율 = 제1부문 제조간접원가 3,000 ÷ 제1부문 직접노동시간 200
  = 15
  – 제2부문 배부율 = 제2부문 제조간접원가 9,000 ÷ 제2부문 직접노동시간 300
  = 30
  ∴ 제품P배부액 = 제1부문 225(15×15)+제2부문 750(25×30)
  = 975원

개별원가계산

01 개별원가계산

1) 개별원가계산의 의의

성능, 규격, 품질 등이 서로 다른 여러 종류의 제품을 주로 고객의 주문에 의하여 소량씩 개별적으로 생산하는 할 경우 각 개별 작업별로 원가를 집계하여 제품별 원가계산을 하는 방법이다. 건설업, 조선업, 항공기 제조업, 주문에 의한 가구 및 기계 제조업 등에서 사용한다.

2) 개별원가계산의 특징

① 작업기록이 복잡하지만 개별 작업별로 원가를 집계하여 제품별 원가계산을 하므로 종합원가계산에 비해 정확한 원가계산이 가능하나 원가관리에 많은 시간과 비용이 필요하다.
② 이질적인 제품을 주문생산하는 경우에 적합하고 핵심과제가 제조간접원가의 배부에 있다.
③ 제조지시서에 따라 작업이 이루어지며 하나의 작업이나 제품집단에 원가를 직접 관련시킬 수 있다.
④ 원가계산 시 원가표에 의해 제조간접비를 부과하며 개별 작업원가표가 기초가 된다. 주문에 따라 제품을 생산하는 주문생산 업종에 적합하며 제품별로 손익분석 및 계산이 용이하다.

02 개별원가계산의 절차

1) 개별원가계산의 절차

① 직접원가의 집계 및 부과
② 제조간접원가의 배부 : 보조부문비 배부 → 제조간접원가의 배부기준 선택 → 제조간접원가 배부율계산 → 제조간접원가 작업별 배부
 (PART 03 SECTION 02 부문별 원가계산 참조)
③ 완성품원가와 기말재공품
④ 매출원가에 대체

제품별 원가계산
• 개별원가계산
• 종합원가계산

🅾 기적의 TIP

개별원가는 하나씩 따로 따로 계산!

✅ 개념 체크

1 개별원가계산은 각 제품별로 원가를 집계하기 때문에 각 제품별 직접대응이 가능한 직접원가와 간접원가의 구분이 중요한 의미를 갖는다. (○, ×)

1 ○

2) 개별원가계산의 문서흐름

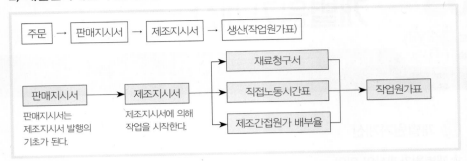

※ 제조지시서 : 고객이 주문한 제품의 제조를 작업현장에 명령하는 문서이다.
※ 작업원가표(개별 원가계산표) : 각 제품의 제조과정에서 발생하는 제조원가를 집계하기 위한 명세서로서
   직접재료원가, 직접노무원가, 제조간접원가가 상세히 기록된다.

03 개별원가계산의 종류

① 실제개별원가계산 : 실제 발생한 직접재료원가, 직접노무원가, 제조간접원가를 사
   용하여 제품의 원가를 계산하는 방법이다.
② 정상개별원가계산 : 직접재료원가와 직접노무원가는 실제 발생한 원가를 사용하고
   제조간접원가는 예정배부액을 사용하여 제품의 원가를 계산하는 방법이다. 평준
   화원가계산이라고도 한다.

🎬 기적의 TIP

정상개별원가계산은 정상적
인 제조과정을 가정하여 미리
제조간접원가를 산출하여 계
산하는 것이다.

이론을 확인하는 # 기출문제

01 개별원가계산에 가장 적합한 업종은?

① 건설업
② 정유산업
③ 제과업
④ 방직업

개별원가계산 업종 : 건설업, 조선업, 항공기 제조업, 주문에 의한 가구 및 기계
제조업 등

02 개별원가계산에 적합한 내용을 모두 고른 것은?

> 가. 완성품환산량의 계산
> 나. 주문에 의한 생산
> 다. 소품종 대량생산

① 가   ② 나
③ 가, 다   ④ 가, 나, 다

오답 피하기

종합원가계산 : 완성품환산량의 계산, 소품종 대량생산

정답 01 ① 02 ②

03 개별원가계산의 의의, 적용범위, 종류에 대한 전반적인 내용이다. 다음 중 옳지 <u>않은</u> 것은?

① 주로 고객의 주문에 따라 서로 다른 여러 종류의 제품을 소량씩 개별적으로 생산하는 조선업, 건설업, 영화제작업 등에서 사용한다.

② 제품별로 제조를 지시하는 제조지시서를 사용하고 있기 때문에 제조지시서 번호별로 원가를 집계한다.

③ 원가계산은 제조지시서별로 언제라도 수행할 수 있으므로, 종합원가계산에 비해 원가계산기간은 중요하지 않다.

④ 월말에 완성된 제조지시서의 제조원가는 월말재공품원가가 되며, 미완성된 제조지시서의 제조원가는 완성품원가가 된다.

월말에 완성된 제조지시서의 제조원가는 완성품원가가 되며, 미완성된 제조지시서의 제조원가는 월말재공품원가가 된다.

04 다음 개별원가계산에 대한 설명으로 옳지 <u>않은</u> 것은?

① 직접원가는 작업별로 직접 추적하고 간접원가는 배부기준에 따라 배부하여 제품이나 서비스의 원가를 계산한다.

② 조선업이나 건설업 등과 같이 수요자의 주문에 따라 제품을 생산하는 업종에서 주로 사용된다.

③ 직접재료원가, 직접노무원가, 제조간접원가 모두를 실제원가로 계산하는 것을 실제개별원가계산이라 한다.

④ 직접재료원가, 직접노무원가, 제조간접원가 모두를 예정배부율을 사용해 예정원가로 계산하는 것을 정상개별원가계산이라 한다.

정상개별원가계산은 직접재료원가와 직접노무원가는 실제 발생한 원가를 사용하고 제조간접원가는 예정배부액을 사용하여 제품의 원가를 계산하는 방법이다. 평준화원가계산이라고도 한다.

05 다음은 개별원가계산에 대한 설명이다. 옳지 <u>않은</u> 것은?

① 여러 가지 제품을 주문에 의해 생산하거나 동종의 제품을 일정 간격을 두고 비반복적으로 생산하는 업종에 적합한 원가계산제도이다.

② 조선업, 기계제작업 등과 같이 수요자의 주문에 기초하여 제품을 생산하는 업종에서 주로 사용한다.

③ 종합원가계산에 비해 각 제품별로 원가를 집계하기 때문에 직접원가와 간접원가의 구분이 보다 중요한 의미를 갖는다.

④ 개별원가계산은 제조간접원가의 배부절차가 필요 없다.

개별원가계산은 제조간접원가의 배부절차가 필요하다.

06 개별원가계산과 종합원가계산을 비교한 것 중 옳지 <u>않은</u> 것은?

① 제조방법상 : (개별원가계산) 이종제품 소량생산, (종합원가계산) 동종제품 대량생산

② 원가집계 : (개별원가계산) 직접원가와 간접원가로 구분, (종합원가계산) 직접재료원가와 가공원가로 구분

③ 중요서류 : (개별원가계산) 각 공정별 제조원가보고서, (종합원가계산) 개별작업에 대한 원가계산표

④ 적용업종 : (개별원가계산) 건설, 조선, 기계제조업, (종합원가계산) 시멘트, 제분, 유리제조업

중요서류 : (개별원가계산) 개별작업에 대한 원가계산표
(종합원가계산) 각 공정별 제조원가보고서

종합원가계산

▶합격강의

01 종합원가계산의 의의와 특징

> **기적의 TIP**
>
> 종합원가는 한꺼번에 계산!

1) 종합원가계산의 의의

일정 원가계산기간(통상 1개월)에 발생한 제조원가 총액을 집계한 다음, 이를 같은 기간 완성품수량으로 나누어 제품의 단위당원가를 계산하는 방법으로 연속된 공정에서 계속 반복적으로 생산하는 업종에서 사용하는 방법이다.

2) 종합원가계산의 특징

① 공정별로 원가자료 및 생산량을 파악하여 이를 토대로 당월 완성품원가와 월말 재공품원가를 계산한다.

② 동일공정의 제품은 동질적이라는 가정에 따라 단위당 제품원가는 평균화과정에 기초하여 균등하게 되고, 연속적 대량생산의 형태이므로 재료원가(직접재료원가)와 가공원가(직접노무원가와 제조간접원가)로 구분하여 계산하므로 원가계산이 단순하고 복잡하지 않아 경제적이나 개별원가계산에 비하여 부정확하다.

③ 제조원가는 각 공정별로 집계되면 그 공정을 통과한 제품단위에 원가를 배부한다. 공정별 원가 통제가 용이하고 책임회계에 적합하다.

02 종합원가계산의 절차와 종합원가계산

1) 종합원가계산의 절차

① 1단계 : 물량의 흐름을 파악(각 계산방법에 따른 재공품 및 완성품 파악)한다.

② 2단계 : 완성품환산량을 계산(각 계산방법에 따른 환산량 계산)한다.

③ 3단계 : 배분할 원가를 요약(각 계산방법에 따른 투입총원가 요약)한다.

④ 4단계 : 완성품환산량 단위당원가를 계산(3단계의 총원가를 2단계의 총수량으로 나누어 계산)한다.

⑤ 5단계 : 기말재공품원가와 당기완성품원가를 계산한다.

2) 완성품환산량과 종합원가계산 방법

① 완성품환산량 : 완성품환산량 = 물량(수량) × 완성도(진척도)

생산활동에 투입된 모든 노력을 제품을 완성하는 데에만 투입하였다면 완성되었을 완성품의 수량으로 환산한 것을 완성품환산량이라고 한다.

② 종합원가계산 방법 : 평균법, 선입선출법, 후입선출법 등이 있으며 이들의 적용방법은 재고자산의 단가결정방법과 거의 비슷하다. 많이 사용하는 방법은 선입선출법과 평균법이다.

단계	선입선출법	평균법
1단계	기초재공품, 완성품, 기말재공품 파악	완성품, 기말재공품 파악
2단계 (완성품환산량)	완성품수량 − 기초재공품환산량 + 기말재공품환산량	완성품수량 + 기말재공품환산량
3단계	당기투입원가(재료원가 · 가공원가)	기초재공품원가(재료원가 · 가공원가) + 당기투입원가(재료원가 · 가공원가)
4단계 (단위당원가)	$\dfrac{\text{당기투입원가(재료원가 · 가공원가)}}{\text{완성품환산량}}$	$\dfrac{\text{(기초재공품원가(재료원가 · 가공원가) + 당기투입원가(재료원가 · 가공원가))}}{\text{완성품환산량}}$
5단계	• 기말재공품원가 = 기말재공품환산량 × 완성품단위당원가 • 당기완성품원가 = 완성품수량 × 단위당원가 = 기초재공품 + 당기총제조원가 − 기말재공품	• 기말재공품원가 = 기말재공품환산량 × 완성품단위당원가 • 당기완성품원가 = 완성품수량 × 완성품단위당원가 = 기초재공품 + 당기총제조원가 − 기말재공품

※ 완성품수량 = 기초재공품 수량 + 당기착수량 − 기말재공품 수량
※ 기말재공품은 (직접)재료원가와 가공원가를 구분하여 계산한 후 합산한다.
※ 매출원가 = 기초제품 + 당기제품제조원가(당기완성품원가) − 기말제품
※ 선입선출법의 완성품환산량은 평균법보다 작거나 같게 계산되며 계산비용이 더 많이 발생된다.
※ 종합원가계산에서 (직접)재료원가와 가공원가로 구분하는 이유는 재료원가와 가공원가의 투입시점이 다르기 때문이다.
※ 가격이나 재고수준이 안정적일 경우 평균법이나 선입선출법 중 어떤 방법으로 원가계산을 하여도 그 차이가 크지 않다.
※ 평균법이 선입선출법에 비해 상대적으로 계산이 간단하나 원가통제나 성과평가목적으로는 선입선출법이 더 유용한 원가정보를 제공한다.

선입선출법 특징
- 인과관계 대응
- 업적과 능률파악, 성과평가
- 원가통제 유용
- 계산 복잡

3) 종합원가계산방법과 개별원가계산방법 비교

구분	종합원가계산방법	개별원가계산방법
핵심과제	완성품환산량 계산	제조간접원가 배분
업종	식료품, 제과, 직물, 화학, 제지 등 (소품종 대량생산)	건설, 항공, 기계, 주문생산 등 (다품종 소량생산)
원가집계	공정 및 부문별 집계	개별작업별 집계
장점	경제성 및 편리함	정확한 원가계산

✅ 개념 체크

1 기초재공품환산량이 없을 경우 선입선출법과 평균법의 완성품환산량은 같다. (○, ×)

1 ○

예제 당사는 선입선출법을 사용하여 제품원가계산을 하고 있다. 당기에 36,000단위를 생산에 착수하였으며, 35,000단위를 완성하였다. 재료는 공정초기에 전량투입되며 가공원가는 공정전반에 걸쳐 균등하게 발생할 경우 재료원가와 가공원가의 완성품환산량과 단위당원가, 당기제품제조원가를 계산하시오.

> 기초재공품 : 5,000개(완성도 40%), 기말재공품 : 6,000개(20%)
> 기초재공품원가 : 재료원가 8,000원, 가공원가 8,000원
> 당기총제조원가 : 재료원가 72,000원, 가공원가 102,600원

해설 선입선출법 완성품환산량 = 완성품수량 − 기초재공품환산량 + 기말재공품환산량

$$단위당원가 = \frac{당기투입원가}{완성품환산량}$$

① 재료원가 완성품환산량 = 35,000 − (5,000 × 100%) + (6,000 × 100%) = 36,000개
   가공원가 완성품환산량 = 35,000 − (5,000 × 40%) + (6,000 × 20%) = 34,200개

② 재료원가 단위당원가 = $\frac{72,000}{36,000}$ = @2, 가공비 단위당원가 = $\frac{102,600}{34,200}$ = @3

   * 기말재공품 : 재료원가 = @2 × 6,000 × 100% = 12,000원
     가공원가 = @3 × 6,000 × 20% = 3,600원

③ 당기제품제조원가 = 기초재공품 + 당기총제조원가 − 기말재공품
   당기제품제조원가 = (8,000 + 8,000) + (72,000 + 102,600) − (12,000 + 3,600)
   = 175,000원

03 종합원가계산의 종류

① 단일 종합원가계산 : 하나의 공정만을 가지고 있는 단순한 제조기업에 적용하는 방법이다(예 제빙업, 제염업 등).

② 공정별 종합원가계산
- 제조공정이 2개 이상의 연속되는 공정으로 구분되고 각 공정별로 해당 공정제품의 제조원가를 계산할 경우에 적용하는 방법이다(예 화학공업, 제지업, 제당업 등). 제1공정에서 완성된 제품을 차기공정에 대체하여 추가적인 가공을 한 후 완성품을 제조하는 것으로 기본적으로 각 공정마다 단일 종합원가계산을 반복하는 방법이다.
- 공정별 종합원가계산의 절차
  - 제1공정에서 단일 종합원가계산 방식에 따라 재료원가와 가공원가로 구분한다.
  - 제1공정의 완성품을 차기 공정으로 대체한다.
  - 제2공정은 제1공정으로부터 대체되어 온 완성품에 추가적인 원가요소를 반영하여 최종제품을 집계한다.

③ 조별 종합원가계산

- 다른 종류의 제품을 조별(반별)로 연속하여 생산하는 생산형태에 적용하는 방법이다(예 식료품제조업, 제과업, 직물업 등). 조별 종합원가계산은 제품을 연속적으로 대량생산한다는 점에서는 공정별 종합원가계산과 비슷하지만 단일제품이 아닌 서로 다른 종류의 제품을 생산하고 각 제품별로 원가를 계산하는 점에서는 개별원가계산과 비슷하다.
- 조별 종합원가계산의 절차
  - 원가요소를 직접원가와 간접원가로 구분하여 조직접원가는 해당 조의 재공품에 직접대체하고 조간접원가는 조간접원가에 대체한다.
  - 조간접원가를 일정한 배부기준에 의하여 각 조에 배분한다.
  - 각 조별로 월말재공품원가와 당기완성품원가를 산출한다.

④ **연산품 종합원가계산** : 동일한 재료로 동일공정에서(결합원가) 생산되는 다른 종류의 제품으로서 주산물과 부산물을 명확히 구분하기 곤란한 경우에 적용하는 방법이다(예 정유업, 정육업 등).

⑤ **등급별 종합원가계산** : 동일 종류의 제품이 동일공정에서(결합원가) 연속적으로 생산되나 그 제품의 품질과 규격 등이 다른 경우에 적용하는 방법이다(예 제화업, 제분업, 제강업 등).

- 공손품 : 품질이나 규격이 회사에서 정한 일정 수준에 미달하는 불합격품이다.
  - 정상공손 : 제조과정에서 불가피하게 발생하는 공손으로 재공품 및 제품의 원가에 포함시킨다.
  - 비정상공손 : 영업외비용으로 처리한다.
- 작업폐물 : 제조과정에서 발생하는 부스러기로 폐물의 평가액만큼 제조원가를 감소시킨다.

결합원가 계산

동일한 원재료를 동일한 공정에 투입하여 생산되는 서로 다른 종류의 제품을 결합제품(연산품)이라고 한다. 이러한 결합제품은 일정한 생산단계(분리점)에 도달하기 전까지는 개별제품으로 식별할 수 없으며, 분리점 이후에야 비로소 개별제품으로 식별할 수 있는 특징을 가지고 있다. 분리점에 도달하기 전까지 결합제품의 제조과정에서 발생한 원가를 결합원가라 하며, 각 개별제품의 부담능력을 기준으로 인위적인 배부방법(판매가치법, 순실현가능가치법, 물량기준법, 균등이익률법)으로 배부하여야 하는데 이를 결합원가계산이라 한다.

결합제품은 분리점에서 개별제품으로 분리되어, 분리점에서 그냥 판매되기도 하고 추가 가공을 더 거친 후에 판매되기도 한다. 분리점 이후에 개별제품에 추가가공과 관련하여 투입되는 원가를 추가가공원가라고 한다. 또한 연산품 중에서 상대적으로 판매가치가 큰 제품을 주산물이라고 하고 상대적으로 판매가치가 적은 제품을 부산물이라고 한다. 예를 들면 정유업에서 주산물은 경유, 휘발유, 등유 등이고 부산물은 아스팔트 등이다.
결합원가계산은 연산품을 대상으로 하는 연산품 원가계산과 등급품을 대상으로 하는 등급별 원가계산으로 나뉘며, 결합원가를 종류가 다른 각 제품에 배부하는 것은 동일하다.

구분	연산품 원가계산	등급별 원가계산
기준	동일 재료로 동일 공정에서 다른 종류의 제품을 생산하는 업종에서 주산물과 부산물을 명확히 구분하기 곤란한 경우에 적용	동일 재료로 동일 공정에서 동일 종류의 제품이 생산되나 그 제품의 품질, 모양, 크기, 무게 등이 다른 경우에 적용
분리점 이전 제품식별	개별제품으로 식별 불가	개별제품으로 식별 가능
결합원가 배부결과	인위적으로 배부	상대적으로 배부액 정확
업종	정유업, 정육업, 낙농업 등	제화업, 제분업, 양조업 등
생산제품	유사제품	동종제품

01 종합원가계산의 종류에 대한 설명 중 옳지 <u>않은</u> 것은?

① 단일 종합원가계산 : 제품생산공정이 단일공정인 제품을 생산하는 기업에서 사용
② 조별 종합원가계산 : 종류가 다른 다양한 제품을 연속 대량생산하는 기업에서 사용
③ 공정별 종합원가계산 : 성격, 규격 등이 서로 다른 제품을 주문에 의해 생산하는 기업에서 사용
④ 연산품 종합원가계산 : 동일한 공정 및 동일한 재료를 사용하여 계속적으로 생산하되 다른 제품을 생산하는 기업에서 사용

•개별원가계산 : 성격, 규격 등이 서로 다른 주문에 의해 생산하는 기업에서 사용한다.
•공정별 종합원가계산 : 제조공정이 2개 이상의 연속되는 공정으로 구분되고 각 공정별로 해당 공정제품의 제조원가를 계산할 경우에 사용한다.

02 다음은 종합원가계산에서 원가를 기말재공품과 완성품에 배부하기 위한 절차이다. 순서를 올바르게 나열한 것은?

> 가. 완성품환산량 단위당원가의 계산
> 나. 배부될 원가의 요약
> 다. 완성품과 기말재공품으로 원가 배분
> 라. 물량흐름의 파악
> 마. 완성품환산량의 계산

① 가 – 나 – 다 – 라 – 마
② 라 – 마 – 나 – 가 – 다
③ 가 – 나 – 라 – 마 – 다
④ 나 – 라 – 마 – 가 – 다

종합원가계산 방법
•1단계 : 물량흐름을 파악(각 계산방법에 따른 재공품 및 완성품 파악)한다.
•2단계 : 완성품환산량을 계산(각 계산방법에 따른 환산량 계산)한다.
•3단계 : 배부할 원가를 요약(각 계산방법에 따른 투입총원가 요약)한다.
•4단계 : 완성품환산량 단위당원가(3단계의 총원가를 2단계의 총수량으로 나누어 계산)를 계산한다.
•5단계 : 기말재공품원가와 당기완성품제품원가를 산출한다.

03 종합원가계산제도를 적용함에 있어 선입선출법과 평균법에 대한 설명으로 옳지 <u>않은</u> 것은?

① 기초재공품이 없다고 하더라도 평균법과 선입선출법의 완성품환산량 단위당원가를 계산하는 방법이 상이하기 때문에 두 방법의 결과는 달라지게 된다.
② 평균법은 완성품환산량을 계산할 때 기초재공품을 당기에 착수한 것으로 간주한다.
③ 원재료의 단가를 산정할 때 선입선출법을 사용하는 기업이라 할지라도 종합원가계산제도 적용 시 평균법을 사용할 수 있다.
④ 평균법 적용 하의 완성품환산량은 선입선출법 적용 하의 완성품환산량보다 크거나 같다.

기초재공품이 없다면 선입선출법과 평균법의 차이는 없다.

04 다음 자료를 이용하여 평균법으로 당월제품제조원가를 계산한 것으로 옳은 것은?(단, 재료는 제조 착수 시에 전부 투입되고 가공원가는 제조 진행에 따라 균등하게 소비됨)

> 가. 월초 재공품
> 　재료원가 ₩40,000
> 　가공원가 ₩70,000
> 　수량 300개(완성도 : 50%)
> 나. 당월 소비액
> 　재료원가 ₩380,000
> 　가공원가 ₩254,000
> 다. 당월 완성품수량 : 2,500개
> 라. 월말 재공품수량 : 500개(완성도 : 40%)

① ₩500,000
② ₩550,000
③ ₩650,000
④ ₩700,000

•평균법 완성품환산량 = 완성품수량+월말재공품환산량
 – 재료원가 완성품환산량 = 2,500+500×100%
　　　　　　　　　　　　= 3,000개(공정초기에 전량투입이므로 100%)
 – 가공원가 완성품환산량 = 2,500+500×40% = 2,700개
•평균법 단위당원가 = (월초재공품+당월소비액)÷완성품환산량
 – 재료원가 단위당원가 = (40,000+380,000)÷3,000 = 140원
 – 가공원가 단위당원가 = (70,000+254,000)÷2,700 = 120원
∴ 당월제품제조원가 = 당월 완성품수량×단위당원가
　　　　　　　　　　= 재료 2,500개×@140+가공 2,500개×@120
　　　　　　　　　　= 650,000원

정답 01③ 02② 03① 04③

05 (주)대한은 종합원가계산제도를 택하고 있다. 재료는 공정의 초기에 모두 투입되고, 가공원가는 공정의 전반에 걸쳐 균등하게 발생한다. 재료원가의 경우 선입선출법에 의해 완성품환산량을 계산하면 80,000단위이고 평균법에 의해 완성품환산량을 계산하면 100,000단위이다. 가공원가의 경우 선입선출법에 의해 완성품환산량을 계산하면 62,000단위이고 평균법에 의해 완성품환산량을 계산하면 70,000단위이다. 이 경우 (주)대한의 기초재공품의 완성도는 얼마인가?

① 30% ② 40% ③ 50% ④ 60%

- 선입선출법의 완성품환산량 = 완성품수량−기초재공품환산량+기말재공품환산량이고 평균법의 완성품환산량 = 완성품수량+기말재공품환산량이므로 그 차이는 기초재공품환산량에 의해서 발생한다.
- 재료원가로 차이를 계산하면 수량은 20,000단위(100,000단위−80,000단위) (공정초기에 전량투입(100%)했으므로 20,000이 수량차이임)이고 가공원가로 차이를 계산하면 8,000(70,000−62,000)이다.
- 따라서 기초재공품의 완성도는 가공원가 = 수량×완성도이므로 완성도 = 가공원가÷수량 = 8,000÷20,000 = 0.4(40%)이다.

06 다음 자료를 토대로 (주)상공제지의 202X년 5월 말 재료비와 가공비의 완성품환산량 단위당원가를 계산하면 얼마인가?

(주)상공제지의 202X년 5월 제조원가는 다음과 같이 집계되었다. 또한 원가계산방법은 종합원가계산 평균법으로 계산한다.

	물량(EA)	재료원가	가공원가
월초재공품 (완성도 30%)	1,000	50,000	16,000
당월착수량	3,000	130,000	52,000
	₩4,000	₩180,000	₩68,000
당월완성량	3,000		
월말재공품 (완성도 40%)	1,000		
	₩4,000		

투입시기 : 재료원가(공정초기 전량투입)
가공원가(전공정 균등투입)

① 재료원가 ₩45 가공원가 ₩20
② 재료원가 ₩50 가공원가 ₩30
③ 재료원가 ₩55 가공원가 ₩40
④ 재료원가 ₩60 가공원가 ₩50

- 평균법 완성품환산량 = 완성품수량+월말재공품환산량
- 평균법 단위당원가 = (월초재공품원가+당월투입원가)÷완성품환산량
  - 단위당 직접재료원가 = 180,000÷완성품환산량 4,000(완성품수량 3,000 +월말재공품환산량 1,000×100%) = 45
  - 단위당 가공원가 = 68,000÷완성품환산량 3,400(완성품수량 3,000+월말 재공품환산량 1,000×40%) = 20

07 (주)대한은 선입선출법에 의한 종합원가계산을 수행한다. 다음 3월분 원가자료를 이용하여 기말재공품에 포함된 재료원가를 계산하면 얼마인가?(단, 재료는 공정초에 전부 투입됨)

가. 기초재공품 : 300개(완성도 20%)
    (재료원가 ₩525,000, 가공원가 ₩400,000)
나. 완성품 : 1,000개
다. 기말재공품 : 500개(완성도 40%)
라. 당기투입원가
    재료원가 ₩1,800,000, 가공원가 ₩1,500,000

① ₩310,000 ② ₩400,000
③ ₩750,000 ④ ₩775,000

- 선입선출법 완성품환산량 = 완성품수량−기초재공품환산량+기말재공품환산량
  - 재료원가 완성품환산량 = 1,000−300×100%+500×100% = 1,200
  ※ 재료원가는 공정초기에 전량투입이므로 100%이다.
- 선입선출법 단위당원가 = 당기투입원가÷완성품환산량
  - 재료원가 단위당원가 = 1,800,000÷1,200 = 1,500
  ∴ 기말재공품의 재료원가 = 기말재공품환산량×단위당원가
                      = 500×100%×@1,500 = 750,000

08 다음은 (주)대한의 10월 중 재료의 입출고에 대한 내역이다. 계속기록법 하에서 선입선출법을 이용하는 경우, 10월 말 재료의 재고액은 얼마인가?

1일 : 전월이월액은 ₩150,000(단가 ₩500, 수량 300개) 이다.
5일 : 200개를 소비하다.
13일 : 300개를 단가 ₩520에 구입하다.
18일 : 200개를 소비하다.
22일 : 500개를 단가 ₩510에 구입하다.
31일 : 600개를 소비하다.

① ₩50,000 ② ₩51,000
③ ₩51,500 ④ ₩52,000

선입선출법은 먼저 매입한 재료를 먼저 소비하는 것이므로 10월 31일 현재 남아있는 재료는 100개, @510원이며. 따라서 재료의 재고액은 100×@510 = 51,000원이다.

PART

04

⌄

상시 기출문제

 학습 방향

전산회계운용사 2급 필기 시험은 2021년부터 기출문제가 제공되지 않기 때문에 2021~2024년 상시 시험 문제를 변형한 상시 기출문제를 제공한다. 상시 기출문제를 풀면서 실제 시험 유형을 파악하고, 해설을 통해 부족한 부분을 철저히 보완하도록 한다.

2급	소요 시간	문항 수
	총 60분	총 40문항

수험번호 : _____

성   명 : _____

정답 & 해설 ▶ **300쪽**

1과목 **재무회계**

01 금융부채와 지분상품의 분류에 대한 설명으로 옳지 않은 것은?

① 사채를 발행한 회사는 발행한 사채를 금융부채로 분류한다.

② 충당부채, 선수금, 선수수익, 퇴직급여부채는 금융부채로 분류한다.

③ 자금 조달 목적으로 발행한 금융상품(주식)은 지분상품으로 분류한다.

④ 거래 상대방에게 일정한 현금 등을 지급하기로 한 계약상의 의무는 금융부채로 분류한다.

02 (주)상공상사의 손익계정과 이월시산표에 의하여 추정할 수 있는 내용 중 옳지 않은 것은?

손익

(단위 : 원)

매입	550,000	매출	750,000
종업원급여	70,000	수수료수익	20,000
보험료	36,000		
손상차손	2,000		
미처분이익잉여금	112,000		
	770,000		770,000

이월시산표

(단위 : 원)

현금	650,000	외상매입금	49,000
외상매출금	100,000	손실충당금	5,000
이월상품	140,000	자본금	750,000
미수수수료	20,000	미처분이익잉여금	112,000
선급보험료	6,000		
	916,000		916,000

① 매출총이익은 ₩200,000이다.

② 당기 판매 가능 상품액은 ₩690,000이다.

③ 손실충당금은 매출채권 잔액의 2%를 추산하였다.

④ 재무상태표상의 유동자산은 ₩911,000이다.

03 다음 중 투자부동산에 해당하는 것을 모두 고르면?

> 가. 정상적인 영업과정에서 판매하기 위한 부동산이나 이를 위하여 건설 또는 개발 중인 부동산
> 나. 자가사용 중인 부동산
> 다. 미래에 투자부동산으로 사용하기 위하여 건설 또는 개발 중인 부동산
> 라. 리스제공자가 운용리스로 제공하기 위하여 보유하고 있는 미사용 건물
> 마. 금융리스로 제공한 부동산

① 가, 나   ② 나, 다
③ 다, 라   ④ 라, 마

04 다음 중 손상차손 인식 대상 금융자산에 해당하는 것은?

① 당기손익-공정가치측정금융자산(채무상품)
② 당기손익-공정가치측정금융자산(지분상품)
③ 기타포괄손익-공정가치측정금융자산(채무상품)
④ 기타포괄손익-공정가치측정금융자산(지분상품)

05 재고자산에 대한 설명 중 옳지 않은 것은?

① 원재료의 현행대체원가는 순실현가능가치에 대한 최선의 이용가능한 측정치로 활용될 수 있다.
② 저가법 적용에 따라 평가손실을 초래한 상황이 해소되어 시가가 최초의 장부금액을 초과하는 경우 시가금액으로 평가손실을 환입한다.
③ 정상적으로 발생한 감모손실은 매출원가에 가산한다.
④ 특정 프로젝트별로 생산되는 제품의 원가는 개별법을 사용하여 결정한다.

06 유형자산인 토지에 대해 재평가모형으로 회계처리하고 있으며, 당기 중 토지의 공정가치가 1억원 증가하였다. 이러한 재평가로 인하여 재무상태에 미치는 영향으로 가장 옳지 않은 것은?

① 비유동자산 증가
② 부채비율(부채총액÷자본총액) 감소
③ 자본 증가
④ 부채 감소

07 다음 중 자본변동표에 표시되지 않는 항목으로 가장 옳은 것은?

① 주식배당
② 무상증자
③ 기계장치의 취득
④ 당기순손실의 발생

08 다음 거래에서 어음상의 채권이 소멸되는 거래를 모두 고른 것은?(단, 어음의 배서양도 및 할인거래는 모두 매각거래로 처리함)

> 가. 거래처에서 상품 ₩200,000을 매입하고, 대금은 1개월 후 만기의 약속어음을 발행하여 지급하다.
> 나. 거래처로부터 받은 약속어음 ₩300,000이 만기일에 회수되어 당좌예금에 입금되었다는 통지를 받다.
> 다. 거래처에 상품 ₩500,000을 매출하고, 대금은 동점발행 상공상점 인수의 환어음으로 받다.
> 라. 거래처에서 받은 약속어음 ₩400,000을 거래 은행에서 할인받고, 할인료 ₩20,000을 차감한 실수금은 당좌 예입하다.

① 가, 다   ② 가, 라
③ 나, 다   ④ 나, 라

09 다음은 (주)상공의 기말상품 관련 자료이다. 아래의 3가지 품목은 성격과 용도가 서로 유사하지 않다. 재무상태표에 계상될 기말재고액과 포괄손익계산서에 보고될 매출원가를 계산하면 각각 얼마인가?(단, 재고자산평가는 저가법을 따르고 재고자산평가손실은 매출원가에 포함시키며, 기초재고액은 ₩20,000이고 당기상품매입액은 ₩100,000임)

품목	취득원가	예상판매가격	예상판매비
갑	₩10,000	₩11,000	₩2,000
을	₩10,000	₩15,000	₩2,000
병	₩10,000	₩9,000	₩2,000

① 기말재고액 : ₩26,000   매출원가 : ₩94,000
② 기말재고액 : ₩29,000   매출원가 : ₩91,000
③ 기말재고액 : ₩30,000   매출원가 : ₩90,000
④ 기말재고액 : ₩35,000   매출원가 : ₩85,000

10 다음은 수익인식의 5단계에 대한 설명이다. 옳지 않은 것은?

① 고객과의 계약으로 생기는 수익을 인식할 때는 '계약의 식별-수행의무의 식별-거래가격의 산정-거래가격의 배분-수익의 인식'의 단계를 거쳐야 한다.
② 고객에게서 받은 대가는 수익으로 인식하기 전까지 부채로 인식하며, 인식된 부채는 계약과 관련된 사실 및 상황에 따라, 재화나 용역을 미래에 이전하거나 받은 대가를 환불해야 하는 의무를 나타낸다.
③ 거래가격은 고객에게 약속한 재화나 용역을 이전하고 그 대가로 기업이 받을 권리를 갖게 될 것으로 예상하는 금액이며, 제3자를 대신해서 회수한 금액도 포함한다.
④ 고객에게 약속한 재화나 용역, 즉 자산을 이전하여 수행 의무를 이행할 때 또는 기간에 걸쳐 이행하는 대로 수익을 인식한다.

11 거래형태별 수익인식 시점에 대한 설명으로 옳은 것은?

① 이자수익은 현금을 수취하는 시점
② 재화의 판매는 대금이 회수되는 시점
③ 상품권을 이용한 판매의 수익은 상품권을 판매하는 시점
④ 배당금 수익은 받을 권리가 확정되는 시점

12 (주)상공의 연구 및 개발활동 관련 20X1년도에 지출내역은 다음과 같다. 다음의 금액 중 연구비로 계상할 금액은 얼마인가?

가. 연구 결과 평가를 위한 지출 :   ₩130,000
나. 생산 전 시제품을 시험하는 활동 : ₩80,000
다. 시스템 개선 대체안 설계를 위한 지출 :
                                    ₩100,000
라. 신기술 관련 금형 설계 활동 :   ₩120,000

① ₩130,000   ② ₩230,000
③ ₩350,000   ④ ₩430,000

13 다음 자료를 이용하여 매출총이익을 계산하면 얼마인가?

가. 총매출액 :   ₩3,000
나. 총매입액 :   ₩2,000
다. 기초상품재고액 :   ₩1,000
라. 기말상품재고액 :   ₩800
마. 매출할인액 :   ₩100
바. 매입환출액 :   ₩200

① ₩700   ② ₩800
③ ₩900   ④ ₩1,000

14 (주)상공은 20X1년 1월 1일에 액면금액 50,000,000원의 사채를 50,875,800원에 발행하였다. 다음 중 만기까지 매년 인식해야 할 유효이자율법에 의한 이자비용 중 가장 올바른 것은?

① 매년 증가한다.
② 매년 감소한다.
③ 일정하다.
④ 일정하다가 만기 시 증가한다.

15 포괄손익계산서상의 기타포괄손익에 해당하는 것은?

① 재평가잉여금
② 사채상환이익
③ 자기주식처분이익
④ 이익준비금

16 (주)대한이 결산일인 당기 12월 31일에 행한 다음과 같은 기말결산분개 중 옳은 것은?

① 차입금에 대한 이자 ₩90,000을 지급하지 못하였다.
　(차) 이자비용　90,000　(대) 미수이자　90,000

② 당기 7월 1일 비용처리한 건물에 대한 화재보험료 1년분 ₩500,000 중 미경과분을 계상하다.
　(차) 선급비용　250,000　(대) 보험료　250,000

③ 대여금에 대한 이자 ₩50,000을 아직 받지 못하였다.
　(차) 미지급비용　50,000　(대) 이자수익　50,000

④ 사무실 임차료 중 ₩100,000을 아직 지급하지 못하였다.
　(차) 미지급비용　100,000　(대) 임차료　100,000

17 충당부채를 재무상태표에 부채로 인식할 수 있는 요건이 아닌 것은?

① 과거사건이나 거래의 결과로 현재의무가 존재한다.
② 당해 의무를 이행하기 위하여 경제적 효익이 있는 자원이 유출될 가능성이 어느 정도 있다.
③ 당해 의무를 이행하기 위하여 경제적 효익이 있는 자원이 유출될 가능성이 높다.
④ 해당 의무의 이행에 필요한 금액을 신뢰성 있게 추정할 수 있다.

18 다음은 자본거래가 각 자본항목에 미치는 영향을 나타내고 있다. 가장 올바르지 않은 것은?

		자본금	이익잉여금	총자본
①	주식배당	증가	감소	증가
②	주식의 할인발행	증가	불변	증가
③	자기주식취득	불변	불변	감소
④	현금배당	불변	감소	감소

19 현금흐름표는 회계기간 동안 발생한 현금흐름을 영업활동, 투자활동 및 재무활동으로 분류하여 보고한다. 현금흐름표를 작성함에 있어 다음 중에서 영업활동 현금흐름의 예가 아닌 것은?

① 재화의 판매와 용역 제공에 따른 현금유입
② 로열티, 수수료, 중개료 및 기타수익에 따른 현금유입
③ 주식이나 기타 지분상품의 발행에 따른 현금유입
④ 종업원과 관련하여 직·간접으로 발생하는 현금유출

20 다음 중 종업원급여(퇴직급여)의 회계처리에 관한 설명으로 가장 옳은 것은?

① 확정기여제도(DC형)를 도입한 기업은 기여금의 운용결과에 따라 추가납부 의무가 있다.
② 확정급여제도(DB형)는 기업이 기여금을 불입함으로써 퇴직급여와 관련된 모든 의무가 종료된다.
③ 확정급여채무(DB형)의 현재가치를 계산할 때 종업원 이직률, 조기퇴직률, 임금상승률, 할인율 등의 가정은 상황 변화에 관계없이 전기와 동일한 값을 적용한다.
④ 확정급여채무와 사외적립자산의 재측정요소는 기타포괄손익으로 인식한다.

2과목 **원가회계**

21 다음 중 재고자산의 원가로 분류하기 가장 어려운 항목은?

① 원재료 구입 시 발생한 운송비용
② 공장건물에서 발생한 감가상각비
③ 공장 종업원의 복리후생을 위한 피복비
④ 회사 제품의 판매목적으로 구입한 매장 건물의 감가상각비

22 제품생산에 직접 참여하지 않고 제조부문이 필요로 하는 서비스를 제공하는 보조부문은 직접 인과관계를 추적할 수 없기 때문에 제조부문에 배부하여야 하는데 이와 같은 보조부문원가 배부에 대한 설명으로 옳지 않은 것은?

① 직접배부법은 보조부문 상호 간의 용역수수를 무시하나 상호배부법은 보조부문 상호 간의 용역수수관계를 완전히 고려한다.
② 직접배부법과 단계배부법은 상호 간의 용역수수관계를 일부만 고려함으로 이중배부율을 사용하지 못한다.
③ 보조부문의 원가배부는 기업의 이해관계자인 주주나 채권자에게 보고되는 재무보고에 의한 의사결정에도 영향을 미친다.
④ 보조부문원가 배부에서 자기부문이 생산한 용역을 자기부문이 사용하는 자기부문 원가는 고려하지 않는다.

23 (주)대한공업의 다음 자료에 의하여 가공원가와 판매가격을 계산한 것으로 옳은 것은?

가. 직접재료원가 :	₩200,000
나. 직접노무원가 :	₩500,000
다. 제조간접원가 :	
변동 제조간접원가	₩250,000
고정 제조간접원가	₩100,000
라. 본사 건물 임차료 :	₩50,000
마. 기대 이익은 판매원가의 30%이다.	

① (가공원가) ₩700,000　　(판매가격) ₩1,235,000
② (가공원가) ₩850,000　　(판매가격) ₩1,365,000
③ (가공원가) ₩850,000　　(판매가격) ₩1,430,000
④ (가공원가) ₩950,000　　(판매가격) ₩1,430,000

24 다음 자료를 이용하여 10월 중 갑 제품의 노무원가를 계산하면 얼마인가?

가. 10월 중 임금지급액 :	₩800,000
나. 9월 말 선급 임금 :	₩100,000
다. 10월 말 선급 임금 :	₩0
라. 10월 말 미지급 임금 :	₩70,000
마. 9월 말 미지급 임금 :	₩90,000
바. 10월 중 총 노무시간 :	8,000시간
사. 갑 제품의 노무시간 :	2,000시간

① ₩220,000　　② ₩230,000
③ ₩240,000　　④ ₩250,000

25 다음은 재무회계와 관리회계의 차이점에 관한 내용들이다. 그 내용이 맞지 않은 것은?

① 재무회계는 목적적합성을 강조하고, 관리회계는 검증가능성을 강조한다.
② 재무회계는 외부보고 목적을 강조한 반면, 관리회계는 내부보고 목적을 강조한다.
③ 재무회계는 기업 전반에 초점을 맞춘 반면, 관리회계는 조직의 부문에 초점을 둔다.
④ 재무회계는 과거지향적이며, 관리회계는 미래지향적이다.

26 다음 자료에 의하여 제품A, B를 제조하는 기업의 제품A에 대한 제조간접원가 배부액을 직접원가법으로 계산하면 얼마인가?(단, 제조간접원가 실제발생액은 ₩30,000임)

	제품A	제품B
직접재료원가	₩15,000	₩25,000
직접노무원가	₩5,000	₩15,000

① ₩5,000　　② ₩10,000
③ ₩20,000　　④ ₩40,000

27 다음 중 원가의 분류로 옳지 않은 것은?

① 원가의 형태별 분류 : 재료원가, 노무원가, 제조경비
② 원가의 행태별 분류 : 변동원가, 고정원가
③ 원가의 자산화에 따른 분류 : 제품원가(재고가능원가), 기간원가(비용)
④ 원가의 추적가능성에 따른 분류 : 통제가능원가, 통제불능원가

28 개별원가계산과 종합원가계산의 차이점에 대한 설명 중 옳지 않은 것은?

① 개별원가계산은 작업지시서에 의한 원가계산을 한다.
② 개별원가계산은 주문형 소량생산 방식에 적합하다.
③ 종합원가계산은 공정별 대량생산 방식에 적합하다.
④ 종합원가계산은 여러 공정에 걸쳐 생산하는 경우 적용할 수 없다.

29 다음은 (주)상공의 개별원가계산에 의한 제품 생산 원가자료이다. 202X년 초 제품재고액이 ₩1,000,000, 202X년 말 제품재고액이 ₩1,300,000일 때 202X년 포괄손익계산서에 계상될 매출원가는 얼마인가?(단, 당기에 작업지시서 #102는 완성되었으나, 작업지시서 #101은 아직 완성되지 않았음)

	작업지시서 #101	작업지시서 #102
기초재공품	₩500,000	
직접재료원가	₩300,000	₩200,000
직접노무원가	₩400,000	₩100,000
제조간접원가	₩200,000	₩200,000

① ₩200,000　　② ₩600,000
③ ₩700,000　　④ ₩1,000,000

30 다음 중 제조원가에 관한 설명으로 옳지 않은 것은?

① 간접원가는 제조과정에서 발생하는 원가이지만 특정 제품 또는 특정 부문에 직접 추적할 수 없는 원가를 의미한다.

② 조업도의 증감에 따라 총원가가 증감하는 원가를 변동원가라 하며, 직접재료원가와 직접노무원가가 여기에 속한다.

③ 고정원가는 관련범위 내에서 조업도가 증가할수록 단위당 고정원가가 감소한다.

④ 변동원가는 관련범위 내에서 조업도가 증가할수록 단위당 변동원가가 증가한다.

31 다음 중 평균법에 의한 종합원가계산에서 완성품환산량 단위당원가는 어느 원가를 사용하여 계산하는가?

① 당기투입원가

② 당기투입원가 + 기초재공품원가

③ 당기투입원가 − 기말재공품원가

④ 당기투입원가 + 기초재공품원가 − 기말재공품원가

32 (주)대한전자는 제조간접원가 배부차이를 조정하기 전에 재공품 및 제품의 기말재고가 각각 ₩320, ₩160이었으며, 매출원가는 ₩1,120이었다. 제조간접원가의 과대배부액이 ₩80인 경우, 비례배부법에 의하여 기말조정을 실시한 이후 재공품의 기말재고는 얼마인가?

① ₩284

② ₩304

③ ₩336

④ ₩356

33 다음은 (주)상공기업의 종합원가계산을 위한 재공품 계정을 나타낸 것이다. 가공원가가 ₩400,000, 제조간접원가가 ₩150,000일 경우 당월 완성품 원가는 얼마인가?

재공품			
전월이월	100,000	( )	( )
직접재료원가	200,000	차월이월	200,000
( )		( )	
		( )	( )

① ₩250,000　　② ₩300,000

③ ₩350,000　　④ ₩500,000

34 제품의 제조과정에서 발생하는 원재료의 부스러기를 무엇이라 하는가?

① 작업폐물　　② 감손품

③ 재작업품　　④ 공손품

35 다음은 원가의 배부와 관련된 설명들이다. 그 내용이 옳지 않은 것은?

① 일반적으로 직접원가를 원가의 집적대상에 할당하는 것을 원가의 추적이라고 한다.

② 일반적으로 간접원가를 원가의 집적대상에 할당하는 것을 원가의 배부라고 한다.

③ 본질적으로 원가의 배부는 명확하게 검증 가능하므로 임의성이 개입할 여지가 없다.

④ 원가의 배부에 있어서 인과관계를 이용하여 원가를 배부하는 것이 가장 바람직한 방법이다.

36 다음 중 보조부문원가 배부방법에 관한 설명으로 가장 올바르지 않은 것은?

① 이중배부율법을 사용할 경우가 단일배부율법을 사용할 경우보다 원가배부의 정확성이 높다.
② 이중배부율법에 따라 원가배부를 한다면 단계배부법을 사용할 수 없다.
③ 이중배부율법은 단일배부율법에 비해 원가배부의 과정이 더 복잡하다.
④ 이중배부율법 하에서 상호배부법을 사용할 경우 보조부문의 원가배부가 가장 정확해진다.

37 제조간접원가의 원가배부에 관한 설명으로 옳지 않은 것은?

① 특정 제품에 대하여 추적가능한 원가의 부과
② 하나의 원가부문에서 다른 원가부문으로 배부
③ 제조부문의 원가를 원가대상인 제품에 배부
④ 여러 부문에 공통으로 발생한 원가를 각 부문으로 배부

38 (주)상공은 종합원가계산제도를 채택하고 있다. 재료원가는 공정초에 전량 투입되며, 가공원가는 공정 전반에 걸쳐 균등하게 발생한다. 물량흐름이 다음과 같을 때 옳은 것은?

기초재공품 100개 (완성도 30%)	당기완성품 700개
당기착수량 800개	기말재공품 200개 (완성도 40%)

① 평균법에 의한 재료원가의 완성품환산량은 800개이다.
② 선입선출법에 의한 재료원가의 완성품환산량은 750개이다.
③ 평균법에 의한 가공원가의 완성품환산량은 780개이다.
④ 선입선출법에 의한 가공원가의 완성품환산량은 900개이다.

39 완성품환산량에 대한 내용이다. 옳지 않은 것은?

① 기초재공품원가와 당기총제조원가를 완성품과 기말재공품으로 배부하기 위해서는 완성품과 기말재공품을 동질화시켜 줄 공통분모가 필요한데, 이를 완성품환산량이라 한다.
② 완성품환산량은 물량 단위에 완성도를 반영한 가상적인 수량 단위이다. 이때 완성도는 원가의 투입정도(발생시점)가 아니라 물리적인 완성도를 의미한다.
③ 대부분의 경우 직접재료원가와 가공원가는 원가의 투입시점을 달리하므로, 완성품환산량도 각각 구해야 한다.
④ 기말재공품의 가공원가에 대한 완성도가 60%라면 기말재공품 100개의 가공원가에 대한 완성품환산량은 60개가 될 것이다.

40 다음 제조부문원가 배부에 따른 거래 중 8월 31일의 분개로 옳은 것은?

8월 5일	절단부문원가 ₩5,000을 예정배부하다.
8월 31일	월말에 집계된 절단부문원가 실제 발생액은 ₩4,500이다.

① (차변) 절단부문원가 500
　 (대변) 부문원가배부차이 500
② (차변) 절단부문원가 4,500
　 (대변) 부문원가배부차이 4,500
③ (차변) 부문원가배부차이 500
　 (대변) 절단부문원가 500
④ (차변) 부문원가배부차이 4,500
　 (대변) 절단부문원가 4,500

2024년 상시 기출문제 02회

2급	소요 시간	문항 수
	총 60분	총 40문항

수험번호 : _____

성   명 : _____

정답 & 해설 ▶ 303쪽

1과목 재무회계

01 다음은 (주)상공의 20X1년도 말 자산 내역이다. 현금및현금성자산에 해당하는 금액은 얼마인가?

가. 지폐와 동전 :	₩40,000
나. 양도성예금증서(180일 만기) :	₩50,000
다. 타인발행 당좌수표 :	₩120,000
라. 배당금지급통지표 :	₩30,000
마. 일반 상거래상의 약속어음 :	₩100,000
(만기 : 20X2년 2월 28일)	
바. 만기가 1년 후인 정기예금 :	₩150,000
사. 만기가 2개월 이내인 채권 :	₩200,000
(20X1년 12월 20일 취득)	

① ₩320,000
② ₩390,000
③ ₩420,000
④ ₩470,000

02 다음 중 금융부채에 해당하지 않는 것을 모두 고르면?

가. 미지급금	나. 사채
다. 미지급법인세	라. 차입금
마. 선수금	바. 제품보증충당부채

① 가, 나, 라
② 다, 마
③ 마, 바
④ 다, 마, 바

03 투자부동산 계정으로 회계처리하는 예로 옳지 않은 것은?

① 관리 목적에 사용하기 위한 자가사용 부동산
② 장기간 보유하면서 시세차익을 얻기 위한 토지
③ 미래의 사용목적이 결정되지 않은 상태에서 보유하는 토지
④ 미래에 투자부동산으로 사용할 목적으로 건설 중이거나 또는 개발 중인 부동산

04 다음 중 재무제표를 통해 제공되는 정보가 이용자에게 유용하기 위해 갖추어야 할 속성 가운데 근본적인 질적특성에 해당하는 것들로만 짝지어진 것은?

① 중요성, 예측가치와 확인가치, 충실한 표현
② 중요성, 비교가능성, 검증가능성
③ 적시성, 이해가능성, 충실한 표현
④ 비교가능성, 검증가능성, 적시성

05 다음 중 재고자산의 평가에 관한 설명으로 가장 올바르지 않은 것은?

① 재고자산은 취득원가와 순실현가능가치 중 낮은 금액으로 측정한다.

② 원재료의 현행대체원가가 장부금액보다 낮게 추정된다면 예외 없이 재고자산평가손실이 발생한다.

③ 상품 및 제품의 순실현가능가치는 예상판매가격에서 추가 완성원가 및 기타 판매비용을 차감한 금액으로 추정한다.

④ 재고자산의 판매가 계약에 의해 확정되어 있는 경우 순실현가능가치는 그 계약가격이다.

06 다음 중 유형자산의 후속 측정에 관한 설명으로 가장 올바르지 않은 것은?

① 기업은 원가모형과 재평가모형 중 하나를 회계정책으로 선택하여 유형자산의 유형별로 동일하게 적용하여야 한다.

② 재평가모형이란 취득일 이후 재평가일의 공정가치로 해당 자산금액을 수정하고, 당해 공정가치에서 재평가일 이후의 감가상각누계액과 손상차손누계액을 차감한 금액을 장부금액으로 공시한다.

③ 재평가로 인하여 자산이 증가된 경우 그 증가액은 기타포괄이익으로 인식하고 재평가잉여금의 과목으로 자본(기타포괄손익)에 가산한다.

④ 재평가로 인하여 자산이 감소된 경우 그 감소액은 기타포괄손실로 인식하고 재평가잉여금의 과목으로 자본(기타포괄손익)에 차감한다.

07 기초에 단기매매목적으로 ₩100,000에 구입한 A주식의 기말 현재시가는 ₩120,000으로 평가되었다. 다음 중 기말에 A주식에 대한회계처리로 올바르지 않은 것은?

① 차변에는 당기손익－공정가치측정금융자산 ₩20,000으로 분개한다.

② 대변에는 당기손익－공정가치측정금융자산평가이익 ₩20,000으로 분개한다.

③ 재무상태표상의 당기손익－공정가치측정금융자산은 ₩100,000으로 표시한다.

④ 당기손익－공정가치측정금융자산평가이익은 기타수익으로 처리한다.

08 (주)상공의 기초 매출채권의 손실충당금잔액은 ₩300,000이다. 3월에 ₩100,000의 손상이 발생하였고 기말 수정분개 시 ₩50,000의 손실충당금을 추가로 계상하였다. 기말 수정분개를 완료한 이후에 매출채권의 손실충당금계정 잔액은 얼마인가?

① ₩150,000　　② ₩200,000
③ ₩250,000　　④ ₩300,000

09 다음 중 3가지 제품을 판매하는 (주)상공의 기말 재고자산에 대한 자료이다. (주)상공이 재고자산의 항목별로 저가법을 적용할 때 기말에 인식할 재고자산평가손실은 얼마인가?

항목	취득원가	순실현가능가치
상품1	₩500,000	₩460,000
상품2	₩300,000	₩270,000
상품3	₩100,000	₩150,000
합계	₩900,000	₩880,000

① ₩20,000　　② ₩30,000
③ ₩40,000　　④ ₩70,000

10 상공(주)은 20X1년 3월 1일에 건물을 ₩150,000에 취득하였다. 이 건물의 내용연수는 20년이며 잔존가치는 없고, 정액법으로 감가상각하다가 20X2년 6월 30일 ₩125,000에 처분하였다. 회계처리에 대한 내용으로 옳지 않은 것은?

① 유형자산 처분손실이 ₩7,500이다.
② 20X2년에 계상할 감가상각비는 ₩7,500이다.
③ 20X1년 감가상각누계액은 ₩6,250이다.
④ 처분당시 총 감가상각누계액은 ₩17,500이다.

11 영업활동으로 인한 현금흐름을 간접법을 이용하여 계산하는 경우, 당기순이익에 가산되는 항목이 아닌 것은?

① 건물감가상각비
② 무형자산상각비
③ 사채상환손실
④ 상각후원가측정금융자산처분이익

12 다음은 (주)상공의 재무 관련 자료이다. 이 자료를 이용하여 당기매출총이익을 구하시오.(단, 당기재고자산회전율은 당기매출원가 / {(기초재고자산 + 기말재고자산) / 2}임)

가. 기초상품재고액 :	₩500,000
나. 기말상품재고액 :	₩700,000
다. 당기 매출액 :	₩3,000,000
라. 당기 재고자산회전율 :	4회

① ₩600,000 ② ₩700,000
③ ₩800,000 ④ ₩900,000

13 (주)대한개발은 202X년 1월 1일 설립되었으며 202X년 당기순이익은 ₩100,000이다. (주)대한개발은 선입선출법을 적용하고 있으며, 기말재고자산은 ₩30,000이다. 만약 (주)대한개발이 이동평균법을 적용하여 계상한 당기순이익이 ₩105,000이라고 가정한다면, 이동평균법을 적용한 기말재고자산은 얼마인가?

① ₩40,000 ② ₩35,000
③ ₩30,000 ④ ₩25,000

14 다음 무형자산에 대한 설명 중 틀린 것은?

① 내부적으로 창출된 영업권은 미래 경제적 효익이 예상되는 경우에 무형자산으로 인식한다.
② 물리적 실체가 없는 자산이라도 판매를 목적으로 보유하는 자산은 무형자산이 아닌 재고자산으로 분류한다.
③ 무형자산은 물리적 형체가 없지만 식별 가능하고, 기업이 통제하고 있으며, 미래 경제적 효익이 있는 비화폐성자산을 말한다.
④ 다른 종류의 무형자산과의 교환으로 무형자산을 취득하는 경우에는 교환으로 제공한 자산의 공정가치를 무형자산의 취득원가로 하는 것이 원칙이다.

15 다음 자료에 의하여 매출총이익을 계산한 것으로 옳은 것은?

가. 당기총매출액 :	₩2,500,000
나. 기초상품재고액 :	₩500,000
다. 당기순매입액 :	₩1,000,000
라. 기말상품재고액 :	₩700,000
마. 환입 및 매출에누리액 :	₩100,000

① ₩800,000 ② ₩1,600,000
③ ₩2,400,000 ④ ₩3,000,000

16 기말상품재고액 ₩98,000을 ₩89,000으로 잘못 계상한 경우 매출원가와 당기순이익에 미치는 효과 중 옳은 것은?

① 매출원가 : 커진다.
　당기순이익 : 적어진다.
② 매출원가 : 커진다.
　당기순이익 : 커진다.
③ 매출원가 : 적어진다.
　당기순이익 : 적어진다.
④ 매출원가 : 적어진다.
　당기순이익 : 커진다.

17 다음 중 우발부채 및 우발자산에 관한 설명으로 가장 올바르지 않은 것은?

① 우발자산은 과거사건에 의해 발생하였으나, 기업이 전적으로 통제할 수 없는 하나 이상의 불확실한 미래사건의 발생 여부에 의하여서만 그 존재가 확인되는 잠재적 자산을 의미한다.
② 과거사건에 의하여 발생하였으나, 그 의무를 이행하기 위하여 경제적 효익을 갖는 자원이 유출될 가능성이 어느 정도 있는 경우에는 우발부채로 인식한다.
③ 우발부채는 재무상태표상 부채로 인식하고, 유형별로 그 성격을 주석에 추가적으로 설명한다.
④ 우발부채의 경우 당해 의무를 이행하기 위하여 자원이 유출될 가능성이 희박한 경우에는 주석 기재를 생략할 수 있다.

18 사채발행에 대한 설명 중 옳지 않은 것은?

① 사채발행금액 = 만기사채원금의 현재가치 + 표시이자액의 현재가치
② 할인발행 : 표시이자합계 > 유효이자합계
③ 할증발행 : 표시이자율 > 시장이자율
④ 할인발행 : 액면금액 > 발행금액

19 (주)대한은 경비 용역 업체이다. 아파트 경비에 대한 용역을 ₩1,400,000에 2년 동안(20X1년~20X2년) 제공하기로 약정하였다. 이 용역과 관련하여 예상되는 총원가는 ₩700,000이며, 20X1년도에 실제 발생한 원가는 ₩400,000이다. 20X1년도에 인식해야 할 용역 수익은 얼마인가?

① ₩700,000
② ₩800,000
③ ₩1,000,000
④ ₩1,400,000

20 다음 중 퇴직급여에 관한 설명으로 가장 올바르지 않은 것은?

① 퇴직급여제도는 확정기여제도와 확정급여제도를 포함한다.
② 당기근무원가는 당기에 종업원이 근무용역을 제공함에 따라 발생하는 확정급여채무의 현재가치 증가액을 말한다.
③ 확정급여제도에서는 사외적립자산을 출연하는데 이때 사외적립자산은 장부금액으로만 측정한다.
④ 확정기여제도는 기업이 기여금을 불입함으로써 퇴직급여와 관련된 모든 의무가 종료된다.

21 다음 그래프는 원가와 조업도와의 관계를 나타낸 것이다. 이에 해당하는 발생 원가로 옳은 것은?

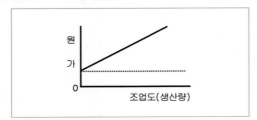

① 직접 노무원가
② 공정 건물 임차료
③ 전기, 가스, 수도료
④ 기계장치 감가상각비

22 경영자는 실제로 발생한 원가와 생산하기 전 예정원가를 비교함으로써 절약과 낭비, 능률과 비능률이 어느 부서에서 발생하였는지 알게 되고 나아갈 개선책을 마련한다. 다음 중 이와 가장 밀접한 관계가 있는 것은?

① 재무상태표 작성
② 포괄손익계산서 작성
③ 원가통제
④ 신용의사결정

23 (주)상공은 제품A를 생산판매하고 있다. 20X1년 1월의 생산활동은 다음과 같다. 1월의 생산량이 10개였는데, 2월에는 20개로 추정된다. 2월의 제품단위당원가는 얼마로 예상되는가?(단, 생산량 10개와 20개는 관련범위 내에 있으며, 재공품은 없음)

가. 생산량 :	10개
나. 변동제조간접원가 :	₩3,000
다. 직접재료원가 :	₩10,000
라. 고정제조간접원가 :	₩6,000
마. 직접노무원가 :	₩5,000

① ₩2,000 ② ₩2,100
③ ₩2,200 ④ ₩2,300

24 원가배부에 대한 설명으로 옳지 않은 것은?

① 인과관계기준은 발생된 공통원가와 원가대상 간에 밀접한 인과관계가 존재하는 경우에 적용한다.
② 수혜기준은 공통원가로부터 제공받은 경제적 효익의 크기에 따라 원가를 배부하는 기준이다.
③ 상호배부법은 보조부문 상호 간의 용역수수관계를 고려하지 않는 보조부문원가 배부방법이다.
④ 단계배부법은 보조부문 상호 간의 용역수수관계를 부분적으로 고려하여 보조부문원가를 배부하는 방법이다.

25 다음 (   ) 안에 들어갈 내용으로 알맞은 것은?

정상원가계산에서는 제조간접원가의 실제발생액과 배부총액에 차이가 발생한다. 이러한 배부차이를 조정하는 방법으로 기말재공품이나 기말제품이 부담하여야 할 배부차이를 무시하는 방법은 (   )이다.

① 매출원가조정법
② 총원가기준법
③ 원가요소기준법
④ 비례배부법(안분법)

26 다음은 (주)상공의 9월의 원가계산 관련 자료와 제품계정이다. 9월의 매출원가를 계산한 금액으로 옳은 것은?

원가항목	제조지시서 #1 (완성품)	제조지시서 #2 (미완성품)
전월이월	₩200,000	₩300,000
직접재료원가	₩400,000	₩500,000
직접노무원가	₩300,000	₩400,000
제조간접원가 배부액	₩100,000	₩200,000

제품			
전월이월	500,000	(?)	
(?)		차월이월	300,000

① ₩800,000 ② ₩1,000,000
③ ₩1,200,000 ④ ₩1,300,000

27 제2공정에서 재료는 60% 진행시점에서 투입되며 가공원가는 일정하게 투입된다. 50%가 완료된 재공품의 완성품환산량에는 다음 중 어떤 원가가 포함되는가?

	재료원가	가공원가
①	불포함	불포함
②	포함	포함
③	포함	불포함
④	불포함	포함

28 재료의 평가손실 계산방법으로 옳은 것은?
① (장부상 재료수량 − 실제 재료수량) × 재료단위당원가
② (장부상 재료수량 − 실제 재료수량) × 재료단위당시가
③ (재료단위당원가 − 재료단위당시가) × 장부상 재료수량
④ (재료단위당원가 − 재료단위당시가) × 실제 재료수량

29 (주)상공화학은 종합원가계산으로 원가를 계산하고 있다. 다음의 기말재공품에 관련된 자료에 의하면 기말재공품원가는 얼마인가?(단, 모든 원가요소는 전 공정을 통하여 균등하게 발생하며 원가계산방법은 평균법으로 하고 있음)

가. 기초재공품 : 5,000개,
　　원가 ₩100,000(완성도 40%)
나. 당기투입원가 : ₩1,100,000
다. 당기완성량 : 78,800개
라. 기말재공품 : 4,000개(완성도 30%)

① ₩18,000
② ₩23,500
③ ₩24,000
④ ₩24,500

30 (주)대한에서 직접재료원가를 기준으로 제조간접원가를 배부할 때 제조지시서 NO.107의 제조간접원가는 얼마인가?

구분	총작업	제조지시서 NO.107
직접재료원가	₩800,000	₩20,000
직접노무원가	₩460,000	₩60,000
직접노동시간	6,000시간	400시간
제조간접원가	₩260,000	

① ₩9,500
② ₩8,500
③ ₩7,500
④ ₩6,500

31 (주)대한은 매출원가에 20%의 이익을 가산하여 제품을 판매한다. 다음 자료를 이용하여 기말재공품원가를 구하면 얼마인가?

• 직접재료원가 :	₩90,000
• 직접노무원가 :	₩100,000
• 제조간접원가 :	₩80,000
• 기초재공품원가 :	₩50,000
• 기초제품원가 :	₩20,000
• 기말제품원가 :	₩50,000
• 매출액 :	₩300,000

① ₩30,000
② ₩40,000
③ ₩80,000
④ ₩270,000

32 다음 중 종합원가계산에 대한 설명으로 옳지 않은 것은?

① 각 공정별로 원가가 집계되므로 원가에 대한 책임소재가 명확하다.
② 일반적으로 원가를 재료원가와 가공원가로 구분하여 원가계산을 한다.
③ 기말재공품이 존재하지 않는 경우 평균법과 선입선출법의 당기완성품원가는 일치한다.
④ 모든 제품 단위가 완성되는 시점을 별도로 파악하기가 어려우므로 인위적인 기간을 정하여 원가를 산정한다.

33 (주)상공의 원가자료이다. 재료는 공정 시점에 전부 투입되며, 가공원가는 공정 전반에 걸쳐 균등하게 발생한다고 가정할 때, 선입선출법에 의하여 가공원가의 완성품환산량을 계산한 것으로 옳은 것은?

가. 기초재공품 : 재료원가 ₩150,000 가공원가 ₩60,000 수량 500개(완성도 : 60%)
나. 당기 착수 수량 : 2,000개
다. 기말재공품 수량 : 400개(완성도 : 25%)
라. 당기 투입 원가 : 재료원가 ₩1,200,000 가공원가 ₩1,650,000

① 1,900개
② 2,000개
③ 2,100개
④ 2,200개

34 경영자가 조직의 희소한 자원을 효율적으로 활용하기 위하여 계획수립, 집행, 감독, 통제 등의 기능을 수행하는 데 필요한 정보를 제공하고 있는 회계분야는?

① 회계원리
② 세무회계
③ 관리회계
④ 재무회계

35 종합원가계산과 관련된 설명으로 옳지 않은 것은?

① 기말재공품의 완성도가 50%인데 이를 30%로 잘못 파악하여 종합원가계산을 수행하면 기말재공품의 원가가 과소계상된다.
② 평균법에 의해 원가계산할 때 기초재공품의 완성도는 계산상 불필요하다.
③ 평균법에서는 기초재공품도 당기에 착수하여 생산한 것처럼 가정한다.
④ 평균법을 사용하면 선입선출법에 비해 당기의 성과와 이전의 성과를 보다 명확하게 구분하여 평가할 수 있다.

36 제조간접원가를 직접원가법을 사용하여 배부할 때, 제조지시서#3의 제조원가는 얼마인가?

분류	제조지시서#3	총원가
직접재료원가	₩250,000	₩800,000
직접노무원가	₩350,000	₩1,000,000
제조간접원가	( )	₩900,000

① ₩900,000
② ₩750,000
③ ₩550,000
④ ₩300,000

37 상공공업은 지난달 정규작업시간은 300시간이었으나 몇 번의 정전사고가 있어 실제작업시간은 280시간이었다. 시간당 임금이 ₩500이라 할 때 노무원가에 대한 회계처리가 옳은 것은?

① (차) 재공품　　150,000　(대) 노무원가　150,000
② (차) 재공품　　140,000　(대) 노무원가　150,000
　　 제조간접원가　10,000
③ (차) 재공품　　140,000　(대) 노무원가　140,000
④ (차) 재공품　　150,000　(대) 노무원가　160,000
　　 제조간접원가　10,000

38 다음 각 항목별 제조간접원가(공통원가)를 배부하는 데 있어서 가장 적합하지 않은 것은?

① 건물감가상각비 : 건물점유면적
② 기계감가상각비 : 종업원 수
③ 전력요금 : 전력사용량
④ 수선유지비 : 수선유지작업시간

39 다음과 같은 특징을 갖는 원가의 분류에 해당하는 항목으로 옳은 것은?

- 재무상태표에 자산으로 표시된다.
- 미소멸원가에 해당한다.
- 미래의 수익 창출을 위해 사용될 원가이다.

① 원재료
② 보조재료원가
③ 공장감독자급여
④ 임차료

40 다음은 예정원가계산에 대한 설명이다. 아래 각각의 빈칸에 들어갈 용어로 옳지 않은 것은?

직접재료원가와 직접노무원가 등 직접원가는 (①)(을)를 집계하고 (②)(은)는 예정소비액에 대한 예정조업도를 반영한 (③)에 의해 원가를 생산 완료와 동시에 결정하고 원가계산 기말에 (④)(을)를 계산하여 이를 다시 조정하는 방법에 의하여 제품의 원가를 계산하는 것이다.

① 실제발생원가
② 제조원가
③ 예정배부율
④ 배부차이

2급	소요 시간	문항 수	수험번호 : _____
	총 60분	총 40문항	성 명 : _____

정답 & 해설 ▶ 307쪽

1과목 **재무회계**

01 다음 중 유용한 재무정보의 질적특성에 관한 설명으로 가장 올바르지 않은 것은?

① 목적적합한 재무정보는 정보이용자의 의사결정에 차이가 나도록 할 수 있다. 재무정보에 예측가치, 확인가치 또는 이 둘 모두가 있다면 그 재무정보는 의사결정에 차이가 나도록 할 수 있다.

② 표현충실성은 모든 면에서 정확한 것을 의미하지는 않는다. 오류가 없다는 것은 현상의 기술에 오류나 누락이 없고, 보고 정보를 생산하는 데 사용되는 절차의 선택과 적용 시 절차상 오류가 없음을 의미한다. 이 맥락에서 오류가 없다는 것은 모든 면에서 완벽하게 정확하다는 것을 의미하지는 않는다.

③ 검증가능성은 합리적인 판단력이 있고 독립적인 서로 다른 관찰자가 어떤 서술이 표현충실성이라는데, 비록 반드시 완전히 일치하지는 못하더라도, 의견이 일치할 수 있다는 것을 의미한다. 계량화된 정보가 검증가능하기 위해서 단일점추정치이어야 한다.

④ 비교가능성, 검증가능성, 적시성 및 이해가능성은 목적적합하고 충실하게 표현된 정보의 유용성을 보강시키는 질적특성이다. 때로는 하나의 보강적 질적특성이 다른 질적특성의 극대화를 위해 감소되어야할 수도 있다.

02 재무제표에 관한 설명 중 옳지 않은 것은?

① 재무제표는 경영진의 수탁책임이나 기업의 재무성과를 보여 준다.

② 동일한 금액이라도 총자산이나 매출액의 규모에 따라 중요성의 정도가 달라질 수 있다.

③ 발생주의를 적용할 경우 재무제표에 표시되는 수익은 현금으로 회수한 금액만을 기록하여야 한다.

④ 재무제표는 정보이용자의 의사결정에 유용한 기업의 재무상태, 재무성과와 재무상태변동에 관한 정보를 제공한다.

03 20X1년 10월 1일 다음과 같은 건물을 구입하고 투자부동산으로 분류하였다. 투자부동산의 회계처리와 관련하여 20X1년 당기순이익에 미치는 영향은 얼마인가?(원가모형으로 투자부동산을 측정하고 있음)

가. 취득원가 :	₩600,000,000
나. 감가상각방법 및 내용연수 :	정액법, 30년
다. 잔존가치 :	₩60,000,000
라. 공정가치 :	₩610,000,000

① 당기순이익 ₩5,500,000 증가
② 당기순이익 ₩10,000,000 증가
③ 당기순이익 ₩4,500,000 감소
④ 당기순이익 ₩20,000,000 감소

04 재고자산은 매년 결산일 현재의 순실현가능가치와 취득원가를 비교하여 둘 중 낮은 금액으로 측정한다. 다음 중 이와 관련된 설명으로 가장 올바르지 않은 것은?

① 한번 손상된 재고자산은 그 후속기간에 환입될 수 없다.
② 저가법은 원칙적으로 재고자산 항목별로 적용한다.
③ 기업은 매 후속기간에 순실현가능가치를 재평가한다.
④ 순실현가능가치의 중요한 하락은 물리적 손상뿐만 아니라 기술적 진부화에 의해서도 발생할 수 있다.

05 다음 중 단기예금에 대한 설명으로 옳은 것은?

① 결산일로부터 13개월 이후에 만기가 도래하는 정기적금
② 취득일로부터 만기가 3개월 이내에 도래하는 채권
③ 취득일로부터 상환일까지의 기간이 3개월 이내에 도래하는 상환우선주
④ 결산일로부터 만기일이 3개월 이상이면서 1년 이내에 도래하는 정기예금

06 단기매매목적으로 취득한 금융자산의 거래내역은 다음과 같다. 20X2년 포괄손익계산서에 보고될 당기손익─공정가치측정금융자산의 평가손익은 얼마인가?

> 20X1년 1월에 주당 액면금액이 500원인 주식 10주를 주당 2,000원에 취득한 후 10월에 5주를 주당 ₩3,000에 처분하다. 12월 31일 주식의 시가는 주당 ₩3,000이다.
> 20X2년 4월에 주식 중 2주를 주당 ₩2,000에 처분하다. 12월 31일에 주식의 시가는 주당 ₩1,500이다.

① 평가이익 ₩5,000 ② 평가이익 ₩6,000
③ 평가손실 ₩4,500 ④ 평가손실 ₩6,000

07 무형자산 회계처리 중 옳지 않은 것은?

① 자체적으로 개발한 웹사이트는 무형자산의 인식기준을 충족하고 개발단계에서 발생한 지출이 무형자산으로 인식되기 위해서 갖추어야 할 요건을 모두 충족할 경우에만 무형자산으로 인식한다.
② 무형자산의 미래 경제적 효익은 재화의 매출이나 용역 수익, 원가절감 또는 그 자산의 사용에 따른 기타 효익의 형태로 발생한다.
③ 고정고객, 시장점유율, 고객과의 관계 및 고객의 충성도 등은 무형자산의 정의를 충족하므로 무형자산으로 기록한다.
④ 사업결합으로 취득하는 무형자산은 식별 가능한 경우 항상 인식기준을 충족하는 것으로 보며, 원가는 취득일의 공정가치로 한다.

08 (주)대한이 시세차익이나 임대수익을 얻을 목적으로 토지를 구입하는 경우에 재무상태표에 표시하는 것으로 옳은 것은?

① 금융자산   ② 재고자산
③ 유형자산   ④ 투자부동산

09 보유하고 있는 약속어음을 배서양도(매각거래)할 때 회계처리로 옳은 것은?

① 받을어음 계정을 대변에 기입한다.
② 받을어음 계정을 차변에 기입한다.
③ 지급어음 계정을 차변에 기입한다.
④ 배서어음 계정을 차변에 기입한다.

10 다음 거래의 분개로 옳은 것은?

> 20X1년 12월 31일 결산 시 부가가치세대급금 ₩550,000과 부가가치세예수금 ₩600,000을 정리하다.

① (차) 부가가치세예수금 600,000
   (대) 부가가치세대급금 600,000
② (차) 부가가치세예수금 550,000
   (대) 부가가치세대급금 550,000
③ (차) 부가가치세대급금 550,000
   (대) 부가가치세예수금 550,000
④ (차) 부가가치세대급금 600,000
   (대) 부가가치세예수금 600,000

11 (주)대한은 재고자산에 대한 회계처리를 계속기록법과 실지재고조사법을 병행하여 사용하고 있다. 계속기록법에 의한 장부상의 기말재고수량은 500개인데, 실지재고조사법을 수행한 결과 상품재고는 450개로 파악되었다. 기말상품재고의 원가는 @₩100이며, 시가는 @₩80원이다. 이 상품의 재고자산감모손실은 얼마인가?

① ₩4,000
② ₩5,000
③ ₩9,000
④ ₩10,000

12 다음 중 건설 중인 유형자산이나 유형자산을 취득하여 목적하는 활동에 사용하기까지 소요되는 비용으로 유형자산의 취득원가에 포함되는 비용과 가장 거리가 먼 것은?

① 관리 및 기타 일반간접비
② 최초의 운송비 및 수수료
③ 기계장치 설치비 및 시운전비
④ 건설과 직접적으로 관련되어 발생한 종업원급여 또는 토지정지비

13 상공회사는 사용 중인 기계장치를 Y회사와 교환하였다. 이 교환거래는 상업적 실질이 존재한다. 교환일 현재 상공회사가 보유 중이던 기계장치의 장부금액은 ₩350,000이고, 공정가치는 ₩400,000이다. 한편, Y회사가 보유 중이던 기계장치의 장부금액은 ₩380,000이고, 공정가치는 알 수 없다. 상공회사가 교환으로 취득한 자산의 취득원가는 얼마인가?(단, 등가교환을 가정함)

① ₩350,000
② ₩380,000
③ ₩400,000
④ ₩520,000

14 (주)상공의 재무상태표에는 사채(액면금액 : ₩100,000, 사채할인발행차금 : ₩5,000)가 있는데, 여유자금이 생긴 (주)상공은 이 사채를 ₩100,000에 모두 상환하였다. 사채상환에 대한 적절한 분개와 이 거래가 당기순손익에 미치는 영향은?

① (차) 사채   100,000 (대) 현금   100,000
   당기순손익에 미치는 영향 : 없음
② (차) 사채   100,000 (대) 현금   100,000
      사채상환손실   5,000   사채할인발행차금 5,000
   당기순손익에 미치는 영향 : 없음
③ (차) 사채   100,000 (대) 현금   100,000
      사채상환손실   5,000   사채할인발행차금 5,000
   당기순손익에 미치는 영향 : 손실 ₩5,000
④ (차) 사채   100,000 (대) 현금   100,000
      사채평가손실   5,000   사채할인발행차금 5,000
   당기순손익에 미치는 영향 : 손실 ₩5,000

15 20X1년 7월 1일 (주)상공에 ₩1,000,000(원가 ₩8,000,000)의 제품을 판매하고 1년 이내 반품할 수 있는 권리를 부여하였다. 인도일 현재 ₩200,000이 반품될 것으로 예상된다면 20X1년에 인식할 매출액은 얼마인가?

① ₩0
② ₩100,000
③ ₩200,000
④ ₩800,000

16 (주)상공은 20X1년 초 건물을 ₩1,000,000에 취득하였다. 건물의 내용년수는 5년이고, 잔존가치는 0원이며, 정액법으로 감가상각하기로 하였다. 20X3년 초 건물 엘리베이터 설치비용 ₩100,000을 지출하였으며 이로 인해 건물의 기능이 향상되어 내용연수가 2년 연장되었다(유형자산의 인식요건을 충족함). 건물의 20X3년 말 장부금액은 얼마인가?

① ₩500,000 ② ₩560,000
③ ₩640,000 ④ ₩700,000

17 다음 중 내부적으로 창출한 무형자산의 인식에 대한 설명으로 가장 올바르지 않은 것은?

① 내부적으로 창출한 영업권은 일정 요건을 충족하는 경우 무형자산으로 인식한다.
② 내부 프로젝트에서 발생한 원가 중 연구단계에서 발생한 원가는 항상 발생한 기간의 비용으로 인식한다.
③ 개발단계는 연구단계보다 훨씬 더 진전되어 있는 상태이므로 무형자산의 식별이 가능하다.
④ 생산 전 또는 사용 전의 시제품과 모형을 설계, 제작 및 시험하는 활동은 일반적으로 개발단계에 해당한다.

18 (주)상공은 20X1년 1월 1일에 만기 3년, 액면금액 ₩100,000,000, 표시이자율 10%인 사채를 발행하였다. 이자는 매년 말에 지급되고 사채 발행시점의 유효이자율은 8%라고 할 때 사채의 발행금액은 얼마인가?

〈현가표〉

구분	1년 (현가)	2년 (현가)	3년 (현가)	합계 (연금현가)
8%	0.92593	0.85734	0.79383	2.57710

① ₩95,025,800 ② ₩100,000,000
③ ₩105,154,000 ④ ₩106,245,000

19 (주)대한은 당기 중 법인세 중간예납세액 ₩120,000을 납부할 때 선급법인세 계정을 이용하여 회계처리하였다. 결산 결과 당기의 법인세는 ₩300,000으로 계산되었다. 결산 시 법인세와 관련된 분개로 적절한 것은?

① (차) 법인세비용 300,000 (대) 선급법인세 120,000
　　　　　　　　　　　　　　　　　 미지급법인세 180,000
② (차) 법인세비용 300,000 (대) 미지급법인세 300,000
③ (차) 세금과공과 300,000 (대) 선급법인세 120,000
　　　　　　　　　　　　　　　　　 미지급법인세 180,000
④ (차) 세금과공과 300,000 (대) 미지급법인세 300,000

20 다음 중 퇴직급여에 관한 설명으로 옳지 않은 것은?

① 확정급여제도란 보험수리적위험과 투자위험을 종업원이 부담하는 퇴직급여제도를 의미한다.
② 확정급여채무의 현재가치는 예측단위적립방식으로 계산된다.
③ 확정기여제도란 기업이 기금에 출연하기로 약정한 금액을 납부하고, 기금의 책임 하에 종업원에게 급여를 지급하는 퇴직급여제도이다.
④ 확정급여제도의 경우 사외적립자산은 공정가치로 측정하여 재무상태표에 인식되는 순확정급여부채를 결정할 때 차감한다.

21 다음 중 과거 의사결정의 결과로 이미 발생된 원가로서 현재 또는 미래의 의사결정에 아무런 영향을 미치지 못하는 원가는 무엇인가?

① 관련원가
② 기회원가
③ 매몰원가
④ 직접원가

22 다음 중 원가계산에 관련된 설명 중 타당하지 않은 것은?

① 원가회계는 일반적으로 회사내부 정보이용자에게도 유용한 정보를 제공한다.
② 제조원가명세서가 작성되었더라도 제품매출원가를 알 수 있는 것은 아니다.
③ 제조과정에 있는 모든 제조기업의 원가계산은 회계기준에서 정한 동일한 원가계산 방식에 의해서 하여야 한다.
④ 제조원가에 해당하는 금액을 발생즉시 비용처리하였다면 당기총제조원가를 과소계상하게 된다.

23 다음 중 보조부문원가 배부기준으로 옳지 않은 것은?

① 전력부문 : 각 제조부문의 종업원 수
② 수선부문 : 수선유지횟수 또는 수선작업 시간
③ 품질검사 : 검사수량, 검사인원 또는 검사 시간
④ 공장건물관리부문 : 각 제조부문이 차지하고 있는 점유면적

24 다음 중 부문별 제조간접원가 배부에 대한 내용으로 옳지 않은 것은?

① 보조부문원가를 제조부문별로 배부하는 문제는 공장전체 제조간접원가 배부율을 사용할 경우에 한해서 고려될 수 있다.
② 보조부문원가를 직접배부법, 단계배부법, 상호배부법 중 어떤 배부방법에 의하여 배부하느냐에 따라 각 제조부문에 집계된 제조간접원가가 달라지게 된다.
③ 부문별 제조간접원가 배부율을 사용한다면, 각 제조부문별로 서로 다른 제조간접원가 배부기준을 적용하게 된다.
④ 공장전체 제조간접원가 배부총액과 부문별 제조간접원가 배부총액은 일치하나, 공장전체 제조간접원가 배부보다 부문별 제조간접원가 배부가 더 정확할 수 있다.

25 제조부문원가(총액 ₩42,000) 제품별 배부액을 직접재료원가를 기준으로 계산할 때, X부문원가와 Y부문원가의 배부율은 각각 얼마인가?

• 제조부문원가 : X부문원가	₩28,000
Y부문원가	₩14,000
• 직접재료원가 :	₩50,000
(A제품 ₩20,000, B제품 ₩30,000)	
• 직접노무원가 :	₩20,000
(A제품 ₩9,000, B제품 ₩11,000)	

① X부문 배부율 : ₩0.4   Y부문 배부율 : ₩0.2
② X부문 배부율 : ₩0.56   Y부문 배부율 : ₩0.28
③ X부문 배부율 : ₩0.4   Y부문 배부율 : ₩0.28
④ X부문 배부율 : ₩0.56   Y부문 배부율 : ₩0.2

26 다음의 부문별 원가계산 자료를 토대로 보조부문원가를 상호배부법으로 배부할 경우 옳지 않은 설명은?

부문 항목	제조부문 A부문	제조부문 B부문	보조부문 C부문	보조부문 D부문	합계
자가부문 발생액	₩200,000	₩100,000	₩120,000	₩70,000	₩490,000
제공용역					
C부문	50%	30%	–	20%	100%
D부문	40%	30%	30%	–	100%

① 보조부문 상호 간에 이루어지는 용역의 수수에 대해서도 엄격하게 대체 계산을 수행하는 방법이다.
② 보조부문 상호 간의 용역수수관계를 전부 반영하기에, 보조부문 상호 간의 대체 계산은 용역의 수수가 전제되는 한 한없이 되풀이 될 수 있다.
③ 일반적으로는 보조부문 상호 간의 대체를 단 한번으로 한정하고, 그 결과로서 집계된 보조부문원가는 직접배부법에 의하여 각 제조부문에 배부하는 방법이 사용된다.
④ C보조부문에서 A제조부문으로 배부되는 금액은 ₩115,000이다.

27 다음 설명 중 옳지 않은 것은?
① 제조기업은 손익계산서를 작성하기 위하여 먼저 제조원가 명세서를 작성하여야 한다.
② 제조원가는 재료원가, 노무원가, 경비로 분류하거나, 직접재료원가, 직접노무원가, 제조간접원가로 분류할 수 있다.
③ 기말재공품원가가 기초재공품원가보다 작다면, 당기제품 제조원가는 당기총제조원가보다 크다.
④ 제조기업의 제조원가명세서에서 매출원가를 확인할 수 있다.

28 다음의 자료를 이용하여 재공품계정의 차기이월 금액을 계산한 것으로 옳은 것은?(단, 제조간접원가는 직접재료원가를 기준으로 배부하며, 제조지시서 #1은 완성되었음)

지시서 비목	제조지시서 #1	제조지시서 #2	합계
직접재료원가	₩3,000	₩2,000	₩5,000
직접노무원가	₩1,000	₩1,000	₩2,000
제조간접원가	( )	( )	₩10,000

① ₩3,000
② ₩4,000
③ ₩7,000
④ ₩10,000

29 (주)상공은 8월 중 A와 B제조부문을 통하여 제조지시서 No.67과 No.68의 제품을 생산하였고, 직접작업시간을 기초로 제조간접원가를 배부하고 있다. No.67의 제품에 제조간접원가를 배부할 때 다음 자료를 기초로 공장전체배부율을 적용하는 경우와 부문별배부율을 적용하는 경우 그 배부액을 각각 계산하면 얼마인가?

	A제조부문	B제조부문	합계
제조 간접원가	₩300,000	₩100,000	₩400,000
작업시간 No. 67 No. 68	7시간 3시간	3시간 7시간	10시간 10시간
계	10시간	10시간	20시간

	공장전체배부율	부문별배부율
①	₩200,000	₩200,000
②	₩200,000	₩240,000
③	₩240,000	₩200,000
④	₩240,000	₩240,000

30 다음 중 측정 제조경비에 대한 내용으로 옳지 않은 것은?

① 계량기에 의해 측정하고, 보통 지급일이 사용기간보다 늦기 때문에 사용기간에 대한 검침을 통해 당해 원가의 소비액을 계산한다.
② 측정제조경비에는 전력비·수도료 등이 있다.
③ 검침일과 원가계산일이 일치하는 경우에는 그 지급액을 당월의 경비로 할 수 있다.
④ 6월 초 계량기를 측정해 보니 2,000kw/h이었고, 6월 말에 계량기를 측정해 보니 3,000kw/h이었다. 단, 1kw/h당 단가는 @₩100이다. 따라서 6월의 전력비는 ₩300,000이다.

31 다음 중 고객이 주문한 특정 제품의 규격, 수량, 완성일 등을 작업 현장에 지시하는 문서는 무엇인가?

① 원가계산표　　② 제조지시서
③ 부문원가배부표　　④ 제조원가명세서

32 (주)상공은 단일의 생산공장에서 단일의 제품을 생산하고 있다. 결산 시 원가계산을 실시함에 있어서 회계직원이 기말재공품에 대한 완성도를 실제 90%보다 낮은 70%로 평가하여 결산을 하였다. 당기에 생산된 제품은 모두 판매되어 기말에 제품재고액은 없으며, 당해 재공품과 관련되는 상황 이외에 다른 오류는 없다. 이러한 재공품의 환산 오류결과로 표시된 결산재무제표에 대하여 가장 옳은 것은?

① 이익잉여금 과소계상
② 영업이익 과대계상
③ 매출원가 과소계상
④ 재고자산 과대계상

33 다음 표의 (가)~(라)에 들어갈 내용으로 옳은 것은?

구분	(가)	(나)
목적	외부보고 목적	내부관리 목적
정보전달수단	재무제표 (일정기준 있음)	특수목적보고서 (일정기준 없음)
원가회계와의 관련성	(다)	(라)

① 가. (재무회계) 나. (관리회계)
　다. (원가계산) 라. (계획, 통제)
② 가. (재무회계) 나. (관리회계)
　다. (계획, 통제) 라. (원가계산)
③ 가. (관리회계) 나. (재무회계)
　다. (원가계산) 라. (계획, 통제)
④ 가. (관리회계) 나. (재무회계)
　다. (계획, 통제) 라. (원가계산)

34 다음 자료를 토대로 (주)상공제지의 202X년 5월 말 재료원가와 가공원가의 완성품환산량 단위당원가를 계산하면 얼마인가?

(주)상공제지의 202X년 5월 제조원가는 다음과 같이 집계되었다. 또한 원가계산방법은 종합원가계산 평균법으로 계산한다.

	물량(EA)	재료원가	가공원가
월초재공품 (완성도 30%)	1,000	50,000	16,000
당월착수량	3,000	130,000	52,000
	₩4,000	₩180,000	₩68,000
당월완성량	3,000		
월말재공품 (완성도 40%)	3,000		
	₩4,000		

투입시기 : 재료원가(공정초기 전량투입)
가공원가(전공정 균등투입)

① 재료원가 ₩45 가공원가 ₩20
② 재료원가 ₩50 가공원가 ₩30
③ 재료원가 ₩55 가공원가 ₩40
④ 재료원가 ₩60 가공원가 ₩50

35 다음은 부문별 제조간접원가 배부에 대한 내용이다. 옳지 않은 것은?

① 보조부문원가를 제조부문별로 배부하는 문제는 공장전체 제조간접원가 배부율을 사용할 경우에 한해서 고려될 수 있다.
② 보조부문원가를 직접배부법, 단계배부법, 상호배부법 중 어떤 배부방법에 의하여 배부하느냐에 따라 각 제조부문에 집계된 제조간접원가가 달라지게 된다.
③ 부문별 제조간접원가 배부율을 사용한다면, 각 제조부문별로 서로 다른 제조간접원가 배부기준을 적용하게 된다.
④ 공장전체 제조간접원가 배부총액과 부문별 제조간접원가 배부총액은 일치하나, 공장전체 제조간접원가 배부보다 부문별 제조간접원가 배부가 더 정확하다.

36 다음의 자료를 토대로 단계배부법에 의하여 수선부문원가를 A제조부문에 배부한 금액으로 옳은 것은?(단, 수선부문을 먼저 배부함)

항목	제조부문		보조부문	
	A 부문	B 부문	동력 부문	수선 부문
부문원가 발생액	₩250,000	₩200,000	₩180,000	₩120,000
수선부문 (시간)	300	200	100	
동력부문원가 (kwh)	5,000	4,000		3,000

① ₩40,000
② ₩60,000
③ ₩72,000
④ ₩120,000

37 다음 자료에 의하여 월말재공품 원가를 계산한 것으로 옳은 것은?(단, 직접재료원가는 제조 착수 시에 전부 투입되고, 가공원가는 균등하게 투입되며, 월말재공품 평가는 평균법에 의함)

구분(진척도)	물량 흐름	직접 재료원가	가공원가
월초재공품(30%)	100개	₩200,000	₩150,000
당월제조착수량	500개	₩400,000	₩100,000
당월완성품수량	400개		
월말재공품수량 (50%)	200개		

① ₩150,000　　② ₩200,000
③ ₩250,000　　④ ₩300,000

38 다음 중 개별원가계산에 대한 설명으로 가장 올바르지 않은 것은?

① 여러 종류의 제품을 주문에 의해 생산하거나 또는 동종의 제품을 일정 간격을 두고 비반복적으로 생산하는 업종에 적합한 원가계산제도이다.
② 각 제품별로 원가를 집계하기 때문에 제품에 직접대응이 불가능한 제조간접원가의 구분이 중요한 의미를 갖는다.
③ 제조과정에서 발생한 원가는 개별제품별로 작성된 작업원가표에 집계되므로 재공품원가를 집계하는 것이 용이하다.
④ 개별원가계산은 제조간접원가의 배부절차가 반드시 필요하므로, 개별원가계산을 사용하면서 변동원가계산제도를 채택할 수 없다.

39 다음 중 종합원가계산의 특징 및 장단점에 관한 설명으로 올바른 것을 모두 고르시오.

가. 특정기간 동안 특정 공정에서 생산된 제품은 원가측면에서 서로가 동일하다고 가정한다. 즉, 제품원가를 평균개념에 의해서 산출한다.
나. 원가의 집계가 공정별로 이루어지는 것이 아니기 때문에 개별작업별로 작업지시서를 작성해야 한다.
다. 동일 제품을 연속적으로 대량생산하지만 일반적으로 어떤 공정에 있어서든지 기말시점에서는 부분적으로 가공이 완료되지 않은 재공품이 존재하게 된다.
라. 원가통제와 성과평가가 공정별로 이루어지는 것이 아니라 개별작업별로 이루어진다.
마. 기장절차가 간단한 편이므로 시간과 비용이 절약된다.

① 가, 나, 다　　② 가, 다, 마
③ 나, 다, 라　　④ 다, 라, 마

40 다음은 개별원가계산 제도를 채택하고 있는 (주)상공의 원가 자료이다. 6월 제품제조원가를 계산한 금액으로 옳은 것은?

제조지시서 No.11은 5월에 생산을 시작하여 6월에 완성되었고, No.12와 No.13은 6월에 제조가 착수되었으며, 그중 No.13은 6월 말 현재 미완성이다.

〈미완성품 원가 자료〉

	5월 31일 (No.11)	6월 30일 (No.13)
직접재료원가	₩2,000	₩11,000
직접노무원가	₩6,000	₩27,000
제조간접원가	₩3,000	₩19,000
계	₩11,000	₩57,000

6월 중 직접재료원가 ₩37,000, 직접노무원가 ₩97,000, 제조간접원가 ₩67,000이 투입되었다.

① ₩68,000　　② ₩98,000
③ ₩144,000　　④ ₩155,000

2급	소요 시간	문항 수
	총 60분	총 40문항

수험번호 : _____

성　　명 : _____

정답 & 해설 ▶ 310쪽

1과목 **재무회계**

01 다음 중 일반목적재무보고의 목적에 관한 설명으로 가장 올바르지 않은 것은?

① 일반목적재무보고의 목적은 현재 및 잠재적 투자자, 대여자 및 기타 채권자가 기업에 자원을 제공하는 것에 대한 의사결정을 할 때 유용한 보고기업 재무정보를 제공하는 것이다.

② 현재 및 잠재적 투자자, 대여자 및 기타 채권자에 해당하지 않는 기타 당사자들(예를 들어 감독당국)이 일반목적재무보고서가 유용하다고 여긴다면 이들도 일반목적재무보고의 주요 대상에 포함된다.

③ 보고기업의 경제적 자원과 청구권의 성격 및 금액에 대한 정보는 정보이용자가 보고기업의 재무적 강점과 약점을 식별하는 데 도움을 줄 수 있다.

④ 보고기업의 경제적 자원과 청구권의 변동은 그 기업의 재무성과, 그리고 채무상품 또는 지분상품의 발행과 같은 그 밖의 사건 또는 거래에서 발생한다.

02 다음 자료를 통해 재무상태표상에 기재될 현금및현금성자산의 잔액을 계산하면 얼마인가?

가. 요구불예금 : ₩1,650,000
나. 타인발행수표 : ₩2,500,000
다. 취득일로부터 상환일까지의 기간이 2개월인 상환우선주 : ₩1,000,000
라. 결산일로부터 만기일이 1개월 남은 1년 만기 정기예금 : ₩1,220,000

① ₩3,870,000　　② ₩4,150,000

③ ₩5,150,000　　④ ₩6,370,000

03 다음 중 자산의 측정방법에 대한 설명으로 가장 타당한 것은?

① 역사적 원가 : 자산의 취득 또는 창출에 발생한 원가의 가치로서, 자산을 취득 또는 창출하기 위하여 지급한 대가와 거래원가를 포함한다.

② 공정가치 : 기업이 자산의 사용과 궁극적인 처분으로 얻을 것으로 기대하는 현금흐름 또는 그 밖의 경제적 효익의 현재가치이다.

③ 사용가치 : 측정일 현재 동등한 자산의 원가로서 측정일에 지급할 대가와 그날에 발생할 거래원가를 포함한다.

④ 현행원가 : 측정일에 시장참여자 사이의 정상거래에서 자산을 매도할 때 받게 될 가격이다.

04 다음은 (주)상공의 결산정리사항이다. 결산 전 당기순이익이 ₩100,000일 경우 결산정리사항 반영 후의 정확한 당기순이익은 얼마인가?(단, 매출채권 손실충당금잔액은 ₩0임)

가. 임차료 미지급액 :	₩50,000
나. 매출채권의 손상 예상액 :	₩10,000
다. 단기대여금에 대한 이자 미수액 :	₩30,000

① ₩60,000　　② ₩70,000
③ ₩90,000　　④ ₩130,000

05 다음 중 자본변동표에 관한 설명으로 가장 올바르지 않은 것은?

① 납입자본, 이익잉여금, 기타포괄손익 항목별로 포괄손익, 소유주와의 자본거래 등에 따른 변동액을 표시한다.
② 일정 기간 동안에 발생한 기업실체와 소유주 간의 거래 내용을 이해하고 소유주에게 귀속될 이익 및 배당가능이익을 파악하는 데 유용하다.
③ 재무상태표에 표시되어 있는 자본의 기말잔액만 제시하고 기초잔액은 제공하지 않는다.
④ 지배기업의 소유주와 비지배지분에게 각각 귀속되는 금액으로 구분하여 표시한 해당 기간의 총포괄손익을 표시한다.

06 (주)대한의 기초 손실충당금잔액은 ₩250,000이다. 3월에 ₩100,000의 손상이 발생하였고 기말 수정분개 시 ₩50,000의 손실충당금을 추가로 계상하였다. 기말 수정분개를 완료한 이후에 손실충당금계정 잔액은 얼마인가?

① ₩150,000　　② ₩200,000
③ ₩250,000　　④ ₩300,000

07 다음 중 무형자산의 후속 측정에 관한 설명으로 가장 올바르지 않은 것은?

① 내용연수가 비한정인 무형자산은 최소한 1년에 1회 이상의 손상검사가 이루어져야 한다.
② 손상검토 시 회수가능액은 순공정가치와 사용가치 중 작은 금액을 기준으로 판단한다.
③ 무형자산의 경제적 효익이 소비되는 형태를 신뢰성 있게 결정할 수 없는 경우 정액법으로 상각한다.
④ 무형자산의 잔존가치, 상각기간 및 상각방법의 적정성에 대하여 매 보고기간 말에 재검토하여야 한다.

08 다음 중 재무상태표상 재고자산으로 표시될 순장부금액은 얼마인가?(단, 각 상품은 성격과 용도가 유사하지 않음)

구분	장부수량	단위당 장부금액	실사수량	단위당 순실현가능가치
상품A	1,500개	@₩100	1,500개	@₩90
상품B	5,000개	@₩500	4,500개	@₩1,000
상품C	2,000개	@₩400	2,000개	@₩300

① ₩2,985,000　　② ₩3,150,000
③ ₩5,235,000　　④ ₩5,735,000

09 다음 부채와 관련된 자료에서 금융부채를 계산하면 얼마인가?

가. 매입채무	₩50,000
나. 선수수익	₩40,000
다. 미지급금	₩30,000
라. 선수금	₩20,000

① ₩50,000　　② ₩70,000
③ ₩80,000　　④ ₩100,000

10 다음 중 당기손익에 반영되는 비용이 아닌 것은?

① 소모품비
② 감가상각비
③ 종업원급여
④ 자산재평가차익

11 회계장부는 기능에 따라 주요부와 보조부로 구분된다. 이에 대한 설명으로 옳지 않은 것은?

① 보조원장은 거래를 발생순서에 따라 기입하는 장부로 매입장, 매출장 등이 있고, 보조기입장은 원장계정의 명세를 기입하는 장부로 상품재고장 등이 있다.
② 보조부는 주요부의 부족한 점을 보충하거나 주요부의 특정 계정과목의 내용을 상세하게 표시하는 장부다.
③ 총계정원장은 분개장에 기록된 거래를 계정과목별로 기록한다.
④ 주요부는 회계의 기본이 되는 장부로 분개장과 총계정원장을 말한다.

12 기타장기종업원급여에 해당하지 않는 것은?

① 장기유급휴가
② 장기근속급여
③ 해고급여
④ 이익분배금과 상여금

13 대한(주)의 회계사무원이 시산표를 작성하였는데, 차변합계는 ₩80,000이고 대변합계는 ₩90,000이었다. 다음과 같은 오류만이 발생하였다면 수정 후 시산표의 정확한 잔액합계는 얼마인가?

> 가. 광고비로 지급한 ₩50,000을 전기수도료로 잘못 기입하였다.
> 나. 매출채권 계정의 잔액 ₩10,000을 시산표에 누락하였다.
> 다. 비품 ₩20,000을 외상으로 구입하였는데 이 기록을 누락하였다.

① ₩90,000
② ₩100,000
③ ₩110,000
④ ₩120,000

14 비용의 인식에 대한 설명으로 옳지 않은 것은?

① 비용은 수익을 인식하는 기간에 대응하여 인식한다.
② 비용은 수익을 창출하는 과정에서 희생된 자원으로 순자산의 감소(자산의 감소, 부채의 증가)로 나타난다.
③ 수익과 비용을 대응시키는 방법에는 직접대응, 체계적이고 합리적인 배분 및 즉시 비용화가 있다.
④ 미래 경제적 효익이 기대되지 않는 지출은 비용으로 인식할 수 없다.

15 다음 중 순이익에 영향을 미치는 오류가 아닌 것은?

① 기말상품재고액을 과대 계상하다.
② 임차료 미지급액의 계상을 누락하다.
③ 유형자산의 감가상각비를 과소 계상하다.
④ 수도광열비를 세금과공과로 잘못 분류하다.

16 다음 중 당기순손익에 영향을 주는 거래는 어느 것인가?

① 현금으로 배당을 지급하다.
② 해외사업환산이익을 계상하다.
③ 기타포괄손익－공정가치측정금융자산의 장부금액 ₩50,000을 ₩60,000에 평가하다.
④ 매출채권을 회수하면서 ₩20,000의 매출할인을 제공하다.

17 20X1년 초에 취득한 특허권 관련 자료는 다음과 같다. 특허권은 정액법으로 상각하며, 잔존가치는 0원이다. 20X1년 말에 인식할 특허권 손상차손 금액은 얼마인가?

• 취득원가 :	₩500,000
• 내용연수 :	5년
• 20X1년 말 순공정가치 :	₩400,000
사용가치 :	₩360,000

① ₩0
② ₩360,000
③ ₩400,000
④ ₩500,000

18 "일반적으로 사채는 (㉠)로 후속 측정된다. 만약 사채발행 시점에 시장이자율보다 계약상 액면이자율이 더 큰 경우에는 사채가 (㉡)되는데 이 경우에는 (㉠)가 만기로 갈수록 점점 감소하게 된다." ㉠과 ㉡에 적절한 용어는?

	㉠	㉡
①	상각후원가	할인발행
②	상각후원가	할증발행
③	공정가치	할인발행
④	공정가치	할증발행

19 자기주식의 회계처리에 대한 다음의 설명 중 옳지 않은 것은?

① 자기주식 취득 시 이익잉여금 총액의 변동이 발생하지 않는다.
② 자기주식 처분거래를 기록하는 시점에서 이익잉여금 총액의 증감은 발생하지 않는다.
③ 자기주식을 소각할 경우 자기주식의 취득원가와 최초 발행금액의 차이를 감자차손 또는 감자차익으로 분류한다.
④ 취득한 자기주식은 취득목적에 관계없이 재무상태표의 자본항목으로 기재한다.

20 (주)상공전자의 다음 자료에 의하여 20X1년도 순매출액을 계산한 것으로 옳은 것은?

가. 매출채권 기초잔액 :	₩300,000
나. 매출채권 기말잔액 :	₩500,000
다. 20X1년도 순현금매출액 :	₩1,200,000
라. 20X1년 매출채권회전율(매출액/평균매출채권)은 5회이다.	

① ₩2,000,000
② ₩2,800,000
③ ₩3,200,000
④ ₩4,000,000

21 다음 중 제조원가에 포함되지 않는 것은?

① 재료매입운임
② 기계감가상각비
③ 광고선전비
④ 공장부지에 대한 임차료

22 다음 중 원가회계의 목적이 아닌 것은?

① 성과의 측정과 평가를 위한 정보의 제공
② 원가의 관리와 통제의 목적
③ 기업회계의 장부기장의 목적
④ 제품원가의 계산

23 다음 중 원가의 분류 방법과 그 내용이 바르게 연결되지 않은 것은?

① 원가행태에 따른 방법 – 변동원가와 고정원가
② 추적가능성에 따른 분류 – 직접원가와 간접원가
③ 의사결정 관련성에 따른 분류 – 제품원가와 기간원가
④ 통제가능성에 따른 분류 – 통제가능원가와 통제불능원가

24 재료의 출고 때 개별작업 또는 제품의 직접재료원가가 추적 가능한 경우에는 어떤 계정에 대체하는가?

① 재공품
② 제조간접원가
③ 보조재료원가
④ 간접재료원가

25 다음은 (주)상공의 202X년 제조원가 자료이다. 직접노무원가를 계산하면 얼마인가?

가. 직접재료원가 :	₩400,000
나. 제조간접원가	
– 변동원가 :	₩80,000
– 고정원가 :	₩50,000
다. 기본원가 :	₩900,000
라. 가공원가 :	₩630,000

① ₩130,000
② ₩270,000
③ ₩500,000
④ ₩530,000

26 다음은 부문별 원가계산 자료이다. 보조부문원가를 단계배부법으로 배부할 때의 내용으로 옳지 않은 것은?

부문 비목	제조부문		보조부문		합계
	A부문	B부문	C부문	D부문	
자가부문 발생액	₩200,000	₩100,000	₩120,000	₩70,000	₩490,000
제공용역					
C부문	50%	30%	–	20%	100%
D부문	40%	30%	30%	–	100%

① 보조부문 중에서 가장 많은 수의 부문에 용역을 제공하는 순서대로 보조부문원가를 배부하여 단계적으로 보조부문원가의 배부가 완결되도록 하는 방법이다.
② 가장 많은 수의 부문에 용역을 제공하는 보조부문의 배열을 우→좌로 설정하여야 한다.
③ 보조부문의 배부순서에 따라 배부액이 달라질 수 있다.
④ D부문부터 배부한 경우 모든 보조부문원가를 배부 후의 B제조부문 합계액은 ₩152,875이다.

27 다음 중 재무회계와 관리회계의 차이점에 대한 설명으로 옳지 않은 것은?

① 재무회계는 목적적합성을 강조하고, 관리회계는 검증가능성을 강조한다.
② 재무회계는 외부보고 목적을 강조한 반면, 관리회계는 내부보고 목적을 강조한다.
③ 재무회계는 기업 전반에 초점을 맞춘 반면, 관리회계는 조직의 부문에 초점을 둔다.
④ 재무회계는 과거지향적이며, 관리회계는 미래지향적이다.

28 원가배부는 일반적으로 3단계 과정을 거친다. 다음 중 원가배부의 과정을 순차적으로 가장 적절히 나열한 것은?

> (가) 간접원가를 제품에 배부
> (나) 직접원가를 원가대상에 추적
> (다) 한 원가대상(부문)에서 다른 원가대상(부문)으로 원가를 배부 또는 재배부

① (나) → (다) → (가)
② (가) → (나) → (다)
③ (다) → (나) → (가)
④ (나) → (가) → (다)

29 제조부문원가 제품별 배부액 총액 ₩42,000을 직접원가법으로 계산할 때, A제품에 배부되는 제조부문원가 총액은 얼마인가?

> • 제조부문원가 : 절단부문원가   ₩28,000
>   조립부문원가   ₩14,000
> • 직접재료원가 :   ₩50,000
>   (A제품 ₩20,000, B제품 ₩30,000)
> • 직접노무원가 :   ₩20,000
>   (A제품 ₩9,000, B제품 ₩11,000)

① ₩8,200
② ₩11,600
③ ₩17,400
④ ₩42,000

30 다음 (주)대한공업의 5월 말 재공품원가를 계산한 것으로 옳은 것은?(단, 제조지시서 #1은 완성되었음)

가. 연간 제조간접원가 예상 총액 : ₩900,000
나. 동 기간 동안 직접노동 예상 시간 총수 : 3,000시간
다. 5월 중 원가 자료

원가	제조지시서 #1	제조지시서 #2	합계
직접재료원가	₩350,000	₩500,000	₩850,000
직접노무원가	₩200,000	₩300,000	₩500,000
직접노동시간	500시간	700시간	1,200시간

라. 제조간접원가 예정배부는 직접노동시간법에 의한다.

① ₩700,000
② ₩800,000
③ ₩1,010,000
④ ₩1,710,000

31 다음 중 원가배부에 관한 설명으로 가장 옳은 것은?

① 부문별 제조간접원가 배부율을 사용하는 경우에는 보조부문원가 배부방법에 의해 제조간접원가 배부율이 영향을 받지 않는다.
② 이중배부율법은 변동원가와 고정원가를 구분해서 변동원가는 최대사용가능량을 기준으로 배부하고 고정원가는 서비스의 실제사용량을 기준으로 배부한다.
③ 공장전체 제조간접원가 배부율을 사용하는 경우에는 보조부문의 원가를 제조부문에 배부할 필요가 없다.
④ 단계배부법과 상호배부법에서는 배부순서와 관계없이 배부 후의 결과는 일정하게 계산된다.

32 다음 중 개별원가계산에 대한 설명으로 옳지 않은 것은?

① 각 제품의 제조지시서별로 원가를 집계하여 제품별로 원가계산을 하는 방법이다.
② 주문에 의하여 소량으로 생산하는 기계제조업, 항공기제조업 등에 사용하는 방법이다.
③ 제품의 제조과정에서 발생하는 직접재료원가, 직접노무원가, 제조간접원가를 구분하여 원가를 계산한다.
④ 원가의 기간별 배부가 중요하며 작업의 진척도에 따라 배부하는 원가를 다르게 계산하는 방법이다.

33 (주)상공식품은 제조간접원가를 기계시간 기준으로 배부한다. 202X년 제빵에 대한 제조간접원가 배부율과 배부될 제조간접원가는 얼마인가?

〈202X년 원가자료〉

	합계	제빵
원가자료		
직접재료원가	₩3,000,000	₩1,200,000
직접노무원가	₩2,500,000	₩1,050,000
제조간접원가	₩1,800,000	(?)
배부기준		
직접노동시간	10,000시간	4,500시간
기계시간	6,000시간	3,000시간

① 제조간접원가 배부율 @₩0.72 제조간접원가 ₩756,000
② 제조간접원가 배부율 @₩0.60 제조간접원가 ₩720,000
③ 제조간접원가 배부율 @₩180 제조간접원가 ₩810,000
④ 제조간접원가 배부율 @₩300 제조간접원가 ₩900,000

34 다음은 (주)상공의 제조부문의 부문별 배부기준과 당월 생산한 A제품과 관련된 자료이다. A제품의 제조간접원가 배부액을 계산한 것으로 옳은 것은?

항목	제조1부문	제조2부문
제조부문원가합계	₩500,000	₩1,000,000
기계작업시간수	1,000시간	1,000시간
직접노동시간	200시간	500시간
배부기준	기계작업시간법	직접노동시간법

제품 A의 사용시간	제조1부문	제조2부문
직접노동시간	50시간	100시간
기계작업시간	100시간	50시간

① ₩100,000
② ₩150,000
③ ₩200,000
④ ₩250,000

35 다음 중 종합원가계산의 개념에 대한 설명으로 옳지 않은 것은?

① 제조간접원가의 배부가 필요 없다.
② 일반적으로 원가를 가공원가와 재료원가로 구분하여 계산한다.
③ 수주 수량에 따라 생산 수량이 결정된다.
④ 한 종류의 제품을 연속적으로 대량생산하는 기업에서 사용한다.

36 다음은 보조부문원가의 배부와 관련된 설명들이다. 이 중에서 옳지 않은 것은?

① 생산부문에서 발생한 원가를 생산지원(보조)부문에 배부한 후 최종적으로 제품에 배부하는 방법을 일반적으로 부문별 원가계산이라고 한다.
② 생산부문(Production Department)에서는 부품생산, 조립, 가공처리 등을 수행하면서 제품생산에 직접 관여한다.
③ 지원(보조)부문(Support Department)에서는 재료의 구입과 보관, 생산설비 점검과 보수, 시설관리와 청소, 경비 등을 담당한다.
④ 제조간접원가를 보다 더 정확하게 배부하기 위해 부문별 원가의 발생과 흐름을 추적하는 것이다.

37 다음은 종합원가계산에서 원가를 기말재공품과 완성품에 배부하기 위한 절차이다. 순서를 올바르게 나열한 것은?

> 가. 완성품환산량 단위당원가의 계산
> 나. 배부될 원가의 요약
> 다. 완성품과 기말재공품으로 원가 배부
> 라. 물량흐름의 파악
> 마. 완성품환산량의 계산

① 가 – 나 – 다 – 라 – 마
② 라 – 마 – 나 – 가 – 다
③ 가 – 나 – 라 – 마 – 다
④ 나 – 라 – 마 – 가 – 다

38 (주)상공은 평균법에 의한 종합원가계산을 사용하는데 이 달에 28,000단위의 생산을 시작하였다. 기초재공품 14,000단위의 경우, 가공원가가 20% 투입되어 있었으며, 기말재공품 3,000단위의 경우, 가공원가가 40% 투입되었다. 가공원가의 완성품환산량은 얼마인가?

① 37,800단위
② 40,200단위
③ 40,800단위
④ 42,000단위

39 다음의 설명 중 옳은 것은?

① 직접재료원가는 재료원가 중에서 추적가능성과 관계없이 모든 재료원가를 의미한다.
② 직접노무원가는 생산직 종업원에게 지급되는 임금으로 제품별로 추적 가능한 원가를 의미한다. 제품별로 추적되지 않는 간접노무원가는 제조원가에 포함되지 않는다.
③ 당기제품제조원가는 직접재료원가와 직접노무원가 및 제조간접원가를 합한 금액을 의미한다.
④ 당기총제조원가와 당기제품제조원가의 차이는 기초재공품과 기말재공품의 차액만큼 차이가 난다.

40 완성품환산량에 대한 전반적인 내용이다. 옳지 않은 것은?

① 평균법은 기초의 재공품원가와 당기의 제조원가가 평균적으로 완성품과 기말재공품에 분산되어 있다는 것을 전제로 한다. 따라서 재공품의 평가도 평균적인 개념으로 수행하여야 한다.
② 제품의 제조개시 시점에서 직접재료의 전량을 투입한다고 한다면, 직접재료원가에 대한 완성품 환산비율은 항상 100%를 적용시켜야 한다.
③ 평균법은 기초재공품원가와 당기총제조원가을 구분하여 계산하므로 계산과정이 선입선출법보다 복잡하지만, 전기의 작업능률과 당기의 작업능률이 명확히 구분되기 때문에 원가통제상 유용한 정보를 제공한다.
④ 선입선출법을 이용하여 종합원가계산을 수행하는 회사에서 기초재공품의 완성도를 실제보다 과소평가할 경우 당연히 기초재공품의 원가는 과소평가되고 완성품 환산량 단위당원가가 과소평가되므로 기말재공품의 원가는 과소평가되고 완성품 환산량은 과대평가된다.

2급	소요 시간	문항 수
	총 60분	총 40문항

수험번호 : _____

성   명 : _____

정답 & 해설 ▶ 314쪽

1과목 **재무회계**

01 다음 중 재무제표의 기본가정에 대한 설명으로 가장 올바르지 않은 것은?

① 기본가정이란 회계이론 전개의 기초가 되는 사실들을 의미한다.
② 기업에 경영활동을 청산할 의도나 필요성이 있더라도 계속기업의 가정에 따라 재무제표를 작성한다.
③ 목적적합성은 재무제표를 통해 제공되는 정보가 갖추어야 할 근본적인 질적특성이지만 개념체계에서 규정하는 기본가정에 해당하지는 않는다.
④ 재무보고를 위한 개념체계에서는 계속기업을 기본가정으로 규정한다.

02 다음의 포괄손익계산서에 대한 설명 중 옳지 않은 것은?

① 포괄손익계산서는 일정기간 동안 소유주의 투자나 소유주에 대한 분배거래를 제외한 기타거래에서 발생하는 순자산의 변동내용을 표시하는 동태적 보고서이다.
② 포괄손익계산서는 단일의 포괄손익계산서를 작성하거나 당기순손익을 표시하는 손익계산서와 포괄손익계산서를 포함하는 2개의 보고서로 작성될 수 있다.
③ 포괄손익계산서에서 비용을 분류할 때는 기능별로 분류하여 표시하여야 한다.
④ 기타포괄손익항목은 관련 법인세효과를 차감한 순액으로 표시하거나 세전금액으로 표시하고 관련 법인세효과는 단일 금액으로 합산하여 표시하는 방법이 가능하다.

03 다음 중 재고자산에 관한 설명으로 가장 올바르지 않은 것은?

① 고객에 대한 판매를 목적으로 구입한 상품, 미착품, 적송품은 모두 재고자산에 포함된다.
② 제품 또는 반제품의 제조를 위한 과정에 있는 미완성 자산도 재고자산에 포함된다.
③ 토지 및 건물 등의 부동산은 재고자산으로 분류될 수 없으며 모든 기업에서 유형자산으로 분류한다.
④ 영업활동의 일환인 서비스를 제공하기 위해 사용될 원재료 및 소모품은 재고자산으로 분류된다.

04 다음 중 투자부동산으로 계정분류되어야 할 금액으로 가장 적절한 것은?

> 가. 장기 시세차익을 얻기 위하여 보유하고 있는 토지 : ₩100,000,000
> 나. 장래 사용목적을 결정하지 못한 채로 보유하고 있는 건물 : ₩80,000,000
> 다. 직원 연수원으로 사용할 목적의 건물 : ₩50,000,000
> 라. 금융리스로 제공한 토지 : ₩40,000,000

① ₩90,000,000 ② ₩100,000,000
③ ₩140,000,000 ④ ₩180,000,000

05 다음 중 재고자산의 평가손실이 발생한 경우에 대한 설명으로 옳지 않은 것은?

① 물리적으로 손상된 경우
② 완전히 또는 부분적으로 진부화된 경우
③ 판매가격이 하락한 경우
④ 완성하거나 판매하는 데 필요한 원가가 하락한 경우

06 다음 중 금융자산으로 분류되는 계정과목으로 옳지 않은 것은?

① 선급비용
② 단기대여금
③ 외상매출금
④ 현금성자산

07 다음 중 매출채권의 손상에 관한 설명으로 옳지 않은 것은?

① 매출채권의 손상차손은 판매비와관리비로 분류한다.
② 기업회계기준서는 충당금설정법과 직접상각법을 모두 허용한다.
③ 연령분석법은 매출채권잔액비율법보다 매출채권의 순실현가능가치를 보다 더 적절히 반영한다.
④ 수익과 비용의 대응관점에서 보면 직접상각법이 충당금설정법보다 적절한 방법이다.

08 다음 중 유형자산의 재평가모형 회계처리에 관한 설명으로 가장 올바르지 않은 것은?

① 재평가는 보고기간 말에 자산의 장부금액이 공정가치와 중요하게 차이가 나지 않도록 주기적으로 수행해야 한다.
② 특정 유형자산을 재평가할 때, 동일한 유형 내의 유형자산 유형 전체를 재평가한다.
③ 자산의 장부금액이 재평가로 인하여 증가된 경우 원칙적으로 그 증가액은 당기손익(재평가잉여금)으로 인식한다.
④ 자산의 장부금액이 재평가로 인하여 감소한 경우 원칙적으로 그 감소액은 당기손실(재평가손실)로 인식한다.

09 (주)상공은 신제품 개발 프로젝트와 관련하여 당기 중 10억 원을 지출하였다. 동 지출 중 2억 원은 새로운 지식을 얻고자 하는 활동으로 소요되었고 8억 원은 사용 전의 시제품을 설계, 제작 및 시험하는 활동으로 소요되었다. 다음 중 이에 관한 회계처리로 가장 옳은 것은?

① 2억 원은 기간비용으로 처리하고, 8억 원 중 무형자산 인식기준을 충족하지 못하는 것은 발생시점에 비용으로 인식하고, 무형자산 인식기준을 충족하는 것은 무형자산으로 인식한다.
② 신제품 프로젝트와 관련하여 발생한 10억 원은 전액 개발단계에 속하는 활동이므로 무형자산으로 인식한다.
③ 신제품 프로젝트와 관련하여 발생한 10억 원은 전액 연구단계에 속하는 활동이므로 현금지출시점에 비용으로 인식한다.
④ 개발단계에서 지출한 금액은 무형자산을 완성해 그것을 판매하려는 기업의 의도가 없더라도 무형자산으로 인식한다.

10 다음 중 기타포괄손익–공정가치측정금융자산에 대한 설명으로 가장 올바르지 않은 것은?

① 기타포괄손익–공정가치측정금융자산은 원칙적으로 공정가치로 평가하여 평가손익을 기타포괄손익으로 반영한다.

② 기타포괄손익–공정가치측정금융자산 취득 시 지출된 거래원가는 금융자산의 취득원가에 가산한다.

③ 기타포괄손익–공정가치측정금융자산으로 분류되는 채무상품은 당기손익–공정가치측정금융자산으로 분류 변경할 수 있다.

④ 기타포괄손익–공정가치측정금융자산에 대한 손상차손은 인식하지 아니한다.

11 부도어음은 어느 계정으로 회계처리하여야 하는가?

① 자산계정　　　　② 평가계정
③ 부채계정　　　　④ 비용계정

12 차입금 ₩1,000,000을 현금으로 상환하고 동시에 관련 이자 ₩120,000을 현금으로 지급하였다. 차변과 대변에 미치는 영향은?

① (차) 자산의 증가　　(대) 부채의 증가
　　　　　　　　　　　　　수익의 발생
② (차) 자산의 증가　　(대) 자산의 감소
　　　　　　　　　　　　　수익의 발생
③ (차) 자산의 증가　　(대) 자산의 감소
　　　　비용의 발생
④ (차) 부채의 감소　　(대) 자산의 감소
　　　　비용의 발생

13 다음 중 금융부채에 관한 설명으로 옳지 않은 것은?

① 유동부채에 속하는 항목은 모두 금융부채에 속한다.

② 금융부채란 거래상대방에게 현금 등 금융자산을 인도하기로 한 계약상의 의무를 말한다.

③ 자기지분상품으로 결제되거나 결제될 수 있는 주식수가 변동 가능한 비파생상품도 금융부채이다.

④ 공정가치로 측정한 금융부채는 공정가치로 평가함에 따른 평가손익을 모두 당기손익에 반영한다.

14 (주)상공은 20X1년에 다음과 같이 (주)대한의 주식을 취득하고 기타포괄손익-공정가치측정금융자산으로 분류하여 보유하다 20X2년 말 처분하였다. 이 주식과 관련하여 (주)상공의 20X1년과 20X2년 재무상태표에 계상할 기타포괄손익-공정가치측정금융자산 평가손익(기타포괄손익누계액)은 얼마인가?

> 가. 20X1년 3월 1일 : (주)대한 주식 1,000주 취득
> (취득원가 ₩1,000/주)
> 나. 20X1년 말 (주)대한 주식의 공정가치 :
> ₩1,200/주
> 다. 20X2년 말 (주)대한 주식의 처분금액 :
> ₩1,000/주

① 20X1년 :
　기타포괄손익-공정가치측정금융자산평가
　이익 ₩100,000
　20X2년 :
　기타포괄손익-공정가치측정금융자산평가
　이익 ₩0
② 20X1년 :
　기타포괄손익-공정가치측정금융자산평가
　이익 ₩200,000
　20X2년 :
　기타포괄손익-공정가치측정금융자산평가
　이익 ₩0
③ 20X1년 :
　기타포괄손익-공정가치측정금융자산평가
　이익 ₩100,000
　20X2년 :
　기타포괄손익-공정가치측정금융자산평가
　손실 ₩100,000
④ 20X1년 :
　기타포괄손익-공정가치측정금융자산평가
　이익 ₩200,000
　20X2년 :
　기타포괄손익-공정가치측정금융자산평가
　손실 ₩0

15 다음 중 사채의 발행방법으로 옳지 않은 것은?

① 분할발행
② 할인발행
③ 액면발행
④ 할증발행

16 다음은 A기업와 B기업의 매출총손익 계산과 관련된 자료이다. (가)~(라)의 금액으로 옳지 않은 것은?

항목 \ 기업	A기업	B기업
총매출액	₩350,000	(다)
매출환입	₩1,000	₩0
매출에누리	₩2,000	₩1,500
기초재고액	₩43,000	₩65,000
총매입액	₩270,000	(라)
매입운임	₩5,000	₩4,000
매입환출	₩12,000	₩2,000
기말재고액	₩28,000	₩30,000
매출원가	(가)	₩240,000
매출총손익	(나)	₩52,000

① (가) ₩278,000
② (나) ₩74,000
③ (다) ₩293,500
④ (라) ₩203,000

17 다음 중 충당부채에 관한 설명으로 가장 올바르지 않은 것은?

① 충당부채는 과거사건이나 거래의 결과에 의한 현재의무로서, 지출의 시기 또는 금액이 불확실하지만 그 의무를 이행하기 위하여 자원이 유출될 가능성이 높고 또한 금액을 신뢰성 있게 추정할 수 있는 의무를 말한다.

② 충당부채로 인식하는 금액은 현재의무의 이행에 소요되는 지출에 대한 보고기간 종료일 현재 최선의 추정치이어야 한다.

③ 충당부채를 설정하는 의무에는 명시적인 법규 또는 계약의무는 아니지만 과거의 실무 관행에 의해 기업이 이행해 온 의무도 포함된다.

④ 충당부채는 반드시 재무상태표에 부채로 인식할 필요는 없으며 주석으로만 공시할 수 있다.

18 다음 중 자기주식의 취득 · 처분에 관한 회계처리에 대한 설명으로 옳지 않은 것은?

① 자기주식 취득 시 취득원가로 기록하고 이를 자기주식의 과목으로 분류한 후 자본에서 차감하는 형식으로 기재하도록 하고 있다.

② 자기주식을 처분하는 경우 처분금액과 취득원가와의 차액을 자기주식처분손익으로 당기손익에 반영한다.

③ 자기주식을 보유하고 있는 기간 동안에 주가가 변동하더라도 자기주식에 대한 평가손익은 인식하지 않는다.

④ 보통주 자기주식을 취득하면 유통보통주식수가 감소하므로 이익이 동일할 경우 기본주당순이익은 증가하게 된다.

19 다음 중 현금흐름의 성격이 다른 것은?

① 토지의 처분
② 단기대여금의 회수
③ 개발비의 지급
④ 유상감자

20 다음 중 확정급여형 퇴직급여제도와 관련하여 당기손익으로 인식되는 항목으로 가장 올바르지 않은 것은?

① 당기근무원가
② 이자원가
③ 보험수리적손익
④ 과거근무원가

2과목 **원가회계**

21 제조기업의 제조원가명세서에 대한 설명으로 옳지 않은 것은?

① 당기총제조원가는 직접재료원가, 직접노무원가, 제조간접원가의 합계액을 의미한다.

② 당기의 제품제조원가의 내용을 상세히 알기 위해 작성하는 명세서를 말한다.

③ 재무상태표에 표시되는 재료, 재공품, 제품 등의 재고자산 가격을 결정하기 위한 원가정보를 제공한다.

④ 당기총제조원가는 기능별포괄손익계산서의 매출원가를 산정하는 데 필요한 당기제품제조원가와 항상 일치한다.

22 다음 재공품 계정을 자료로 알 수 있는 당월총제조원가는 얼마인가?

재공품			
전월이월	200,000	제품	900,000
재료원가	400,000	차월이월	300,000
노무원가	300,000		
제조경비	100,000		
제조간접원가	200,000		
	1,200,000		1,200,000

① ₩800,000
② ₩900,000
③ ₩1,000,000
④ ₩1,200,000

23 다음 원가에 대한 설명 중 옳은 것을 모두 고른 것은?

> 가. 혼합원가는 직접원가와 간접원가가 혼합된 형태의 원가이다.
> 나. 고정원가는 관련범위 내 조업도가 증가할 때 증가하지 않는다.
> 다. 기본원가는 직접재료원가와 직접노무원가를 말한다.
> 라. 가공원가는 직접노무원가와 간접노무원가를 말한다.

① 가, 다
② 나, 라
③ 가, 라
④ 나, 다

24 (주)대한은 기초와 기말의 제품 재고는 없었으며, 당기완성품 전부를 그 제조원가에 20%의 이익을 가산하여 판매하였다. 다음의 자료로 기초재공품의 원가를 구하면 얼마인가?

> 가. 직접재료원가 : ₩80,000
> 나. 제조간접원가 : ₩50,000
> 다. 매출액 : ₩300,000
> 라. 직접노무원가 : ₩70,000
> 마. 기말재공품원가 : ₩10,000

① ₩10,000
② ₩20,000
③ ₩40,000
④ ₩60,000

25 다음은 (주)대한의 개별원가계산에 의해 제품원가를 계산하기 위한 자료이다. 당기에 발생한 제조간접가 ₩1,000,000을 직접노무원가에 비례하여 배부하는 경우 작업지시서 #302의 제조원가의 금액으로 옳은 것은?(단, 당기의 작업은 아래 세 가지 이외에는 없음)

	#301	#302	#303
직접재료원가	₩500,000	₩300,000	₩200,000
직접노무원가	₩200,000	₩200,000	₩100,000

① ₩500,000
② ₩900,000
③ ₩1,000,000
④ ₩1,100,000

26 보조부문원가 배부방법인 이중배부율법에 의한 설명으로 옳지 않은 것은?

① 보조부문의 원가를 원가행태에 따라 고정원가와 변동원가로 분류하여 다른 배부기준을 적용하는 방법이다.
② 고정원가는 제조부문에서 사용할 수 있는 최대사용가능량을 기준으로 배부한다.
③ 변동원가는 용역의 실제사용량을 기준으로 배부한다.
④ 단일배부율법에 비해 사용하기가 간편하지만 부문의 최적의사결정이 조직 전체의 차원에서는 최적의사결정이 되지 않을 수 있다는 문제점이 있다.

27 원가와 의사결정과의 관련성에 대한 설명으로 적절하지 않은 것은?

① 과거에 발생한 원가도 미래의 의사결정 과정에 고려할 필요가 있다.

② 매몰원가는 과거의 의사결정으로 인하여 발생한 원가로서 대안 간의 차이가 발생하지 않는 원가를 말한다.

③ 기회원가는 자원을 현재의 용도에 사용함으로써 얻을 수 있는 순현금유입과 차선의 대체안에 사용할 때 얻을 수 있는 순현금유입의 차액이 아니라, 차선의 대체안으로부터의 순현금유입 그 자체이다.

④ 관련원가에는 여러 가지 대체안들과 실제선택된 의사결정 대안 간에서 발생하는 원가의 차이인 차액원가가 있다.

28 (주)대한의 8월 달 직접재료원가는 ₩100,000, 간접재료원가는 ₩50,000, 직접노무원가는 ₩200,000, 간접노무원가는 ₩100,000, 수선유지원가는 ₩50,000, 외주가공원가는 ₩20,000, 그리고 수도광열비는 ₩30,000이 발생하였다. (주)대한의 제조간접원가는 얼마인가?(단, 외주가공원가는 제품별로 추정 가능함)

① ₩150,000   ② ₩200,000

③ ₩230,000   ④ ₩250,000

29 경기상사는 직접노무원가를 기준으로 제조간접원가를 배부하고 있다. 추정제조간접원가 총액은 ₩306,000이고 추정직접노무시간은 120,000시간이다. 제조간접원가 실제발생액은 ₩320,000이고 실제직접노무시간은 125,000시간이다. 이 기간 동안 제조간접원가 과소(대)배부는?

① ₩1,250 과대배부

② ₩1,250 과소배부

③ ₩7,750 과대배부

④ ₩7,750 과소배부

30 다음 중 부문간접원가인 기계감가상각비의 배부기준으로 가장 적합한 것은?

① 각 부문의 기계사용 시간

② 각 부문의 종업원 수

③ 각 부문의 전력 소비량

④ 각 부문의 수선 횟수

31 다음은 부문별 원가계산에 대한 설명이다. 옳지 않은 것은?

① 원가부문은 원가요소를 분류, 집계하는 계산상의 구분으로서 제조부문과 보조부문으로 구분한다.

② 보조부문은 직접 생산활동을 수행하지 아니하고 제조부문을 지원, 보조하는 부문으로서 그 수행하는 내용에 따라 세분할 수 있다.

③ 원가의 부문별 계산은 원가요소를 제조부문과 보조부문에 배부하고 보조부문원가는 직접배부법, 단계배부법 또는 상호배부법 등을 적용하여 각 제조부문에 합리적으로 배부한다.

④ 부문공통원가는 원가발생액을 당해 발생부문에 직접 배부하고 부문개별원가는 인과관계 또는 효익관계 등을 감안한 합리적인 배부기준에 의하여 관련부문에 부과한다.

32 다음 중 보조부문원가를 배부하는 목적으로 옳지 않은 것은?

① 부문 상호 간에 원가 통제를 위해

② 제조 직접원가를 각 부문별로 집계하기 위해

③ 외부보고를 위한 재고자산 및 이익 측정을 위해

④ 경제적 의사결정을 위한 최적의 자원배부를 위해

33 다음은 선입선출법(FIFO)에 의한 기말재공품원가를 계산하는 식을 나타낸 것이다. 괄호 안에 들어갈 내용으로 적절한 것은?

$$당기투입원가 \times \frac{기말재공품의 \ 완성품환산량}{(\qquad)} = 기말재공품원가$$

① 기초재공품 수량 + 당기투입량 − 기말재공품수량
② 완성품수량 + 기말재공품의 완성품환산량
③ 기초재공품의 완성품환산량 + 완성품수량 − 기말재공품의 완성품환산량
④ 완성품수량 + 기말재공품의 완성품환산량 − 기초재공품의 완성품환산량

34 (주)대한은 제조간접원가를 예정배부율을 기준으로 배부하고 있다. 예정배부한 제조간접원가와 실제 발생한 제조간접원가와의 차액을 조정(비례배부법을 사용)하고자 한다. 이에 대한 설명으로 옳은 것은?

① 초과배부차이는 매출원가를 상향 조정한다.
② 부족배부차이는 매출원가를 하향 조정한다.
③ 초과배부차이는 기말재공품, 기말제품, 매출원가를 상향 조정한다.
④ 부족배부차이는 기말재공품, 기말제품, 매출원가를 상향 조정한다.

35 개별원가계산에 대한 설명으로 옳은 것은?

① 제조원가를 재료원가와 가공원가로 구분하여 계산한다.
② 제조지시서별로 원가계산표를 작성하여 원가 계산을 한다.
③ 연속 대량생산하는 작업에 적용하는 원가 계산 방법이다.
④ 완성품 원가를 계산하기 위해서는 기말재공품을 평가하여야 한다.

36 다음은 제조간접원가에 대한 자료이다. 직접노동시간을 기준으로 한 제조간접원가 예정배부율(시간당)과 예정배부액은 각각 얼마인가?

가. 예상 제조간접원가 :	₩360,000
나. 예상 직접노동시간 :	7,200시간
다. 실제 제조간접원가 :	₩270,000
라. 실제 직접노동시간 :	6,000시간

① 예정배부율 : ₩50   예정배부액 : ₩300,000
② 예정배부율 : ₩50   예정배부액 : ₩360,000
③ 예정배부율 : ₩60   예정배부액 : ₩300,000
④ 예정배부율 : ₩60   예정배부액 : ₩360,000

37 다음은 개별원가계산에 대한 회계처리로서 옳은 것은?

① 재료 구입 시
   (차) 재공품　　×××　(대) 재료　　×××
② 노무원가 지급 시
   (차) 재공품　　×××　(대) 노무원가　　×××
③ 제조간접원가 배부 시
   (차) 재공품　　×××　(대) 제조간접원가　×××
④ 생산 완료 시
   (차) 재공품　　×××　(대) 제품　　×××

38 다음에 설명하고 있는 원가계산제도는 무엇인가?

> 생산되는 제품의 형태 및 공정에 따라 공정별 원가계산, 조별원가계산, 등급별 원가계산 및 연산품원가계산 등으로 분류하고 있다.

① 실제원가계산
② 표준원가계산
③ 개별원가계산
④ 종합원가계산

39 다음 자료를 기초로 평균법에 의한 공정별 종합원가계산에서 재료원가와 가공원가의 완성품환산량을 계산한 것으로 옳은 것은?(단, 재료원가는 공정초기에 전량 투입되고, 가공원가는 공정 전반에 걸쳐 균등하게 투입되며 기말재공품의 완성도는 40%임)

기초재공품 수량	0개
당기 착수 수량	600개
당기 완성품 수량	500개
기말재공품 수량	100개

① 재료원가 600개, 가공원가 600개
② 재료원가 600개, 가공원가 540개
③ 재료원가 540개, 가공원가 600개
④ 재료원가 540개, 가공원가 540개

40 다음 중 종합원가계산제도를 적용함에 있어 선입선출법과 평균법에 관한 설명으로 가장 올바르지 않은 것은?

① 평균법 적용하의 완성품환산량은 선입선출법 적용하의 완성품환산량보다 크거나 같다.
② 평균법은 완성품환산량 계산 시 기초재공품을 당기에 착수한 것으로 간주한다.
③ 원재료 단가 산정 시 선입선출법을 사용하는 기업이라 할지라도 종합원가계산제도 적용 시 평균법을 사용할 수 있다.
④ 기초재공품이 없다고 하더라도 평균법과 선입선출법의 완성품환산량 단위당원가를 구하는 방법이 상이하기 때문에 두 방법의 결과는 달라지게 된다.

2023년 상시 기출문제 01회

2급	소요 시간	문항 수	수험번호 : _____
	총 60분	총 40문항	성 명 : _____

정답 & 해설 ▶ 317쪽

01 현금및현금성자산에 대한 설명으로 옳지 않은 것은?

① 현금성자산은 단기의 현금수요를 충족하기 위한 목적으로 보유한다.

② 현금성자산으로 분류되기 위해서는 확정된 금액이 현금으로의 전환이 용이하고, 가치변동의 위험이 경미하여야 한다.

③ 취득당시 장기로 분류되었던 국·공채 중 결산일 현재 만기일이 3개월 이내인 국·공채를 현금성자산으로 분류한다.

④ 상환일이 정해져 있고 취득일로부터 상환일까지 기간이 3개월 이내인 우선주의 경우 현금성자산으로 처리한다.

02 간접법에 의한 현금흐름표를 작성할 때 영업활동으로 인한 현금흐름에 차감할 항목으로 분류되는 것으로 옳은 것은?

> 가. 매출채권의 증가
> 나. 유형자산의 취득
> 다. 단기차입금의 상환
> 라. 재고자산의 증가

① 가, 나   ② 가, 라
③ 나, 다   ④ 가, 다

03 202×년 12월 31일 현재 (주)상공의 장부상 당좌예금 잔액(조정 전)은 ₩4,500,000이다. 다음과 같은 조정사항이 있을 때, 조정 전 은행 측 잔액은 얼마인가?

> 가. 어음 추심(액면과 이자) :   ₩205,000
> 나. 은행수수료 :   ₩20,500
> 다. 은행미기입예금 :   ₩350,000
> 라. 은행기입 착오(서울상사 입금액을 상공계좌에 입금) :   ₩200,000
> 마. 기발행미인출수표 :   ₩300,000

① ₩4,834,500   ② ₩4,684,500
③ ₩4,434,500   ④ ₩4,424,500

04 (주)상공의 매출처원장에 대한 설명으로 옳지 않은 것은?

<매출처원장>

대한상점

1/1 전기이월	300,000	10/11 현금	200,000
9/10 매출	500,000		

민국상점

1/10 전기이월	200,000	11/25 현금	500,000
8/10 매출	400,000		

① 9월 10일 현재 외상매출금 계정의 잔액은 ₩1,400,000이다.

② 10월 11일 대한상점의 외상매출금 회수액은 ₩200,000이다.

③ 11월 25일 현재 외상매출금 계정의 잔액은 ₩100,000이다.

④ 8월 10일 민국상점의 외상매출금 미회수액은 ₩600,000이다.

2023년 상시 기출문제 01회 221

05 다음 자료를 이용하여 (주)상공의 당기순이익과 총포괄손익을 계산한 것으로 옳은 것은?

가. 매출총이익 :	₩530,000
나. 물류원가 :	₩150,000
다. 기타수익 :	₩90,000
라. 기타포괄손익-공정가치측정금융자산평가손실 :	₩20,000
마. 금융원가 :	₩25,000
바. 토지재평가잉여금 :	₩60,000
사. 법인세비용 :	₩70,000

① (당기순이익) ₩355,000 (총포괄손익) ₩390,000
② (당기순이익) ₩355,000 (총포괄손익) ₩415,000
③ (당기순이익) ₩375,000 (총포괄손익) ₩435,000
④ (당기순이익) ₩375,000 (총포괄손익) ₩415,000

06 다음의 항목 중 금융자산에 대한 회계처리를 적용하지 않는 것은?

① 수취채권   ② 현금
③ 자기주식   ④ 대여금

07 202×년 초에 운용리스로 제공할 목적으로 건물을 취득하였다. 건물의 취득원가는 ₩10,000이며, 잔존가치는 ₩0, 내용연수는 10년으로 추정된다. 동 건물에 대하여 공정가치모형을 적용하기로 한다. 20×1년 말 현재 공정가치가 ₩11,000이라면, 202×년도의 포괄손익계산서에 계상되는 동 건물에 대한 감가상각비와 투자부동산평가손익은 각각 얼마인가?(단, 법인세효과는 없음)

① 감가상각비   ₩1,000
　투자부동산평가이익   ₩2,000
② 감가상각비   ₩1,000
　투자부동산평가이익   ₩1,000
③ 감가상각비   ₩　0
　투자부동산평가이익   ₩2,000
④ 감가상각비   ₩　0
　투자부동산평가이익   ₩1,000

08 투자부동산 계정으로 회계처리하는 예로 옳지 않은 것은?

① 관리 목적에 사용하기 위한 자가사용 부동산
② 장기간 보유하면서 시세차익을 얻기 위한 토지
③ 미래의 사용목적이 결정되지 않은 상태에서 보유하는 토지
④ 미래에 투자부동산으로 사용할 목적으로 건설 중이거나 또는 개발 중인 부동산

09 다음 자료에 의하여 (주)상공의 결산 시 수정분개로 옳은 것은?

결산시점 현금과부족 계정 대변 잔액은 ₩80,000이다. 그 원인을 파악한 결과 종업원식대 ₩36,000을 현금으로 지급한 분개가 이중 기입되었음을 확인하고, 나머지는 원인을 알 수 없어 이를 정리하다.

① (차) 복리후생비　36,000 (대) 현금과부족　80,000
　　　잡손실　　　44,000
② (차) 현금과부족　80,000 (대) 복리후생비　36,000
　　　　　　　　　　　　　　　잡이익　　　44,000
③ (차) 현금과부족　80,000 (대) 기업업무추진비 36,000
　　　　　　　　　　　　　　　잡이익　　　44,000
④ (차) 현금과부족　80,000 (대) 복리후생비　36,000
　　　　　　　　　　　　　　　현금　　　　44,000

10 다음 중 단기종업원급여에 해당하지 않는 것은?

① 월급여   ② 상여금
③ 퇴직급여   ④ 연차휴가비

11 어음거래와 관련하여 장부에 기입하는 내용으로 옳지 않은 것은?(단, 어음의 할인은 매각거래로 처리함)

① 환어음을 인수하면 지급어음 계정 대변에 기입한다.
② 어음 대금을 회수하면 받을어음 계정 대변에 기입한다.
③ 환어음을 수취하면 받을어음 계정 차변에 기입한다.
④ 약속어음을 은행으로부터 할인받으면 받을어음 계정 차변에 기입한다.

12 다음은 확정기여제도와 확정급여제도에 관한 각각의 특성이다. 옳지 않은 것은?

① 확정기여제도에서 기업의 법적의무나 의제의무는 기업이 기금에 출연하기로 약정한 금액으로 한정된다. 종업원이 받을 퇴직급여액은 기업과 종업원이 퇴직급여제도나 보험회사에 출연하는 기여금과 그 기여금에서 발생하는 투자수익에 따라 결정된다.
② 확정기여제도에서 보험수리적위험(실제급여액이 기대급여액에 미치지 못할 위험)과 투자위험(기여금을 재원으로 투자한 자산이 기대급여액을 지급하는 데 충분하지 못하게 될 위험)은 기업이 부담한다.
③ 확정급여제도에서 기업의 의무는 약정한 급여를 전·현직종업원에게 지급하는 것이다.
④ 확정급여제도에서 기업이 보험수리적위험과 투자위험을 실질적으로 부담한다. 보험수리적실적이나 투자실적이 예상보다 저조하다면 기업의 의무는 증가할 수 있다.

13 상공회사는 사용 중인 기계장치를 Y회사와 교환하였다. 이 교환거래는 상업적 실질이 존재한다. 교환일 현재 상공회사가 보유 중이던 기계장치의 장부금액은 ₩350,000이고, 공정가치는 ₩400,000이다. 한편, Y회사가 보유 중이던 기계장치의 장부금액은 ₩380,000이고, 공정가치는 알 수 없다. 상공회사가 교환으로 취득한 자산의 취득원가는 얼마인가?(단, 등가교환을 가정함)

① ₩350,000
② ₩380,000
③ ₩400,000
④ ₩520,000

14 다음은 (주)상공이 건물을 신축하기 위하여 (주)서울로부터 구입한 건물을 철거한 자료이다. 토지의 취득원가를 계산한 것으로 옳은 것은?

가. 구입금액 : 구건물	₩50,000,000
토지	₩30,000,000
나. 소유권이전 제비용 :	₩500,000
다. 건물철거비용 :	₩1,000,000
라. 구건물 철거부수입 :	₩500,000
마. 신건물 설계비 :	₩800,000

① ₩30,000,000
② ₩31,000,000
③ ₩80,000,000
④ ₩81,000,000

15 다음은 (주)상공의 재무 관련 자료이다. 이 자료를 이용하여 당기 매출총이익을 구하시오.(단, 당기 재고자산회전율은 당기매출원가 / {(기초 재고자산 + 기말 재고자산) / 2}임)

가. 기초상품재고액 :	₩500,000
나. 기말상품재고액 :	₩700,000
다. 당기매출액 :	₩3,000,000
라. 당기 재고자산회전율 :	4회

① ₩600,000
② ₩700,000
③ ₩800,000
④ ₩900,000

16

다음은 수익인식의 5단계에 대한 설명이다. 옳지 않은 것은?

① 고객과의 계약으로 생기는 수익을 인식할 때는 '계약의 식별 – 수행의무의 식별 – 거래가격의 산정 – 거래가격의 배분 – 수익의 인식'의 단계를 거쳐야 한다.

② 고객에게서 받은 대가는 수익으로 인식하기 전까지 부채로 인식하며, 인식된 부채는 계약과 관련된 사실 및 상황에 따라, 재화나 용역을 미래에 이전하거나 받은 대가를 환불해야 하는 의무를 나타낸다.

③ 거래가격은 고객에게 약속한 재화나 용역을 이전하고 그 대가로 기업이 받을 권리를 갖게 될 것으로 예상하는 금액이며, 제3자를 대신해서 회수한 금액도 포함한다.

④ 고객에게 약속한 재화나 용역, 즉 자산을 이전하여 수행의무를 이행할 때 또는 기간에 걸쳐 이행하는 대로 수익을 인식한다.

17

다음 충당부채 및 우발부채와 관련된 설명 중 옳지 않은 것은?

① 미래영업을 위하여 발생하게 될 비용의 추계액에 상당하는 금액을 충당부채로 인식한다.

② 미래에 대한 불확실성과 관련하여 발생하는 잠재적 불이익 중 재무상태표에 인식하는 것을 충당부채라 한다.

③ 충당부채로 인식하기 위하여는 의무발생사건의 결과로 인한 현재의무로서 자원유출 가능성이 높고 금액을 신뢰성 있게 추정 가능하여야 한다.

④ 우발부채는 미래에 대한 불확실성과 관련하여 발생하는 잠재적 불이익 중 재무상태표에 인식하지 않고 편의상 주석으로 공시만 하며, 부채로 인식하지는 않는다.

18

다음은 상공(주)가 매출채권의 손상추정을 위해 확보한 자료이다. 결산수정분개 시 차변에 기입될 손상차손 금액으로 옳은 것은?

<결산수정분개 반영 전 시산표 자료>
• 매출채권 총액 : ₩570,000
• 손실충당금잔액 : ₩5,000

<연령분석법에 의한 손상추정 자료>

매출채권	손상추정율(%)
₩500,000	0.5
₩50,000	5
₩10,000	10
₩10,000	20

① ₩1,000   ② ₩2,500
③ ₩3,000   ④ ₩5,500

19

회계장부는 기능에 따라 주요부와 보조부로 구분된다. 이에 대한 설명으로 옳지 않은 것은?

① 보조원장은 거래를 발생순서에 따라 기입하는 장부로 매입장, 매출장 등이 있고, 보조기입장은 원장계정의 명세를 기입하는 장부로 상품재고장 등이 있다.

② 보조부는 주요부의 부족한 점을 보충하거나 주요부의 특정 계정과목의 내용을 상세하게 표시하는 장부다.

③ 총계정원장은 분개장에 기록된 거래를 계정과목별로 기록한다.

④ 주요부는 회계의 기본이 되는 장부로 분개장과 총계정원장을 말한다.

20 다음은 주당이익에 대한 내용이다. 옳지 않은 것은?

① 기본주당이익은 회계기간 중 실제 발행된 보통주식수를 기준으로 산출한 것이며, 희석주당이익은 실제 발행된 보통주뿐만 아니라 보통주로 전환될 수 있는 잠재적 보통주까지 감안하여 산출한 것으로 이는 기본주당이익에 비해 낮은 금액이 된다.

② 가중평균유통보통주식수는 기초의 유통보통주식수에 회계기간 중 취득된 자기주식수 또는 신규 발행된 보통주식수를 각각의 유통기간에 따른 가중치를 고려하여 조정한 보통주식수이다.

③ 희석주당이익을 계산하기 위해서는 모든 희석효과가 있는 잠재적보통주의 영향을 고려하여 지배기업의 보통주에 귀속되는 당기순손익 및 가중평균유통보통주식수를 조정한다.

④ 기본주당이익과 희석주당이익은 제시되는 모든 기간에 대하여 동등한 비중으로 제시하며, 기본주당이익과 희석주당이익이 부(−)의 금액(즉, 주당손실)의 경우에는 표시하지 아니한다.

2과목 | 원가회계

21 원가에 관련된 설명으로 옳지 않은 것은?

① 원가대상이란 원가를 부담하는 목적물을 의미하는 것으로 특정 제품이나 부문 등이 그 예이다.

② 특정 원가대상에 추적 가능한 원가를 직접원가라고 한다.

③ 다양한 제품을 만드는 공장의 공장건물 감가상각비는 직접원가의 예이다.

④ 최근에는 활동이 중요한 원가대상이 되고 있다.

22 원가의 흐름에 관한 내용 중 옳지 않은 것은?

① 재료계정 차변에는 월초재료재고액과 당월재료매입액을 기입하며, 재료계정 대변에는 당월재료소비액과 월말재료재고액을 기입한다.

② 경비항목계정 차변에는 전월선급액과 당월지급액을 기입하고, 경비항목계정 대변에는 당월발생액과 당월선급액을 기입한다.

③ 급여계정 차변에는 당월지급액과 전월미지급액을 기입하고, 급여계정 대변에는 당월미지급액과 당월발생액을 기입한다.

④ 월차손익계정 차변에는 매출원가, 판매비와관리비를 기입하고, 월차손익계정 대변에는 매출액을 기입한 후, 그 차액인 영업손익을 (연차)손익계정에 대체한다.

23 복리후생비를 부문별로 배부할 경우 동력부문으로의 배부액은 얼마인가?

가. 공통부문원가 :
　복리후생비 총 발생액　₩700,000
나. 배부기준 : 종업원 수

항목	제조부문		보조부문	
	A 부문	B 부문	동력 부문	수선 부문
종업원 수	25명	20명	15명	10명

① ₩100,000
② ₩150,000
③ ₩200,000
④ ₩250,000

24 공장전체 제조간접원가 배부에 대한 내용이다. 옳지 않은 것은?

① 공장전체 제조간접원가 배부율을 사용한 다면, 제조부문과 보조부문에서 발생한 총제조간접원가를 단일배부기준에 의하여 개별제품에 배부하게 된다.

② 공장전체 제조간접원가 배부율을 사용한 다면, 보조부문의 제조간접원가를 제조부문에 배부하는 문제가 발생한다.

③ 보조부문원가를 직접배부법, 단계배부법, 상호배부법 중 어떤 배부방법에 의하여 제조부문에 배부하여도 공장전체의 제조간접원가는 변함이 없다.

④ 공장전체 제조간접원가 배부총액과 부문별 제조간접원가 배부총액은 일치하나, 공장전체 제조간접원가 배부보다 부문별 제조간접원가 배부가 더 정확하다.

25 다음 자료를 이용하여 매출원가를 계산하면 얼마인가?

가. 기초재공품재고액 :	₩350,000
나. 기말재공품재고액 :	₩400,000
다. 기초제품재고액 :	₩500,000
라. 기말제품재고액 :	₩250,000
마. 당기총제조원가 :	₩1,000,000

① ₩400,000 ② ₩500,000
③ ₩950,000 ④ ₩1,200,000

26 부문별 원가계산의 순서를 바르게 나열한 것은?

(ㄱ) 부문공통원가를 각 부문에 배부한다.
(ㄴ) 부문개별원가를 각 부문에 부과한다.
(ㄷ) 보조부문원가를 제조부문에 배부한다.
(ㄹ) 제조부문원가를 각 제품에 배부한다.

① (ㄱ) → (ㄴ) → (ㄷ) → (ㄹ)
② (ㄴ) → (ㄱ) → (ㄷ) → (ㄹ)
③ (ㄷ) → (ㄴ) → (ㄱ) → (ㄹ)
④ (ㄹ) → (ㄴ) → (ㄱ) → (ㄷ)

27 (주)상공의 제조경비 내역이다. 당월의 제조경비 소비액은 얼마인가?(단, 원가계산기간은 1개월이며, 회계기간은 1년임)

가. 공장건물 화재보험료 1년분 :	₩600,000
나. 공장건물 임차료 당월 미지급분 :	₩100,000
다. 기계장치에 대한 당기분 감가상각비 :	₩1,200,000

① ₩100,000
② ₩150,000
③ ₩200,000
④ ₩250,000

28 다음은 (주)상공의 원가계산표이다. 이에 대한 설명으로 옳지 않은 것은?(단, 제조지시서#1과 제조지시서#2는 완성되었음)

지시서 / 비목	제조 지시서#1	제조 지시서#2	제조 지시서#2	합계
월초 재공품	①	②	③	④
직접 재료원가	⑤	⑥	⑦	⑧
직접 노무원가	⑨	⑩	⑪	⑫
제조 간접원가	⑬	⑭	⑮	⑯
합계	⑰	⑱	⑲	⑳

① ①＋② = 월초재공품재고액
② ⑧＋⑫＋⑯ = 당월총제조원가
③ ⑰＋⑱ = 당월제품제조원가
④ ⑲ = 월말재공품재고액

29 다음은 개별원가계산의 절차이다. ㉮, ㉯에 들어갈 내용으로 옳지 않은 것은?

제1단계 ( ) 원가계산	제2단계 부문별 원가계산	제3단계 ( ) 원가계산
㉮	• 부문개별원가는 부문에 직접 부과 • 보조부문원가는 제조부문에 배부 • 제조부문원가는 각 제품에 배부	㉯

① ㉮ 재료원가, 노무원가, 경비의 요소별 집계
② ㉮ 부문공통원가는 배부기준에 따라 배부
③ ㉯ 제조지시서별 원가를 집계하여 재공품 계정에 집계
④ ㉯ 완성된 것은 제품계정으로 대체

30 다음 중 관련범위 내에서 단위당 변동원가와 총 고정원가를 설명한 것으로 옳은 것은?

	단위당 변동원가	총고정원가
①	생산량이 증가함에 따라 감소	각 생산수준에서 일정
②	생산량이 증가함에 따라 증가	생산량이 증가함에 따라 감소
③	각 생산수준에서 일정	생산량이 증가함에 따라 감소
④	각 생산수준에서 일정	각 생산수준에서 일정

31 다음은 지난 3월 인천공업(주)에서 발생한 원가 및 매출액에 관한 자료이다. 3월의 월말재공품 원가는 얼마인가?

가. 매출액 :			₩25,000
나.	직접재료	재공품	제품
3월 1일	₩1,800	₩2,600	₩3,500
3월 31일	₩1,600	(?)	₩4,500
다. 직접재료 당기매입액 :			₩7,200
라. 직접노무원가 :			₩8,200
마. 제조간접원가 :			₩6,900
바. 매출총이익률 :			20%

① ₩2,500 ② ₩3,100
③ ₩3,800 ④ ₩4,100

32 다음 중 개별원가계산에 대한 설명으로 옳지 않은 것은?

① 각 제품의 제조지시서별로 원가를 집계하여 제품별로 원가계산을 하는 방법이다.
② 주문에 의하여 소량으로 생산하는 기계제조업, 항공기제조업 등에 사용하는 방법이다.
③ 제품의 제조과정에서 발생하는 직접재료원가, 직접노무원가, 제조간접원가를 구분하여 원가를 계산한다.
④ 원가의 기간별 배부가 중요하며 작업의 진척도에 따라 배부하는 원가를 다르게 계산하는 방법이다.

33 실제생산량이 예상생산량보다 매우 낮음에도 불구하고 제조간접원가에 대하여 예정배부를 실시한 결과, 제품원가의 차이가 중요하지 않은 것으로 나타났다면 그 이유로 가장 적합한 것은?

① 제조간접원가가 주로 고정원가로 구성
② 제조간접원가가 주로 변동원가로 구성
③ 제조간접원가의 실제발생액이 예상했던 것보다 매우 낮음
④ 제조간접원가의 실제발생액이 예상했던 것보다 매우 높음

34 제조부문원가(총액 ₩42,000) 제품별 배부액을 직접재료원가를 기준으로 계산할 때, 절단부문원가와 조립부문원가의 배부율은 각각 얼마인가?

- 제조부문원가 : 절단부문원가　　₩28,000
　　　　　　　　조립부문원가　　₩14,000
- 직접재료원가 :　　　　　　　　₩50,000
　　　　　(A제품 ₩20,000, B제품 ₩30,000)
- 직접노무원가 :　　　　　　　　₩20,000
　　　　　(A제품 ₩9,000, B제품 ₩11,000)

① 절단부문 배부율 : ₩0.4
　 조립부문 배부율 : ₩0.2
② 절단부문 배부율 : ₩0.56
　 조립부문 배부율 : ₩0.28
③ 절단부문 배부율 : ₩0.4
　 조립부문 배부율 : ₩0.28
④ 절단부문 배부율 : ₩0.56
　 조립부문 배부율 : ₩0.2

35 다음의 자료를 토대로 단계배부법에 의하여 수선부문원가를 A제조부문에 배부한 금액으로 옳은 것은?(단, 수선부문을 먼저 배부함)

항목	제조부문		보조부문	
	A 부문	B 부문	동력 부문	수선 부문
부문 원가 발생액	₩250,000	₩200,000	₩180,000	₩120,000
수선 부문 (시간)	300	200	100	
동력 부문 (kwh)	5,000	4,000		3,000

① ₩40,000　　② ₩60,000
③ ₩72,000　　④ ₩120,000

36 다음 ( ) 안에 알맞은 것은?

정상원가계산에서는 제조간접원가의 실제발생액과 배부총액에 차이가 발생한다. 이러한 배부차이를 조정하는 방법으로 기말재공품이나 기말제품이 부담하여야 할 배부차이를 무시하는 방법은 ( )이다.

① 매출원가조정법
② 총원가기준법
③ 원가요소기준법
④ 안분법

37 종합원가계산에서 선입선출법을 사용하여 완성품환산량을 계산하면 그 값은 어느 항목과 일치하는가?

① 당기투입량 + 기초재공품
② 기초재공품 + 당기투입량 - (기말재공품 × 추가로 요구되는 진척도)
③ (기초재공품 × 추가로 요구되는 진척도) + 당기투입량 - (기말재공품 × 추가로 요구되는 진척도)
④ 당기완성품 대체량 - (기말재공품 × 추가로 요구되는 진척도)

38 원가는 발생시점에 따라 역사적 원가와 예정원가로 분류한다. 다음 중 옳은 것은?

① 역사적 원가가 예정원가보다 원가관리에 있어 더 적시성 있는 정보를 제공한다.
② 역사적 원가와 예정원가는 발생시점에 따라 구분되지만, 두 원가는 특정한 회계시스템 내에 동시에 존재하기도 한다.
③ 예정원가는 과거에 발생한 사건에 근거해서 결정되기 때문에 객관적이며 검증가능하다.
④ 역사적 원가는 특정 사상이 발생하기 전에 분석과 예측을 통하여 결정되는 원가로서, 이미 발생한 사건이 아니라 미래에 발생할 것으로 예상되는 사건에 의해 결정되는 원가이다.

39 다음은 개별원가계산 제도를 채택하고 있는 (주)강원의 원가자료이다. 6월 제품제조원가를 계산한 금액으로 옳은 것은?

> 제조지시서 No.11은 5월에 생산을 시작하여 6월에 완성되었고, No.12와 No.13은 6월에 제조가 착수되었으며. 그중 No.13은 6월 말 현재 미완성이다.
>
> 〈미완성품 원가자료〉
>
> | | 5월 31일
(No.11) | 6월 30일
(No.13) |
> |---|---|---|
> | 직접재료원가 | ₩2,000 | ₩11,000 |
> | 직접노무원가 | ₩6,000 | ₩27,000 |
> | 제조간접원가 | ₩3,000 | ₩19,000 |
> | 계 | ₩11,000 | ₩57,000 |
>
> 6월 중 직접재료원가 ₩37,000. 직접노무원가 ₩97,000, 제조간접원가 ₩67,000이 투입되었다.

① ₩68,000
② ₩98,000
③ ₩144,000
④ ₩155,000

40 (주)경기는 개별원가계산제도를 채택하고 있다. 당기 3월 원장의 재공품 계정에는 다음과 같은 사항이 기록되어 있다. (주)경기는 직접노무원가의 50%를 제조간접원가로 배부하고 있다. 3월 말에 아직 가공 중에 있는 유일한 작업인 제조지시서 100호에는 제조간접원가 ₩1,000이 배부되었다. 제조지시서 100호에 부과될 직접재료원가는 얼마인가?(단, 제조지시서 100호는 3월 중에 공정이 착수된 것으로 가정함)

> 가. 3월 1일 잔액 : ₩10,000
> 나. 3월 31일 직접재료원가 : ₩30,000
> 다. 3월 31일 직접노무원가 : ₩28,000
> 라. 3월 31일 제조간접원가 : ₩14,000
> 마. 3월 31일 제품계정으로 대체 : ₩70,000

① ₩9,000
② ₩10,000
③ ₩12,000
④ ₩14,000

2023년 상시 기출문제 02회

2급	소요 시간	문항 수
	총 60분	총 40문항

수험번호 : _____

성   명 : _____

정답 & 해설 ▶ 321쪽

01 다음은 (주)상공의 자료에 의한 (가), (다)의 금액으로 옳은 것은?(단, 당기순손익 외에는 자본의 변동이 없다고 가정함)

회계연도	기초자본	기말자본	총수익	총비용
20X1	3,200,000	(가)	2,500,000	2,200,000
20X2	(나)	3,000,000	(다)	2,700,000

① (가) 3,500,000 (다) 2,200,000
② (가) 2,900,000 (다) 2,800,000
③ (가) 3,500,000 (다) 3,200,000
④ (가) 2,900,000 (다) 2,600,000

02 다음 포괄손익계산서의 기본요소 중 제조기업의 주된 영업활동에서 발생하는 비용에 해당하는 것은?

① 이자비용
② 감가상각비
③ 유형자산처분손실
④ 당기손익-공정가치측정금융자산평가손실

03 수정분개 전 당기순이익이 ₩600,000이고 기말수정사항이 다음과 같을 때 수정분개 후 정확한 당기순이익은 얼마인가?

가. 대여금 이자미수액 :	₩30,000
나. 수수료 선수액 :	₩55,000
다. 임차료 선급액 :	₩20,000
라. 종업원급여 미지급액 :	₩40,000

① ₩455,000
② ₩515,000
③ ₩555,000
④ ₩665,000

04 다음의 포괄손익계산서를 토대로 영업활동으로 인한 현금흐름액을 계산하면 얼마인가?

포괄손익계산서

매출액	₩100,000
매출원가	₩70,000
매출총이익	₩30,000
급여	₩10,000
감가상각비	₩5,000
당기순이익	₩15,000

① ₩10,000
② ₩15,000
③ ₩20,000
④ ₩30,000

05 다음 중 현금흐름표에 대한 설명으로 옳지 않은 것은?

① 현금흐름표상 영업활동, 투자활동, 재무활동으로 구분된다.
② 매출채권 회수, 종업원 관련 현금 유출, 자금의 차입 등은 영업활동이다.
③ 자금의 대여 및 대여금 회수, 유형자산의 취득과 처분 등은 투자활동이다.
④ 주식 및 사채의 발행, 어음 발행, 자기주식의 취득과 관련한 활동은 재무활동이다.

230 PART 04 · 상시 기출문제

06 (주)상공의 다음 자료를 이용하여 전기이월미처분이익잉여금을 계산한 것으로 옳은 것은?

가. 차기이월미처분이익잉여금 :	₩1,000,000
나. 중간배당액(현금) :	₩100,000
다. 당기순이익 :	₩1,000,000
라. 임의적립금이입액 :	₩200,000
마. 현금 배당금 :	₩500,000
바. 이익준비금은 법정최소금액 적립하였음	

① ₩460,000 ② ₩510,000
③ ₩700,000 ④ ₩900,000

07 다음 중 투자부동산에 해당되지 않는 것은?

① 장기 시세차익을 얻기 위하여 보유하고 있는 토지
② 자가사용 부동산
③ 장래사용 목적을 결정하지 못한 채로 보유하고 있는 토지
④ 운용리스로 제공하기 위하여 보유하고 있는 미사용 건물

08 (주)상공은 주주총회에서 미처분이익잉여금을 아래와 같이 처분하기로 의결하였다. 배당금과 이익준비금을 계산한 것으로 옳은 것은?

가. 자본금은 ₩10,000,000이다.
나. 현금배당 5%
다. 이익준비금은 법정 최소금액을 적립한다.
라. 당기순이익이 ₩1,000,000이다.

① (배당금) ₩10,000
  (이익준비금) ₩100,000
② (배당금) ₩50,000
  (이익준비금) ₩500,000
③ (배당금) ₩100,000
  (이익준비금) ₩10,000
④ (배당금) ₩500,000
  (이익준비금) ₩50,000

09 (주)상공은 가구를 생산하여 판매하는 제조회사이다. 다음의 열거한 항목에 의거하여 포괄손익계산서에 기타포괄손익 중 손실로 표시하는 금액을 계산한 것으로 옳은 것은?(단, 해외사업환산손실은 해외사업장환산외환차이손실임)

가. 기초상품재고액 :	₩70,000
나. 기타포괄손익-공정가치측정금융자산평가손실 :	
	₩230,000
다. 급여 :	₩20,000
라. 해외사업환산손실 :	₩60,000
마. 마케팅비용 :	₩30,000
바. 감가상각비 :	₩10,000
사. 매출원가 :	₩25,000

① ₩270,000 ② ₩290,000
③ ₩300,000 ④ ₩320,000

10 다음 중 사채의 특징으로 옳은 것은?

① 금융부채에 해당한다.
② 경영 참가권을 가지고 있다.
③ 순이익에 따라 배당금을 지급한다.
④ 자본조달 형태가 자기자본에 해당한다.

11 (주)상공의 다음 자료에 의하여 기능별 포괄손익계산서상의 영업이익을 계산한 금액으로 옳은 것은?

가. 기초상품재고액 :	₩250,000
나. 당기순매입액 :	₩500,000
다. 기말상품재고액 :	₩100,000
라. 당기순매출액 :	₩1,000,000
마. 광고선전비 :	₩50,000
바. 이자비용 :	₩30,000
사. 기부금 :	₩10,000
아. 임차료 :	₩40,000
자. 통신비 :	₩70,000
차. 세금과공과 :	₩50,000
카. 수도광열비 :	₩20,000
타. 유형자산처분손실 :	₩30,000

① ₩90,000 ② ₩100,000
③ ₩110,000 ④ ₩120,000

12 (주)상공은 공장건물을 신축하기로 하고, A건설사와 ₩7,000,000에 도급계약을 체결하였다. 신축 기간 중 차입금과 관련하여 자본화될 차입원가는 ₩500,000이며, 건물의 취득세로 납부한 금액은 ₩250,000일 때, 공장건물의 취득원가는 얼마인가?

① ₩7,000,000   ② ₩7,250,000
③ ₩7,500,000   ④ ₩7,750,000

13 다음은 상공기업의 5월 중 현금 관련 거래 내용이다. 5월 말 현금 잔액으로 옳은 것은?

1일	전월이월액 ₩300,000
8일	A상회에서 사무용 비품 ₩50,000을 구입하고, 대금은 현금으로 지급하다.
12일	B상회에서 상품 ₩100,000을 매입하고, 대금 중 ₩50,000은 자기앞수표로 지급하고 잔액은 외상으로 하다.
17일	C상회에 상품 ₩150,000을 매출하고, 대금은 C상사가 발행한 갑은행앞 수표로 받다.
28일	당월분 종업원급여 ₩30,000을 현금으로 지급하다.

① ₩170,000   ② ₩320,000
③ ₩350,000   ④ ₩370,000

14 다음 중 확정기여형 및 확정급여형 퇴직연금제도에 대한 설명으로 옳지 않은 것은?

① 퇴직급여제도는 제도의 주요 규약에서 도출되는 경제적 실질에 따라 확정기여제도 또는 확정급여제도로 분류된다.
② 확정기여제도에서는 기업이 별개의 실체(기금, 보험회사)에 사전에 확정된 기여금을 납부하는 것으로 기업의 의무가 종결된다.
③ 확정급여제도에서는 기업이 퇴직급여에 관한 모든 의무를 부담한다.
④ 확정기여제도에서는 보험수리적위험과 투자위험을 기업이 실질적으로 부담한다.

15 (주)서울기업은 기말상품재고액 ₩10,000을 ₩15,000으로 잘못 회계처리하였다. 이의 결과로 인하여 재무제표에 미치는 영향으로 옳은 것은?

① 매출원가가 과소 계상된다.
② 매출원가가 과대 계상된다.
③ 매출총이익이 과소 계상된다.
④ 당기순이익이 과소 계상된다.

16 금융자산과 금융부채에 속하는 항목으로 바르게 나타낸 것은?

① (금융자산) 선급금, (금융부채) 미지급비용
② (금융자산) 미수금, (금융부채) 선수금
③ (금융자산) 단기대여금, (금융부채) 장기차입금
④ (금융자산) 재고자산, (금융부채) 선수수익

17 한국채택국제회계기준에 따른 금융상품 인식과 측정에 대한 설명 중 옳지 않은 것은?

① 당기손익-공정가치측정금융자산의 취득과 관련되는 제비용은 취득원가에 포함한다.
② 공정가치를 신뢰성 있게 측정할 수 없는 지분상품은 당기 손익인식항목으로 지정할 수 없다.
③ 보유자가 중도 상환을 요구할 수 있는 금융자산은 상각후원가측정금융자산으로 분류할 수 없다.
④ 후속적으로 원가나 상각후원가로 측정하는 자산에 대하여 결제일 회계처리를 적용하는 경우 당해 자산은 최초인식 시 매매일의 공정가치로 인식한다.

18 다음 중 진행기준에 따라 수익을 인식하는 것으로 옳은 것은?

① 무형자산의 제공에 의한 로열티수익
② 소유 건물의 임대에 의한 임대료수익
③ 용역의 제공에 의한 건설형 공사계약
④ 재화의 판매대금 분할회수에 의한 할부판매

19 다음 중 유형자산에 대한 설명으로 가장 옳지 않은 것은?

① 정액법은 자산의 내용연수 동안 일정액의 감가상각비를 계상하는 방법이다.

② 유형자산의 잔존가치가 장부금액을 초과하지 않지만 공정가치가 장부금액을 초과한 경우에는 감가상각을 하지 않는다.

③ 새 건물을 신축하기 위하여 기존 건물이 있는 토지를 취득하고 그 건물을 철거하는 경우, 기존 건물의 철거 관련 비용에서 철거된 건물의 부산물을 판매하여 수취한 금액을 차감한 금액은 토지의 취득원가에 포함한다.

④ 유형자산의 감가상각방법을 선택할 때는 경제적 효익이 소멸되는 행태를 반영한 합리적인 방법으로 선택하여야 한다.

20 (주)상공의 다음 자료만을 이용하여 결산 시 대체분개로 옳은 것은?

> 가. 임대료 계정 잔액 ₩50,000을 대체하다.
> 나. 복리후생비 계정 잔액 ₩20,000을 대체하다.
> 다. 손익계정을 대체하다.

① (차) 손익　　　　　50,000 (대) 임대료　　　　50,000

② (차) 복리후생비　20,000 (대) 손익　　　　　20,000

③ (차) 손익　　　　　30,000 (대) 미처분이익잉여금 30,000

④ (차) 미처리결손금 20,000 (대) 손익　　　　　20,000

2과목　**원가회계**

21 다음은 원가관리회계의 특성과 관련된 설명들이다. 이 중에서 옳지 않은 것은?

① 원가관리회계는 기업의 경영자나 관리자에게 의사결정에 필요한 원가나 세부부문의 재무정보를 제공한다.

② 원가관리회계는 원가측정 및 계산을 주로 다루는 원가회계와 원가정보를 의사결정에 사용하는 기법을 다루는 관리회계로 세분하기도 한다.

③ 원가관리회계의 정보는 외부에 보고하는 재무회계의 정보와 아무런 관련성이 없다.

④ 원가관리회계는 각종 업무활동을 위해 원가를 측정/관리/분석하는 분야이므로 기업의 기획/구매/판매/생산/설계 등 모든 분야의 경영관리자에게 필수적인 지식이다.

22 경영자는 실제로 발생한 원가와 생산하기 전 예정원가와 비교함으로써 절약과 낭비, 능률과 비능률이 어느 부서에서 발생하였는지 알게 되고 나아갈 개선책을 마련한다. 다음 중 이와 가장 밀접한 관계가 있는 것은?

① 원가통제
② 손익계산서 작성
③ 재무상태표 작성
④ 신용의사결정

23 당기에 발생한 제조원가의 내역은 직접재료원가 ₩20,000, 직접노무원가 ₩40,000, 제조간접원가 ₩50,000이다. 기초재공품원가가 ₩20,000이고, 당기제품제조원가가 ₩90,000이라면 기말재공품 원가는 얼마인가?

① ₩55,000　　　② ₩50,000
③ ₩40,000　　　④ ₩30,000

24 (주)대한은 제조간접원가를 직접노동시간을 기준으로 배부하고 있다. 다음 자료에 의하여 제조간접원가 예정배부율을 계산하면 얼마인가?

가. 제조간접원가 예정총액 :	₩330,000
나. 제조간접원가 실제발생액 :	₩350,000
다. 직접노동 예정시간 수 :	100,000시간

① ₩3.0 ② ₩3.2
③ ₩3.3 ④ ₩3.5

25 (주)대한에서 직접재료원가를 기준으로 제조간접원가를 배부할 때 제조지시서 NO.107의 제조간접원가는 얼마인가?

구분	총작업	제조지시서 NO.107
직접재료원가	₩800,000	₩20,000
직접노무원가	₩460,000	₩60,000
직접노동시간	6,000시간	400시간
제조간접원가	₩260,000	( )

① ₩9,500 ② ₩8,500
③ ₩7,500 ④ ₩6,500

26 다음 원가요소에 설명 중 옳지 않은 것은?
① 주요 재료와 부분품의 소비는 직접재료원가를 구성한다.
② 재료의 감모손실이 없을 때 선입선출법을 이용한다면 계속기록법과 실지재고조사법에서의 재료소비액은 동일하게 계산된다.
③ 연도말 당기의 특별한 성과로 인하여 일시적으로 지급된 특별상여금은 상여금이 지급되는 월 또는 분기의 노무원가로 원가계산한다.
④ 작업량에 비례하여 발생하는 노무원가는 실제작업량에 임률을 곱하여 계산한다.

27 다음 중 보조부문원가의 배부와 관련된 설명으로 옳지 않은 것은?
① 생산부문에서 발생한 원가를 생산지원(보조)부문에 배부한 후 최종적으로 제품에 배부하는 방법을 일반적으로 부문별 원가계산이라고 한다.
② 생산부문에서는 부품생산, 조립, 가공처리 등을 수행하면서 제품생산에 직접 관여한다.
③ 지원(보조)부문에서는 재료의 보관, 생산설비 점검과 보수, 시설관리와 청소, 경비 등을 담당한다.
④ 제조간접원가를 보다 더 정확하게 배부하기 위해 부문별 원가의 발생과 흐름을 추적하는 것이다.

28 (주)대한의 기초원재료재고액은 ₩5,000이고 당기의 원재료매입액은 ₩20,000이며, 기말원재료재고액이 ₩5,000인 경우 당기 원재료 소비액은 얼마인가?

① ₩7,000 ② ₩13,000
③ ₩20,000 ④ ₩23,000

29 (주)대한공업의 다음 자료에 의하여 가공원가와 판매가격을 계산한 것으로 옳은 것은?

가. 직접재료원가 :	₩200,000
나. 직접노무원가 :	₩500,000
다. 제조간접원가 :	
변동 제조간접원가	₩250,000
고정 제조간접원가	₩100,000
라. 본사 건물 임차료 :	₩50,000
마. 기대 이익은 판매원가의 30%이다.	

① (가공원가) ₩700,000
　(판매가격) ₩1,235,000
② (가공원가) ₩850,000
　(판매가격) ₩1,365,000
③ (가공원가) ₩850,000
　(판매가격) ₩1,430,000
④ (가공원가) ₩950,000
　(판매가격) ₩1,430,000

30 다음 중 지급임률과 소비임률과의 차이를 설명한 것으로 옳지 않은 것은?

① 소비임률은 주로 기본임금액을 계산하기 위한 임률이지만, 지급임률은 기본임률에 가지급금, 제 수당 등이 포함되어 계산된 임률이다.

② 지급임률은 일상업무와 잔업의 구별에 따라 달리 책정되는 것이 일반적이며, 소비임률은 항상 그들을 평균한 개념이 된다.

③ 지급임률은 각 종업원의 실제작업시간에 곱해져서 지급액이 계산되지만, 소비임률은 각 종업원이 특정한 제조작업에 직접 종사한 노동시간에 곱해져서 임금액이 산출된다.

④ 지급임률은 각 종업원의 성별, 연령, 능력, 근속년수 등에 따라 차이가 있으나, 소비임률은 그들을 전혀 고려하지 않고 평균적인 개념으로서 사용된다.

31 (주)상공은 직접배부법으로 보조부문의 제조간접원가를 제조부문에 배부하고자 한다. 보조부문의 제조간접원가를 배부한 후 절단부문의 총원가는 얼마인가?

구분	보조부문		제조부문	
	설비부문	동력부문	조립부문	절단부문
설비부문 공급(시간)	–	500	400	600
동력부문 공급(kwh)	1,100	–	300	200
배부 전 원가	₩300,000	₩250,000	₩750,000	₩900,000

① ₩151,250
② ₩280,000
③ ₩1,051,250
④ ₩1,180,000

32 다음 종합원가계산에 대한 설명 중 옳지 않은 것은?

① 종합원가계산에서 사용되는 원가계산표는 개별원가계산의 경우와는 달리 제품의 종류마다 작성할 필요가 없으며, 각 원가계산 기간마다 1부를 작성하고 여기에다 그 기간에 발생한 모든 원가를 집계하면 된다.

② 종합원가계산은 표준규격 제품을 대량으로 연속생산하는 업종에 적합하다.

③ 종합원가계산은 경우(예 : 조별)에 따라서 제조공정(부문)에 대한 직접원가와 간접원가의 구분이 필요하다.

④ 종합원가계산에서는 미완성된 특정 제품의 제조지시서별 원가계산표에 집계되어 있는 금액이 기말재공품이 된다.

33 부문별 원가계산 시 보조부문원가를 제조부문에 배부하는 방법에 대한 설명으로 틀린 것은?

① 보조부문 상호 간의 용역수수를 인식하는지 여부에 따라 직접배부법, 단계배부법, 상호배부법으로 구분된다.

② 보조부문 간의 용역수수관계가 중요한 경우 직접배부법을 적용하여 부문별 원가를 배부하게 되면 원가배부의 왜곡을 초래할 수 있다.

③ 제조간접원가를 부문별 제조간접원가 배부율에 따라 배부하는 경우 각 제조부문의 특성에 따라 제조간접원가를 배부하기 때문에 공장전체 제조간접원가 배부율에 따라 배부하는 것보다 정확한 제품원가를 계산할 수 있다.

④ 상호배부법은 보조부문의 원가배부 순서에 따라 배부원가가 달라진다.

34 (주)상공은 202×년 11월에 발생한 제조간접원가를 집계한 후 원가계산을 위하여 재공품계정으로 대체하였다. 옳은 회계처리는?

① (차) 재공품   ××× (대) 제조간접원가 ×××
② (차) 제조간접원가 ××× (대) 재공품   ×××
③ (차) 제조간접원가 ××× (대) 제품   ×××
④ (차) 매출원가   ××× (대) 제조간접원가 ×××

35 다음 중 제조원가명세서상 당기제품제조원가에 영향을 미치지 않는 오류는 무엇인가?

① 생산직 근로자의 인건비를 과대 계상하다.
② 당기에 투입된 원재료를 과소 계상하다.
③ 기말제품원가를 과소 계상하다.
④ 기초원재료를 과대 계상하다.

36 (주)대한은 제조간접원가를 예정배부율을 기준으로 배부하고 있다. 예정배부한 제조간접원가와 실제 발생한 제조간접원가와의 차액을 조정(비례배부법을 사용)하고자 한다. 이에 대한 설명으로 옳은 것은?

① 초과배부차이는 매출원가를 상향 조정한다.
② 부족배부차이는 매출원가를 하향 조정한다.
③ 초과배부차이는 기말재공품, 기말제품, 매출원가를 상향 조정한다.
④ 부족배부차이는 기말재공품, 기말제품, 매출원가를 상향 조정한다.

37 원가는 경제적 효익의 소멸 여부에 따라 소멸원가와 미소멸원가로 분류한다. 옳지 않은 것은?

① 원가는 재무보고로 제공될 수 있는 정보에 대한 포괄적 제약요인으로서, 원가란 재화나 용역을 얻기 위해서 희생된 경제적 효익을 말한다.
② 자산은 미래 경제적 효익이 기업에 유입될 가능성이 높고 해당 항목의 원가 또는 가치를 신뢰성 있게 측정할 수 있을 때 재무상태표에 인식한다.
③ 비용은 발생된 원가와 특정 수익 항목 간의 가득 간에 존재하는 직접적인 관련성을 기준으로 포괄손익계산서에 인식한다.
④ 어떤 희생을 치름으로써 미래 경제적 효익을 획득할 수 있을 것으로 예상되는 경우, 그 희생을 미래로 이연하는 원가를 소멸원가라 하며 재무상태표에 자산으로 계상한다.

38 다음 자료에 의하여 당월 노무원가 소비액을 계산하면 얼마인가?

가. 임금 전월미지급액 :	₩200,000
나. 임금 당월지급액 :	₩1,200,000
다. 임금 당월미지급액 :	₩300,000

① ₩1,000,000
② ₩1,200,000
③ ₩1,300,000
④ ₩1,700,000

39 (주)대한은 종합원가계산제도를 택하고 있다. 원재료는 공정의 초기에 모두 투입되고, 가공원가는 공정의 전반에 걸쳐 균등하게 발생한다. 재료원가의 경우 선입선출법에 의해 완성품환산량을 계산하면 80,000단위이고 평균법에 의해 완성품환산량을 계산하면 100,000단위이다. 가공원가의 경우 선입선출법에 의해 완성품환산량을 계산하면 62,000단위이고 평균법에 의해 완성품환산량을 계산하면 70,000단위이다. 이 경우 (주)대한의 기초재공품의 완성도는 얼마인가?

① 30%
② 40%
③ 50%
④ 60%

40 (주)상공은 제품을 생산, 판매하고 있다. 원재료는 공정의 초기에 모두 투입되며, 가공원가는 공정의 전반에 걸쳐 균등하게 발생한다. 8월 생산자료는 기초재공품 1,000단위(완성도 60%), 당기착수량 12,000단위, 당기완성수량 11,000단위, 그리고 기말재공품 2,000단위(완성도 40%)이다. 선입선출법에 의한 가공원가완성품환산량은 얼마인가?

① 11,000단위
② 11,200단위
③ 11,800단위
④ 13,000단위

2급	소요 시간	문항 수
	총 60분	총 40문항

수험번호 : _____

성   명 : _____

정답 & 해설 ▶ **324쪽**

1과목   **재무회계**

01 다음 회계정보의 순환과정과 관련된 내용 중 옳지 않은 것은?

① 거래의 인식에서부터 출발하여, 분개, 전기, 결산 등의 과정을 통해 재무제표가 작성된다.

② 거래의 이중성이란 모든 거래는 자산·부채·자본에 변화를 초래하는 원인과 결과라는 두 가지 속성이 함께 포함되어 있다는 것을 의미한다.

③ 분개란 거래를 인식해서 기록하는 것을 말하며 모든 회계 정보 생산의 기초가 된다.

④ 전기절차는 계정과목결정, 금액결정, 차·대변결정 등의 순서로 이루어진다.

02 다음 중 현금흐름표 작성 시 영업활동에 의한 현금흐름에 속하지 않는 것은?

① 이자수취

② 당기손익-공정가치측정금융자산의 처분

③ 유형자산의 처분

④ 매출채권의 현금회수액

03 다음 중 자본변동표에 대한 설명으로 옳지 않은 것은?

① 자본의 구성요소는 각 분류별 납입자본, 각 분류별 기타 포괄손익의 누계액과 이익잉여금의 누계액 등을 포함한다.

② 자본의 각 구성요소별로 장부금액의 각 변동액을 공시한 기초시점과 기말시점의 장부금액 조정내역을 표시한다.

③ 자본의 각 구성요소에 대하여 자본변동표에 기타포괄손익의 항목별 분석 내용을 표시하나, 주석에는 표시하지 않는다.

④ 자본변동표란 납입자본, 기타자본구성요소, 이익잉여금의 각 항목별로 기초 잔액, 당기 변동사항, 기말 잔액을 일목요연하게 나타낸 재무보고서이다.

04 재무보고를 위한 개념체계를 따를 경우 재무정보의 질적특성에 대한 설명 중 옳지 않은 것은?

① 목적적합한 재무정보는 정보이용자의 의사결정에 차이가 나도록 할 수 있다. 재무정보에 예측가치, 확인가치 또는 이 둘 모두가 있다면 의사결정에 차이가 없어야 한다.

② 비교가능성, 검증가능성, 적시성 및 이해가능성은 목적적합하고 충실하게 표현된 정보의 유용성을 보강시키는 질적특성이다.

③ 재무정보가 유용하기 위해서는 나타내고자 하는 현상을 충실하게 표현하여야 한다. 완벽하게 충실한 표현을 하기 위해서 서술은 완전하고, 중립적이며, 오류가 없어야 할 것이다.

④ 유용한 재무정보의 근본적 질적특성은 목적적합성과 충실한 표현이다.

05 다음은 (주)상공기업의 장부상 당좌예금 잔액과 은행의 당좌예금잔액과의 차이를 나타낸 것이다. 12월 31일 은행계정조정표 작성 후 조정된 당좌예금 잔액은 얼마인가?

잔액	가. 12월 31일 장부상 당좌예금 잔액 ₩500,000 나. 12월 31일 은행 당좌예금계좌 잔액 ₩600,000
불일치 원인	다. 12월 29일 발행한 당좌수표 ₩100,000 이 아직 은행에서 인출되지 않음

① ₩400,000
② ₩500,000
③ ₩600,000
④ ₩700,000

06 (주)상공은 신약 개발과 관련하여 발생한 개발비 ₩300,000이 무형자산의 요건을 충족하여 20×1년 1월 1일부터 개발비로 기록한 후 정액법(내용연수 : 5년)으로 상각해오고 있는 중에 20×3년 1월 1일에 이 신약 제조기술에 대해서 성공적으로 특허권을 취득하고, 그 비용으로 ₩700,000을 지출하였다. 특허권의 취득원가로 기록할 금액은 얼마인가?

① ₩180,000
② ₩700,000
③ ₩820,000
④ ₩1,000,000

07 액면금액 ₩100,000의 전환사채가 ₩100,000의 보통주로 전환되는 기업활동이 현금흐름표에 표시되는 방법으로 옳은 것은?

① 비현금거래로서 현금흐름표의 보충적 주석정보로 보고한다.
② ₩100,000의 재무활동 현금흐름의 유출 및 ₩100,000의 재무 활동 현금흐름의 유입
③ ₩100,000의 재무활동 현금흐름의 유출 및 ₩100,000의 투자 활동 현금흐름의 유입
④ ₩100,000의 영업활동 현금흐름의 유출 및 ₩100,000의 투자 활동 현금흐름의 유입

08 (주)상공이 아래의 조건으로 사채를 발행한 경우 시간의 경과에 따른 사채의 발행방법 및 장부금액, 상각(환입)액, 이자비용의 변동으로 옳은 것은?(단, 사채이자는 유효이자율법에 따라 상각 및 환입함)

가. 발행일 : 202×년 1월 1일(이자는 매년 말 지급) 나. 액면금액 : ₩10,000,000(만기 5년) 다. 이자율(연) : 액면이자 12%, 유효이자 10%

	발행방법	장부금액	상각(환입)액	이자비용
①	할인 발행	증가	감소	감소
②	할인 발행	증가	증가	증가
③	할증 발행	감소	감소	증가
④	할증 발행	감소	증가	감소

09 다음은 수익의 인식에 대한 설명이다. 옳지 않은 것은?

① 시용판매는 고객이 매입의사표시를 한 시점에서 수익을 인식한다.
② 상품권 발행과 관련된 수익은 상품권 판매시점에 수익을 인식한다.
③ 할부판매는 원칙적으로 상품이나 제품을 인도한 시점에서 수익을 인식한다.
④ 위탁판매는 수탁자가 적송품을 제3자에게 판매한 시점에 수익을 인식한다.

10 다음은 (주)상공의 매출채권의 손상과 관련된 거래이다. 결산 후 포괄손익계산서에 표시될 손상차손은 얼마인가?(단, 결산일은 12월 31일임)

1월 1일	매출채권의 손실충당금잔액 ₩1,000
10월 15일	서울상회의 매출채권 ₩1,500이 회수불능되어 손상처리하다.
12월 31일	매출채권 ₩100,000에 대하여 2% 손상을 예상하다.

① ₩1,500
② ₩2,000
③ ₩2,500
④ ₩30,000

11 다음 자료에 의하여 기업주가 당기에 인출해 간 금액을 계산하면 얼마인가?

가. 보통주 자본금 :	₩200,000
나. 우선주 자본금 :	₩300,000
다. 주식발행초과금 :	₩90,000
라. 자기주식 :	₩50,000
마. 주식할인발행차금 :	₩70,000

① ₩600,000   ② ₩590,000
③ ₩520,000   ④ ₩470,000

12 다음은 (주)상공기업의 5월 중 갑상품 관련 거래 내역이다. 이를 통해 5월의 기말상품재고액이 가장 높게 나타나는 재고자산 평가방법과 회계처리 결과에 대한 설명으로 옳은 것은?

가. 5월 1일	전월이월	100개	@₩1,000
나. 5월 10일	매입	100개	@₩1,200
다. 5월 15일	매출	100개	@₩1,500
라. 5월 20일	매입	100개	@₩1,300

① 총평균법이며 매출총이익은 ₩50,000이다.
② 선입선출법이며 기말상품재고액은 ₩250,000 이다.
③ 이동평균법이며 매출원가는 ₩110,000이다.
④ 후입선출법이며 매출원가는 ₩120,000이다.

13 (주)상공은 202×년 12월 31일에 다음과 같은 결산수정분개를 하였다. 202×년도 중 임차료 ₩280,000을 현금 지급하였으며, 전기말에 미지급임차료 ₩30,000이 계상되어 있다. 포괄손익계산서에 당기 비용으로 표시되는 임차료는 얼마인가?

(차변) 임차료 60,000 (대변) 미지급임차료 60,000

① ₩280,000   ② ₩310,000
③ ₩340,000   ④ ₩370,000

14 A회사는 공정가치가 ₩30,000이고 장부금액이 ₩25,000인 토지를, B회사의 공정가치가 ₩50,000인 토지와 교환하면서 추가로 현금 ₩15,000을 지급하였다. 이 거래가 상업적 실질이 있다면, A회사의 포괄손익계산서에 영향을 미치는 이익은 얼마인가?(단, 취득한 자산과 제공된 자산의 공정가치는 신뢰성 있게 결정할 수 있으며, 취득한 자산의 공정가치가 제공된 자산의 공정가치보다 더 명백하지는 않음)

① ₩5,000   ② ₩10,000
③ ₩15,000   ④ ₩20,000

15 금융자산의 분류에 대한 내용이다. 옳지 않은 것은?

① 금융자산은 사업모형 및 계약상 현금흐름 특성 모두에 근거하여 후속적으로 상각후원가, 기타포괄손익-공정가치, 당기손익-공정가치로 측정되도록 분류한다.
② 계약상 현금흐름을 수취하기 위해 보유하는 것이 목적인 사업모형 하에서 금융자산을 보유하면서, 동시에 금융자산의 계약 조건에 따라 특정일에 원리금 지급만으로 구성되어 있는 현금흐름이 발생하는 경우에는 '당기손익-공정가치측정금융자산'으로 분류한다.
③ 계약상 현금흐름의 수취와 금융자산의 매도 둘 다를 통해 목적을 이루는 사업모형 하에서 금융자산을 보유하면서, 동시에 금융자산의 계약조건에 따라 특정일에 원리금 지급만으로 구성되어 있는 현금흐름이 발생하는 경우에는 '기타 포괄손익-공정가치측정금융자산'으로 분류한다.
④ 지분상품에 대한 투자로 단기매매항목이 아니고 사업결합에서 취득자가 인식하는 조건부대가가 아닌 지분상품으로 최초 인식시점에 후속적인 공정가치 변동을 기타포괄손익으로 표시하기로 한 경우에는 '기타포괄손익-공정가치측정지분상품'으로 분류한다.

16 금융상품은 '한쪽 거래당사자에게 금융자산을 발생시키면서 다른 거래상대방에게 금융부채나 지분상품을 발생시키는 모든 계약'을 말한다. 다음 중 금융자산에 해당하는 것으로 옳은 것은?

① 선급비용
② 매입채무
③ 무형자산
④ 매출채권

17 다음은 (주)대한의 법인세 관련 거래이다. 법인세가 확정되어 납부할 때 분개로 옳은 것은?(단, 이연법인세자산과 이연법인세 부채는 없는 것으로 가정함)

> 가. 중간예납 시 법인세 ₩300,000을 현금으로 지급하다.
> 나. 결산 시 법인세비용이 ₩650,000으로 추산되다.
> 다. 법인세비용이 ₩650,000으로 확정되어 당좌수표를 발행하여 납부하다.

① (차) 선급법인세 350,000 (대) 당좌예금 350,000
② (차) 미지급법인세 350,000 (대) 당좌예금 350,000
③ (차) 법인세비용 650,000 (대) 미지급법인세 300,000
　　　　　　　　　　　　　　　당좌예금 350,000
④ (차) 법인세비용 650,000 (대) 선급법인세 300,000
　　　　　　　　　　　　　　　당좌예금 350,000

18 (주)상공개발은 202×년 1월 1일 설립되었으며 202×년 당기순이익은 ₩100,000이다. (주)상공개발은 선입선출법을 적용하고 있으며, 기말재고자산은 ₩30,000이다. 만약 (주)상공개발이 이동평균법을 적용하여 계상한 당기순이익이 ₩105,000이라고 가정한다면, 이동평균법을 적용한 기말재고자산은 얼마인가?

① ₩40,000　　② ₩35,000
③ ₩30,000　　④ ₩25,000

19 다음 중 주식수의 변동과 관련된 설명으로 옳은 것은?

① 회계기간 중의 주식분할은 희석주당순이익의 크기에 영향을 주지 못한다.
② 회계기간 중의 주식분할은 납입자본의 증가를 초래한다.
③ 회계기간 중의 주식배당은 총주식수의 변동을 초래한다.
④ 회계기간 중의 주식배당은 1주당 액면금액을 변동시킨다.

20 무형자산 상각의 회계처리에 대한 설명으로 옳지 않은 것은?

① 무형자산의 상각은 직접 상각할 수도 있고 상각누계액을 사용할 수도 있다.
② 무형자산의 상각은 자산이 사용가능한 때부터 시작한다.
③ 무형자산의 합리적 상각방법을 정할 수 없는 경우에는 정률법을 이용한다.
④ 무형자산의 잔존가치는 없는 것을 원칙으로 한다.

21 다음 표의 (가)~(라)에 들어갈 내용으로 옳은 것은?

구분	(가)	(나)
목적	외부보고 목적	내부관리 목적
정보전달수단	재무제표 (일정기준 있음)	특수목적보고서 (일정기준 없음)
원가회계와의 관련성	(다)	(라)

① 가. (재무회계) 나. (관리회계)
　　다. (원가계산) 라. (계획, 통제)
② 가. (재무회계) 나. (관리회계)
　　다. (계획, 통제) 라. (원가계산)
③ 가. (관리회계) 나. (재무회계)
　　다. (원가계산) 라. (계획, 통제)
④ 가. (관리회계) 나. (재무회계)
　　다. (계획, 통제) 라. (원가계산)

22 특정 제품의 생산을 위하여 소비한 원가 및 판매와 관련하여 직접 원가 ₩15,000, 제조간접원가 ₩5,000, 판매비와관리비 ₩4,000이 각각 발생하였다. 판매가격은 이익(제조원가의 10%)을 가산하여 결정한다고 할 때, 판매가격은 얼마인가?

① ₩24,500　　　　② ₩25,000
③ ₩26,000　　　　④ ₩27,500

23 다음은 (주)상공의 9월 중 원가자료이다. 판매금액을 계산한 것으로 옳은 것은?

가. 직접재료원가 :	₩400,000
나. 직접노무원가 :	₩500,000
다. 본사 건물 임차료 :	₩200,000
라. 기대이익 :	판매원가의 30%
마. 제조간접원가 :	₩500,000

① ₩1,580,000　　　② ₩1,640,000
③ ₩1,880,000　　　④ ₩2,080,000

24 원가에 관한 설명이다. 그 내용이 옳지 않은 것은?

① 관련원가는 고려 중인 대체안 간에 차이가 있는 미래의 원가로서 특정 의사결정과 관련된 원가를 의미한다.
② 비관련원가는 대체안 간에 차이가 없는 원가이거나 과거의 원가로서 특정 의사결정과 관련이 없는 원가를 의미한다.
③ 기회원가는 자원을 현재 사용하는 용도가 아닌 대체적인 다른 용도에 사용하였을 때 실현할 수 있는 최대금액 또는 차선의 대체안을 포기함으로써 상실한 효익을 의미한다.
④ 통제가능원가란 목표달성을 위하여 경영자의 미래 의사결정에 따라 회피할 수 있는 원가를 의미한다.

25 노후화된 기계장치를 처분하고 새로운 기계장치를 구입하려고 한다. 새로운 기계장치를 사용하면 품질이 향상되어 현재 년 매출보다 10% 증가할 것을 예상한다. 다음 자료에 의하면 매몰원가는 얼마인가?

가. 기계장치의 취득원가 :	₩8,000,000
나. 노후화된 기계장치의 매각수익 :	₩1,000,000
다. 년 매출액 :	₩100,000,000
라. 새로운 기계의 취득원가 :	₩15,000,000

① ₩1,000,000　　　② ₩8,000,000
③ ₩10,000,000　　　④ ₩15,000,000

26 다음 자료에 의하여 제조간접원가 배부차이를 계산하면 얼마인가?

가. 당월 제조간접원가 예정배부액 :	₩500,000
나. 당월 제조간접원가 실제발생액 :	
－ 재료원가	₩200,000
－ 노무원가	₩250,000
－ 제조경비	₩100,000

① 과다배부 ₩50,000
② 과소배부 ₩50,000
③ 과다배부 ₩150,000
④ 과소배부 ₩150,000

27 (주)상공은 보조부문(X, Y)과 제조부문(A, B)을 이용하여 제품을 생산하고 있으며, 보조부문과 제조부문에 관련된 자료는 아래와 같다. 보조부문 X와 Y에 집계된 부문원가는 각각 ₩600,000, ₩800,000이다. 다음 설명 중 옳지 않은 것은?

제공부문	보조부문		제조부문		합계
	X	Y	A	B	
X	–	400 단위	400 단위	200 단위	1,000 단위
Y	200 단위	–	400 단위	400 단위	1,000 단위

① 직접배부법은 보조부문 상호 간의 용역수수를 고려하지 않는 방법이다.
② 단계배부법은 보조부문 상호 간의 용역수수를 일부 고려한다.
③ 상호배부법은 보조부문 상호 간의 용역수수를 전부 고려한다.
④ 직접배부법에 의할 경우 제조부문 A에는 ₩560,000의 보조부문의 제조간접원가가 집계된다.

28 개별원가계산의 의의, 적용범위, 종류에 대한 전반적인 내용이다. 다음 중 옳지 않은 것은?

① 주로 고객의 주문에 따라 서로 다른 여러 종류의 제품을 소량씩 개별적으로 생산하는 조선업, 건설업, 영화제작업 등에서 사용한다.
② 제품별로 제조를 지시하는 제조지시서를 사용하고 있기 때문에 제조지시서 번호별로 원가를 집계한다.
③ 원가계산은 제조지시서별로 언제라도 수행할 수 있으므로, 종합원가계산에 비해 원가계산기간은 중요하지 않다.
④ 월말에 완성된 제조지시서의 제조원가는 월말재공품원가가 되며, 미완성된 제조지시서의 제조원가는 완성품원가가 된다.

29 (주)상공은 2개의 제조부문과 2개의 보조부문이 있으며, 각 부문에서 발생한 원가와 보조부문이 제공한 용역수수관계는 다음과 같다. 단계배부(수선부문원가를 먼저 배부)법을 사용하여 조립부문에 배부될 보조부문의 원가총액은 얼마인가?(단, 동력부문원가는 동력공급량을, 수선부문원가는 수선공급시간을 배부기준으로 사용함)

구분	제조부문		보조부문	
	조립부문	선반부문	동력부문	수선부문
발생원가	300,000	250,000	80,000	60,000
수선공급 (시간)	30	20	10	–
동력공급 (kwh)	200	100	–	50

① ₩50,000　　② ₩80,000
③ ₩90,000　　④ ₩100,000

30 다음 중 제조원가명세서 작성 시 필요로 하지 않은 것은?

① 간접재료원가 소비액
② 간접노무원가 소비액
③ 기초제품재고액
④ 제조경비

31 개별원가계산에 대한 설명으로 옳지 않은 것은?

① 여러 가지 제품을 주문에 의해 생산하거나 동종의 제품을 일정 간격을 두고 비반복적으로 생산하는 업종에 적합한 원가계산제도이다.
② 조선업, 기계제작업 등과 같이 수요자의 주문에 기초하여 제품을 생산하는 업종에서 주로 사용한다.
③ 종합원가계산에 비해 각 제품별로 원가를 집계하기 때문에 직접원가와 간접원가의 구분이 보다 중요한 의미를 갖는다.
④ 개별원가계산은 제조간접원가의 배부절차가 필요 없다.

32 다음은 상호배부법에 대한 설명이다. 옳지 않은 것은?

① 보조부문 상호 간의 용역수수 사실을 모두 인정할 수 있다.
② 자기부문에 제공한 용역까지도 고려하고 배부할 수 있다.
③ 시뮬레이션법과 같은 방법을 이용하기 때문에 시간이 많이 걸린다.
④ 경제적 실질을 정확히 반영할 수 있어 가장 공정한 방법이다.

33 종합원가계산에 대한 설명 중 완성품원가와 기말재공품원가의 계산에 대한 설명으로 옳지 않은 것은?

① 평균법과 선입선출법은 기초재공품이 있는 경우에만 필요한 가정이므로 각 방법의 차이는 기초재공품에서 나타난다. 즉, 기초재공품이 없다면 평균법과 선입선출법의 결과는 동일하다.
② 기말재공품의 평가에서 만일 원가요소별로 완성도가 서로 다른 경우에는, 원가요소별로 완성품환산량을 별도로 계산하고 평균법, 선입선출법 등의 방법 중 어느 한 가지 방법을 적용시켜야 한다.
③ 선입선출법은 기초재공품원가와 당기총제조원가를 구분하여 계산하므로 계산과정이 평균법보다 복잡하지만, 전기의 작업능률과 당기의 작업능률이 명확히 구분되기 때문에 원가통제상 유용한 정보를 제공한다.
④ 평균법을 이용하여 종합원가계산을 수행하는 회사에서 기말재공품의 완성도를 실제보다 과대평가할 경우 완성품환산량이 과대평가되고, 완성품환산량이 과대평가되면 투입된 원가는 일정하므로 완성품환산량 단위당원가가 과대평가된다.

34 (주)대한은 직접노무시간을 기준으로 예정 제조간접원가 배부율을 적용한다. (주)대한의 예정 직접노무시간은 30,000시간이며 예정제조간접원가는 ₩1,500,000이다. 202×년 실제 직접노무시간이 28,000시간인 경우, 이에 대한 제조간접원가 예정배부 시의 회계처리로 옳은 것은? (단, 제조간접원가의 실제발생이나 예정배부의 계정과목을 제조간접원가로 통일하기로 하였음)

① (차) 제조간접원가 　　　　　　(대) 재공품 ₩1,400,000
　　　　　₩1,400,000
② (차) 재공품　₩1,400,000　(대) 제조간접원가
　　　　　　　　　　　　　　　　　₩1,400,000
③ (차) 제조간접원가 　　　　　(차) 재공품 ₩1,500,000
　　　　　₩1,500,000
④ (차) 재공품　₩1,500,000　(대) 제조간접원가
　　　　　　　　　　　　　　　　　₩1,500,000

35 원가배부에 대한 전반적인 내용이다. 옳지 않은 것은?

① 원가배부기준의 선택은 원칙적으로 인과관계기준을 바탕으로 하되, 인과관계가 명확하지 않은 경우에는 부담능력기준이나 수혜기준 등을 고려하여 결정하여야 한다.
② 원가를 추적하고 집계할 원가대상을 설정하는데, 원가대상은 경영자의 의사결정에 목적적합하도록 설정한다.
③ 원가집합별로 원가대상과 원가집합의 인과관계를 가장 잘 반영시켜 주는 원가배부기준을 결정하여 원가집합에 집계된 공통비를 원가대상에 배부한다.
④ 제조부문에서 발생한 직접재료원가와 직접노무원가를 포함한 모든 제조원가는 제조간접원가로 분류되며, 제조부문의 제조활동을 보조하기 위하여 보조부문에서 발생한 원가도 또한 제조간접원가이다.

36 (주)상공은 한 가지 종류의 고추장을 생산한다. 모든 재료는 공정의 초기단계에 100% 투입되며 가공원가는 공정의 진행에 따라 균일한 비율로 발생한다. 기초재공품의 완성도가 50%였으며, 기말재공품의 완성도가 30%라고 한다. 이 회사가 종합원가계산에 의해 제품의 원가를 계산한다고 할 때 기말재공품의 원가는 얼마인가? (단, 원가흐름에 대한 가정으로 선입선출법을 사용하고 있다고 가정함)

	단위	재료원가	가공원가
기초재공품	10,000	₩60,000	₩50,000
당기착수	50,000	₩200,000	₩410,000
기말재공품	20,000	–	–

① ₩120,000 ② ₩140,000
③ ₩160,000 ④ ₩180,000

37 (주)상공은 선입선출법에 의한 종합원가계산을 채택하고 있다. 당기 가공원가(전공정에서 균등하게 발생함)에 대한 완성품환산량 단위당원가가 12,000원인 경우 다음의 자료에 의하여 당기 가공원가 발생액을 계산하면 얼마인가?

- 기초재공품 : 400단위(완성도 75%)
- 기말재공품 : 700단위(완성도 40%)
- 당기착수수량 : 3,500단위
- 당기완성수량 : 3,200단위

① 38,160,000원 ② 41,760,000원
③ 42,960,000원 ④ 45,360,000원

38 다음은 지급 제조경비에 대한 내용이다. 옳지 않은 것은?

① 원가계산기간 중에 실제 발생하여 지급한 금액을 그 기간의 경비액으로 삼는 비용이다.
② 원가계산기간 중에 현금을 지급하였다는 사실보다는 발생주의에 따라 당해 기간에 발생한 경비라는 원가요소 사실에 입각하여 계산한 금액을 말한다.
③ 이에 속하는 비용항목으로는 복리후생비 · 수선비 · 운임 · 보관료 · 여비교통비 · 기업업무추진비 · 외주가공비 · 잡비 등이 있다.
④ 수선비 중 6월 지급액이 ₩6,000, 5월 말 미지급액이 ₩600, 6월 말 선급액이 ₩2,000인 경우, 6월 소비액은 ₩7,400으로 계산된다.

39 개별원가계산에 재공품계정에서 제품계정으로 대체되는 금액은 무엇을 의미하는가?

① 당기에 투입된 모든 작업의 원가
② 당기에 지급된 모든 작업의 원가
③ 당기에 완성된 모든 작업의 원가
④ 당기에 완성되어 판매된 모든 작업의 원가

40 종합원가계산방법 중 선입선출법의 장점으로 올바르지 않은 것은?

① 원가통제 등에 보다 더 유용한 정보를 제공한다.
② 표준종합원가계산에 적합하다.
③ 전기와 당기원가가 혼합되므로 상대적으로 계산방법이 간편하다.
④ 실제물량의 흐름을 반영한다.

2급	소요 시간	문항 수	수험번호 : _____
	총 60분	총 40문항	성 명 : _____

정답 & 해설 ▶ 328쪽

1과목 재무회계

01 다음 중 시산표에서 발견할 수 있는 오류로 옳은 것은?

① 이중으로 전기한 경우
② 분개를 누락한 경우
③ 분개 시 차변과 대변 계정과목이 바뀐 경우
④ 전기 시 차변 계정과목의 금액을 틀리게 기입한 경우

02 다음 중 재고자산의 평가손실이 발생한 경우에 대한 설명으로 옳지 않은 것은?

① 물리적으로 손상된 경우
② 완전히 또는 부분적으로 진부화된 경우
③ 판매가격이 하락한 경우
④ 완성하거나 판매하는 데 필요한 원가가 하락한 경우

03 한국채택국제회계기준(K-IFRS)에서 재무제표 표시에 적용되는 일반사항으로 옳지 않은 것은?

① 재무제표는 기업의 재무상태, 재무성과 및 현금흐름을 공정하게 표시해야 한다.
② 재무보고를 할 때 기간별 비교가 가능하도록 전기와 당기를 비교하는 형식으로 보고하여야 한다.
③ 재무상태표, 포괄손익계산서, 자본변동표, 현금흐름표의 모든 재무제표는 발생주의회계를 사용하여 작성해야 한다.
④ 중요성에 따라 상이한 성격이나 기능을 가진 항목은 구분하여 표시하되 중요하지 않은 항목은 통합하여 표시할 수 있다.

04 다음 중 포괄손익계산서에 표시되는 기타포괄손익에 영향을 미치는 항목이 아닌 것은?

① 기타포괄공정가치측정금융자산평가손익
② 해외사업환산손익
③ 토지재평가잉여금
④ 당기손익-공정가치측정금융자산평가손익

05 다음은 기말(12월 31일) 현재 현금과부족 계정 내역이다. 결산 당일에 현금의 보유액이 장부 잔액보다 ₩10,000 부족함을 추가로 발견하고 실시한 결산정리분개로 옳은 것은?(단, 현금과부족의 원인을 알 수 없음)

현금과부족			
12/21 현금	30,000	12/24 소모품비	20,000

① (차) 잡손실　　　　10,000　(대) 현금과부족　10,000
② (차) 잡손실　　　　20,000　(대) 현금과부족　10,000
　　　　　　　　　　　　　　　　 현금　　　　　10,000
③ (차) 현금과부족　10,000　(대) 잡이익　　　　10,000
④ (차) 현금과부족　20,000　(대) 잡이익　　　　10,000
　　　　　　　　　　　　　　　　 현금　　　　　10,000

06 (주)상공은 사용 중이던 기계장치(취득원가 ₩5,000,000, 감가상각누계액 ₩1,500,000)를 새로운 기계장치와 교환하면서 현금 ₩1,000,000을 지급하였다. 새 기계장치의 공정가치가 ₩5,000,000일 때, 다음 중 기계장치 교환 분개로 옳은 것은?(단, 동 교환거래는 상업적 실질이 없다고 가정함)

① (차) 기계장치 4,500,000 (대) 기계장치 5,000,000
　　　감가상각 　　　　　현금 1,000,000
　　　누계액 1,500,000

② (차) 기계장치 5,000,000 (대) 현금 1,000,000
　　　감가상각 　　　　　기계장치 5,000,000
　　　누계액 1,500,000 유형자산
　　　　　　　　　　　처분이익 500,000

③ (차) 기계장치 6,000,000 (대) 기계장치 3,500,000
　　　　　　　　　　　현금 1,000,000
　　　　　　　　　　　유형자산
　　　　　　　　　　　처분이익 1,500,000

④ (차) 기계장치 5,500,000 (대) 기계장치 5,000,000
　　　유형자산 　　　　　현금 1,000,000
　　　처분손실 500,000

07 다음 유형자산과 관련한 설명으로 옳지 않은 것은?

① 중요한 예비부품과 대기성 장비로서 한 회계기간 이상 사용할 것으로 예상되는 경우 이를 유형자산으로 분류한다.
② 금형, 공구 및 틀 등과 같이 개별적으로 경미한 항목은 통합하여 그 전체가치에 대하여 인식기준을 적용하는 것이 적절하다.
③ 유형자산과 관련된 모든 원가는 그 발생시점에 인식기준을 적용하여 평가한다.
④ 일상적인 수선유지와 관련하여 발생한 원가는 해당 유형자산의 장부금액에 포함하여 인식하여야 한다.

08 회사가 매입채무를 현금으로 지불하였다면 유동비율과 부채비율에 미치는 영향은?(단, 회사의 유동비율은 200%이며, 부채비율은 '부채/자본'으로 계산함)

① (유동비율) 증가한다. (부채비율) 증가한다.
② (유동비율) 증가한다. (부채비율) 감소한다.
③ (유동비율) 감소한다. (부채비율) 증가한다.
④ (유동비율) 감소한다. (부채비율) 감소한다.

09 다음 자료에서 202×년 결산 시 (주)상공의 보유 자산에 대한 투자부동산평가이익 인식 금액으로 옳은 것은?(단, 유형자산으로 분류된 건물에 대하여 정액법을 적용하여 감가상각함)

〈(주) 상공 보유 자산 자료〉
• 202×년 1월 1일 임대목적의 건물 ₩1,000,000 취득
• 투자부동산으로 분류(공정가치모형 적용)
• 내용연수 10년, 잔존가치 ₩0
• 202×년 12월 31일 결산 시 공정가치 ₩1,200,000

① ₩0
② ₩200,000
③ ₩250,000
④ ₩300,000

10 다음은 (주)상공이 투자부동산으로 분류하여 보유하고 있는 건물에 대한 자료이다. (주)상공의 20×1년 당기손익에 미치는 영향으로 옳은 것은?(단, 회계기간은 20×1년 1월 1일~12월 31일이며, 법인세비용은 고려하지 않음)

• 취득일 : 20×1년 7월 1일
• 취득원가 : ₩4,000,000
• 감가상각방법 : 정액법
• 평가방법 : 공정가치모형
• 내용연수 : 20년
• 잔존가치 : ₩400,000
• 20×1년 12월 31일 공정가치 : ₩4,200,000

① 손실 ₩90,000
② 손실 ₩200,000
③ 이익 ₩90,000
④ 이익 ₩200,000

11

다음 계정에 의하는 경우, 7월 25일 제1기분 부가가치세 확정신고 시 납부세액 또는 환급세액은 얼마인가?

부가가치세대급금

5/2	100,000
7/1	70,000

부가가치세예수금

5/4	130,000
7/20	90,000

① 납부세액 ₩30,000
② 납부세액 ₩50,000
③ 환급세액 ₩30,000
④ 환급세액 ₩50,000

12

다음은 갑상품에 대한 매입 · 매출 관련 자료이다. 재고자산을 이동평균법으로 평가할 때, 10월 중 매출원가는 얼마인가?

10월 1일	기초재고 20개	@₩1,200	₩24,000
5일	매입 60개	@₩1,600	₩96,000
10일	매출 40개	@₩2,000	₩80,000
17일	매입 50개	@₩1,860	₩93,000
25일	매출 30개	@₩2,300	₩69,000

① ₩104,000
② ₩111,000
③ ₩114,600
④ ₩125,000

13

다음 중 회계연도 말에 행하는 결산수정분개로 옳지 않은 것은?

① (차) 임차료　×××　(대) 미지급비용　×××
② (차) 보험료　×××　(대) 선급비용　×××
③ (차) 매입　×××　(대) 보통예금　×××
④ (차) 미수수익　×××　(대) 이자수익　×××

14

다음 무형자산에 대한 설명 중 틀린 것은?

① 내부적으로 창출된 영업권은 미래 경제적 효익이 예상되는 경우에 무형자산으로 인식한다.
② 물리적 실체가 없는 자산이라도 판매를 목적으로 보유하는 자산은 무형자산이 아닌 재고자산으로 분류한다.
③ 무형자산은 물리적 형체가 없지만 식별 가능하고, 기업이 통제하고 있으며, 미래 경제적 효익이 있는 비화폐성 자산을 말한다.
④ 다른 종류의 무형자산과의 교환으로 무형자산을 취득하는 경우에는 교환으로 제공한 자산의 공정가치를 무형자산의 취득원가로 하는 것이 원칙이다.

15

(주)상공은 기말상품재고액 ₩10,000을 ₩15,000으로 잘못 회계처리하였다. 이의 결과로 인하여 재무제표에 미치는 영향으로 옳은 것은?

① 매출원가가 과소 계상된다.
② 매출원가가 과대 계상된다.
③ 매출총이익이 과소 계상된다.
④ 당기순이익이 과소 계상된다.

16 재고자산에 대한 설명 중 옳지 않은 것은?

① 원재료의 현행대체원가는 순실현가능가치에 대한 최선의 이용가능한 측정치로 활용될 수 있다.

② 저가법 적용에 따라 평가손실을 초래한 상황이 해소되어 시가가 최초의 장부금액을 초과하는 경우 시가금액으로 평가손실을 환입한다.

③ 정상적으로 발생한 감모손실은 매출원가에 가산한다.

④ 특정 프로젝트별로 생산되는 제품의 원가는 개별법을 사용하여 결정한다.

17 재무제표의 분석방법에 대한 내용이다. 옳지 않은 것은?

① 이익의 크기를 이익률로 평가했을 때와 이익의 절대 금액으로 평가했을 때는 의미가 다를 수 있다. 이익률에 의한 분석을 실수분석이라고 한다.

② 추세분석은 재무제표를 몇 기간에 걸쳐서 종합적으로 비교하여 각 항목이 어떻게 변화하고, 여러 항목의 관계가 어떻게 바뀌어 오고 있는가를 분석 평가하는 방법이다.

③ 비교분석은 어느 시점에서의 자기 기업과 동일업종 내에 다른 기업 간 또는 자기 기업과 동일업종 간 평균을 비교하여 분석 평가하는 방법이다.

④ 재무제표분석을 할 경우에는 비율분석, 실수분석, 추세분석, 비교분석을 독립적으로 사용하는 것이 아니라, 비율분석을 기초로 하여 다른 방법을 함께 사용함으로서 상호 간의 단점을 보완하는 것이 원칙이다.

18 금융부채에 관한 설명으로 옳지 않은 것은?

① 유동부채에 속하는 항목은 모두 금융부채에 속한다.

② 금융부채란 거래상대방에게 현금 등 금융자산을 인도하기로 한 계약상의 의무를 말한다.

③ 자기지분상품으로 결제되거나 결제될 수 있는 주식수가 변동 가능한 비파생상품도 금융부채이다.

④ 공정가치 측정 금융부채는 공정가치로 평가함에 따른 평가손익을 모두 당기손익에 반영한다.

19 다음 중 당기손익에 반영되는 항목이 아닌 것은?

① 매출채권손상차손(대손상각비)
② 감가상각비
③ 종업원급여
④ 자기주식처분이익

20 다음 (주)상공기업의 제5기 자료를 통해 알 수 있는 기본주당이익은 얼마인가?(단, 우선주는 발행하지 않았으며, 기중에 자본금의 변동도 없었음)

> 가. 포괄손익계산서상 매출총이익 : ₩1,500,000
> 나. 포괄손익계산서상 당기순이익 : ₩1,200,000
> 다. 보통주자본금(@₩5,000, 100주) : ₩500,000

① ₩5,000
② ₩12,000
③ ₩15,000
④ ₩27,000

21 다음 중 원가회계의 목적으로 옳지 않은 것은?

① 성과의 측정과 평가를 위한 정보의 제공
② 원가의 관리와 통제의 목적
③ 기업회계의 장부기장의 목적
④ 제품원가의 계산

22 상공회사는 제품A를 완성하였다. 다음 자료에 의하면 제품A의 원가는 얼마인가?

가. 직접재료원가 : 10,000원
나. 직접노무원가 : 2,500원
(시간당 ₩20, 총 125시간)
다. 제조간접원가 배부율 : 직접노무시간당 ₩10

① ₩12,500 ② ₩13,750
③ ₩14,650 ④ ₩15,000

23 다음 중 원가의 특성이라고 볼 수 없는 것은?

① 제조과정에서 소비된 것 중 경제적 가치가 있는 요소만이 원가가 될 수 있다.
② 경영 목적인 제품의 제조 및 판매와 직접 관련되어 발생한 것이어야 원가가 될 수 있다.
③ 제조과정에서 정상적으로 발생한 재료 감모손실이나 공장 경비원의 급여 등도 원가에 포함된다.
④ 기업의 수익획득 활동에 필요한 공장용 토지나 서비스를 단순히 구입하는 것만으로 원가가 된다.

24 다음 중 미소멸원가에 해당하지 않는 것은?

① 기말재공품에 포함된 노무원가
② 원재료 미사용액
③ 재고자산으로 남아있는 제품
④ 제품 매출에 따른 매출원가

25 정상원가계산을 사용하는 (주)대한의 실제제조간접원가는 ₩1,000,000이었으며 배부액은 ₩900,000이었다. 제조간접원가 배부차이를 매출원가에서 조정하기로 하였을 때 올바른 분개는?(단, (주)대한은 제조간접원가의 실제발생이나 예정배부의 계정과목을 제조간접원가로 통일하기로 하였음)

① (차) 매출원가 100,000 (대) 제조간접원가 100,000
② (차) 매출 100,000 (대) 매출원가 100,000
③ (차) 매출원가 100,000 (대) 매출 100,000
④ (차) 제조간접원가 100,000 (대) 매출원가 100,000

26 다음은 202×년 5월 중 원가자료이다. 직접원가법에 의하여 계산한 작업#5의 제조간접원가 배부액으로 옳은 것은?

가. 5월 중 제조간접원가 발생액 ₩60,000	
나. 5월 중 수행된 작업별 원가 발생액	

구분	작업#2	작업#5	작업#7	합계
직접재료원가	₩50,000	₩30,000	₩20,000	₩100,000
직접노무원가	₩24,000	₩16,000	₩10,000	₩50,000

① ₩16,000
② ₩18,000
③ ₩18,400
④ ₩19,200

27 다음은 부문별 원가계산에 대한 설명이다. 옳지 않은 것은?

① 원가부문은 원가요소를 분류, 집계하는 계산상의 구분으로서 제조부문과 보조부문으로 구분한다.

② 보조부문은 직접 생산활동을 수행하지 아니하고 제조부문을 지원, 보조하는 부문으로서 그 수행하는 내용에 따라 세분할 수 있다.

③ 원가의 부문별 계산은 원가요소를 제조부문과 보조부문에 배부하고, 보조부문원가는 직접배부법, 단계배부법 또는 상호배부법 등을 적용하여 각 제조부문에 합리적으로 배부한다.

④ 부문공통원가는 원가발생액을 당해 발생부문에 직접 배부하고, 부문개별원가는 인과관계 또는 효익관계 등을 감안한 합리적인 배부기준에 의하여 관련부문에 부과한다.

28 다음은 (주)상공의 9월의 원가계산 관련 자료와 제품계정이다. 9월의 매출원가를 계산한 금액으로 옳은 것은?

원가항목	제조지시서 #1(완성품)	제조지시서 #2(미완성품)
전월이월	₩200,000	₩300,000
직접재료원가	₩400,000	₩500,000
직접노무원가	₩300,000	₩400,000
제조간접원가 배부액	₩100,000	₩200,000

제품

전월이월	500,000	(?)	
(?)		차월이월	300,000

① ₩800,000   ② ₩1,000,000
③ ₩1,200,000   ④ ₩1,300,000

29 다음은 부문공통원가의 각 부문 배부기준이다. 가장 적절하지 않은 것은?

① 건물감가상각비 – 건물점유면적
② 운반비 – 운반 횟수 및 운반거리
③ 기계감가상각비 – 부문의 종업원 수
④ 수선유지비 – 수선유지작업시간

30 다음 개별원가계산에 대한 회계처리로서 옳은 것은?

① 재료 구입 시
(차) 재공품   ××× (대) 재료   ×××

② 노무원가 지급 시
(차) 재공품   ××× (대) 노무원가   ×××

③ 제조간접원가 배부 시
(차) 재공품   ××× (대) 제조간접원가   ×××

④ 생산 완료 시
(차) 재공품   ××× (대) 제품   ×××

31 (주)상공은 정상원가계산제도 하에서 제조간접원가의 배부차이를 총원가기준법(비례배부법)으로 조정하고 있으나 만약 배부차이 전액을 매출원가에서 조정한다면, 매출총이익의 변화에 대한 설명으로 올바른 것은?

가. 과소배부액 :	₩1,000,000
나. 기말재공품 :	₩1,000,000
다. 기말제품 :	₩1,000,000
라. 매출원가 :	₩3,000,000

① 400,000원 감소
② 1,000,000원 감소
③ 600,000원 감소
④ 400,000원 증가

32 이번 달의 총 임금지급액이 ₩240,000이고, 총 생산량은 30,000개이다. 이 중에서 A제품 생산량이 10,000개일 때, 제품 A에 부과하여야 할 노무원가는 얼마인가?(단, 임률은 총 임금지급액을 총생산량으로 나눈 평균임률에 따라서 계산함)

① ₩100,000   ② ₩80,000
③ ₩40,000   ④ ₩20,000

33 부문원가 내역과 용역수수관계는 다음과 같다. 직접배부법에 의하는 경우 제조부문2에 배부될 보조부문의 부문원가 총액을 계산하면 얼마인가?

사용 제공	제조부문		보조부문	
	제조부문1	제조부문2	동력	용수
발생원가	₩100,000	₩30,000	₩75,000	₩60,000
동력	50%	25%	—	25%
용수	40%	40%	20%	—

① ₩55,000   ② ₩60,000
③ ₩75,000   ④ ₩80,000

34 다음은 평균법을 사용하고 있는 종합원가계산 자료의 일부이다. 기초재공품원가는 얼마인가?

- 기초재공품(150개, 완성도 60%)
- 기말재공품(100개, 완성도 50%) ₩1,600
- 당기투입원가 ₩12,200 완성품(400개)
※ 단, 모든 원가는 진척도에 비례해서 발생한다.

① ₩2,200   ② ₩2,000
③ ₩2,600   ④ ₩1,800

35 (주)상공식품은 제조간접원가를 기계시간 기준으로 배부한다. 제조간접원가 배부율과 제빵에 배부될 제조간접원가는 얼마인가?

<원가자료>

	합계	제빵
원가자료		
직접재료원가	₩3,000,000	₩1,200,000
직접노무원가	₩2,500,000	₩1,050,000
제조간접원가	₩1,800,000	(?)
배부기준		
직접노동시간	10,000시간	4,500시간
기계시간	6,000시간	3,000시간

① 제조간접원가 배부율 @₩0.72
   제조간접원가 ₩756,000
② 제조간접원가 배부율 @₩0.60
   제조간접원가 ₩720,000
③ 제조간접원가 배부율 @₩180
   제조간접원가 ₩810,000
④ 제조간접원가 배부율 @₩300
   제조간접원가 ₩900,000

36 직접원가를 기준으로 제조간접원가 총액 ₩30,000을 배부한다. 이때 제품A의 제조간접원가 배부액은 얼마인가?

가. 직접재료원가 총액 :	₩20,000
나. 제품A의 직접재료원가 :	₩4,000
다. 직접노무원가 총액 :	₩40,000
라. 제품A의 직접노무원가 :	₩6,000

① ₩4,500   ② ₩5,000
③ ₩6,000   ④ ₩15,000

37 보조부문원가 배부에 대한 설명으로 옳지 않은 것은?

① 직접배부법은 보조부문 상호 간의 용역수수를 무시하나 상호배부법은 보조부문 상호 간의 용역수수관계를 완전히 고려한다.

② 직접배부법과 단계배부법은 상호 간의 용역수수관계를 일부만 고려함으로 이중배부율을 사용하지 못한다.

③ 보조부문의 원가배부는 기업의 이해관계자인 주주나 채권자에게 보고되는 재무보고에 의한 의사결정에도 영향을 미친다.

④ 보조부문원가 배부에서 자기부문이 생산한 용역을 자기부문이 사용하는 자기부문원가는 고려하지 않는다.

38 제조간접원가는 직접노무원가 실제발생액을 기준으로 제품에 배부하며, 제조간접원가 실제발생 총액은 ₩8,400이다. 작업지시서 No.1의 제조원가는 얼마인가?

	직접재료원가	직접노무원가
작업지시서 No.1	₩4,000	₩8,000
작업지시서 No.2	₩2,000	₩6,000
계	₩6,000	₩14,000

① ₩4,800
② ₩12,000
③ ₩16,800
④ ₩20,400

39 일반적인 개별원가계산의 절차를 올바르게 나열한 것은?

> ㉠ 직접원가를 계산하여 개별작업에 직접 부과한다.
> ㉡ 간접원가를 배부율을 계산하여 개별작업에 배부한다.
> ㉢ 공장별 혹은 부서별로 간접원가를 집계한다.
> ㉣ 원가집적대상이 되는 개별작업을 파악한다.
> ㉤ 간접원가의 배부기준을 설정한다.

① ㉣ - ㉤ - ㉢ - ㉡ - ㉠
② ㉤ - ㉣ - ㉠ - ㉢ - ㉡
③ ㉤ - ㉢ - ㉡ - ㉣ - ㉠
④ ㉣ - ㉠ - ㉢ - ㉤ - ㉡

40 다음 중 종합원가계산과 관련된 설명으로 옳지 않은 것은?

① 기말재공품의 완성도가 50%인데 이를 30%로 잘못 파악하여 종합원가계산을 수행하면 기말재공품의 원가가 과소 계상된다.

② 평균법에 의해 원가계산할 때 기초재공품의 완성도는 계산상 영향을 미치지 않는다.

③ 평균법에서는 기초재공품도 당기에 착수하여 생산한 것처럼 가정한다.

④ 평균법을 사용하면 선입선출법에 비해 당기의 성과와 이전의 성과를 보다 명확하게 구분하여 평가할 수 있다.

2급	소요 시간	문항 수
	총 60분	총 40문항

수험번호 : _____

성   명 : _____

정답 & 해설 ▶ 332쪽

1과목 재무회계

01 다음 중 '재무보고를 위한 개념체계'에 대한 설명으로 옳지 않은 것은?

① 재무회계의 기본가정은 계속기업의 가정이다.
② 재무제표를 통해 제공되는 정보는 정보이용자가 그 정보를 쉽게 이해할 수 있도록 제공되어야 한다.
③ 목적적합성과 신뢰성은 서로 상충관계가 될 수 있다.
④ 한국채택국제회계기준상 현금주의에 따라 수익을 인식한다.

02 다음은 개인기업인 상공상점의 자본금 거래 내용이다. 기말 자본금으로 옳은 것은?

> 가. 1월 1일 현금 ₩1,000,000을 출자하여 영업을 시작하다.
> 나. 3월 10일 기업주가 현금 ₩500,000을 추가 출자하다.
> 다. 9월 30일 기업주가 개인적인 용도로 ₩200,000을 인출하다.
> 라. 12월 31일 입금되지 않은 인출금 계정을 정리하고, 당기순이익 ₩300,000을 자본금 계정에 대체하다.

① ₩1,300,000
② ₩1,500,000
③ ₩1,600,000
④ ₩1,800,000

03 결산 결과 당기순이익이 ₩300,000이 계상되었으나, 다음과 같은 결산정리사항이 누락되었다. 이를 수정한 후의 정확한 당기순이익으로 옳은 것은?(단, 보험료는 지급 시 비용 계정으로, 임대료는 수입 시 수익 계정으로 처리하였음)

> 가. 보험료 선급분 : ₩5,000
> 나. 임대료 선수분 : ₩20,000
> 다. 이자 미수분 : ₩15,000
> 라. 급여 미지급분 : ₩30,000

① ₩270,000
② ₩290,000
③ ₩300,000
④ ₩330,000

04 총포괄손익, 기타포괄손익, 당기순손익에 대한 내용이다. 옳지 않은 것은?

① 기타포괄손익 부분은 당해 기간의 기타포괄손익의 금액을 표시하는 항목을 성격별로 분류하고, 다른 한국채택국제회계 기준서에 따라 후속적으로 당기손익으로 재분류되지 않는 항목과 특정 조건을 충족하는 때에 후속적으로 당기손익으로 재분류되는 항목으로 구분하여 표시하여야 한다.
② 당기손익과 기타포괄손익은 단일의 포괄손익계산서에 두 부분으로 나누어 표시한다.
③ 포괄손익계산서에 당기손익 부분과 기타포괄손익 부분에 추가하여 당기순손익, 기타포괄손익, 당기손익과 기타포괄 손익을 합한 총포괄손익을 표시한다.
④ 수익과 비용의 어느 항목은 당기손익과 기타포괄손익을 표시하는 보고서 또는 주석에 특별손익 항목으로 표시할 수 있다.

05 다음 거래형태별 수익의 인식에 대한 설명으로 틀린 것은?

① 상품권의 발행과 관련된 수익은 재화를 인도하거나 판매한 시점에 인식하여야 하므로 상품권을 판매한 시점에는 수익을 인식하지 아니하고 선수금으로 처리한다.

② 수강료는 강의기간에 걸쳐 수익으로 인식한다.

③ 정기간행물은 구독신청에 의하여 판매하는 경우에는 구독신청 시에 수익을 인식한다.

④ 광고제작수수료는 광고제작의 진행률에 따라 인식한다.

06 현금흐름표에 대한 설명으로 옳지 않은 것은?

① 현금흐름표상 현금흐름의 유형은 영업활동, 투자활동, 재무 활동으로 구분된다.

② 매출채권 회수, 종업원 관련 현금 유출, 자금의 차입 등은 영업활동이다.

③ 자금의 대여 및 대여금 회수, 유형자산의 취득과 처분 등은 투자활동이다.

④ 주식 및 사채의 발행을 통한 자금조달은 재무활동이다.

07 다음은 (주)상공의 기계장치와 (주)서울의 건물과의 교환 내역이다. 이 거래와 관련하여 (주)상공의 유형자산처분손실 금액으로 옳은 것은? (단, (주)상공은 공정가치의 차액 ₩100,000을 현금으로 지급하였음)

회사	(주)상공	(주)서울
유형자산	기계장치	건물
취득원가	₩2,000,000	₩4,000,000
감가상각누계액	₩800,000	₩3,100,000
공정가치	₩1,000,000	₩1,100,000

① ₩100,000 ② ₩200,000
③ ₩300,000 ④ ₩400,000

08 다음은 종업원급여 지급과 관련된 거래이다. 8월 10일 분개로 옳은 것은?

> 가. 7월 25일 7월분 종업원급여 ₩1,000,000 중 소득세 ₩40,000, 국민건강보험료 ₩30,000을 원천징수하고 잔액은 현금으로 지급하다.
> 나. 8월 10일 7월분 종업원급여 지급 시 차감한 소득세와 국민건강보험료(회사 부담금 ₩30,000 포함)와 함께 현금으로 납부하다.

① (차) 예수금 70,000 (대) 현금 100,000
　　　보험금 30,000

② (차) 예수금 70,000 (대) 현금 100,000
　　　복리후생비 30,000

③ (차) 예수금 40,000 (대) 현금 100,000
　　　복리후생비 60,000

④ (차) 세금과공과 100,000 (대) 현금 100,000

09 당기 말 재고자산이 과대평가되었을 때 포괄손익계산서에 미치는 영향으로 옳은 것은?

	매출원가	당기순이익
①	과소	과대
②	과대	과소
③	과대	과대
④	과소	과소

10 다음은 (주)상공의 6월 중 매출처원장이다. 이를 통해 알 수 있는 내용으로 옳은 것은?(단, 제시된 자료 외에는 고려하지 않음)

매출처원장

○○상점

6/ 1 전월이월	30,000	6/13 매출	50,000
6/11 매출	370,000	6/24 현금	340,000
6/25 매출	60,000	6/30 차월이월	70,000
	460,000		460,000

△△상점

6/ 1 전월이월	20,000	6/17 현금	250,000
6/15 매출	300,000	6/28 매출	60,000
6/27 매출	400,000	6/29 당좌예금	330,000
		6/30 차월이월	80,000
	720,000		720,000

① 6월 중 외상매출 총액은 ₩1,180,000이다.
② 6월 중 외상매출금 회수액은 ₩1,030,000이다.
③ 6월 말 외상매출금 미회수액은 ₩50,000이다.
④ 6월 중 매출환입 및 매출에누리액은 ₩110,000이다.

11 다음 중 (주)상공기업의 사채 발행과 관련된 분개로 옳은 것은?

> (주)상공기업은 사채 액면 ₩5,000,000(액면이자율 연 5%, 상환기간 5년)을 ₩4,500,000에 발행하고 납입금은 당좌예금하다.

① (차) 당좌예금 4,500,000 (대) 사채 4,500,000
② (차) 당좌예금 4,500,000 (대) 사채 5,000,000
　　　이자비용 500,000
③ (차) 당좌예금 4,500,000 (대) 사채 5,000,000
　　　사채할인
　　　발행차금 500,000
④ (차) 당좌예금 4,500,000 (대) 사채 5,000,000
　　　사채할증
　　　발행차금 500,000

12 수정전 시산표상 선급보험료계정 잔액은 ₩70,000이었다. 결산 시 미경과보험료는 ₩20,000임을 확인하였다. 다음 중 올바른 수정분개는 어느 것인가?

① (차) 보험료 ₩20,000 (대) 선급보험료 ₩20,000
② (차) 보험료 ₩50,000 (대) 선급보험료 ₩50,000
③ (차) 선급보험료 ₩20,000 (대) 보험료 ₩20,000
④ (차) 선급보험료 ₩50,000 (대) 보험료 ₩50,000

13 회사는 100명의 종업원에게 1년에 5일의 근무일수에 해당하는 유급휴가를 제공하고 있으며, 미사용유급휴가는 다음 1년 동안 이월하여 사용할 수 있다. 유급휴가의 사용에 관해서는 당기에 부여된 권리가 먼저 사용된 후에 전기에서 이월된 권리가 사용되는 것으로 본다. 과거의 경험에 비추어서 전기 12월 31일 현재 추정한 결과 당기에 종업원 90명이 사용할 유급휴가일수는 5일 이하, 나머지 10명이 사용할 유급휴가일수는 평균 7일이 될 것으로 예상된다. 회사의 전기말 유급휴가와 관련된 회계처리에서 부채로 인식할 금액은 얼마인가?(단, 유급휴가 1일당 지급할 급여는 ₩100,000이라고 가정함)

① ₩2,000,000　　② ₩3,000,000
③ ₩5,000,000　　④ ₩6,000,000

14 다음 중 비용의 인식에 대한 설명으로 옳지 않은 것은?

① 비용은 수익을 인식하는 기간에 대응하여 인식한다.
② 비용은 수익을 창출하는 과정에서 희생된 자원으로 순자산의 감소(자산의 감소, 부채의 증가)로 나타난다.
③ 수익과 비용을 대응시키는 방법에는 직접대응, 체계적이고 합리적인 배분 및 즉시 비용화가 있다.
④ 미래 경제적 효익이 기대되지 않는 지출은 비용으로 인식할 수 없다.

15 다음 중 3가지 제품을 판매하는 (주)상공의 기말 재고자산에 대한 자료이다. (주)상공이 재고자산의 항목별로 저가법을 적용할 때 기말에 인식할 재고자산평가손실은 얼마인가?

항목	취득원가	순실현가능가치
상품1	₩500,000	₩460,000
상품2	₩300,000	₩270,000
상품3	₩100,000	₩150,000
합계	₩900,000	₩880,000

① ₩20,000
② ₩30,000
③ ₩40,000
④ ₩70,000

16 (주)상공은 5월 1일 우리은행에서 3개월 만기 정기예금 (₩5,000,000)에 가입하였다. 7월 31일 정기예금이 만기가 되어 원금과 이자 ₩45,000을 함께 현금으로 받아 즉시 보통예금에 입금하였다. 7월 31일 (주)상공의 회계처리로 옳은 것은?

① (차) 현금   5,045,000 (대) 정기예금   5,000,000
                            이자수익   45,000
② (차) 보통예금 5,045,000 (대) 정기예금   5,000,000
                            이자수익   45,000
③ (차) 보통예금 5,045,000 (대) 현금성자산 5,000,000
                            이자수익   45,000
④ (차) 현금   5,045,000 (대) 현금성자산 5,045,000

17 특수매매의 회계처리에 대한 설명으로 옳은 것은?

① 상품권 판매의 경우 상품권을 발행한 날 매출계정으로 처리한다.
② 시용판매의 경우 상품을 고객에게 인도한 날 매출계정으로 처리한다.
③ 위탁판매의 경우 수탁자에게 상품을 발송한 날 매출계정으로 처리한다.
④ 단기할부판매의 경우 상품을 인도한 날 매출계정으로 처리한다.

18 다음 중 충당부채, 우발부채 및 우발자산에 대한 설명으로 틀린 것은?

① 우발부채는 부채로 인식하지 않으나 우발자산은 자산으로 인식한다.
② 우발부채는 자원 유출 가능성이 아주 낮지 않는 한, 주석에 기재한다.
③ 충당부채는 자원의 유출 가능성이 매우 높은 부채이다.
④ 충당부채는 그 의무 이행에 소요되는 금액을 신뢰성 있게 추정할 수 있다.

19 202×년 7월 초에 (주)상공은 자사가 발행한 사채(자기사채)를 취득시점까지의 발생이자를 포함하여 ₩950,000에 취득하였다. 동 사채의 액면금액은 ₩1,000,000이고 액면이자율은 연 7%이며 이자는 매년 말에 지급한다. 한편, 동 사채의 발행 시 유효이자율은 연 10%이다. 상각후원가로 측정하고 있는 동 사채에 대한 (주)상공의 202×년 6월 말의 장부금액이 ₩930,000이라면, 202×년 7월 초에 자기사채의 취득과 관련하여 인식할 사채상환손익은 얼마인가? 결산일은 12월 31일이다.(단, 이자는 월수로 계산함)

① ₩15,000 상환이익
② ₩20,000 상환이익
③ ₩20,000 상환손실
④ ₩35,000 상환손실

20 다음 중 순이익에 영향을 미치는 오류가 아닌 것은?

① 기말상품재고액을 과대 계상하다.
② 임차료 미지급액의 계상을 누락하다.
③ 유형자산의 감가상각비를 과소 계상하다.
④ 수도광열비를 세금과공과로 잘못 분류하다.

21 다음 설명 중 잘못된 것은?

① 원가계산기간은 회사의 회계연도와 일치 하여야 한다. 다만, 필요한 경우에는 월별 또는 분기별 등으로 세분하여 원가계산을 실시할 수 있다.

② 외주가공원가는 그 성격에 따라 재료원가 또는 노무원가에 포함하여 계상할 수 있 으며, 그 금액이 중요한 경우에는 별도의 과목으로 기재할 수 있다.

③ 주요 재료와 부분품의 소비는 직접재료원 가를 구성한다.

④ 소모품, 수선용 부분품, 반제품도 재고자 산에 포함된다.

22 다음 원가에 대한 설명 중 밑줄 친 부분에 해당 하는 것을 〈보기〉에서 모두 고른 것은?

〈원가〉
제조기업이 재화나 용역을 생산하기 위해서 투입 하여 소비 되는 일체의 경제적 가치. 즉 제품을 생 산하는 데 사용된 원재료, 노동력, 기계나 건물 등 의 생산설비 및 용역 등의 소비액 전부를 말한다.

〈보기〉	
가. 재료원가	나. 노무원가
다. 고정원가	라. 제조경비

① 가, 나
② 가, 나, 다
③ 가, 다
④ 나, 다, 라

23 다음 중 원가의 분류 중 옳지 않은 것은?

① 원가의 형태별 분류 : 재료원가, 노무원 가, 제조경비

② 원가의 행태별 분류 : 변동원가, 고정원가

③ 원가의 자산화에 따른 분류 : 제품원가(재 고가능원가), 기간원가(비용)

④ 원가의 추적가능성에 따른 분류 : 통제가 능원가, 통제불능원가

24 (주)상공은 임대공장에서 제조하고 있으며 제조 품목은 의료기와 건강보조기이다. 각 제품에 공 장 임차료를 배부하기 위한 원가배부기준으로 가장 옳지 않은 것은?

① 원가대상인 각 제품과의 특정 활동과 관 련되는 인과관계에 비례하여 배부하였다.

② 원가대상인 각 제품의 수익성(이익)에 의 하여 배부하였다.

③ 원가대상인 각 제품매출액의 크기에 비례 하여 배부하였다.

④ 원가대상인 각 제품 크기에 따라 비례하 여 배부하였다.

25 다음의 자료를 이용하여 당기총제조원가를 구하 면 얼마인가?

가. 기초재공품재고액 :	₩30,000
나. 기말재공품재고액 :	₩10,000
다. 기초제품재고액 :	₩50,000
라. 기말제품재고액 :	₩40,000
마. 매출원가 :	₩550,000

① ₩500,000
② ₩520,000
③ ₩540,000
④ ₩560,000

26 다음은 제조간접원가에 대한 자료이다. 제조간 접원가 배부차이는 얼마인가?

가. 예상 제조간접원가 :	₩360,000
나. 예상 직접노동시간 :	7,200시간
다. 실제 제조간접원가 :	₩27,000
라. 실제 직접노동시간 :	600시간

① ₩3,000 과대배부
② ₩3,000 과소배부
③ ₩9,000 과대배부
④ ₩9,000 과소배부

27 다음은 (주)상공의 제조부문의 연간예상액과 실제발생액 및 배부기준을 나타낸 것이다. 각 제조부문별 예정배부율을 계산한 것으로 옳은 것은?

항목	제조1부문	제조2부문
연간예상액	₩10,000,000	₩5,000,000
연간기계작업시간	10,000시간	10,000시간
연간직접노동시간	5,000시간	5,000시간
배부기준	기계작업시간법	직접노동시간법
9월 실제발생액	₩1,000,000	₩800,000

① 제조1부문 ₩1,000, 제조2부문 ₩500
② 제조1부문 ₩1,000, 제조2부문 ₩1,000
③ 제조1부문 ₩2,000, 제조2부문 ₩1,000
④ 제조1부문 ₩2,000, 제조2부문 ₩2,000

28 다음은 실제개별원가계산과 정상개별원가계산에 대한 설명이다. 틀린 것은?

① 실제개별원가계산과 정상개별원가계산 모두 직접재료원가와 직접노무원가는 실제발생액을 개별작업에 직접 부과한다.
② 실제개별원가계산은 일정기간 동안 실제 발생한 제조간접원가를 동일기간의 실제배부기준 총수로 나눈 실제배부율에 의하여 개별제품에 배부한다.
③ 정상개별원가계산은 개별작업에 직접 부과할 수 없는 제조간접원가를 예정배부율을 이용하여 배부한다.
④ 원가계산이 기말까지 지연되는 문제를 해결하고자 실제개별원가계산이 도입되었다.

29 다음 중 부문별 제조간접원가 배부에 대한 내용으로 옳지 않은 것은?

① 보조부문원가를 제조부문별로 배부하는 문제는 공장전체 제조간접원가 배부율을 사용할 경우에 한해서 고려될 수 있다.
② 보조부문원가를 직접배부법, 단계배부법, 상호배부법 중 어떤 배부방법에 의하여 배부하느냐에 따라 각 제조부문에 집계된 제조간접원가가 달라지게 된다.
③ 부문별 제조간접원가 배부율을 사용한다면, 각 제조부문별로 서로 다른 제조간접원가 배부기준을 적용하게 된다.
④ 공장전체 제조간접원가 배부총액과 부문별 제조간접원가 배부총액은 일치하나, 공장전체 제조간접원가 배부보다 부문별 제조간접원가 배부가 더 정확할 수 있다.

30 (주)상공은 제조간접원가를 직접노무시간으로 예정배부하고 있다. 당초 제조간접원가 예산금액은 1,500,000원이고, 예산직접노무시간은 500시간이다. 당기 말 현재 실제 제조간접원가는 1,650,000원이 발생하였고, 제조간접원가의 배부차이가 발생하지 않을 경우 실제직접노무시간은 얼마인가?

① 450시간
② 500시간
③ 550시간
④ 600시간

31 제조간접원가 배부차이의 회계처리에 관한 설명이다. ( ) 안에 들어갈 말을 순서대로 나열한 것은?

> 제조간접원가는 예정배부액을 기준으로 원가계산을 하므로 실제 발생한 제조간접원가와 차이가 난다. 이때 예정배부한 제조간접원가보다 실제발생한 제조간접원가가 더 많다면 제조간접원가는 ( )배부한 것이고, 실제 발생한 제조간접원가가 더 적다면 제조간접원가는 ( )배부한 것이다.

① 과대, 과소
② 과대, 과대
③ 과소, 과대
④ 과소, 과소

32 다음은 (주)상공의 12월 원가자료와 12월 거래내용이다. 이를 토대로 (주)상공의 매출원가를 구하면 얼마인가?

가. 재고자산

구분	202×년 12월 1일	202×년 12월 31일
재공품	₩60,000	₩40,000
제품	₩70,000	₩50,000

나. 기중 거래(202×.12.1. ~ 202×.12.31)
- 직접재료원가 소비액 ₩180,000
- 직접노무원가 발생액 ₩240,000
- 제조간접원가는 전환원가(가공원가)의 40%임

① ₩600,000
② ₩620,000
③ ₩640,000
④ ₩670,000

33 (주)대한은 가공팀과 조립팀을 통해서 A제품과 B제품을 생산한다. 가공팀의 원가는 기계작업시간을 기준으로 배부하며, 조립팀의 원가는 인원수를 기준으로 배부한다. 다음 중 제조간접원가를 A제품과 B제품에 배부한 것으로 옳은 것은?

구분	제조부문		제품	
	가공팀	조립팀	A제품	B제품
제조간접원가	₩200,000	₩100,000		
인원수	10명	25명	2	3
기계작업시간	200시간	100시간	10	20

① A제품 ₩12,000, B제품 ₩10,000
② A제품 ₩10,000, B제품 ₩12,000
③ A제품 ₩32,000, B제품 ₩18,000
④ A제품 ₩18,000, B제품 ₩32,000

34 종합원가계산에 적합한 업종은?

① 비행기 제조업
② 대형선박 제조업
③ 전화기 제조업
④ 상가 신축업

35 다음 자료를 이용하여 평균법으로 당월제품제조원가를 계산한 것으로 옳은 것은?(단, 재료는 제조 착수 시에 전부 투입되고 가공원가는 제조 진행에 따라 균등하게 소비됨)

> **가. 월초 재공품**
> 재료원가 ₩40,000
> 가공원가 ₩70,000
> 수량 300개(완성도 : 50%)
> **나. 당월 소비액**
> 재료원가 ₩380,000
> 가공원가 ₩254,000
> **다. 당월 완성품 수량** : 2,500개
> **라. 월말 재공품 수량** : 500개(완성도 : 40%)

① ₩500,000
② ₩550,000
③ ₩650,000
④ ₩700,000

36 다음 중 원가계산에 대한 설명으로 가장 틀린 것은?

① 전부원가계산은 변동제조원가뿐만 아니라 고정제조원가까지도 포함하여 원가를 계산한다.

② 표준원가계산은 미리 표준으로 설정된 원가자료를 사용하여 원가를 계산하는 방법으로 원가관리에 유용하다.

③ 부문별 원가계산은 직접재료원가를 발생 원천인 부문별로 분류, 집계하는 방법이다.

④ 원가부문은 원가 발생에 대한 책임단위로 원가를 집계하기 위한 조직단위를 의미한다.

37 개별원가계산에 대한 설명으로서 다음 중 옳지 않은 것은?

① 주로 고객의 주문에 따라 서로 다른 여러 종류의 제품을 소량씩 개별적으로 생산하는 조선업, 건설업, 영화제작업 등에서 사용한다.

② 제품별로 제조를 지시하는 제조지시서를 사용하고 있기 때문에 제조지시서 번호별로 원가를 집계한다.

③ 원가계산은 제조지시서별로 언제라도 수행할 수 있으므로, 종합원가계산에 비해 원가계산기간은 중요하지 않다.

④ 월말에 완성된 제조지시서의 제조원가는 월말재공품원가가 되며, 미완성된 제조지시서의 제조원가는 완성품원가가 된다.

38 (주)대한은 두 개의 공정을 통해 완제품을 생산한다. 다음은 6월 중에 재료에 관한 자료이다. 단, 재료는 착수시점에서 전량이 투입된다. 평균법에 의할 경우 6월 30일 월말재공품에 포함된 재료원가는 얼마인가?

구분	물량	직접재료원가
6월 1일의 재공품	60,000개	₩260,000
6월 중의 재료투입	120,000개	₩1,000,000
완성품수량	120,000개	–

① ₩420,000
② ₩300,000
③ ₩240,000
④ ₩110,000

39 재공품평가는 선입선출법을 이용한다. 기말재공품의 수량이 100개이고 진척도가 60%인 상태에서 기초재공품의 완성도가 실제보다 과소하게 평가되었다. 이 오류로 인한 영향을 잘못 설명한 것은?(단, 기초재공품에 대하여 취합된 원가정보는 정확함)

① 당기완성품원가는 과대하게 평가된다.

② 기말재공품원가는 과소하게 평가된다.

③ 당기완성량과 기말재공품에 대한 완성품 총환산량은 과대평가된다.

④ 당기투입원가를 당기완성품과 기말재공품에 배부하기 위한 완성품환산량 단위당원가는 과대평가된다.

40 (주)상공의 202×년 부문별 제조원가예산은 아래와 같다.

	금형부문	조립부문	합계
직접재료원가	₩230,000	₩180,000	₩410,000
직접노무원가	₩80,000	₩120,000	₩200,000
제조간접원가	₩20,000	₩330,000	₩350,000
	₩330,000	₩630,000	₩960,000

202×년 결산시점 작업지시서 #7000에 집계된 원가자료가 다음과 같을 때 제조간접원가를 공장전체배부율로 배부한다면 #7000의 총제조원가는 얼마인가?(단, (주)상공은 직접노무원가를 기준으로 제조간접원가를 배부하고 있음)

	금형부문	조립부문	합계
직접재료원가	₩220,000	₩185,000	₩405,000
직접노무원가	₩85,000	₩110,000	₩195,000

① ₩323,750
② ₩341,250
③ ₩923,750
④ ₩941,250

2022년 상시 기출문제 01회

2급	소요 시간	문항 수
	총 60분	총 40문항

수험번호 : _____

성   명 : _____

정답 & 해설 ▶ 336쪽

1과목 재무회계

01 한국채택국제회계기준 하에서의 금융자산으로 옳지 않은 것은?

① 대여금
② 재고자산
③ 매출채권
④ 만기보유금융자산

02 다음 중 재고자산의 평가손실이 발생한 경우에 대한 설명으로 옳지 않은 것은?

① 물리적으로 손상된 경우
② 완전히 또는 부분적으로 진부화된 경우
③ 판매가격이 하락한 경우
④ 완성하거나 판매하는 데 필요한 원가가 하락한 경우

03 (주)상공의 자료를 이용하여 포괄손익계산서에 표시되는 당기순이익을 계산한 것으로 옳은 것은?

가. 매출액 :	₩1,000,000
나. 매출원가 :	₩700,000
다. 물류원가 :	₩100,000
라. 관리비 :	₩50,000
마. 금융원가 :	₩30,000
바. 보험수리적손실 :	₩20,000

① ₩100,000
② ₩120,000
③ ₩170,000
④ ₩200,000

04 재무제표에 관한 설명 중 옳지 않은 것은?

① 재무제표는 경영진의 수탁책임이나 기업의 재무성과를 보여 준다.
② 동일한 금액이라도 총자산이나 매출액의 규모에 따라 중요성의 정도가 달라질 수 있다.
③ 발생주의를 적용할 경우 재무제표에 표시되는 수익은 현금으로 회수한 금액만을 기록하여야 한다.
④ 재무제표는 정보이용자의 의사결정에 유용한 기업의 재무상태, 재무성과와 재무상태변동에 관한 정보를 제공한다.

05 다음의 내용 설명 중 옳지 않은 것은?

① 당좌예금은 재무상태표에 현금및현금성자산으로 처리한다.
② 수표를 발행하여 현금을 인출한 경우 차변의 계정과목은 당좌예금으로 한다.
③ 당점발행의 당좌수표를 받으면 차변에 당좌예금 계정으로 분개한다.
④ 동점발행의 당좌수표를 받으면 차변에 현금 계정으로 분개한다.

06 (주)상공은 5월 1일 우리은행에서 3개월 만기 정기예금(₩5,000,000)에 가입하였다. 7월 31일 정기예금이 만기가 되어 원금과 이자 ₩45,000을 함께 현금으로 받아 즉시 보통예금에 입금하였다. 7월 31일 (주)상공의 회계처리로 옳은 것은?

① (차) 현금　　　5,045,000 (대) 정기예금　5,000,000
　　　　　　　　　　　　　　　이자수익　　　45,000
② (차) 보통예금 5,045,000 (대) 정기예금　5,000,000
　　　　　　　　　　　　　　　이자수익　　　45,000
③ (차) 보통예금 5,045,000 (대) 현금성자산 5,000,000
　　　　　　　　　　　　　　　이자수익　　　45,000
④ (차) 현금　　　5,045,000 (대) 현금성자산 5,045,000

07 다음은 (주)상공이 투자부동산으로 분류하여 보유하고 있는 건물에 대한 자료이다. (주)상공의 20X1년 당기손익에 미치는 영향으로 옳은 것은?(단, 회계기간은 20X1년 1월 1일~12월 31일이며, 법인세 비용은 고려하지 않음)

- 취득일 : 20X1년 7월 1일
- 취득원가 : ₩4,000,000
- 감가상각방법 : 정액법
- 평가방법 : 공정가치모형
- 내용연수 : 20년
- 잔존가치 : ₩400,000
- 20X1년 12월 31일 공정가치 : ₩4,200,000

① 손실 ₩90,000
② 손실 ₩200,000
③ 이익 ₩90,000
④ 이익 ₩200,000

08 다음 충당부채 및 우발부채와 관련된 설명 중 옳지 않은 것은?

① 미래 영업을 위하여 발생하게 될 비용의 추계액에 상당하는 금액을 충당부채로 인식한다.
② 미래에 대한 불확실성과 관련하여 발생하는 잠재적 불이익 중 재무상태표에 인식하는 것을 충당부채라 한다.
③ 충당부채로 인식하기 위해서는 의무발생사건의 결과로 인한 현재의무로서 자원유출 가능성이 높고 금액을 신뢰성 있게 추정 가능하여야 한다.
④ 우발부채는 미래에 대한 불확실성과 관련하여 발생하는 잠재적 불이익 중 재무상태표에 인식하지 않고 편의상 주석으로 공시만 하며, 부채로 인식하지는 않는다.

09 투자부동산으로 분류해야 하는 것으로 옳은 것은?

① 자가사용 부동산
② 제품생산에 사용하는 부동산
③ 장기 시세차익을 얻기 위하여 보유하는 부동산
④ 정상적인 영업활동 과정에서 판매를 목적으로 보유하는 부동산

10 다음 중 유형자산과 관련한 설명으로 옳은 것은?

① 보유 중인 유형자산의 미래 경제적 효익이 장부금액에 현저히 미달하는 경우 손상차손을 인식한다.
② 기업이 1년 이상 보유하기 위하여 취득한 자산으로 그 형태가 있는 것은 모두 유형자산으로 분류된다.
③ 현금 이외의 자산을 제공하고 취득한 자산의 취득원가는 제공한 자산의 장부금액을 원칙으로 한다.
④ 여러 가지의 유형자산을 일괄 취득한 경우 취득원가는 각 자산의 내용연수에 따라 배분한다.

11 다음 중 무형자산에 관련한 설명으로 옳은 것은?

① 개발활동에서 발생한 지출은 모두 무형자산으로 인식한다.
② 무형자산의 미래 경제적 효익은 제품의 매출, 용역 수익, 원가절감 등의 형태로 발생할 수 있다.
③ 연구활동과 관련된 지출은 자산 인식요건을 충족할 경우 무형자산으로 처리한다.
④ 내부창출 영업권은 취득원가를 신뢰성 있게 측정할 수 있어 무형자산으로 인식한다.

12 (주)대한은 사용 중인 기계장치(취득원가 ₩1,000,000 감가상각누계액 ₩700,000)를 (주)상공과 교환하였다. 이 교환거래는 상업적 실질이 없다. 한편 (주)상공이 보유 중이던 기계장치의 장부금액은 ₩380,000이고 공정가치는 알 수 없다. 이 거래에 대한 설명으로 틀린 것은?

① (주)대한이 추가로 현금을 지급한 경우 그 금액을 취득원가에 가산한다.
② 이 거래에서 (주)대한의 기계장치 처분손익은 없다.
③ (주)대한의 기계장치의 취득원가는 ₩380,000이다.
④ (주)상공의 기계장치의 취득원가는 ₩380,000이다.

13 대여금과 차입금, 미수금과 미지급금에 대한 설명이다. 옳지 않은 것은?

① 기업이 상품 이외의 자산을 외상으로 처분한 경우에 발생한 채권은 미수금계정의 차변에 기입한다.
② 기업이 종업원이나 거래처 등으로부터 차용증서를 받고 1년 이내에 회수하는 조건으로 현금 등을 빌려 준 경우 단기대여금계정의 대변에 기입한다.
③ 기업이 자금 융통을 위하여 차용증서를 써주고 거래처나 은행 등으로부터 현금을 차입하고, 1년 이내에 갚기로 한 경우 단기차입금계정의 대변에 기입한다.
④ 기업이 상품 이외의 자산을 외상으로 매입한 경우에 발생한 채무는 미지급금계정의 대변에 기입한다.

14 중고자동차매매업을 하는 (주)상공은 다음과 같이 판매용 승용차를 현금으로 구입하였다. 회계처리로 옳은 것은?(단, 상품계정은 3분법에 의함)

매입가격 :	₩8,000,000
취득 시 수리비용 :	₩500,000

① (차) 매입　　　　 8,000,000　(대) 현금　　 8,500,000
　　　차량유지비　 500,000
② (차) 매입　　　　 8,500,000　(대) 현금　　 8,500,000
③ (차) 차량운반구 8,000,000　(대) 현금　　 8,500,000
　　　차량유지비　 500,000
④ (차) 차량운반구 8,500,000　(대) 현금　　 8,500,000

15 유형자산의 수익적 지출에 대한 설명으로 옳지 않은 것은?

① 지출효과가 당기 내에 소멸하는 경우
② 중요성 기준에 의해서 일정액 이하의 소액지출
③ 유형자산의 원상회복이나 능력유지를 위한 지출
④ 유형자산이 제공하는 경제적 효익의 양이나 질이 증대되는 경우

16 무형자산의 취득원가에 포함되지 않는 것은?

① 무형자산의 창출을 위하여 발생한 종업원 급여
② 법적 권리를 등록하기 위한 수수료
③ 시제품 제작비
④ 자산을 운용하는 직원의 교육훈련과 관련 된 지출

17 (주)대한은 투자자금을 조달하기 위하여 사채를 발행하기로 하였다. 회사는 당기 7월 1일 사채 액면금액 ₩1,000,000을 액면 발행하였으며, 이자는 매년 말 지급하기로 하고, 연 액면이자율 은 12%로 하였다. 당기 12월 말 이자를 현금으 로 지급할 경우 그 분개로 옳은 것은?

①	(차) 이자비용	120,000	(대) 현금	120,000
②	(차) 이자비용	100,000	(대) 현금	100,000
③	(차) 이자비용	80,000	(대) 현금	80,000
④	(차) 이자비용	60,000	(대) 현금	60,000

18 자본에 대한 설명으로 옳지 않은 것은?

① 자본은 납입자본, 이익잉여금, 기타자본 요소로 분류할 수 있다.
② 자본금은 발행주식수와 주당 액면금액의 곱으로 산출된다.
③ 주식발행초과금은 납입자본으로 분류된다.
④ 기타포괄손익은 당기순손익에 포함되어 자본을 증가시킨다.

19 (주)대한은 경비 용역 업체이다. 아파트 경비에 대한 용역을 ₩1,400,000에 2년 동안(20X1년 ~20X2년) 제공하기로 약정하였다. 이 용역과 관련하여 예상되는 총원가는 ₩700,000이며, 20X1년도에 실제 발생한 원가는 ₩400,000이 다. 20X1년도에 인식해야 할 용역 수익은 얼마 인가?

① ₩700,000
② ₩800,000
③ ₩1,000,000
④ ₩1,400,000

20 비용의 인식에 대한 설명으로 옳지 않은 것은?

① 비용은 수익을 인식하는 기간에 대응하여 인식한다.
② 비용은 수익을 창출하는 과정에서 희생된 자원으로 순자산의 감소(자산의 감소, 부 채의 증가)로 나타난다.
③ 수익과 비용을 대응시키는 방법에는 직접 대응, 체계적이고 합리적인 배분 및 즉시 비용화가 있다.
④ 미래 경제적 효익이 기대되지 않는 지출 은 비용으로 인식할 수 없다.

2과목 **원가회계**

21 통제가능원가에 해당하는 것으로 옳은 것은?

① 직접재료원가
② 공장건물 임차료
③ 기계장치 감가상각비
④ 공장건물 화재보험료

22 원가는 통제가능성에 따라 통제가능원가와 통제 불가능원가로 분류한다. 옳지 않은 것은?

① 통제가능하다고 하는 것은 경영자가 원가 발생액을 통제할 수 있는 재량권을 갖고 있음을 의미한다.
② 관리계층에 따라 동일한 원가에 대한 통 제가능성이 달라지지는 않는다.
③ 특정 과거에 이루어진 의사결정에 의해서 발생하는 감가상각비와 같은 비용은 이미 정해져 있거나, 이미 발생한 원가로서 경 영자가 이를 통제할 수 없으므로 통제불 가능한 원가이다.
④ 특정 부문 내에서 발생하는 원가를 통제 가능원가와 통제불가능원가로 분류하여 통제가능원가를 기준으로 특정 부문 경영 자의 성과를 평가하여야 한다.

23 (주)상공은 제품A를 생산판매하고 있다. 당기 1월의 생산활동에 따른 원가는 다음과 같다. 1월의 생산량이 10개였는데, 2월에는 20개로 추정된다. 2월의 제품단위당원가는 얼마로 예상되는가?(단, 생산량 10개와 20개는 관련범위 내에 있으며, 재공품은 없음)

가. 생산량 :	10개
나. 변동제조간접원가 :	₩3,000
다. 직접재료원가 :	₩10,000
라. 고정제조간접원가 :	₩6,000
마. 직접노무원가 :	₩5,000

① ₩2,000 ② ₩2,100
③ ₩2,200 ④ ₩2,300

24 다음 중 원가의 특성이라고 볼 수 없는 것은?

① 제조과정에서 소비된 것 중 경제적 가치가 있는 요소만이 원가가 될 수 있다.
② 경영목적인 제품의 제조 및 판매와 직접 관련되어 발생한 것이어야 원가가 될 수 있다.
③ 제조과정에서 정상적으로 발생한 재료 감모손실이나 공장 경비원의 급여 등도 원가에 포함된다.
④ 기업의 수익획득 활동에 필요한 공장용 토지나 서비스를 단순히 구입하는 것만으로 원가가 된다.

25 다음은 원가관리회계의 특성과 관련된 설명들이다. 이 중에서 옳지 않은 것은?

① 원가관리회계는 기업의 경영자나 관리자에게 의사결정에 필요한 원가나 세부부문의 재무정보를 제공한다.
② 원가관리회계는 원가측정 및 계산을 주로 다루는 원가회계와 원가정보를 의사결정에 사용하는 기법을 다루는 관리회계로 세분하기도 한다.
③ 원가관리회계의 정보는 외부에 보고하는 재무회계의 정보와 아무런 관련성이 없다.
④ 원가관리회계는 각종 업무활동을 위해 원가를 측정/관리/분석 하는 분야이므로 기업의 기획/구매/판매/생산/설계 등 모든 분야의 경영관리자에게 필수적인 지식이다.

26 다음은 (주)상공의 개별원가계산에 의한 제품 생산 원가자료이다. 20X1년 초 제품재고액이 ₩1,000,000, 20X1년 말 제품재고액이 ₩1,300,000일 때 20X1년도 포괄손익계산서에 계상될 매출원가는 얼마인가?(단, 당기에 작업지시서 #102는 완성되었으나, 작업지시서 #101은 아직 완성되지 않았음)

	작업지시서 #101	작업지시서 #102
기초재공품	–	₩500,000
직접재료원가	₩300,000	₩200,000
직접노무원가	₩400,000	₩100,000
제조간접원가	₩200,000	₩200,000

① ₩200,000
② ₩600,000
③ ₩700,000
④ ₩1,000,000

27 재료의 평가손실 계산방법으로 옳은 것은?

① (장부상 재료수량 – 실제 재료수량)
　　× 재료단위당원가
② (장부상 재료수량 – 실제 재료수량)
　　× 재료단위당시가
③ (재료단위당원가 – 재료단위당시가)
　　× 장부상 재료수량
④ (재료단위당원가 – 재료단위당시가)
　　× 실제 재료수량

28 (주)상공은 월 중에 절단부문원가 ₩100,000과 조립부문원가 ₩120,000을 예정배부하였다. 월말에 집계된 부문원가의 실제발생액은 절단부문 ₩80,000과 조립부문 ₩90,000으로 집계되었다. 부문원가 실제발생액을 인식하는 분개로 옳은 것은?

① (차) 재공품　　　170,000　(대) 절단부문원가 80,000
　　　　　　　　　　　　　　　　조립부문원가 90,000
② (차) 제조간접원가 170,000　(대) 절단부문원가 80,000
　　　　　　　　　　　　　　　　조립부문원가 90,000
③ (차) 절단부문원가 80,000　(대) 재공품　　　170,000
　　　조립부문원가 90,000
④ (차) 절단부문원가 80,000　(대) 제조간접원가 170,000
　　　조립부문원가 90,000

29 개별원가계산에 대한 설명으로 옳지 않은 것은?

① 직접원가는 작업별로 직접 추적하고 간접원가는 배부기준에 따라 배부하여 제품이나 서비스의 원가를 계산한다.
② 조선업이나 건설업 등과 같이 수요자의 주문에 따라 제품을 생산하는 업종에서 주로 사용된다.
③ 직접재료원가, 직접노무원가, 제조간접원가 모두를 실제 원가로 계산하는 것을 실제개별원가계산이라 한다.
④ 직접재료원가, 직접노무원가, 제조간접원가 모두를 예정배부율을 사용해 예정원가로 계산하는 것을 정상개별원가계산이라 한다.

30 제조부문원가(총액 ₩42,000) 제품별 배부액을 직접재료원가를 기준으로 계산할 때, 절단부문원가와 조립부문원가의 배부율은 각각 얼마인가?

제조부문원가 : 절단부문원가	₩28,000
조립부문원가	₩14,000
직접재료원가 :	₩50,000
(A제품 ₩20,000, B제품 ₩30,000)	
직접노무원가 :	₩20,000
(A제품 ₩9,000, B제품 ₩11,000)	

① 절단부문 배부율 : ₩0.4
　조립부문 배부율 : ₩0.2
② 절단부문 배부율 : ₩0.56
　조립부문 배부율 : ₩0.28
③ 절단부문 배부율 : ₩0.4
　조립부문 배부율 : ₩0.28
④ 절단부문 배부율 : ₩0.56
　조립부문 배부율 : ₩0.2

31 원가배부에 대한 전반적인 내용이다. 옳지 않은 것은?

① 원가배부기준의 선택은 원칙적으로 인과관계기준을 바탕으로 하되, 인과관계가 명확하지 않은 경우에는 부담능력 기준이나 수혜기준 등을 고려하여 결정하여야 한다.
② 원가를 추적하고 집계할 원가대상을 설정하는데, 원가대상은 경영자의 의사결정에 목적적합하도록 설정한다.
③ 원가집합별로 원가대상과 원가집합의 인과관계를 가장 잘 반영시켜 주는 원가배부기준을 결정하여 원가집합에 집계된 공통원가를 원가대상에 배부한다.
④ 제조부문에서 발생한 직접재료원가와 직접노무원가를 포함한 모든 제조원가는 제조간접원가로 분류되며, 제조부문의 제조활동을 보조하기 위하여 보조부문에서 발생한 원가도 또한 제조간접원가이다.

32 다음에서 설명하는 보조부문원가 배부방법으로 옳은 것은?

> 보조부문 상호 간의 용역수수관계를 완전히 고려하여 보조부문원가를 다른 보조부문과 제조부문에 배부하는 방법으로 복잡하지만 가장 정확하다.

① 단계배부법 ② 상호배부법
③ 간접배부법 ④ 직접배부법

33 제조간접원가를 예정배부하는 경우 아래의 제조간접원가 계정에 대한 설명으로 옳은 것은?

제조간접원가

매출원가	1,000	

① 제조간접원가 실제발생액 ₩1,000을 매출원가계정에 대체하다.
② 제조간접원가 예정배부액 ₩1,000을 매출원가계정에 대체하다.
③ 제조간접원가 과다배부차액 ₩1,000을 매출원가계정에 대체하다.
④ 제조간접원가 과소배부차액 ₩1,000을 매출원가계정에 대체하다.

34 다음은 지급 제조경비에 대한 내용이다. 옳지 않은 것은?

① 원가계산기간 중에 실제 발생하여 지급한 금액을 그 기간의 경비액으로 삼는 비용이다.
② 원가계산기간 중에 현금을 지급하였다는 사실보다는 발생주의에 따라 당해 기간에 발생한 경비라는 원가요소 사실에 입각하여 계산한 금액을 말한다.
③ 이에 속하는 비용항목으로는 복리후생비·수선비·운임·보관료·여비교통비·기업업무추진비·외주가공비·잡비 등이 있다.
④ 수선비 중 6월 지급액이 ₩6,000, 5월 말 미지급액이 ₩600, 6월 말 선급액이 ₩2,000인 경우, 6월 소비액은 ₩7,400으로 계산된다.

35 개별원가계산에 재공품계정에서 제품계정으로 대체되는 금액은 무엇을 의미하는가?

① 당기에 투입된 모든 작업의 원가
② 당기에 지급된 모든 작업의 원가
③ 당기에 완성된 모든 작업의 원가
④ 당기에 완성되어 판매된 모든 작업의 원가

36 (주)상공은 한 가지 종류의 고추장을 생산한다. 모든 재료는 공정의 초기단계에 100% 투입되며 가공원가는 공정의 진행에 따라 균일한 비율로 발생한다. 기초재공품의 완성도가 50%였으며, 기말재공품의 완성도가 30%라고 한다. 이 회사가 종합원가계산에 의해 제품의 원가를 계산한다고 할 때 기말재공품의 원가는 얼마인가?(단, 원가흐름에 대한 가정으로 선입선출법을 사용하고 있으며, 공손은 발생하지 않았다고 가정함)

	단위	재료원가	가공원가
기초재공품	10,000	₩60,000	₩50,000
당기착수	50,000	₩200,000	₩410,000
기말재공품	20,000	–	–

① ₩120,000
② ₩140,000
③ ₩160,000
④ ₩180,000

37 다음은 개별원가계산 제도를 채택하고 있는 (주)강원의 원가자료이다. 6월 제품제조원가를 계산한 금액으로 옳은 것은?

제조지시서 No.11은 5월에 생산을 시작하여 6월에 완성되었고, No.12와 No.13은 6월에 제조가 착수되었으며, 그중 No.13은 6월 말 현재 미완성이다.

<미완성품 원가자료>

	5월 31일 (No.11)	6월 30일 (No.13)
직접재료원가	₩2,000	₩11,000
직접노무원가	₩6,000	₩27,000
제조간접원가	₩3,000	₩19,000
계	₩11,000	₩57,000

6월 중 직접재료원가 ₩37,000, 직접노무원가 ₩97,000, 제조간접원가 ₩67,000이 투입되었다.

① ₩68,000
② ₩98,000
③ ₩144,000
④ ₩155,000

38 다음 중 선입선출법에 의한 종합원가계산에서 완성품환산량 단위당원가는 어느 원가를 사용하여 계산하는가?

① 당기투입원가
② 당기투입원가 + 기초재공품원가
③ 당기투입원가 - 기말재공품원가
④ 당기투입원가 + 기초재공품원가 - 기말재공품원가

39 다음은 (주)상공의 제품 제조와 관련된 자료이다. 기말재공품 평가를 평균법, 선입선출법에 의할 경우 가공원가의 완성품환산량을 계산한 것으로 옳은 것은?

가. 기초재공품 수량 200개 (완성도 40%)
나. 당기착수량 1,200개
다. 기말재공품 수량 300개 (완성도 30%)
※ 재료원가는 작업시작 시점에서 일시에 투입하고, 가공원가는 제조진행에 따라 투입된다.

① (평균법) 1,190   (선입선출법) 1,070
② (평균법) 1,190   (선입선출법) 1,110
③ (평균법) 1,310   (선입선출법) 1,070
④ (평균법) 1,310   (선입선출법) 1,230

40 다음 원가와 관련된 설명 중 옳지 않은 것은?

① 재공품 중에서 완성된 것은 제품이 되며, 이 완성된 제품의 원가를 당기제품제조원가라 한다.
② 제품제조원가는 제품이 판매되었을 때 손익계산서에 표시한다.
③ 제조간접원가가 상세히 기록되는 표를 제조지시서라고 한다.
④ 개별원가계산은 각 개별 작업별로 원가를 집계하여 제품별 원가계산을 하는 방법이다.

2급	소요 시간	문항 수
	총 60분	총 40문항

수험번호 : _____

성　명 : _____

정답 & 해설 ▶ 339쪽

1과목　**재무회계**

01 다음 중 재무제표가 정보이용자에게 경제적 의사결정을 위한 유용한 정보를 제공하기 위해 갖추어야 할 질적특성에 속하지 않는 것은?

① 비교가능성　　② 정당성
③ 목적적합성　　④ 이해가능성

02 다음 중 수정 전 잔액시산표의 차변 합계액은 ₩1,000,000일 때, 보험료 미경과액 ₩30,000과 이자수익 미수액 ₩20,000을 계상한 후의 수정 후 잔액시산표 차변 합계액은 얼마인가?

① ₩970,000　　② ₩990,000
③ ₩1,020,000　　④ ₩1,050,000

03 다음은 비용의 인식에 대한 설명이다. 옳지 않은 것은?

① 비용은 수익을 인식하는 기간에 대응하여 인식한다.
② 비용은 수익을 창출하는 과정에서 희생된 자원으로 순자산의 감소(자산의 감소, 부채의 증가)로 나타난다.
③ 수익과 비용을 대응시키는 방법에는 직접 대응, 체계적이고 합리적인 배분 및 즉시 비용화가 있다.
④ 미래 경제적 효익이 기대되지 않는 지출은 비용으로 인식할 수 없다.

04 (주)상공의 다음 자료를 이용하여 전기이월미처분이익잉여금을 계산한 것으로 옳은 것은?

가. 차기이월미처분이익잉여금 :	₩1,000,000
나. 중간배당액(현금) :	₩100,000
다. 당기순이익 :	₩1,000,000
라. 임의적립금이입액 :	₩200,000
마. 현금 배당금 :	₩500,000
바. 이익준비금은 법정최소금액 적립	

① ₩460,000
② ₩510,000
③ ₩700,000
④ ₩900,000

05 다음 중에서 자본변동표에 나타날 수 없는 항목은?

① 회계정책변경 누적효과
② 주주에 대한 배당
③ 기타포괄손익누계액의 변동
④ 회계추정변경의 소급적용 효과

06 (주)상공의 다음 자료에 의하여 결산 시 수정분 개로 옳은 것은?

> 결산시점 현금과부족 계정 대변 잔액은 ₩80,000 이다. 그 원인을 파악한 결과 종업원식대 ₩36,000 을 현금으로 지급한 분개가 이중 기입되었음을 확인하고, 나머지는 원인을 알 수 없어 이를 정리하다.

① (차) 복리후생비 36,000 (대) 현금과부족 80,000
　　　 잡손실　　 44,000

② (차) 현금과부족 80,000 (대) 복리후생비 36,000
　　　　　　　　　　　　　　　 잡이익　　　 44,000

③ (차) 현금과부족 80,000 (대) 기업업무추진비 36,000
　　　　　　　　　　　　　　　 잡이익　　　 44,000

④ (차) 현금과부족 80,000 (대) 복리후생비 36,000
　　　　　　　　　　　　　　　 현금　　　　 44,000

07 다음은 수익 인식과 관련된 설명이다. 옳지 않은 것은?

① 위탁판매의 경우 위탁한 상품의 판매가 이루어진 판매시점에서 수익으로 인식한다.
② 시용판매의 경우 제품을 인도한 시점에 판매가 이루어진 것으로 보아 수익으로 인식한다.
③ 설치 및 검사 조건부 판매로서 설치과정이 단순한 경우에는 구매자가 재화의 인도를 수락한 시점에서 수익을 인식한다.
④ 대가가 분할되어 수취되는 할부판매의 경우에는 이자부분을 제외한 판매가격에 해당되는 수익을 판매시점에서 인식한다.

08 다음 중 투자부동산으로 분류하여야 하는 것은?

① 자가사용 부동산
② 제품생산에 사용하는 부동산
③ 장기 시세차익을 얻기 위하여 보유하는 부동산
④ 정상적인 영업활동 과정에서 판매를 목적으로 보유하는 부동산

09 (주)대한의 기초 매출채권의 손실충당금잔액은 ₩250,000이다. 3월에 ₩100,000의 손상이 발생하였고 기말 수정분개 시 ₩50,000의 손실충당금을 추가로 계상하였다. 기말 수정분개를 완료한 이후에 손실충당금계정 잔액은 얼마인가?

① ₩150,000　　　② ₩200,000
③ ₩250,000　　　④ ₩300,000

10 거래 내용과 회계처리한 계정과목의 연결이 옳지 않은 것은?

① 상품 주문을 받고 계약금을 받은 경우 – 선수금
② 건물 신축을 위한 계약을 체결하고 계약금을 지급한 경우 – 선급금
③ 종업원의 출장을 명하고 출장비를 지급한 경우 – 가지급금
④ 원인불명의 현금을 수령한 경우 – 가수금

11 다음 중 (주)대한의 재고자산에 해당하지 않는 것은?

① (주)대한이 매입하여 창고에 보관하고 있는 재고자산
② (주)대한이 선적지 인도조건으로 판매하여 해상 운송 중인 재고자산
③ (주)대한의 위탁판매를 목적으로 수탁자가 보관하고 있는 재고자산
④ (주)대한이 침수피해를 예방하기 위해 일시적으로 (주)설악의 창고로 옮겨 놓은 재고자산

12 재고자산의 취득원가가 계속 상승하는 경우 매출총이익이 가장 크게 나타나는 재고자산의 단가결정방법은 무엇인가?(단, 재고자산의 수량이 일정하게 유지됨)

① 총평균법
② 후입선출법
③ 선입선출법
④ 이동평균법

13 (주)초록은 저장창고를 신축하기 위하여 토지를 구입하였다. (주)초록은 토지 구입직후에 동 토지 위에 있던 낡은 창고를 철거하였는데, 이때 철거비용 ₩1,000,000이 발생하였다. 철거비용 ₩1,000,000을 회계처리하는 방법으로 옳은 것은?

① 당기 비용으로 처리한다.
② 취득한 토지원가에 가산한다.
③ 신축되는 저장창고의 원가에 가산한다.
④ 별도의 독립적인 구축물계정으로 인식한다.

14 금융부채에 관한 설명으로 옳지 않은 것은?

① 유동부채에 속하는 항목은 모두 금융부채에 속한다.
② 금융부채란 거래상대방에게 현금 등 금융자산을 인도하기로한 계약상의 의무를 말한다.
③ 자기지분상품으로 결제되거나 결제될 수 있는 주식수가 변동 가능한 비파생상품도 금융부채이다.
④ 공정가치 측정 금융부채는 공정가치로 평가함에 따른 평가 손익을 모두 당기손익에 반영한다.

15 자본의 실질적 감소를 가져오는 거래로 옳은 것은?

① 자본잉여금을 재원으로 하여 무상증자를 실시하다.
② 이미 발행한 주식을 유가증권시장에서 매입하여 소각하다.
③ 이익을 배당하면서 현금배당 대신에 주식배당을 실시하다.
④ 누적된 이월결손금의 보전을 위하여 현재 발행주식을 2주당 1주의 비율로 감소시키다.

16 다음 자료를 이용하여 포괄손익계산서상의 법인세차감전순이익을 계산한 금액으로 옳은 것은?

가. 매출액 :	₩1,000,000
나. 종업원급여비용 :	₩100,000
다. 매출원가 :	₩400,000
라. 유형자산손상차손 :	₩50,000
마. 기타비용 :	₩30,000
바. 감가상각비와 기타상각비 :	₩50,000
사. 금융원가 :	₩20,000
아. 기타포괄손익-공정가치측정금융자산평가손실 :	
	₩50,000

① ₩300,000   ② ₩350,000
③ ₩370,000   ④ ₩380,000

17 (주)한국은 당기 중 법인세 중간예납세액 ₩120,000을 납부할 때 선급법인세 계정을 이용하여 회계처리하였다. 결산결과 당기의 법인세는 ₩300,000으로 계산되었다. 결산 시 법인세와 관련된 분개로 적절한 것은?

① (차) 법인세비용 300,000 (대) 선급법인세 120,000
　　　　　　　　　　　　　　　미지급법인세 180,000
② (차) 법인세비용 300,000 (대) 미지급법인세 300,000
③ (차) 세금과공과 300,000 (대) 선급법인세 120,000
　　　　　　　　　　　　　　　미지급법인세 180,000
④ (차) 세금과공과 300,000 (대) 미지급법인세 300,000

18 다음 설명에 해당하는 재무제표의 종류로 옳은 것은?

> 기업의 재무상태의 변동 원인을 파악하기 위해 일정기간 동안에 현금이 어디에서 조달되고 어디에 사용하여 그 결과 기말 현금이 기초 현금보다 얼마만큼 증가 또는 감소하였는지에 대한 정보를 제공해주는 표이다.

① 재무상태표   ② 자본변동표
③ 현금흐름표   ④ 포괄손익계산서

19 회사가 매입채무를 현금으로 지불하였다면 유동비율과 부채비율에 미치는 영향은?(단, 회사의 유동비율은 200%이며, 부채비율은 '부채/자본'으로 계산함)

① (유동비율) 증가한다. (부채비율) 증가한다.
② (유동비율) 증가한다. (부채비율) 감소한다.
③ (유동비율) 감소한다. (부채비율) 증가한다.
④ (유동비율) 감소한다. (부채비율) 감소한다.

20 연구비와 개발비에 대한 설명으로 틀린 것은?

① 개별적으로 식별이 불가능한 개발비는 무형자산으로 계상할 수 없다.
② 개발단계에서 발생한 지출이라도 무형자산 인식요건을 충족하지 못하는 경우 비용으로 처리해야 한다.
③ 연구비는 모두 비용으로 처리해야 한다.
④ 개발비는 판매비와관리비로 처리해야 한다.

2과목 원가회계

21 원가에 관한 설명이다. 그 내용이 옳지 않은 것은?

① 관련원가는 고려 중인 대체안 간에 차이가 있는 미래의 원가로서 특정 의사결정과 관련된 원가를 의미한다.
② 비관련원가는 대체안 간에 차이가 없는 원가이거나 과거의 원가로서 특정 의사결정과 관련이 없는 원가를 의미한다.
③ 기회원가는 자원을 현재 사용하는 용도가 아닌 대체적인 다른 용도에 사용하였을 때 실현할 수 있는 최대금액 또는 차선의 대체안을 포기함으로써 상실한 효익을 의미한다.
④ 매몰원가는 기발생원가라고도 하며 과거 의사결정의 결과 이미 발생한 원가로 미래의 의사결정과 밀접하게 관련되는 원가이다.

22 원가회계의 주요 목적으로 옳지 않은 것은?

① 내부 의사결정
② 예산의 편성 및 통제
③ 기업 내 여러 부문의 평가
④ 원가정보를 기업 외부의 회계정보 이용자에게 공시

23 제품의 제조가 끝난 뒤에 실제로 발생한 원가를 이용하여 제품의 원가를 계산하는 방법을 무엇이라고 하는가?

① 표준원가계산
② 실제원가계산
③ 추산원가계산
④ 예정원가계산

24 제품제조원가에 포함되는 항목으로서 옳지 않은 것은?

① 공장 일용근로자 인건비, 공장 감독자 급여
② 공장 경비원 임금, 공장 근로자의 국민연금 회사부담분
③ 재료원가, 제조기계의 감가상각비
④ 광고선전비

25 제조기업의 제조원가명세서에 대한 설명으로 옳지 않은 것은?

① 당기총제조원가는 직접재료원가, 직접노무원가, 제조간접원가의 합계액을 의미한다.
② 당기의 제품제조원가의 내용을 상세히 알기 위해 작성하는 명세서를 말한다.
③ 재무상태표에 표시되는 재료, 재공품, 제품 등의 재고자산 가격을 결정하기 위한 원가정보를 제공한다.
④ 당기총제조원가는 기능별포괄손익계산서의 매출원가를 산정하는 데 필요한 당기 제품제조원가와 항상 일치한다.

26 재료원가계산을 위한 실지재고조사법의 특징으로 옳지 않은 것은?

① 총평균법은 적용할 수 있으나, 이동평균법은 적용할 수 없다.
② 재료의 기말 재고량을 정확히 파악할 수 있다.
③ 재료감모손실을 계산할 수 있다.
④ 재료의 입고와 출고가 빈번한 경우에 그 효익이 크다.

27 제조경비에 대한 설명으로 옳은 것은?

① 측정제조경비란 보험료, 임차료, 감가상각비, 세금과공과 등과 같이 일시에 지급하는 제조경비를 말한다.
② 발생제조경비란 재료감모손실 등과 같이 현금의 지출 없이 발생하는 제조경비를 말한다.
③ 월할제조경비란 수선비, 운반비, 잡비 등과 같이 매월의 소비액을 그 달에 지급하는 제조경비를 말한다.
④ 지급제조경비란 전기료, 수도료 등과 같이 계량기에 의해 소비액을 측정할 수 있는 제조경비를 말한다.

28 다음은 (주)상공기업의 외주가공원가 지급 내역이다. 외주가공원가 당월 소비액은 얼마인가?

가. 당월지급액 :	₩500,000
나. 전월선급액 :	₩50,000
다. 당월선급액 :	₩100,000

① ₩400,000
② ₩450,000
③ ₩500,000
④ ₩550,000

29 다음은 제조간접원가에 대한 자료이다. 제조간접원가 예정배부율(시간당)과 예정배부액은 각각 얼마인가?

가. 예상 제조간접원가 :	₩360,000
나. 예상 직접노동시간 :	7,200시간
다. 실제 제조간접원가 :	₩270,000
라. 실제 직접노동시간 :	6,000시간

① 예정배부율 : ₩50
　예정배부액 : ₩300,000
② 예정배부율 : ₩50
　예정배부액 : ₩360,000
③ 예정배부율 : ₩60
　예정배부액 : ₩300,000
④ 예정배부율 : ₩60
　예정배부액 : ₩360,000

30 다음은 원가배분기준에 대한 설명이다. 관계가 있는 항목은?

배분하려는 원가로부터 원가대상에 제공된 효익을 측정할 수 있는 경우에, 그 경제적 효익의 크기에 따라 원가를 배분하는 기준이다.

① 인과관계기준
② 수혜기준
③ 부담능력기준
④ 공정성기준

31 원가배부의 일반적인 목적을 설명한 것 중 옳지 않은 것은?

① 재고자산 평가와 이익 측정을 위한 매출원가를 계산하기 위해 관련된 원가를 재고자산과 매출원가에 배부하여야 한다.
② 개별제품과 직접적인 인과관계가 없는 원가는 제품에 배부하면 안된다.
③ 부문경영자나 종업원들이 합리적인 행동을 하도록 하기 위해서는 각 부문이나 활동별로 원가를 배부한다.
④ 제품의 가격결정, 부품의 자가제조 또는 외부구입과 같은 의사결정에 필요한 정보를 제공할 수 있어야 한다.

32 (주)상공의 당월 중에 제조부문원가 예정배부액은 ₩55,000이고, 당월 말에 제조부문원가 실제배부액은 ₩50,000인 것으로 밝혀졌다. 이 차이를 조절하기 위한 적절한 분개로 옳은 것은?

① (차) 보조부문원가   5,000 (대) 제조부문원가   5,000
② (차) 제조부문원가   5,000 (대) 부문원가배부차이 5,000
③ (차) 제조부문원가   5,000 (대) 보조부문원가   5,000
④ (차) 부문원가배부차이 5,000 (대) 제조부문원가   5,000

33 보조부문과 배분기준의 연결이 옳지 않은 것은?

① (보조부문) 건물관리부문 – (배분기준) 면적
② (보조부문) 수선유지부문 – (배분기준) 수선시간
③ (보조부문) 식당부문 – (배분기준) 배식시간
④ (보조부문) 동력부문 – (배분기준) 전력 소비량

34 개별원가계산에 대한 설명으로 옳지 않은 것은?

① 각 제품의 제조지시서별로 원가를 집계하여 제품별로 원가계산을 하는 방법이다.
② 주문에 의하여 소량으로 생산하는 기계제조업, 항공기제조업, 조선업 등에 사용하는 방법이다.
③ 제품의 제조과정에서 발생하는 직접재료원가, 직접노무원가, 제조간접원가를 구분하여 원가를 계산한다.
④ 원가의 기간별 배부가 중요하며 작업의 진척도에 따라 배부하는 원가를 다르게 계산하는 방법이다.

35 (주)신라는 제조간접원가를 직접노무원가의 120%로 예정배부하고 있다. 다음 자료에 의하여 재공품 계정상의 당기제품제조원가는 얼마인가?

가. 기초재공품 :	₩11,000
나. 기말재공품 :	₩5,000
다. 당기 직접재료 소비액(실제) :	₩25,000
라. 당기 직접노무원가(실제) :	₩10,000
마. 당기 제조간접원가(실제) :	₩8,000

① ₩49,000   ② ₩51,000
③ ₩53,000   ④ ₩55,000

36 경기회사는 개별원가계산을 실시하고 있는데 제조간접원가는 직접노무원가의 120%이다. 작업번호 101에서 발생한 직접재료원가는 ₩25,000이며 직접노무원가는 ₩73,000이다. 작업번호 101의 총원가는 얼마인가?

① ₩112,600   ② ₩160,600
③ ₩185,600   ④ ₩215,600

37 개별원가계산과 종합원가계산의 차이점에 대한 설명 중 옳지 않은 것은?

① 개별원가계산은 다품종 소량주문생산에, 종합원가계산은 동종제품 대량생산에 보다 적합하다.
② 개별원가계산은 일반적으로 종합원가계산에 비해 경제적이나 원가계산의 정확성이 떨어진다.
③ 개별원가계산의 원가집계는 제조지시서별로 이루어지나 종합원가계산은 원가계산 기간별로 원가가 집계된다.
④ 개별원가계산은 제조간접비의 배부, 종합원가계산은 완성품환산량의 계산이 핵심이다.

38 종합원가계산에 있어서 기말재공품의 원가를 평가하는 방법 중 옳지 않은 것은?

① 평균법에 의한 원가계산 시 기초재공품의 완성도는 불필요하다.

② 평균법으로 당기의 완성품환산량 단위당 원가를 계산하고자 할 때 기초재공품원가는 불필요하다.

③ 선입선출법에 의한 원가계산 시 기말재공품원가는 당기발생 원가로만 구성된다.

④ 선입선출법은 전기의 작업능률과 당기의 작업능률을 구분하므로 원가통제상 유용한 정보를 제공한다.

39 다음은 선입선출법에 따라 종합원가시스템을 사용하는 (주)대한의 원가자료이다. 재료원가와 가공원가 완성품환산량은 얼마인가?

> 가. 기초재공품 : 100,000단위 (완성도 : 30%)
> 나. 기말재공품 : 200,000단위 (완성도 : 40%)
> 다. 당월 착수량 : 450,000단위
> 라. 완성품수량 : 350,000단위
> 마. 원재료는 공정초기에 전량투입, 가공원가는 공정 진행 정도에 따라 발생

① (재료원가) 350,000단위
  (가공원가) 430,000단위

② (재료원가) 400,000단위
  (가공원가) 450,000단위

③ (재료원가) 450,000단위
  (가공원가) 350,000단위

④ (재료원가) 450,000단위
  (가공원가) 400,000단위

40 다음은 (주)상공은 단계배부법을 이용하여 보조부문 제조간접원가를 제조부문에 배부하고자 한다. 각 부문별 원가발생액과 보조부문의 용역공급이 다음과 같을 경우 수선부문에서 제조부문2로 배부될 제조간접원가는 얼마인가?(단, 동력부문부터 배부한다고 가정함)

사용 제공	제조부문		보조부문	
	제조부문1	제조부문2	동력	수선
발생원가	₩200,000	₩400,000	₩200,000	₩360,000
동력공급	300KW	100KW	–	100KW
수선시간	10	40	50	–

① 160,000원

② 200,000원

③ 244,000원

④ 320,000원

2021년 상시 기출문제 01회

2급	소요 시간	문항 수
	총 60분	총 40문항

수험번호 : _____

성　　명 : _____

정답 & 해설 ▶ 342쪽

1과목　재무회계

01 다음은 재무회계 전반에 관련된 설명이다. 그 내용으로 옳은 것은?

① 외부감사인의 재무제표에 대한 감사의견은 해당 기업의 투자적정성에 대한 판단이다.

② 최근 회계는 사회적 자원을 효율적으로 배분하게 하고, 경영자의 수탁책임 보고의 기능을 수행하며, 그 밖에 사회적 통제가 합리화되도록 기여하는 등의 사회적 역할을 담당한다.

③ 재무제표의 작성책임은 재무제표를 감사한 외부감사인에게 있다.

④ 경영자의 합리적인 내부의사결정을 위한 정보 제공이 재무회계의 주된 목적이다.

02 다음은 (주)상공의 202X년 9월 상품 매매 내역이다. 재고자산의 원가흐름을 이동평균법으로 가정할 때 10월 중 매출원가를 계산하면 얼마인가?

상품 매매 내역

9월 1일	전월이월	200개	@₩100
9월 10일	매입	200개	@₩200
9월 22일	매출	250개	@₩300
9월 24일	매입	100개	@₩100
9월 25일	매출	100개	@₩300

① ₩20,000　　　② ₩37,500

③ ₩50,500　　　④ ₩75,000

03 (주)대한이 결산일인 당기 12월 31일에 행한 다음과 같은 기말결산분개 중 옳은 것은?

① 차입금에 대한 이자 ₩90,000을 지급하지 못하였다.

　(차) 이자비용　　90,000　(대) 미수이자　　90,000

② 당기 7월 1일 비용처리한 건물에 대한 화재보험료 1년분 ₩500,000 중 미경과분을 계상하다.

　(차) 선급비용　250,000　(대) 보험료　　250,000

③ 대여금에 대한 이자 ₩50,000을 아직 받지 못하였다.

　(차) 미지급비용　50,000　(대) 이자수익　　50,000

④ 사무실 임차료 중 ₩100,000을 아직 지급하지 못하였다.

　(차) 미지급비용　100,000　(대) 임차료　　100,000

04 제조업을 영위하는 (주)상공이 결산 시 이자비용 미지급분에 대한 거래를 누락하였을 경우 재무제표에 미치는 영향으로 옳은 것은?

① 매출총이익이 과소 계상된다.

② 영업이익이 과대 계상된다.

③ 비유동부채가 과소 계상된다.

④ 당기순이익이 과대 계상된다.

05 포괄손익계산서상의 기타포괄손익에 해당하는 것은?

① 재평가잉여금

② 사채상환이익

③ 자기주식처분이익

④ 이익준비금

06 (주)상공의 11월 말 현재 장부상에 계상된 현금과부족 계정 차변 잔액은 ₩50,000이었다. 또한 12월 한 달 동안 실제로 증가된 현금은 ₩570,000이며, 장부상 증가된 현금은 ₩600,000이다. 위의 모든 원인은 밝혀지지 않았다. (주)상공의 결산일에 잡손실로 처리해야 할 금액은 얼마인가?

① ₩20,000 　　② ₩30,000
③ ₩50,000 　　④ ₩80,000

07 다음 중 금융자산으로 분류되는 계정과목으로 옳지 않은 것은?

① 선급비용 　　② 단기대여금
③ 외상매출금 　　④ 현금성자산

08 다음은 (주)상공의 투자부동산과 관련된 자료이다. (주)상공은 투자부동산에 대하여 공정가치 모형으로 측정하고 있다. 20X2년의 평가손익을 계산하면 얼마인가?

> 가. 취득
> 　– 취득일 : 20X1년 1월 1일
> 　– 취득금액 : ₩1,000,000
> 나. 20X1년 12월 31일
> 　– 공정가치 : ₩700,000
> 다. 20X2년 12월 31일
> 　– 공정가치 : ₩800,000

① 평가손실 ₩100,000
② 평가손실 ₩200,000
③ 평가이익 ₩100,000
④ 평가이익 ₩200,000

09 다음 중 현금흐름표에 대한 설명으로 옳지 않은 것은?

① 현금흐름표상 영업활동, 투자활동, 재무활동으로 구분된다.
② 매출채권 회수, 종업원 관련 현금 유출, 자금의 차입 등은 영업활동이다.
③ 자금의 대여 및 대여금 회수, 유형자산의 취득과 처분 등은 투자활동이다.
④ 주식 및 사채의 발행, 어음 발행, 자기주식의 취득과 관련한 활동은 재무활동이다.

10 다음은 기타채권 및 기타채무에 관한 내용이다. 옳지 않은 것은?

① 예수금은 제3자에게 귀속될 자금을 일시적으로 보관할 때 설정하는 계정과목이다.
② 가지급금은 현금의 지출은 이미 발생하였으나 처리할 계정과목이나 금액이 확정되지 않은 경우에 일시적으로 설정하는 가계정이다.
③ 대여금의 경우 대여기간에 이자비용이 발생하고, 차입금의 경우 차입기간에 이자수익이 발생한다.
④ 미수금/미지급금이란 일반적 상거래 이외에서 발생한 채권/채무를 말한다.

11 지속적으로 물가가 상승하는 상황을 가정할 경우, 재무상태표상 재고자산의 금액이 공정가치에 가장 근접하게 표시될 수 있는 특징을 가진 재고자산의 단가 결정방법은?

① 개별법 　　② 선입선출법
③ 후입선출법 　　④ 총평균법

12 다음 중 유형자산(건설중인자산 포함)을 취득하여 목적하는 활동에 사용하기까지 소요되는 지출로서 유형자산의 취득원가에 포함되는 항목으로 적합하지 않은 것은?

① 관리 및 기타 일반간접원가
② 최초의 운송비 및 수수료
③ 기계장치 설치비 및 시운전비
④ 건설과 직접 관련되어 발생한 종업원급여 또는 토지정지비

13 (주)갑의 연구 및 개발활동 관련 당기 지출내역은 다음과 같다. 다음의 금액 중 연구비로 계상할 금액은 얼마인가?

가. 연구 결과 평가를 위한 지출 :	₩130,000
나. 생산 전 시제품을 시험하는 활동 :	₩80,000
다. 시스템 개선 대체안 설계를 위한 지출 :	₩100,000
라. 신기술 관련 금형 설계 활동 :	₩120,000

① ₩130,000
② ₩230,000
③ ₩350,000
④ ₩430,000

14 다음의 부채 중 금융부채에 해당하는 금액은 얼마인가?

가. 매입채무 :	₩50,000
나. 선수수익 :	₩40,000
다. 미지급금 :	₩30,000
라. 선수금 :	₩20,000

① ₩50,000
② ₩70,000
③ ₩80,000
④ ₩100,000

15 다음은 (주)상공의 주주총회 결의사항이다. 이를 회계처리할 때 미지급배당금으로 계상될 금액은 얼마인가?(단, 배당률은 자본금의 1%로 하기로 함)

가. 보통주 자본금 총액 :	₩100,000,000
나. 미처분이익잉여금 :	₩2,000,000
다. 이익준비금 :	상법상 최저 한도액
라. 임의적립금 :	₩500,000
마. 배당내역 :	현금배당 50%, 주식배당 50%

① ₩50,000
② ₩450,000
③ ₩500,000
④ ₩1,000,000

16 다음 중 종업원급여에 대한 설명으로 옳지 않은 것은?

① 근무를 제공한 회계기간의 말부터 12개월이 지난 후에 지급될 이익분배금과 상여금은 당기 비용으로 인식할 수 없다.
② 퇴직급여제도는 확정기여제도와 확정급여제도가 있다.
③ 이익분배금 및 상여금은 과거사건의 결과로 현재의 지급의무가 발생하고 채무금액을 신뢰성 있게 추정할 수 있다면 예상원가를 당기에 비용으로 인식하여야 한다.
④ 단기종업원급여는 현재가치로 측정하지 아니한다.

17 다음 자료를 이용하여 매출총이익을 계산하면 얼마인가?

가. 총매출액 :	₩3,000
나. 총매입액 :	₩2,000
다. 기초상품재고액 :	₩1,000
라. 기말상품재고액 :	₩800
마. 매출할인액 :	₩100
바. 매입환출액 :	₩200

① ₩700
② ₩800
③ ₩900
④ ₩1,000

18 거래형태별 수익인식 시점에 대한 설명으로 옳은 것은?

① 이자수익은 현금을 수취하는 시점
② 재화의 판매는 대금이 회수되는 시점
③ 상품권을 이용한 판매의 수익은 상품권을 판매하는 시점
④ 배당금 수익은 받을 권리가 확정되는 시점

19 (주)상공은 포괄손익계산서상의 당기순이익은 ₩350,000이다. 다음 자료를 이용하여 영업활동으로 인한 현금흐름을 계산하면 얼마인가? (단, 간접법에 의함)

가. 감가상각비 :	₩50,000
나. 재고자산증가 :	₩30,000
다. 매출채권감소 :	₩60,000
라. 매입채무증가 :	₩40,000

① ₩370,000   ② ₩410,000
③ ₩450,000   ④ ₩470,000

20 사채발행에 대한 설명으로 옳지 않은 것은?

① 사채의 액면이자율보다 시장의 유효이자율이 높으면 할인발행된다.
② 발행 시의 유효이자율보다 상환 시의 시장이자율이 높으면 상환이익이 발생한다.
③ 유효이자율법 적용 시 사채할인발행차금 상각액은 매기 감소한다.
④ 유효이자율법 적용 시 사채할증발행차금 상각액은 매기 증가한다.

21 다음 중 기업 내부에서의 거래에 속하는 것은?

① 재료 ₩200,000을 제조공장에 출고하다.
② 재료 ₩30,000을 외상으로 구입하다.
③ 매입재료 중 ₩10,000을 매입처에 반품하다.
④ 제품 ₩50,000을 판매하다.

22 다음 중 제조원가에 해당하는 것은?

가. 비정상 공손원가
나. 외주가공원가
다. 광고선전비
라. 공장건물 감가상각비

① 가, 나   ② 가, 다
③ 나, 라   ④ 다, 라

23 다음 중 소멸원가에 해당하는 것은?

① 기말재공품에 포함된 노무원가
② 원재료 미사용액
③ 제품 매출에 따른 매출원가
④ 재고자산으로 남아있는 제품

24 제품생산에 사용한 기계장치의 당기 감가상각비를 기간비용(관리비)으로 처리했을 경우의 결과로 옳지 않은 것은?(단, 제품의 생산수량이 판매수량과 동일하다고 가정함)

① 당기총제조원가가 과소 계상된다.
② 매출총이익이 과대 계상된다.
③ 매출원가가 과대 계상된다.
④ 판매관리비가 과대 계상된다.

25 직접재료의 당기매입액이 9천만 원이고 기말금액이 기초금액보다 1천만 원 증가하였다면 당기의 생산에 투입된 직접재료원가는 얼마인가?

① 7천만 원
② 8천만 원
③ 9천만 원
④ 1억 원

26 전주공업은 지난달 정규작업시간은 300시간이었으나 몇 번의 정전사고가 있어 실제작업시간은 280시간이었다. 시간당 임금이 ₩500이라할 때 노무원가에 대한 회계처리가 옳은 것은?

① (차) 재공품 　　 150,000 (대) 노무원가 　 150,000
② (차) 재공품 　　 140,000 (대) 노무원가 　 150,000
　　제조간접원가 　 10,000
③ (차) 재공품 　　 140,000 (대) 노무원가 　 140,000
④ (차) 재공품 　　 150,000 (대) 노무원가 　 160,000
　　제조간접원가 　 10,000

27 지급임금액(시간급의 경우)의 계산산식은 '각 종업원의 총작업 시간수×계약임률'로 하며, 소비임금액(시간급의 경우)의 계산산식은 '특정 제품을 위한 총작업시간수×소비임률'로 한다. 이에 대한 비교 설명으로 옳지 않은 것은?

① 지급임금이란 종업원 각자에게 임금지급일에 실제 지급하는 금액이다.
② 소비임률은 주로 기본임금액을 계산하기 위한 임률이지만, 지급임률은 기본임금에 가급금·제 수당 등이 포함되어 계산된 임률이다. 그러므로 지급임률이 소비임률보다 높은 것이 일반적이다.
③ 지급임률은 연령, 기술, 경험의 유무 등에 의하여 종업원 개별적으로 결정된다.
④ 소비임금은 제품생산을 위하여 발생된 임금을 말한다.

28 측정 제조경비에 대한 내용이다. 옳지 않은 것은?

① 원가계산기간 중에 발생한 소비액을 공장에 비치되어 있는 계량기에 의해 측정하고, 이 수치를 그대로 원가계산기간의 경비액으로 삼는 비용이다.
② 이에 속하는 비용으로는 전력비·수도료 등이 있다.
③ 검침일과 원가계산일이 일치하는 경우에는 그 지급액을 당월의 경비로 할 수 있다.
④ 6월 초 계량기를 측정해 보니 2,000kw/h이었고, 6월 말에 계량기를 측정해 보니 3,000 kw/h이었다. 단, 1kw/h당 단가는 @₩100이다. 따라서 6월의 전력비는 ₩300,000이다.

29 다음 설명 중 옳지 않은 것은?

① 공장전체 제조간접원가 배부율을 사용하면 제조부문과 보조부문에서 발생한 총제조간접원가를 각각의 이중배부율법에 의하여 개별제품에 배부하게 되지만, 공장전체의 제조간접원가는 변함이 없다.
② 보조부문원가는 보조부문 상호 간의 용역수수관계를 어떻게 인식하느냐에 따라 직접배부법, 단계배부법, 상호배부법의 방법으로 원가를 배분한다.
③ 단일배부율법은 보조부문원가를 제조부문에 배부할 때 변동원가와 고정원가로 구분하지 않고 하나의 배부율을 사용하여 배부 하는 것이고, 이중배부율법은 변동원가와 고정원가를 구분하여 별개의 배부기준을 사용하여 배부하는 것이다.
④ 직접배부법, 단계배부법, 상호배부법은 단일배부율법에서 뿐만 아니라 이중배부율법에서도 사용할 수 있다.

30 (주)대한은 두개의 보조부문 A, B와 두 개의 제조부문 X, Y를 갖고 있다. 아래 자료를 이용하여 상호배부법에 의해 보조부문원가를 제조부문에 배부하는 경우 보조부문 A에 대해 설정될 방정식은?

구분	제조부문		보조부문		합계
	X	Y	A	B	
A	60%	20%	–	20%	100%
B	45%	45%	10%	–	100%
부문원가	₩30,000	₩20,000	₩18,000	₩15,000	

① A=18,000+0.1B ② A=18,000+0.2B
③ B=15,000+0.1A ④ B=15,000+0.2A

31 (주)대한은 직접노무원가에 비례하여 제조간접원가를 실제 배부하는 방법을 사용하고 있다. 당월에 제조를 착수하여 완성된 제조지시서 No.116의 제품제조원가는 얼마인가?

> 가. 당월 총 제조원가
> – 직접재료원가 : ₩180,000
> – 직접노무원가 : ₩280,000
> – 제조간접원가 : ₩420,000
> 나. 제조지시서 No.116의 직접원가
> – 직접재료원가 : ₩11,000
> – 직접노무원가 : ₩26,000

① ₩68,000   ② ₩76,000
③ ₩85,000   ④ ₩99,000

32 (주)상공은 제조간접원가를 예정배부하고 있다. 당월 중에 배부한 제조간접원가는 ₩1,500이었으나, 당월 말에 실제로 발생한 제조간접원가는 ₩1,000인 것으로 확인되었다. 이 차이를 조정하기 위한 적절한 분개는?

① (차) 제조간접원가   500 (대) 재공품   500
② (차) 재공품   500 (대) 제조간접원가   500
③ (차) 제조간접비배부차이 500 (대) 제조간접원가   500
④ (차) 제조간접원가   500 (대) 제조간접원가배부차이 500

33 원가를 고정원가와 변동원가로 분류하는 기준으로 옳은 것은?

① 발생시점에 따른 분류
② 소멸여부에 따른 분류
③ 원가행태에 따른 분류
④ 통제가능 여부에 따른 분류

34 다음은 (주)상공의 9월 원가계산 관련 자료이다. 9월 완성품의 제조원가를 계산한 금액으로 옳은 것은?(단, 제조간접원가 배부기준은 직접노무원가임)

원가항목	제조지시서 #1(완성품)	제조지시서 #2(미완성품)	계
전월이월	₩300,000	₩400,000	₩700,000
직접재료원가	₩800,000	₩900,000	₩1,700,000
직접노무원가	₩600,000	₩400,000	₩1,000,000
제조간접원가			₩500,000

① ₩1,700,000   ② ₩1,800,000
③ ₩1,900,000   ④ ₩2,000,000

35 다음 제조간접원가 배부기준에 관한 설명 중 옳지 않은 것은?

① 공장전체 제조간접원가 배부율을 이용하는 경우보다는 부문별 제조간접원가 배부율을 이용하는 경우가 보다 정교한 원가계산의 결과를 유도할 수 있다.
② 제조간접원가 배부기준은 제조간접원가 발생과 높은 상관관계만 있으면 인과관계는 타당하지 않아도 된다.
③ 부문별 제조간접원가 배부율은 각 제조부문별로 제조간접원가를 집계하고 이를 각 제조부문의 특성에 맞는 배부기준으로 나누어 산정한다.
④ 제조간접원가 배부율 결정 후 개별작업에 제조간접원가를 배부한다.

36 다음 개별원가계산에 대한 회계처리로서 옳은 것은?

① 재료 구입 시

    (차) 재공품   ×××   (대) 재료   ×××

② 노무비 지급 시

    (차) 재공품   ×××   (대) 노무원가   ×××

③ 제조간접비 배부 시

    (차) 재공품   ×××   (대) 제조간접원가 ×××

④ 생산 완료 시

    (차) 재공품   ×××   (대) 제품   ×××

37 개별원가계산과 종합원가계산을 비교한 것 중 옳지 않은 것은?

① 제조방법상 : (개별원가계산) 이종제품 소량생산, (종합원가계산) 동종제품 대량생산
② 원가집계 : (개별원가계산) 직접원가와 간접원가로 구분, (종합원가계산) 직접재료원가와 가공원가로 구분
③ 중요서류 : (개별원가계산) 각 공정별 제조원가보고서, (종합원가계산) 개별작업에 대한 원가계산표
④ 적용업종 : (개별원가계산) 건설, 조선, 기계제조업, (종합원가계산) 시멘트, 제분, 유리제조업

38 (주)대한은 단일제품을 생산, 판매하고 있다. 8월 생산자료는 기초재공품 1,000단위(완성도 60%), 당기착수량 12,000단위, 당기완성수량 11,000단위, 그리고 기말재공품 2,000단위(완성도 40%)이다. 선입선출법에 의한 가공원가 완성품환산량은 얼마인가?

① 11,000단위   ② 11,200단위
③ 11,800단위   ④ 13,000단위

39 다음 자료에 의하여 평균법에 의한 완성품환산량 단위당원가를 계산하면 얼마인가?

가. 월초재공품원가 :	₩150,000
나. 당월총제조원가 :	₩600,000
다. 완성품수량 :	100개
라. 월말재공품환산량 :	50개

① ₩5,000
② ₩6,000
③ ₩7,500
④ ₩15,000

40 다음 설명에 해당하는 원가계산제도로 옳은 것은?

가. 동일 재료로 동일 제품이 생산되나 품질, 크기, 순도 등이 다른 경우에 적용
나. 제분업, 제화업, 양조업에서 주로 사용

① 등급별 종합원가계산
② 공정별 종합원가계산
③ 연산품 원가계산
④ 조별 종합원가계산

2급	소요 시간	문항 수	수험번호 : _____
	총 60분	총 40문항	성 명 : _____

정답 & 해설 ▶ 345쪽

1과목 **재무회계**

01 다음 중 재무제표 보고양식에 대한 설명 중 틀린 것은?

① 재무제표는 간단하고 명료하게 표시하여야 한다.

② 재무제표 이용자에게 오해를 줄 염려가 없는 경우에는 금액을 천 원이나 백만 원 단위 등으로 표시할 수 있다.

③ 재무제표는 재무상태표, 포괄손익계산서, 현금흐름표, 자본변동표 및 주석으로 구분하여 작성한다.

④ 재무제표에 재무상태표일 또는 회계기간은 생략할 수 있다.

02 다음은 (주)상공기업의 매출처원장이다. (주)상공기업의 기말 외상매출금 미수액은 얼마인가?

A상점

전기이월	100,000	현금	300,000
매출	400,000	차기이월	200,000
	500,000		500,000

B상점

전기이월	200,000	받을어음	400,000
매출	500,000	차기이월	300,000
	700,000		700,000

① ₩500,000　　② ₩700,000

③ ₩900,000　　④ ₩1,200,000

03 (주)상공의 회계담당자가 잔액시산표를 작성한 결과 차변과 대변의 합계가 일치하지 않았다. 그 원인이 될 수 있는 사례로 옳은 것은?

① 외상매출금 ₩100,000을 현금으로 회수한 거래 전체를 기장 누락하였다.

② 건물 화재보험료 ₩200,000을 현금으로 지급한 거래를 차변에 세금과공과 계정으로 기입하였다.

③ 소모품 ₩30,000을 현금으로 지급한 거래를 소모품비 계정 차변에는 기입하였으나 현금계정 대변에는 기장 누락하였다.

④ 현금 ₩100,000을 보통예금으로 입금한 거래의 분개를 현금 계정 차변과 보통예금 계정 대변에 전기하였다.

04 다음 계정과목 중 금융자산이 아닌 것은?

① 투자부동산

② 대여금

③ 현금및현금성자산

④ 매출채권

05 다음 중 '재무제표 표시'에 따를 경우 포괄손익계산서에 반드시 표시되어야 할 항목에 해당되지 않는 것은?

① 당기순손익

② 법인세비용

③ 금융원가

④ 금융자산

06 다음은 (주)상공기업의 장부상 당좌예금 잔액과 은행의 당좌예금 잔액과의 차이를 나타낸 것이다. 12월 31일 은행계정조정표 작성 후 조정된 당좌예금 잔액은 얼마인가?

잔액	가. 12월 31일 장부상 당좌예금 잔액 ₩500,000 나. 12월 31일 은행 당좌예금계좌 잔액 ₩600,000
불일치 원인	다. 12월 29일 발행한 당좌수표 ₩100,000 이 아직 은행에서 인출되지 않음

① ₩400,000   ② ₩500,000
③ ₩600,000   ④ ₩700,000

07 다음 자료에 의하여 12월 31일 당기손익-공정가치측정금융자산 관련 손익으로 맞는 것은?

> 가. 10월 1일 기업의 유휴자금을 활용할 목적으로 (주)상공의 주식 200주를 1주당 ₩10,000 (액면가 ₩5,000)에 현금으로 취득하였다.
> 나. 11월 1일 위 주식 100주를 1주당 ₩9,000에 처분하고 현금으로 받았다.
> 다. 12월 31일 위 주식의 공정가치가 1주당 ₩12,000으로 평가되다.

① 당기손익-공정가치측정금융자산평가이익 ₩200,000
② 당기손익-공정가치측정금융자산처분손실 ₩200,000
③ 당기손익-공정가치측정금융자산평가이익 ₩400,000
④ 당기손익-공정가치측정금융자산처분손실 ₩400,000

08 다음 중 투자부동산으로 분류하지 않는 것은?

① 장기 시세차익을 얻기 위하여 보유하고 있는 부동산
② 정상적인 영업과정에서 단기간에 판매하기 위하여 보유하는 부동산
③ 장래 사용목적을 결정하지 못한 채로 보유하고 있는 부동산
④ 미래 투자목적으로 사용하기 위해 건설, 개발 중인 부동산

09 상품 ₩30,000을 판매하였는데, 대금은 카드회사에서 발행한 신용카드로 결제되었다. 카드 수수료율은 판매대금의 5%이다. 매출과 관련된 회계처리로 올바른 것은?

① (차) 외상매출금   28,500 (대) 매출   30,000
      수수료비용   1,500
② (차) 현금   28,500 (대) 매출   30,000
      수수료 비용   1,500
③ (차) 외상매출금   30,000 (대) 매출   30,000
④ (차) 현금   30,000 (대) 매출   30,000

10 (주)대한은 20X1년 7월 1일 은행으로부터 ₩1,000,000을 5년간 차입하였으며, 상환은 매년 6월 30일에 균등액으로 상환하기로 하였다. 차입금의 연이자율은 6%이며 6개월 단위로 이자를 지급하는 조건이다. 20X2년 12월 31일 결산 시 은행차입금은 재무상태표상에 어떻게 표시되는가?(단, 이자비용은 모두 지급되었음)

① (비유동부채) ₩400,000
  (유동부채)   ₩400,000
② (비유동부채) ₩600,000
  (유동부채)   ₩200,000
③ (비유동부채) ₩800,000
  (유동부채)   ₩0
④ (비유동부채) ₩800,000
  (유동부채)   ₩200,000

11 다음 (주)상공의 2월 중 상품 거래를 참고하여 계속기록법 하에서의 선입선출법에 의한 2월 28일의 상품재고액을 구하면 얼마인가?

일자	적요	수량	단가
2.1	기초재고	100개	₩1,000
2.3	매입	200개	₩1,100
2.5	매출	150개	−
2.10	매입	100개	₩1,200
2.20	매출	200개	−
2.28	매입	150개	₩1,250

① ₩210,000
② ₩228,200
③ ₩237,500
④ ₩247,500

12 (주)서울산업은 신축 중인 건물이 완성되어 도급 대금의 잔액을 현금으로 지급하였다. 이 거래를 분개했을 때 재무상태에 미치는 영향으로 옳은 것은?

① 자산 불변
② 자산 감소
③ 자산 증가
④ 자본 증가

13 다음은 (주)금고의 당기 말 자산실사 결과자료의 일부이다. 당기 말 재무상태표에 표시될 현금및현금성자산의 금액은?(단, 아래자료 이외의 현금 및 현금성자산은 없음)

가. 통화 :	₩100
나. 배당금통지표 :	₩50
다. 받을어음 :	₩150
라. 우표 :	₩50
마. 보통예금 :	₩250
바. 차용증서 :	₩150
사. 지급기일 도래 전 사채이자표 :	₩250
아. 6개월 만기양도성예금증서 : 　(당기 8.1 발행, 11.3 취득)	₩150

① ₩350
② ₩400
③ ₩550
④ ₩700

14 (주)전북의 재무상태표에는 사채(액면금액 : ₩100,000, 사채할인발행차금 : ₩5,000)가 있는데, 여유자금이 생긴 (주)전북은 이 사채를 ₩100,000에 모두 상환하였다. 사채상환에 대한 적절한 분개와 이 거래가 당기순손익에 미치는 영향은?

① (차) 사채　　　　　100,000 (대) 현금　　　　　100,000
　　당기순손익에 미치는 영향 : 없음

② (차) 사채　　　　　100,000 (대) 현금　　　　　100,000
　　　사채상환손실　5,000　　　사채할인발행차금 5,000
　　당기순손익에 미치는 영향 : 없음

③ (차) 사채　　　　　100,000 (대) 현금　　　　　100,000
　　　사채상환손실　5,000　　　사채할인발행차금 5,000
　　당기순손익에 미치는 영향 : 손실 ₩5,000

④ (차) 사채　　　　　100,000 (대) 현금　　　　　100,000
　　　사채평가손실　5,000　　　사채할인발행차금 5,000
　　당기순손익에 미치는 영향 : 손실 ₩5,000

15 20X1년 초 퇴직급여채무(확정급여채무)의 잔액은 ₩830,000이며, 20X1년 중 퇴직금지급액이 ₩250,000이었다. 20X1년 말 현재 퇴직급여부채의 현재가치는 ₩880,000일 경우, 20X1년 말 퇴직급여 관련 결산수정분개로 옳은 것은? (단, 퇴직급여제도는 확정급여제도로 채택하고 관련 사외적립자산 및 보험수리적손익은 고려하지 않음)

① (차) 퇴직급여　　₩200,000 (대) 퇴직급여부채 ₩200,000
② (차) 퇴직급여　　₩250,000 (대) 퇴직급여부채 ₩250,000
③ (차) 퇴직급여　　₩300,000 (대) 퇴직급여부채 ₩300,000
④ (차) 퇴직급여부채 ₩300,000 (대) 퇴직급여　　₩300,000

16 다음은 종업원의 퇴직급여제도에 대한 설명이다. 이 제도와 관련이 없는 내용은?

> 가. 종업원의 퇴직급여를 기업이 책임지는 제도이다.
> 나. 노사 간의 협약에 의하여 종업원의 퇴직 후 지급할 금액의 규모를 확정한다.
> 다. 외부의 기금에 기여금을 출연하여 운영하고 이를 퇴직 급여 지급에 사용하는 경우 사외적립자산으로 계상한다.

① 확정급여제도   ② 확정기여제도
③ 퇴직급여부채   ④ 퇴직급여

17 (주)상공은 단일 포괄손익계산서를 기능별로 작성하고 있다. 다음 자료에 의하여 (주)상공이 회계처리해야 할 당기 말의 결산정리분개로 옳은 것은?(단, 기타포괄손익은 발생하지 않았음)

> **〈기중 자료〉**
> 가. 당기매출액 :   ₩3,000,000
> 나. 당기매출원가 :   ₩1,200,000
> 다. 물류원가 :   ₩500,000
> 라. 관리비 :   ₩300,000
> 마. 기타수익 :   ₩600,000
> 바. 금융비용 :   ₩400,000
>
> **〈결산정리사항〉**
> 결산 시 법인세비용은 법인세비용차감전순이익의 20%를 추산하다. 단, 법인세 중간 예납액은 ₩160,000이며, 예납 시 자산으로 처리하였다.

① (차) 법인세비용 160,000 (대) 미지급법인세 160,000
② (차) 법인세비용 80,000 (대) 미지급법인세 80,000
③ (차) 법인세비용 240,000 (대) 선급법인세   80,000
                          미지급법인세 160,000
④ (차) 법인세비용 240,000 (대) 선급법인세 160,000
                          미지급법인세 80,000

18 광성(주)의 회계사무원이 시산표를 작성하였는데, 차변합계는 ₩80,000이고 대변합계는 ₩90,000이었다. 다음과 같은 오류만이 발생하였다면 수정 후 시산표의 정확한 잔액합계는 얼마인가?

> 가. 광고비로 지급한 ₩50,000을 전기수도료로 잘못 기입하였다.
> 나. 매출채권 계정의 잔액 ₩10,000을 시산표에 누락하였다.
> 다. 비품 ₩20,000을 외상으로 구입하였는데, 이 기록을 누락하였다.

① ₩90,000   ② ₩100,000
③ ₩110,000   ④ ₩120,000

19 (주)대한은 당기에 ₩1,000,000을 전액 외상매출하였다. 매출 채권의 기초잔액과 기말잔액은 각각 ₩100,000과 ₩200,000이다. 매출로 인한 현금유입액은 얼마인가?

① ₩800,000   ② ₩900,000
③ ₩1,100,000   ④ ₩1,200,000

20 재무제표의 분석방법에 대한 내용이다. 옳지 않은 것은?

① 이익의 크기를 이익률로 평가했을 때와 이익의 절대 금액으로 평가했을 때는 의미가 다를 수 있다. 이익률에 의한 분석을 실수분석이라고 한다.
② 추세분석은 재무제표를 몇 기간에 걸쳐서 종합적으로 비교하여 각 항목이 어떻게 변화하고, 여러 항목의 관계가 어떻게 바뀌어 오고 있는가를 분석 평가하는 방법이다.
③ 비교분석은 어느 시점에서의 자기 기업과 동일업종 내에 다른 기업 간 또는 자기 기업과 동일업종 간 평균을 비교하여 분석 평가하는 방법이다.
④ 재무제표분석을 할 경우에는 비율분석, 실수분석, 추세분석, 비교분석을 독립적으로 사용하는 것이 아니라, 비율분석을 기초로 하여 다른 방법을 함께 사용함으로써 상호 간의 단점을 보완하는 것이 원칙이다.

21 다음은 관리회계와 원가회계에 대한 설명이다. 옳지 않은 것은?

① 의사결정과 경영계획을 위한 정보의 제공
② 성과평가를 위한 정보의 제공
③ 제품원가계산에 필요한 원가정보의 제공
④ 일반적으로 인정된 회계원칙에 따라 작성된 재무제표 정보의 제공

22 다음과 같은 원가에 대한 설명 중 밑줄 친 부분에 대한 원가 분류에 해당하는 것을 〈보기〉에서 있는 대로 고른 것은?

〈원가〉

제조기업이 재화나 용역을 생산하기 위해서 투입하여 소비되는 일체의 경제적 가치, 즉 제품을 생산하는 데 사용된 원재료, 노동력, 기계나 건물 등의 생산설비 및 용역 등의 소비액 전부를 말한다.

〈보기〉

가. 재료원가	나. 노무원가
다. 고정원가	라. 제조경비

① 가, 나　　　　　② 가, 나, 다
③ 가, 다　　　　　④ 나, 다, 라

23 다음 중 원가를 원가행태에 따라 분류하였을 때 옳은 것은?

① 공장의 재산세, 공장 건물의 임차료, 기계 감가상각비 등은 변동원가에 속한다.
② 변동원가는 조업도의 증감에 관계없이 총 발생액이 일정한 원가를 말한다.
③ 제품의 단위당 고정원가는 조업도와 관계없이 항상 일정하다.
④ 혼합원가란 고정원가와 변동원가가 혼합되어 있는 원가행태를 말한다.

24 (주)광주공업의 당기 매출총이익률은 20%이다. 당기총제조원가는 ₩60,000이며, 기말재공품원가는 기초재공품원가보다 ₩5,000 증가했고, 기말제품원가는 기초제품원가보다 ₩3,000 감소했다. 당기의 매출액은 얼마인가?

① ₩68,500
② ₩72,500
③ ₩78,000
④ ₩81,500

25 상공회사는 8월에 ₩60,000의 직접재료를 구입하였다. 8월 초 직접재료는 ₩8,000이었고 8월 말에 ₩10,000이었다. 상공회사의 8월 중 직접재료원가 사용은 얼마인가?

① ₩56,000
② ₩57,000
③ ₩58,000
④ ₩59,000

26 다음은 제조경비에 대한 설명이다. (가)와 (나)에 들어갈 용어로 옳은 것은?

제조과정에 제조경비가 어느 곳에 투입되었는가를 추적하여 특정 제품의 생산 과정에서 직접적으로 추적할 수 있으면 (가)로, 특정 제품의 생산과 직접적인 관계가 없는 둘 이상의 제품의 제조에 공통으로 소비된 경비는 (나)로 분류한다.

① (가) 직접제조경비, (나) 간접제조경비
② (가) 간접제조경비, (나) 직접제조경비
③ (가) 제조경비, (나) 소비비용
④ (가) 소비비용, (나) 제조경비

27 (주)고조선은 정상원가계산을 적용하고 있다. 연간 예상 제조간접원가는 ₩50,000이며, 연간 예상직접노동시간은 1,000시간이다. 1월 제조간접원가의 실제발생액은 ₩8,000이고, 실제 발생된 직접노동시간은 170시간이다. 1월의 제조간접원가 과대(소)배부액은 얼마인가?(단, 제조간접원가는 직접노동시간을 기준으로 예정배부함)

① ₩1,000 (과소배부)
② ₩1,000 (과대배부)
③ ₩500 (과소배부)
④ ₩500 (과대배부)

28 다음은 미래공업사의 자료에 의하여 당월 노무원가 소비액 중 재공품계정으로 직접 대체되는 금액은 얼마인가?

가. 전월 노무원가 미지급액 :	₩150,000
나. 당월 노무원가 지급액 :	₩1,450,000
다. 당월 노무원가 미지급액 :	₩200,000
라. 당월 노무원가 소비액 중 70%는 직접소비액이며, 나머지는 간접소비액이다.	

① ₩450,000   ② ₩980,000
③ ₩1,050,000   ④ ₩1,260,000

29 다음의 부문공통원가를 부문에 배부하는 기준을 열거한 것 중 배부기준으로 보편적이지 않은 것은?

① 건물의 감가상각비 : 부문의 점유면적
② 중앙난방비 : 부문의 기계시간
③ 복리후생비 : 부문의 인원수
④ 전력비 : 부문의 전력사용량

30 특정 제품에 관련되는 원가를 정확하게 파악하려면 다음 중 어떤 원가배분기준을 선택하는 것이 가장 바람직한가?

① 부담능력을 고려한 원가배분기준
② 변동원가만을 고려한 원가배분기준
③ 고정원가만을 고려한 원가배분기준
④ 인과관계를 고려한 원가배분기준

31 다음은 보조부문원가의 배부와 관련된 설명들이다. 이 중에서 옳지 않은 것은?

① 생산부문에서 발생한 원가를 생산지원(보조)부문에 배부한 후 최종적으로 제품에 배부하는 방법을 일반적으로 부문별 원가계산이라고 한다.
② 생산부문에서는 부품생산, 조립, 가공처리 등을 수행하면서 제품생산에 직접 관여한다.
③ 지원(보조)부문에서는 재료의 구입과 보관, 생산설비 점검과 보수, 시설관리와 청소, 경비 등을 담당한다.
④ 제조간접원가를 보다 더 정확하게 배부하기 위해 부문별 원가의 발생과 흐름을 추적하는 것이다.

32 다음에서 설명하는 보조부문원가 배부방법으로 옳은 것은?

보조부문 상호 간의 용역수수관계를 완전히 고려하여 보조부문원가를 다른 보조부문과 제조부문에 배부하는 방법으로 복잡하지만 가장 정확하다.

① 단계배부법   ② 상호배부법
③ 간접배부법   ④ 직접배부법

33 다음 중 개별원가계산에 대한 설명으로 옳은 것은?

① 제조원가를 재료원가와 가공원가로 구분하여 계산한다.
② 제조지시서별로 원가계산표를 작성하여 원가계산을 한다.
③ 연속 대량생산하는 작업에 적용하는 원가계산 방법이다.
④ 완성품 원가를 계산하기 위해서는 기말재공품을 평가하여야 한다.

34 (주)대한의 제조지시서 #5의 제조원가로 옳은 것은?(단, 제조간접비는 직접노무원가를 기준으로 예정배부함)

예정	가. 직접재료원가 총액 :	₩2,000,000
	나. 직접노무원가 총액 :	₩1,000,000
	다. 제조간접원가 총액 :	₩400,000
	라. 직접노동시간 :	6,000시간
실제	제조지시서 #5의 자료	
	가. 직접재료원가 :	₩90,000
	나. 직접노무원가 :	₩50,000
	다. 직접노동시간 :	600시간

① ₩140,000 　② ₩150,000
③ ₩160,000 　④ ₩200,000

35 다음은 (주)상공의 9월 원가계산 관련 자료와 제품계정이다. 9월의 매출원가를 계산한 금액으로 옳은 것은?

원가항목	제조지시서 #1 (완성품)	제조지시서 #2 (미완성품)
전월이월	₩200,000	₩300,000
직접재료원가	₩400,000	₩500,000
직접노무원가	₩300,000	₩400,000
제조간접원가 배부액	₩100,000	₩200,000

제품

| 전월이월 | 500,000 | | (?) |
| | (?) | 차월이월 | 300,000 |

① ₩800,000 　② ₩1,000,000
③ ₩1,200,000 　④ ₩1,300,000

36 다음은 종합원가계산과 관련된 설명이다. 옳지 않은 것은?

① 기말재공품의 완성도가 50%인데 이를 30%로 잘못 파악하여 종합원가계산을 수행하면 기말재공품의 원가가 과소 계상된다.
② 가중평균법에 의해 원가계산할 때 기초재공품의 완성도는 계산상 불필요하다.
③ 가중평균법에서는 기초재공품도 당기에 착수하여 생산한 것처럼 가정한다.
④ 가중평균법을 사용하면 선입선출법에 비해 당기의 성과와 이전의 성과를 보다 명확하게 구분하여 평가할 수 있다.

37 (주)상공은 종합원가계산제도를 채택하고 있다. 재료원가는 공정초에 전량투입되며, 가공원가는 공정 전반에 걸쳐 균등하게 발생한다. 물량흐름이 다음과 같을 때 옳은 것은?

기초재공품 100개 (완성도 30%)	당기완성품 700개
당기착수량 800개	기말재공품 200개 (완성도 40%)

① 평균법에 의한 재료원가의 완성품환산량은 800개이다.
② 선입선출법에 의한 재료원가의 완성품환산량은 750개이다.
③ 평균법에 의한 가공원가의 완성품환산량은 780개이다.
④ 선입선출법에 의한 가공원가의 완성품환산량은 900개이다.

38 종합원가계산에서 평균법에 의한 완성품환산량 단위당 재료원가와 가공원가가 각각 ₩5,000과 ₩4,000이다. 기말재공품이 200개이고 원가요소 중 재료원가는 공정초기에 모두 투입되었고, 가공원가는 제조진행에 따라 70%가 투입되었다면 기말재공품 원가는 얼마인가?(단, 가공원가는 공정 전반에 거쳐 균등하게 발생됨)

① ₩1,440,000   ② ₩1,560,000
③ ₩1,700,000   ④ ₩1,800,000

39 재공품평가는 선입선출법을 이용한다. 기말재공품의 수량이 100개이고 진척도가 60%인 상태에서 기초재공품의 완성도가 실제보다 과소하게 평가되었다. 이 오류로 인한 영향을 잘못 설명한 것은?(단, 기초재공품에 대하여 취합된 원가정보는 정확함)

① 당기완성품원가는 과대하게 평가된다.
② 기말재공품원가는 과소하게 평가된다.
③ 당기완성량과 기말재공품에 대한 완성품 총환산량은 과대하게 평가된다.
④ 당기투입원가를 당기완성품과 기말재공품에 배분하기 위한 완성품환산량 단위당원가는 과대하게 평가된다.

40 다음은 당기 5월 중 원가자료이다. 직접원가법에 의하여 계산한 작업#5의 제조간접원가 배부액으로 옳은 것은?

가. 5월 중 제조간접원가 발생액 ₩75,000
나. 5월 중 수행된 작업별 원가 발생액

구분	작업#2	작업#5	작업#7	합계
직접 재료원가	₩50,000	₩30,000	₩20,000	₩100,000
직접 노무원가	₩20,000	₩20,000	₩10,000	₩50,000

① ₩18,000   ② ₩20,000
③ ₩25,000   ④ ₩24,000

2급	소요 시간	문항 수
	총 60분	총 40문항

수험번호 : _____

성   명 : _____

정답 & 해설 ▶ 349쪽

1과목　재무회계

01 다음은 포괄손익계산서의 기본요소 및 표시방법에 대한 설명이다. 옳지 않은 것은?

① 총포괄손익은 회계기간 동안 발생한 모든 거래에서 인식한 자본의 변동을 말한다.

② 포괄손익계산서는 성격별 표시방법과 기능별 표시방법을 선택하여 표시할 수 있다.

③ 수익과 비용의 어느 항목도 포괄손익계산서 또는 주석에 특별손익 항목으로 표시할 수 없다.

④ 수익이란 자산의 유입이나 증가 또는 부채의 감소에 따른 자본의 증가를 말하며 지분참여자의 출연과 관련된 것을 제외한다.

02 (주)대한은 재고자산에 대한 회계처리를 계속기록법과 실지재고조사법을 병행하여 사용하고 있다. 계속기록법에 의한 장부상의 기말재고수량은 500개인데, 실지재고조사법을 수행한 결과 상품 재고는 450개로 파악되었다. 기말상품재고의 원가는 @₩100이며, 시가는 @₩80원이다. 이 상품의 재고자산감모손실은 얼마인가?

① ₩4,000

② ₩5,000

③ ₩9,000

④ ₩10,000

03 (주)신한은 20X1년 8월 1일에 화재보험에 가입하면서 1년분 (20X1.8.1~20X2.7.31) 보험료 ₩2,400,000을 현금으로 지급하였다(지급 시 전액 비용처리함). 이 경우 (주)신한의 20X1년 12월 말 결산 시 수행할 결산수정분개로 옳은 것은?(단, 보험료는 월할계산함)

① (차) 보험료　　2,400,000 (대) 현금　　　 2,400,000

② (차) 선급보험료 1,200,000 (대) 현금　　　 1,200,000

③ (차) 보험　　　1,200,000 (대) 선급보험료 1,200,000

④ (차) 선급보험료 1,400,000 (대) 보험료　　 1,400,000

04 (주)상공의 다음 자료를 이용하여 당기순이익과 총포괄손익을 계산한 것으로 옳은 것은?

가. 매출총이익 :	₩530,000
나. 물류원가 :	₩150,000
다. 기타수익 :	₩90,000
라. 금융원가 :	₩25,000
마. 법인세비용 :	₩70,000
바. 토지재평가잉여금 :	₩60,000
사. 기타포괄손익-공정가치측정금융자산평가손실 :	
	₩20,000

① (당기순이익) ₩305,000

　 (총포괄손익) ₩345,000

② (당기순이익) ₩325,000

　 (총포괄손익) ₩365,000

③ (당기순이익) ₩350,000

　 (총포괄손익) ₩390,000

④ (당기순이익) ₩375,000

　 (총포괄손익) ₩415,000

05 (주)한국은 받을어음 ₩200,000을 양도하고 ₩190,000을 현금으로 수령하였다. 이러한 받을어음의 양도가 차입거래로 분류된다고 할 때, 적절한 분개는?

① (차) 현금   190,000 (대) 받을어음   190,000

② (차) 현금   190,000 (대) 받을어음   200,000
　　 이자비용   10,000

③ (차) 현금   190,000 (대) 단기차입금   200,000
　　 이자비용   10,000

④ (차) 현금   190,000 (대) 받을어음   200,000
　　 매출채권처분손실 10,000

06 다음 중 금융자산으로 분류되는 계정과목으로 옳지 않은 것은?

① 선급비용   ② 단기대여금
③ 외상매출금   ④ 현금성자산

07 12월 결산법인인 (주)상공은 당기 1월 1일에 다음과 같은 조건의 사채를 ₩904,900에 발행하였다. (주)상공이 당기 12월 31일에 인식할 사채이자비용과 이자지급 후 사채의 장부금액(순액)은 얼마인가?

가. 액면금액 : ₩1,000,000
나. 만기 : 3년
다. 유효이자율 : 연 10%
라. 이자지급 : 매년 12월 31일에 액면금액의 연 7% 지급

① (사채이자비용) ₩63,300
　 (장부금액)   ₩904,900
② (사채이자비용) ₩70,000
　 (장부금액)   ₩904,900
③ (사채이자비용) ₩90,490
　 (장부금액)   ₩925,390
④ (사채이자비용) ₩100,000
　 (장부금액)   ₩934,900

08 다음은 20X1년 말 재무상태표에 보고된 매출채권에 대한 손실충당금과 20X2년 중의 거래 내용이다. 다음의 자료를 이용하여 회계처리할 경우 20X2년도의 당기순이익은 얼마나 감소하겠는가?

가. 20X1년 말 매출채권은 ₩155,000이고, 매출채권에 대한 손실충당금은 ₩3,720이다.
나. 20X2년 1월 중 매출채권 ₩3,250이 회수불능으로 판명되어 해당 매출채권을 제거하였다.
다. 20X1년 중 회수불능채권으로 처리한 매출채권 중 ₩850을 20X2년 3월에 현금으로 회수하였다.
라. 20X2년 말 매출채권잔액은 ₩127,900이고, 이 잔액에 대한 손실충당금은 ₩2,560으로 추정되었다.

① ₩1,240
② ₩2,090
③ ₩2,100
④ ₩2,560

09 수익인식의 5단계와 관련된 다음의 설명 중 옳지 않은 것은?

① 거래가격은 일반적으로 계약에서 약속한 각 구별되는 재화나 용역의 상대적 개별 판매가격을 기준으로 배분한다.
② 거래가격은 고객에게 약속한 재화나 용역을 이전하고 그 대가로 기업이 받을 권리를 갖게 될 것으로 예상하는 금액이며 고객이 지급하는 고정된 금액이여야 하며 변동대가를 포함하거나 현금 외의 형태로 지급될 수 없다.
③ 하나의 계약은 고객에게 재화나 용역을 이전하는 여러 약속을 포함한다.
④ 기업이 약속한 재화나 용역을 고객에게 이전하여 수행의무를 이행할 때 수익을 인식한다.

10 차입금 ₩1,000,000을 현금으로 상환하고 동시에 관련 이자 ₩120,000을 현금으로 지급하였다. 차변과 대변에 미치는 영향은?

① (차) 자산의 증가　　(대) 부채의 증가
　　　　　　　　　　　　　　수익의 발생
② (차) 자산의 증가　　(대) 자산의 감소
　　　　　　　　　　　　　　수익의 발생
③ (차) 자산의 증가　　(대) 자산의 감소
　　　비용의 발생
④ (차) 부채의 감소　　(대) 자산의 감소
　　　비용의 발생

11 재고자산에 포함되지 않는 것은?

① 대금이 회수되지 않은 할부판매상품
② 매입의사표시가 표명되지 않은 시용매출상품
③ 소유권이 이전된 운송 중에 있는 매입상품
④ 판매되지 않은 위탁상품

12 (주)상공은 장부금액이 ₩52,000(취득원가 ₩90,000, 감가상각누계액 ₩38,000)인 기계장치와 현금 ₩50,000을 제공하고 토지를 취득하였다. 제공한 기계장치의 공정가치가 ₩68,000일 때, 토지의 취득원가는 얼마인가?

① ₩90,000
② ₩102,000
③ ₩118,000
④ ₩120,000

13 다음 중 무형자산 원가에 포함되지 않는 총지출액은 얼마인가?

> 가. 새로운 제품이나 용역의 홍보원가 : ₩2,000
> 나. 새로운 지역에서 또는 새로운 계층의 고객을 대상으로 사업을 수행하는 데서 발생하는 원가 : ₩3,000
> 다. 관리원가와 기타 일반경비원가 : ₩2,500
> 라. 무형자산을 사용 가능한 상태로 만드는데 직접적으로 발생하는 종업원급여 : ₩5,000

① ₩4,500
② ₩5,000
③ ₩7,500
④ ₩12,500

14 다음 중 금융부채에 관한 설명으로 옳지 않은 것은?

① 유동부채에 속하는 항목은 모두 금융부채에 속한다.
② 금융부채란 거래상대방에게 현금 등 금융자산을 인도하기로 한 계약상의 의무를 말한다.
③ 자기지분상품으로 결제되거나 결제될 수 있는 주식수가 변동 가능한 비파생상품도 금융부채이다.
④ 공정가치로 측정한 금융부채는 공정가치로 평가함에 따른 평가손익을 모두 당기손익에 반영한다.

15 다음 자료를 이용하여 개인기업인 상공상점의 기말자본금을 계산하면 얼마인가?

> 가. 손익 관련 자료
> 　− 총수익 : 　　　　　　　₩170,000
> 　− 총비용 : 　　　　　　　₩100,000
> 나. 자본 관련 자료
> 　− 기초자본금 : 　　　　　₩300,000
> 　− 추가출자액 : 　　　　　₩50,000
> 　− 기업주 인출액 : 　　　　₩80,000

① ₩300,000
② ₩340,000
③ ₩370,000
④ ₩420,000

16 상공(주)은 미지급했던 종업원의 급여를 현금으로 지급했다. 재무제표에 미치는 영향으로 올바른 것은?

① 자산 증가, 부채 감소
② 자산 증가, 부채 증가
③ 자산 감소, 부채 증가
④ 자산 감소, 부채 감소

17 다음 자료에 의하여 매출총이익을 계산한 것으로 옳은 것은?

가. 당기총매출액 :	₩2,500,000
나. 기초상품재고액 :	₩500,000
다. 당기순매입액 :	₩1,000,000
라. 기말상품재고액 :	₩700,000
마. 환입 및 매출에누리액 :	₩100,000

① ₩800,000
② ₩1,600,000
③ ₩2,400,000
④ ₩3,000,000

18 기말상품재고액 ₩98,000을 ₩89,000으로 잘못 계상한 경우 매출원가와 당기순이익에 미치는 효과 중 옳은 것은?

① 매출원가 : 커진다.
　당기순이익 : 적어진다.
② 매출원가 : 커진다.
　당기순이익 : 커진다.
③ 매출원가 : 적어진다.
　당기순이익 : 적어진다.
④ 매출원가 : 적어진다.
　당기순이익 : 커진다.

19 다음 중 일정기간의 영업활동, 투자활동, 재무활동에 의한 현금의 증감 내역을 나타내는 보고서는?

① 포괄손익계산서
② 현금출납장
③ 자본변동표
④ 현금흐름표

20 다음 중 당기순이익과 함께 기업의 경영성과(수익성)를 측정하는 중요한 지표는 무엇인가?

① 당좌비율
② 부채비율
③ 주당순이익
④ 매출채권회전율

2과목 **원가회계**

21 다음 중 원가에 대한 설명으로 옳지 않은 것은?

① 고정원가는 조업도의 변화에 관계없이 총원가가 일정하다.
② 변동원가와 고정원가의 성격을 모두 갖고 있는 원가를 혼합원가라 한다.
③ 기초원가란 직접노무원가와 제조간접원가를 말한다.
④ 직접재료원가와 직접노무원가는 대표적인 변동원가에 속한다.

22 다음의 원가분류 중 수익과 대응되는 발생시점을 기준으로 한 분류로 옳은 것은?

① 재고가능원가와 기간원가
② 직접원가와 간접원가
③ 역사적 원가와 예정원가
④ 기초원가와 전환원가

23 제조와 관련된 재고자산계정으로 가장 일반적인 세 가지 계정은 무엇인가?

① 상품, 제품, 소모품
② 상품, 재공품, 제품
③ 원재료, 상품, 제품
④ 원재료, 재공품, 제품

24 다음 중 제조원가명세서에 계상될 수 없는 항목은?

① 공장의 감가상각비
② 주요재료원가
③ 영업부장의 급여
④ 기계장치의 수선비

25 (주)대한에 근무하는 나성공씨는 8월 첫째 주 동안 48시간의 작업을 하였다. (주)대한은 주당 40시간을 초과하는 작업시간에 대해서 정상임금의 1.5배를 지급하고 있다. (주)대한의 시간당 정상임금은 ₩5,000이다. 8월 첫째 주 나성공씨와 관련하여 발생한 총노무원가는 얼마인가?

① ₩240,000   ② ₩260,000
③ ₩300,000   ④ ₩360,000

26 이번 달의 총 임금지급액이 ₩240,000이고, 총 생산량은 30,000개이다. 이 중에서 A제품 생산량이 10,000개일 때, 제품 A에 부과하여야 할 노무원가는 얼마인가?(단, 임률은 총 임금지급액을 총생산량으로 나눈 평균임률에 따라서 계산함)

① ₩100,000   ② ₩80,000
③ ₩40,000   ④ ₩20,000

27 상공기업은 많은 기업들이 입주해 있는 사무실 건물을 관리하고 있다. 청소담당 직원들은 모든 입주기업들의 사무실과 복도 등 건물 전체를 청소한다. 건물 전체의 청소비를 각 기업에 배부하기 위한 기준으로 가장 적합한 것은?

① 각 입주기업의 직원 수
② 각 입주기업의 임대 면적
③ 각 입주기업의 주차 차량 수
④ 각 입주기업의 관리비 부과액

28 (주)대한공업사는 다음 자료에 의하여 부문공통원가를 각 부문에 배부할 때, 절단부문에 배부될 부문공통원가로 옳은 것은?

가. 부문개별원가
– 절단부문원가 : ₩600
– 조립부문원가 : ₩400
– 동력부문원가 : ₩150
– 수선부문원가 : ₩50
나. 부문공통원가
– 기계화재보험료 : ₩60(금액 기준으로 배부)
– 공장건물감가상각비 : ₩90(면적 기준으로 배부)
다. 부문공통비 배부기준

	절단부문	조립부문	동력부문	수선부문	계
면적	100평	50평	30평	20평	200평
금액	₩1,500	₩2,000	₩750	₩750	₩5,000

① ₩18   ② ₩45
③ ₩63   ④ ₩70

29 다음 중 보조부문원가를 제조부문에 배분할 때 가장 우선적으로 고려하여야 할 원칙은?

① 공정성
② 인과관계
③ 부담능력
④ 수혜기준

30 다음은 보조부문원가의 배부방법을 설명한 것이다. 적합하지 않은 것은?

① 상호배부법은 보조부문 상호 간의 용역수수 관계를 전부 반영한다.
② 직접배부법은 보조부문 상호 간에 직접 배부하는 것이다.
③ 단계배부법은 보조부문의 배부순서에 따라 배부액이 달라질 수 있다.
④ 상호배부법이 단계배부법보다 더 정밀하다.

31 실제생산량이 예상생산량보다 매우 낮음에도 불구하고 제조간접원가에 대하여 예정배부를 실시한 결과, 제품원가의 차이가 중요하지 않은 것으로 나타났다면 그 이유로 가장 적합한 것은?

① 제조간접원가가 주로 고정원가로 구성
② 제조간접원가가 주로 변동원가로 구성
③ 제조간접원가의 실제발생액이 예상했던 것보다 매우 낮음
④ 제조간접원가의 실제발생액이 예상했던 것보다 매우 높음

32 다음 자료에 의하여 복리후생비를 부문별로 배부할 경우 동력부문으로의 배부액은 얼마인가?

가. 공통부문비 : 복리후생비 총 발생액 ₩700,000
나. 배부기준 : 종업원 수

항목	제조부문		보조부문	
	A부문	B부문	동력부문	수선부문
종업원 수	25명	20명	15명	10명

① ₩100,000
② ₩150,000
③ ₩200,000
④ ₩250,000

33 개별원가계산에 가장 적합한 업종은?

① 건설업
② 정유산업
③ 제과업
④ 방직업

34 (주)경기는 개별원가계산제도를 채택하고 있다. 당기 3월 원장의 재공품계정에는 다음과 같은 사항이 기록되어 있다. (주)경기는 직접노무원가의 50%를 제조간접원가로 배부하고 있다. 3월 말에 아직 가공 중에 있는 유일한 작업인 제조지시서 100호에는 제조간접원가 ₩1,000이 배부되었다. 제조지시서 100호에 부과될 직접재료원가는 얼마인가?(단, 제조지시서 100호는 3월 중에 공정이 착수된 것으로 가정함)

가. 3월 1일 잔액 :	₩10,000
나. 3월 31일 직접재료원가 :	₩30,000
다. 3월 31일 직접노무원가 :	₩28,000
라. 3월 31일 제조간접원가 :	₩14,000
마. 3월 31일 제품계정으로 대체 :	₩70,000

① ₩9,000
② ₩10,000
③ ₩12,000
④ ₩14,000

35 다음 중 종합원가계산의 종류에 대한 설명으로 옳지 않은 것은?

① 단일 종합원가계산 : 제품생산공정이 단일공정인 제품을 생산하는 기업
② 조별 종합원가계산 : 종류가 다른 다양한 제품을 연속 대량생산하는 기업
③ 공정별 종합원가계산 : 단일공정을 가지고 있는 기업
④ 연산품 종합원가계산 : 동일한 공정 및 동일한 재료를 사용 하여 계속적으로 생산하나 서로 다른 제품을 생산하는 기업

개별원가계산과 종합원가계산의 비교에 대한 내용이다. 옳지 않은 것은?

① 종합원가계산에서 사용되는 원가계산표는 개별원가계산의 경우와는 달리 제품의 종류마다 작성할 필요가 없으며, 각 원가계산기간마다 1부를 작성하고 여기에다 그 기간에 발생한 모든 원가를 집계하면 된다.
② 종합원가계산은 표준규격 제품을 대량으로 연속 생산하는 업종에 적합하다.
③ 종합원가계산은 경우(예 : 조별)에 따라서 제조공정(부문)에 대한 직접원가와 간접원가의 구분이 필요하다.
④ 종합원가계산에서는 미완성된 특정 제품의 제조지시서별 원가계산표에 집계되어 있는 금액이 재공품으로 된다. 그러나 개별원가계산에서는 재공품원가의 개별 확인이 불가능하기 때문에 원가계산기간 말에 현재 가공 중에 있는 재공품의 원가를 별도로 추정해 내어야 한다.

37 (주)대한은 단일제품을 생산, 판매하고 있다. 당기 8월 생산 자료는 기초재공품 1,000단위(완성도 60%), 당기착수량 12,000단위, 당기완성수량 11,000단위, 그리고 기말재공품 2,000단위(완성도 40%)이다. (주)대한의 선입선출법에 의한 가공원가 완성품환산량은 얼마인가?

① 11,000단위 ② 11,200단위
③ 11,800단위 ④ 13,000단위

38 다음 (   ) 안에 들어갈 내용으로 알맞은 것은?

> 정상원가계산에서는 제조간접원가의 실제발생액과 배부총액에 차이가 발생한다. 이러한 배부차이를 조정하는 방법으로 기말재공품이나 기말제품이 부담하여야 할 배부차이를 무시하는 방법은 (   )이다.

① 매출원가조정법
② 총원가기준법
③ 원가요소기준법
④ 안분법(비례배부법)

39 종합원가계산에 대한 설명으로 옳지 않은 것은?

① 평균법이 비교적 간단하므로 원가통제에 항상 유리하다.
② 선입선출법에 따른 완성품환산량은 평균법보다 항상 적거나 같다.
③ 평균법에 의할 경우에는 기초재공품원가와 당기발생원가를 동일하게 취급한다.
④ 가격이나 재고수준이 안정적일 경우 평균법이나 선입선출법 중 어떤 방법으로 원가계산을 하여도 그 차이가 크지 않다.

40 다음은 (주)상공의 제조부문의 부문별 배부기준과 당월 생산한 A제품과 관련된 자료이다. A제품의 제조간접원가 배부액을 계산한 것으로 옳은 것은?

항목	제조1부문	제조2부문
제조부문비합계	₩500,000	₩1,000,000
기계작업시간 수	1,000시간	1,000시간
직접노동시간	200시간	500시간
배부기준	기계작업시간법	직접노동시간법

제품 A의 사용시간	제조1부문	제조2부문
직접노동시간	50시간	100시간
기계작업시간	100시간	50시간

① ₩100,000 ② ₩150,000
③ ₩200,000 ④ ₩250,000

정답 & 해설

정답 & 해설

2024년 상시 기출문제 01회

178p

01 ②	02 ③	03 ③	04 ③	05 ②	06 ④	07 ③	08 ④	09 ①	10 ③
11 ④	12 ②	13 ③	14 ②	15 ①	16 ②	17 ②	18 ①	19 ③	20 ④
21 ④	22 ②	23 ③	24 ①	25 ①	26 ②	27 ④	28 ④	29 ③	30 ④
31 ②	32 ②	33 ④	34 ①	35 ③	36 ②	37 ①	38 ③	39 ②	40 ①

1과목 | 재무회계

01 ②

충당부채, 선수금, 선수수익은 계약에 의하지 아니하고 금융자산으로 결제되는 항목이 아니므로 금융부채가 아니다.

02 ③

매출채권(외상매출금) 잔액 100,000 × 손상추산율(%) = 손실충당금잔액 5,000
따라서 손상추산률은 5%이다.

03 ③

정상적인 영업과정에서 판매하기 위한 부동산이나 이를 위하여 건설 또는 개발 중인 부동산, 자가사용 중인 부동산, 금융리스로 제공한 부동산은 투자부동산에 해당하지 않는다.

04 ③

금융자산의 손상은 채무상품 중 상각후원가측정금융자산과 기타포괄손익–공정가치측정금융자산에 대해서 인식한다. 당기손익–공정가치금융자산과 지분상품에 대해서는 손상처리를 인식하지 않는다.

05 ②

최초의 장부금액을 초과하지 않는 범위 내에서 평가손실을 환입한다.
※ 현행대체원가 : 현재 시점에서 매입하거나 재생산하는 데 소요되는 금액

06 ④

토지의 재평가이익이 발생한 경우 비유동자산과 자본이 증가하나 부채는 감소하지 않는다.

07 ③

기계장치의 취득은 자산의 변동이므로 자본변동표에 표시되지 않는다.

08 ④

가. (차) 매입	200,000	(대) 지급어음	200,000
나. (차) 당좌예금	300,000	(대) 받을어음	300,000
다. (차) 받을어음	500,000	(대) 매출	500,000
라. (차) 매출채권처분손실	20,000	(대) 받을어음	400,000
당좌예금	380,000		

∴ 가 : 채무발생, 나 : 채권소멸, 다 : 채권발생, 라 : 채권소멸

09 ①

- 저가법은 재고자산의 시가가 장부금액보다 하락한 경우에 발생한 손실로 시가(순실현가능가치)를 장부금액으로 조정하는 하는 방법이다.
- 갑 : 장부금액(취득원가) 10,000 − 순실현가능가치 9,000(11,000 − 2,000) = 1,000(평가손실)
- 을 : 장부금액(취득원가) 10,000 − 순실현가능가치 13,000(15,000 − 2,000) → 하락하지 않음
- 병 : 장부금액(취득원가) 10,000 − 순실현가능가치 7,000(9,000 − 2,000) = 3,000(평가손실)
- ※ 순실현가능가치 : 예상판매가격 − 예상판매비
- 기말재고액 = 9,000 + 10,000 + 7,000 = 26,000원(∵ 하락 시 시가를 장부금액으로 조정하므로)
- 매출원가 = 기초재고액 + 당기상품매입액 − 기말재고액 = 20,000 + 100,000 − 26,000 = 94,000원

10 ③

거래가격은 고객에게 약속한 재화나 용역을 이전하고 그 대가로 기업이 받을 권리를 갖게 될 것으로 예상하는 금액이며 고객이 지급하는 고정된 금액일 수도 있으나, 어떤 경우에는 변동대가를 포함하거나 현금 외의 형태로 지급될 수도 있다. 제3자를 대신해서 회수한 금액은 포함하지 않는다.

11 ④

배당금 수익은 받을 권리가 확정되는 시점에 수익을 인식한다.

12 ②

가, 다는 연구활동에 속하는 항목이다.

13 ③

- 총매출액 3,000 − 매출할인액 100 = 순매출액 2,900원
- 매출원가 = 기초상품재고액 1,000 + 총매입액 2,000 − 매입환출액 200 − 기말상품재고액 800
  = 2,000원
- ∴ 매출총이익 = 순매출액 2,900 − 매출원가 2,000 = 900원

14 ②

사채를 할증발행한 경우 만기에 가까워질수록 유효이자법에 의한 이자비용은 매년 감소한다.

15 ①

기타포괄손익 : 기타포괄손익−공정가치측정금융자산평가손익, (유형자산)재평가잉여금, 해외사업환산손익 등

16 ②

당기에 7월 1일에 비용처리한 보험료 1년분 500,000원은 다음연도 6월 30일까지이므로 다음연도에 해당하는 보험료 250,000원(500,000 × 6개월 / 12개월)을 비용에서 차감하고 선급비용(선급보험료)으로 처리해야 한다.

[오답 피하기]

- ① : (차) 이자비용   90,000   (대) 미지급비용   90,000
- ③ : (차) 미수수익   50,000   (대) 이자수익   50,000
- ④ : (차) 임차료   100,000   (대) 미지급비용   100,000

17 ②

당해 의무를 이행하기 위하여 경제적 효익이 있는 자원이 유출될 가능성이 높다.

18 ①

주식배당의 경우 총자본은 불변이다.

19 ③

주식이나 기타 지분상품의 발행에 따른 현금유입은 재무활동 현금흐름에 해당한다.

20 ④

[오답 피하기]

- ① : 확정급여제도(DB형)를 도입한 기업은 기여금의 운용결과에 따라 추가납부 의무가 있다.
- ② : 확정기여제도(DC형)는 기업이 기여금을 불입함으로써 퇴직급여와 관련된 모든 의무가 종료된다.
- ③ : 확정급여채무(DB형)의 현재가치를 계산할 때 종업원 이직률, 조기퇴직률, 임금상승률, 할인율 등의 가정은 상황 변화에 따라 적절히 수정한다.

21 ④

회사 제품의 판매목적으로 구입한 매장 건물의 감가상각비는 비제조원가로 판매비와관리비이다.

22 ②

보조부문원가를 원가행태(변화의 정도)에 의한 구분에 따른 배부가 단일배부율법, 이중배부율법(변동원가 + 고정원가)이므로 보조부문 상호 간의 용역수수 관계의 인식정도에 따른 배부인 직접배부법, 단계배부법, 상호배부법에서 모두 사용할 수 있다.

23 ③

- 가공원가 = 직접노무원가 + 제조간접원가 = 직접노무원가 500,000 + 제조간접원가 350,000(250,000 + 100,000) = 850,000원
- 판매가격 = 판매원가(제조원가 + 판매비와관리비) + 이익(판매원가 × 30%) = 판매원가 1,100,000{제조원가(200,000 + 500,000 + 350,000) + 판매비 와관리비(임차료 50,000)} + 이익 330,000(판매원가 1,100,000 × 30%) = 1,430,000원

24 ①

- 10월 노무원가 = 10월 중 임금지급액 800,000 + 10월 말 미지급 임금 70,000 + 9월 말 선급 임금 100,000 − 9월 말 미지급 임금 90,000 = 880,000원
- 10월 중 갑 제품의 노무원가 = (10월 노무원가 880,000 × 노무시간 2,000시간) ÷ 총 노무시간 8,000시간 = 220,000원

25 ①

관리회계는 목적적합성을 강조하고, 재무회계는 검증가능성을 강조한다.

26 ②

- 직접원가법 : 직접재료원가 + 직접노무원가
- 제조간접원가 실제배부율 = $\dfrac{실제\ 제조간접원가\ 총액}{직접원가\ 총액}$ = $\dfrac{30,000}{60,000(15,000 + 5,000 + 25,000 + 15,000)}$ = 0.5
- 제품A 제조간접원가 배부액 = 제품별 직접원가의 실제발생액 × 실제배부율
  = 20,000(15,000 + 5,000) × 0.5 = 10,000원

27 ④

원가의 추적가능성에 따른 분류 : 직접원가, 간접원가

28 ④

종합원가계산 중 여러 공정에 걸쳐 생산하는 경우 공정별 원가계산을 적용한다.

29 ③

- 매출원가 = 기초제품 + 당기제품제조원가 − 기말제품
- 당기제품제조원가 = 기초재공품 + 당기총제조원가(직접재료원가 + 직접노무원가 + 제조간접원가) − 기말재공품
  = 기초재공품 500,000 + 당기총제조원가 1,400,000 − 기말재공품 900,000 = 1,000,000
- ∴ 매출원가 = 기초제품 1,000,000 + 당기제품제조원가 1,000,000 − 기말제품 1,300,000 = 700,000

30 ④

변동원가 : 관련범위 내에서 조업도가 증가할수록 단위당 변동원가는 일정하고 총액은 증가한다.

31 ②

평균법 단위당원가 = (당기투입원가 + 기초재공품원가) ÷ 완성품환산량

32 ②

- 재공품 배부율 320 ÷ 1,600(320 + 160 + 1,120) = 0.2
- 배부금액 = 80 × 0.2 = 16원
- 조정 후 금액 320 − 16 = 304원

33 ④

당월완성품원가 = 전월이월(월초재공품) + 당기총제조원가(직접재료원가 + 가공원가) − 차월이월(월말재공품)
  = 100,000 + 200,000 + 400,000 − 200,000 = 500,000원
※ 가공원가 = 직접노무원가 + 제조간접원가

34 ①

작업폐물 : 재료를 가공하는 과정에서 발생하는 찌꺼기로서 매각 가치나 이용 가치가 있는 것을 말하며 제재업의 톱밥이나 기계제조업의 쇠조각, 쇳가루 등이 이에 해당한다.

오답 피하기

- 감손품 : 제조과정에서 증발 등으로 인해 제품화되지 못하고 투입된 원재료 물량의 일부분이 사라지는 것을 말하며 감손품은 실체가 없으므로 판매가치가 전혀 없다.
- 재작업품 : 공손품 가운데 재작업을 거쳐 완성품으로 매각되는 제품이다.
- 공손품 : 제조, 생산과정에서 작업자의 부주의 등으로 표준규격이나 품질에 미달하는 불합격품이다.

35 ③

본질적으로 원가의 배부는 추적이 불가능한 간접원가이므로 명확하게 검증이 가능하지 않아서 임의성이 개입될 여지가 있다.

36 ②

이중배부율법 하에서 직접배부법, 단계배부법, 상호배부법을 모두 사용할 수 있다.

37 ①

특정 제품에 대하여 추적가능한 원가의 부과는 직접원가이다.

38 ③

- 평균법 완성품환산량 = 완성품수량 + 기말재공품환산량
  - 재료원가 완성품환산량 = 700 + 200 × 100% = 900개
  - 가공원가 완성품환산량 = 700 + 200 × 40% = 780개
- 선입선출법 완성품환산량 = 완성품수량 − 기초재공품환산량 + 기말재공품환산량
  - 재료원가 완성품환산량 = 700 − 100 × 100% + 200 × 100% = 800개
  - 가공원가 완성품환산량 = 700 − 100 × 30% + 200 × 40% = 750개
- 재료원가는 공정초기에 전량투입이므로 100%이다.

39 ②

완성품환산량의 완성도는 원가의 투입정도이다.

40 ①

제조부문원가(절단부문원가) 예정배부액은 5,000원인데 실제발생액이 4,500원이므로 500원 과대배부하였다.
(차) 절단부문가   500   (대) 부문원가배부차이   500
※ 매출원가로 대체 시 : (차) 부문원가배부차이   500   (대) 매출원가   500

2024년 상시 기출문제 02회

186p

01 ②	02 ④	03 ①	04 ①	05 ②	06 ④	07 ③	08 ③	09 ④	10 ②
11 ④	12 ①	13 ②	14 ①	15 ②	16 ①	17 ③	18 ②	19 ②	20 ③
21 ③	22 ③	23 ③	24 ③	25 ①	26 ③	27 ④	28 ④	29 ①	30 ④
31 ②	32 ③	33 ①	34 ③	35 ④	36 ①	37 ②	38 ②	39 ①	40 ②

1과목   재무회계

01 ②

현금및현금성자산

- 현금 : 통화(지폐, 동전), 통화대용증권(은행발행자기앞수표, 타인발행 당좌수표, 가계수표, 송금수표, 여행자수표, 배당금지급통지표, 만기가 공시된 공사채이자지급표, 우편환증서, 일람출급어음, 전신환증서, 국고송금통지서)
- 요구불예금 : 당좌예금, 보통예금, 저축예금 등
- 현금성자산 : 금융상품(기업어음, 상환우선주, 양도성예금증서(CD), 환매채 등의 유동성이 높은 단기투자자산)으로 취득당시 만기(또는 상환일)가 3개월 이내에 도래하는 것
- ∴ 지폐와 동전 40,000 + 타인발행 당좌수표 120,000 + 배당금지급통지표 30,000 + 만기가 2개월 이내인 채권 200,000 = 390,000원

02 ④

계약에 의하지 아니하고 금융자산으로 결제되는 항목이 아닌 것은 금융부채가 아니므로 선수금, 선수수익, 의제의무에 해당하는 충당부채, 정부가 부과하는 법인세는 금융부채가 아니다.

03 ①

관리 목적에 사용하기 위한 자가사용부동산은 유형자산이다.

04 ①

근본적인 질적특성
• 목적적합성 : 예측가치, 확인가치, 중요성
• 표현충실성 : 완전한 서술, 중립적 서술, 오류가 없는 서술

05 ②

원재료와 기타 소모품은 완성될 제품이 원가 이상으로 판매되는 경우 감액하지 않는다.

06 ④

재평가로 자산이 감소된 경우에는 당기손실(비용)로 인식하지만 재평가잉여금(기타포괄손익)의 잔액이 있으면 그 금액을 한도로 재평가잉여금(기타포괄손익)을 감소하고 나머지를 당기손실로 처리한다.

07 ③

재무상태표상의 당기손익-공정가치측정금융자산은 120,000원으로 표시한다.

08 ③

기말 손실충당금잔액 = 손실충당금잔액(기초 300,000 − 100,000) + 기말 손실충당금 추가계상액 50,000 = 250,000원

09 ④

재고자산을 항목별 저가법으로 평가할 경우 재고자산평가손실 = 상품1 평가손실 40,000 + 상품2 평가손실 30,000 = 70,000원
저가법은 평가이익을 인식하지 않으므로 상품3의 평가이익 50,000은 계산하지 않는다.

10 ②

20×2년에 계상할 감가상각비는 취득원가 150,000 ÷ 내용연수 20 × 6개월 / 12개월 = 3,750원이다.

11 ④

상각후원가측정금융자산처분이익은 당기순이익에 차감하는 항목이다.

12 ①

• 당기재고자산회전율 = 당기매출원가 ÷ {(기초재고자산 + 기말재고자산) ÷ 2}
• 매출원가 = 재고자산회전율(4회) × 평균재고액 600,000 = 2,400,000원
∴ 매출총이익 = 매출액 3,000,000 − 매출원가 2,400,000 = 600,000원

13 ②

• 당기순이익 = 매출액 − 매출원가
• 매출원가 = 기초재고 + 당기매입 − 기말재고
• 선입선출법에 의한 당기순이익 = 매출액 − 매출원가(기초재고 + 당기매입 − 기말재고 30,000) = 100,000원
• 이동평균법에 의한 당기순이익 = 매출액 − 매출원가(기초재고 + 당기매입 − 기말재고) = 105,000원
∴ 선입선출법에 의한 기말재고자산 30,000원이므로 이동평균법에 의한 기말재고자산은 5,000원이 큰 35,000원이 된다.

14 ①

내부적으로 창출된 영업권은 자산으로 인식하지 아니한다.

15 ②

매출총이익 = 순매출액(총매출액 − 환입 및 매출에누리액) − 매출원가(기초상품재고액 + 당기순매입액 − 기말상품재고액)
            = 2,500,000 − 100,000 − (500,000 + 1,000,000 − 700,000) = 1,600,000원

16 ①

기말상품재고액을 과소계상한 경우 매출원가는 커지고 당기순이익은 적어진다.

17 ③

우발부채는 부채로 인식하지 않고 주석으로 기재한다.

18 ②

할인발행 : 표시이자합계 < 유효이자합계

19 ②

수익은 진행기준에 따라 인식해야 하므로 20×1년 수익은 1,400,000 × 400,000 ÷ 700,000 = 800,000원이다.

20 ③

확정급여제도에서는 사외적립자산은 공정가치로 측정하여 재무상태표에 인식되는 확정급여채무를 결정할 때 차감한다.

2과목 원가회계

21 ③

해당 그래프는 준변동원가(혼합원가)이다. 준변동원가에는 전력비, 통신비, 가스료 등이 있다.

22 ③

원가통제에 대한 설명이다.

23 ③

- 단위당 변동원가 = (10,000 + 6,000 + 3,000) ÷ 10개 = @1,900원
- 1월 10개를 생산하기 위한 변동원가는 19,000, 단위당 변동원가는 @1,900이며, 고정원가는 6,000으로, 단위당 제조원가는 @2,500원이다.
- 2월 20개를 생산하기 위한 예상변동원가는 38,000(단위당 변동원가 @1,900 × 20개). 고정원가는 6,000으로 총제품제조원가는 44,000이다. 따라서 2월 20개를 생산하기 위한 단위당 제품제조원가는 @2,200(44,000 ÷ 20개)원이다.

24 ③

상호배부법은 보조부문 상호 간의 용역수수관계를 완전히 고려하는 보조부문원가 배부방법이다.

25 ①

배부차이를 조정하는 방법으로 기말재공품이나 기말제품이 부담하여야 할 배부차이를 무시하는 방법은 매출원가조정법과 영업외손익법이다.

> **오답 피하기**

제조간접원가 배부차이 조정법
- 비례배분법(안분법) : 배부차이를 기말재공품, 기말제품, 매출원가의 상대적 비율에 비례하여 배분하는 방법이다.
- 매출원가조정법 : 배부차이를 매출원가에 가감하는 방법으로 과소배부액은 매출원가에 가산하고 과대배부액은 매출원가에서 차감하는 방법이다.
- 영업외손익법 : 배부차이를 영업외손익으로 처리하는 방법으로 과소배부액은 영업외비용으로 처리하고 과대배부액은 영업외수익으로 처리하는 방법이다.

26 ③

- #1이 완성품이므로 9월의 매출원가는 #1로 계산한다.
- 매출원가 = 월초제품 + 당기제품제조원가(완성품원가) - 월말제품
  = 500,000 + 1,000,000 - 300,000 = 1,200,000원

27 ④

재공품의 완성도가 50%이므로 재료는 투입되지 않았으며 가공원가는 균등하게 투입되므로 50%의 가공원가가 투입되었다.

28 ④

재료의 평가손실은 시가가 장부금액보다 하락하여 발생한 손실이므로 (재료단위당원가 - 재료단위당시가) × 실제 재료수량이다.

29 ①

- 평균법 완성품환산량 = 완성품수량 + 기말재공품환산량 = 78,800 + 4,000 × 30% = 80,000
- 평균법 단위당원가 = (기초재공품가 + 당기투입원가) ÷ 완성품환산량 = (100,000 + 1,100,000) ÷ 80,000 = @15
- ∴ 기말재공품원가 = 기말재공품환산량 × 단위당원가 = (4,000 × 30%) × @15 = 18,000원

30 ④

- 제조간접원가 실제배부율 = 실제 제조간접원가 총액 ÷ 실제 배부기준(직접재료원가) 총액

  $$= 260,000 ÷ 800,000 = 0.325$$

- NO.107 제조간접원가 배부액 = 제품별 배부기준(직접재료원가)의 실제발생액 × 실제배부율

  $$= 20,000 × 0.325 = 6,500원$$

31 ②

- 매출액 300,000 − 매출원가 = 매출총이익(매출원가 × 20%)

∴ 매출원가 = 250,000원

- 매출원가 250,000 = 기초제품원가 20,000 + 당기제품제조원가 − 기말제품원가 50,000

∴ 당기제품제조원가 = 280,000원

- 기말재공품원가 = 기초재공품원가 50,000 + 당기총제조원가(90,000 + 100,000 + 80,000) − 당기제품제조원가 280,000 = 40,000원

32 ③

기초재공품이 존재하지 않는 경우 평균법과 선입선출법의 당기완성품원가와 기말재공품원가는 일치한다.

33 ①

- 선입선출법 완성품환산량 = 완성품수량 − 기초재공품환산량 + 기말재공품환산량
- 완성품수량 = 기초재공품 수량 + 당기착수량 − 기말재공품 수량 = 500 + 2,000 − 400 = 2,100개

∴ 가공원가 완성품환산량 = 2,100 − 500 × 60% + 400 × 25% = 1,900개

34 ③

원가회계에서 원가정보를 집계, 배분, 분석하여 외부공표용 재무제표를 작성하는 데 사용한다면 이는 재무회계의 역할을 수행하는 것이며 경영계획을 수립, 통제한다거나 특수의사결정에 활용한다면 이는 관리회계의 역할을 수행하는 것이다.

35 ④

평균법은 전기원가(기초재공품원가)와 당기원가(당기투입총원가)를 합산하여 완성품환산량으로 평균을 구하기 때문에 당기의 성과와 이전의 성과를 명확하게 구분하여 평가할 수 없다.

36 ①

직접원가법 : 직접재료원가 + 직접노무원가

- 제조간접원가 실제배부율 = $\dfrac{\text{실제 제조간접원가 총액}}{\text{직접원가 총액}} = \dfrac{900,000}{1,800,000(800,000 + 1,000,000)} = 0.5$

- #3 제조간접원가 배부액 = 제품별 직접원가의 실제발생액 × 실제배부율

  $$= 600,000(250,000 + 350,000) × 0.5 = 300,000원$$

∴ #3의 제조원가 = 직접재료원가 + 직접노무원가 + 제조간접원가

  $$= 250,000 + 350,000 + 300,000 = 900,000원$$

37 ②

전체 노무원가 300시간 × ₩500 = 150,000원 중 직접 발생된 280시간은 노무원가는 재공품에 직접부과하고 나머지 부득이하게 발생한 정전으로 인한 20시간은 제조간접원가로 배부하여 인위적 기준으로 배분한다. 그러므로 회계처리하면 다음과 같다.

(차) 재공품　　　　 140,000　　　(대) 노무원가　　 150,000
　　제조간접원가　 10,000

38 ②

기계감가상각비 : 기계사용시간

39 ①

자산이고 미소멸원가며 미래의 수익 창출을 위해 사용될 원가는 원재료이다.

40 ②

②는 제조간접원가이다.

01 ③	02 ③	03 ③	04 ①	05 ④	06 ③	07 ③	08 ④	09 ①	10 ②
11 ②	12 ①	13 ③	14 ③	15 ④	16 ②	17 ①	18 ③	19 ①	20 ①
21 ③	22 ③	23 ①	24 ①	25 ②	26 ④	27 ④	28 ③	29 ②	30 ④
31 ②	32 ①	33 ①	34 ①	35 ①	36 ②	37 ③	38 ④	39 ②	40 ④

1과목 **재무회계**

---

01 ③

계량화된 정보가 검증가능하기 위해서 단일점추정치이어야 할 필요는 없다.

02 ③

발생주의를 적용할 경우 현금으로 회수가 되지 않은 금액도 수익으로 기록해야 한다.

03 ③

원가모형이므로 당기순이익에 미치는 영향은 당기 감가상각비 만큼만 감소한다.
정액법 감가상각비 = {(취득원가 600,000,000 − 잔존가치 60,000,000) ÷ 내용연수 30} × 3개월 / 12개월
　　　　　　　 = 4,500,000원

04 ①

재고자산은 평가손실을 초래했던 상황이 해소되어 새로운 시가가 장부금액보다 상승한 경우에는 최초의 장부금액을 초과하지 않는 범위 내에서 평가손실을 환입한다.

05 ④

오답 피하기
- ① : 결산일로부터 13개월 이후에 만기가 도래하는 정기적금 : 장기예금
- ② : 취득일로부터 만기가 3개월 이내에 도래하는 채권 : 현금성자산
- ③ : 취득일로부터 상환일까지의 기간이 3개월 이내에 도래하는 상환우선주 : 현금성자산

06 ③

(20×2년 시가 1,500 − 20×1년 시가 3,000) × 3주 = 4,500원 평가손실이 발생한다.

07 ③

고정고객, 시장점유율, 고객과의 관계 및 고객의 충성도 등은 기업이 통제할 수 없으므로 무형자산의 정의를 충족하지 못한다.

08 ④

시세차익이나 임대수익을 얻을 목적으로 구입한 토지는 투자자산(투자부동산)으로 분류한다.

09 ①

배서양도(매각거래 시) (차) 현금 등　　　×××　　(대) 받을어음　　×××
　　　　　　　　　　　　　매출채권처분손실　×××

10 ②

기말 부가가치세 정리분개는 2가지 방법이 가능하다.
- 결산 시 (차) 부가가치세예수금　550,000　(대) 부가가치세대급금　550,000
　납부 시 (차) 부가가치세예수금　 50,000　(대) 현금 등　　　　　　 50,000
- 결산 시 (차) 부가가치세예수금　600,000　(대) 부가가치세대급금　550,000
　　　　　　　　　　　　　　　　　　　　　　 미지급세금　　　　　 50,000
　납부 시 (차) 미지급세금　　　　 50,000　(대) 현금 등　　　　　　 50,000

11 ②

재고자산감모손실 = 재고감모수량(장부상 수량 − 실제수량) × 원가 = 50(장부상 수량 500 − 실제수량 450) × @100 = 5,000원

12 ①

관리 및 기타 일반간접비는 당기 비용으로 처리한다.

13 ③

교환거래로 자산을 취득하는 경우 상업적 실질이 있으면 유형자산의 원가는 제공한 자산의 공정가치로 측정하며 교환거래에 상업적 실질이 결여되거나 취득한 자산과 제공한 자산 모두의 공정가치를 신뢰성 있게 측정할 수 없는 경우에는 제공한 자산의 장부금액을 원가로 측정한다. 이 거래는 상업적 실질이 존재한다고 했으므로 상공회사가 교환으로 취득한 자산의 취득원가는 400,000원이다.

14 ③

- 사채장부금액 = 사채액면금액 − 사채할인발행차금 + 사채할증발행차금
    = 100,000 − 5,000 = 95,000원
- 장부금액 95,000원을 100,000원에 상환했으므로 사채상환손실(비용) 5,000원이 발생하며 이는 당기순손익에 손실로 처리된다.

15 ④

- 반품이 예상되는 경우 반품예상액을 수익에서 차감한다.
- 매출액 1,000,000 − 반품예상액 200,000 = 800,000원

16 ②

- 20×2년 말 장부금액 = 취득원가 1,000,000 − 감가상각누계액(1,000,000 − 0) ÷ 5 × 2년 = 600,000원
- 20×3년 말 장부금액 = 600,000 + 자본적 지출 100,000 − 감가상각누계액(700,000 − 0) ÷ 5 = 560,000원

17 ①

내부적으로 창출한 영업권은 무형자산으로 인식하지 않는다.

18 ③

사채의 발행금액 = 원금의 현재가치(액면금액 × 현가계수) + 이자의 현재가치(이자비용 × 연금현가계수)
    = (100,000,000 × 0.79383) + (10,000,000 × 2.57710) = 105,154,000원

19 ①

- 중간예납 시 : (차) 선급법인세   120,000   (대) 현금 등   120,000
- 결산 시   : (차) 법인세비용   300,000   (대) 선급법인세   120,000
                                              미지급법인세   180,000

20 ①

확정급여제도란 보험수리적위험과 투자위험을 기업이 부담하는 퇴직급여제도를 의미한다.

2과목 원가회계

21 ③

매몰원가 : 과거의 의사결정으로부터 이미 발생한 원가로서 더 이상 의사결정에 영향을 줄 수 없는 원가를 말한다.

22 ③

모든 제조기업이 동일한 원가계산방식을 사용해야 되는 것은 아니다.

23 ①

- 전력부문 : 각 제조부문의 전기소비량
- 복리후생비 : 각 제조부문의 종업원 수

24 ①

보조부문원가를 제조부문별로 배부하는 문제는 공장전체 제조간접원가 배부율뿐만 아니라 부문별 제조간접원가 배부율에도 고려될 수 있다.

25 ②

- 전체배부율 = 제조간접원가 총액 ÷ 직접재료원가 총액 = 42,000 ÷ 50,000 = 0.84

- X부문 배부율 = 전체 배부율 × $\dfrac{\text{X부문원가}}{\text{(X부문원가 + Y부문원가)}}$

  $= 0.84 \times 28,000 \div (28,000 + 14,000) = 0.56$

- Y부문 배부율 = 전체 배부율 × $\dfrac{\text{Y부문원가}}{\text{(X부문원가 + Y부문원가)}}$

  $= 0.84 \times 14,000 \div (28,000 + 14,000) = 0.28$

26 ④

- 상호배부법은 보조부문 상호 간의 용역수수관계를 전부 반영하여야 하므로 C부문을 X, D부문을 Y라고 하고 연립방정식을 이용하여 배부하여 계산한다.

- X = 120,000 + 0.3($\dfrac{30\%}{100\%}$)Y

- Y = 70,000 + 0.2($\dfrac{20\%}{100\%}$)X

- C부문 = (120,000 + 21,000) ÷ 0.94 = 150,000원
- D부문 = 70,000 + 30,000 = 100,000원
- C부문이 A부문에 배부된 금액 = 150,000 × 0.5($\dfrac{50\%}{100\%}$) = 75,000원

27 ④

매출원가는 손익계산서에서 확인할 수 있다.

28 ③

- #1은 완성되었으므로 #2를 기준으로 계산한다.
- ∴ #2재공품 차기이월금액(기말재공품) = 직접재료원가 2,000 + 직접노무원가 1,000 + 제조간접원가 4,000 = 7,000원

  (#2은 착수는 되었으나 완성은 안됨)
- 제조간접가 = 직접재료원가 실제발생액 2,000 × 실제배부율 2(실제 제조간접가 총액 ÷ 직접재료원가 총액 = 10,000 ÷ 5,000) = 4,000

29 ②

- 공장전체배부율 = 제조간접원가 총액 400,000 ÷ 공장전체 직접작업시간 20시간

  = @₩20,000/시간
- ∴ No.67 배부액 = 10시간 × ₩20,000 = 200,000원
- 부문별배부율 = 부문별 제조간접원가 ÷ 부문별 직접작업시간
  - A제조부문 = 300,000 ÷ 10시간 = @₩30,000/시간
  - B제조부문 = 100,000 ÷ 10시간 = @₩10,000/시간
- ∴ No.67 배부액 = A제조부문(7시간 × ₩30,000) + B제조부문(3시간 × ₩10,000)

  = 240,000원

30 ④

- 6월 말 3,000kw/h − 6월 초 2,000kw/h = 6월 사용량 1,000kw/h
- 6월의 전력비 = 1,000kw/h × @100 = 100,000원

31 ②

제조지시서 : 고객이 주문한 제품의 제조를 작업 현장에 명령하는 문서이다.

32 ①

기말재공품완성도 과소 → 완성품환산량 과소 → 단위당 완성품원가 과대 → 기말재공품원가 과소 → 매출원가 과대 → 이익잉여금 과소

33 ①

재무회계는 외부보고에 목적이 있으며, 일정기준에 따라 재무제표를 통해 정보를 전달하며 원가회계와의 관련성은 원가계산이 있다. 관리회계는 내부관리에 목적이 있으며, 일정한 기준 없이 특수목적보고서를 통해 정보를 전달하며 원가회계와의 관련성은 계획, 통제가 있다.

34 ①

- 평균법 완성품환산량 = 완성품수량 + 월말재공품환산량
- 평균법 단위당원가 = (월초재공품원가 + 당월투입원가) ÷ 완성품환산량
- 단위당 직접재료원가 = 180,000 ÷ 완성품환산량 4,000(완성품수량 3,000 + 월말재공품환산량 1,000 × 100%) = 45원
- 단위당 가공원가 = 68,000 ÷ 완성품환산량 3,400(완성품수량 3,000 + 월말재공품환산량 1,000 × 40%) = 20원

35 ①

공장전체배부율은 제조간접원가를 제조부문과 보조부문으로 나누지 않고 모든 원가를 기준으로 배부율(제조간접가총액 ÷ 총배부기준총액)을 구한 후 각 제품에 곱하여 배부액을 계산하는 방법이다.

36 ②

수선부문에서 A부문에 배부될 보조부문원가 = $120,000 × \dfrac{300시간}{600시간(300 + 200 + 100)}$ = 60,000원

37 ③

- 평균법 완성품환산량 = 완성품수량 + 월말재공품환산량
- 평균법 단위당원가 = (월초재공품원가 + 당월투입원가) ÷ 완성품환산량
- 단위당 직접재료원가 = (월초재공품원가 200,000 + 당월제조착수원가 400,000) ÷ 완성품환산량 600(완성품수량 400 + 월말재공품환산량 200 × 100%)
   = 1,000원
- 단위당 가공원가 = (월초재공품원가 150,000 + 당월제조착수원가 100,000) ÷ 완성품환산량 500(완성품수량 400 + 월말재공품환산량 200 × 50%)
   = 500원
- ∴ 월말재공품 = 월말재공품환산량 × 단위당원가 = 직접재료원가 200개 × 100% × 1,000 + 가공원가 200개 × 50% × 500 = 250,000원

38 ④

개별원가계산을 사용하면서 변동원가계산제도를 채택할 수 있다. 기업의 생산형태, 원가측정, 원가구성방법에 따른 원가계산제도들은 상호 간 결합하여 적용할 수 있다.

39 ②

나, 라는 개별원가계산에 관한 설명이다.

40 ④

6월 제품제조원가 = 월초원가 11,000 + 당월투입원가(직접재료원가 37,000 + 직접노무원가 97,000 + 제조간접원가 67,000) − 월말원가 57,000
   = 155,000원

2024년 상시 기출문제 04회

01 ②	02 ③	03 ①	04 ②	05 ③	06 ②	07 ②	08 ①	09 ③	10 ④
11 ①	12 ③	13 ③	14 ④	15 ④	16 ④	17 ①	18 ②	19 ③	20 ③
21 ③	22 ③	23 ③	24 ①	25 ③	26 ④	27 ①	28 ①	29 ③	30 ③
31 ③	32 ④	33 ④	34 ④	35 ③	36 ①	37 ②	38 ②	39 ④	40 ③

1과목 **재무회계**

01 ②

현재 및 잠재적 투자자, 대여자 및 기타 채권자에 해당하지 않는 기타 당사자들이 일반목적재무보고서가 유용하다고 여긴다고 하더라도 일반목적재무보고서는 이들을 주요 대상으로 한 것이 아니다.

02 ③

요구불예금 1,650,000 + 타인발행수표 2,500,000 + 취득일로부터 상환일까지의 기간이 2개월인 상환우선주 1,000,000 = 5,150,000원

03 ①

역사적 원가는 자산의 취득 또는 창출에 발생한 원가의 가치로서, 자산을 취득 또는 창출하기 위하여 지급한 대가와 거래원가를 포함한다.

04 ②

결산정리사항 반영 후의 당기순이익 = 결산 전 당기순이익 100,000 − 미지급 임차료 50,000 + 단기대여금에 대한 미수수익 30,000 − 매출채권의 손상차손 10,000 = 70,000원

05 ③

자본변동표는 재무상태표에 표시되어 있는 자본의 기초잔액과 기중의 변동 및 기말잔액을 모두 제공한다.

06 ② --

기말 손실충당금잔액 = 손실충당금잔액(250,000 − 100,000) + 기말 손실충당금 추가계상액 50,000 = 200,000원

07 ② --

손상검토 시 회수가능액은 순공정가치와 사용가치 중 큰 금액을 기준으로 판단한다.

08 ① --

(1,500 × @90) + (4,500 × @500) + (2,000 × @300) = 2,985,000원

09 ③ --

금융부채란 거래 상대방에게 현금 등 금융자산을 인도하기로 한 계약상의 의무를 뜻하는 것이므로 매입채무 50,000 + 미지급금 30,000 = 80,000원이다.

10 ④ --

자산재평가차익은 기타포괄손익에 해당한다.

11 ① --

보조기입장은 거래를 발생순서에 따라 기입하는 장부로 매입장, 매출장 등이 있고, 보조원장은 원장계정의 명세를 기입하는 장부로 상품재고장 등이 있다.

12 ③ --

기타장기종업원급여 : 종업원이 관련 근무용역을 제공한 연차보고기간 말부터 12개월 이후에 결제될 종업원급여를 말하며 장기근속휴가나 안식년휴가와 같은 장기유급휴가, 그 밖의 장기근속급여, 장기장애급여, 이익분배금과 상여금, 이연된 보상이 이에 해당한다.

13 ③ --

수정후시산표의 정확한 잔액합계는 110,000원이다.

잔액시산표

잔액	구분	잔액
₩80,000	수정전 금액	₩90,000
₩50,000	광고비	
(₩50,000)	수도광열비	
₩10,000	매출채권	
₩20,000	비품	
	미지급금	₩20,000
₩110,000	**수정후 금액**	**₩110,000**

※ ( )는 차감이다.

14 ④ --

미래 경제적 효익이 기대되지 않는 지출이거나, 미래 경제적 효익이 기대되더라도 재무상태표에 자산으로 인식되기 위한 조건을 원래 충족하지 못하거나 더 이상 충족하지 못하는 부분은 즉시 포괄손익계산서에 비용으로 인식되어야 한다.

15 ④ --

수도광열비를 세금과공과로 잘못 분류한 것은 같은 비용 계정과목 분류 오류이므로 순이익에 영향을 미치지 않는다.

16 ④ --

매출할인은 매출액에서 차감하므로 수익의 감소에 해당한다. 그러므로 당기순손익에 영향을 준다.

17 ① --

• 손상차손 전 장부금액 = 취득원가 500,000 − 감가상각누계액(500,000 − 0) ÷ 5 = 400,000원
• 20×1년 말 회수가능액 = MAX(순공정가치 400,000, 사용가치 360,000원) = 400,000원
• 손상차손 = 장부금액 − 회수가능액 = 400,000 − 400,000 = 0원

18 ② --

액면이자가 시장이자보다 큰 경우 할증발행되며 만기로 갈수록 상각후원가가 감소한다.

19 ③ --

자기주식을 소각할 경우 자기주식의 취득원가와 액면금액의 차이를 감자차손 또는 감자차익으로 분류한다.

20 ③

- 매출채권회전율 = 순매출액 / 평균매출채권
- 매출채권순매출액 = 5회(매출채권회전율) × 평균매출채권 400,000 = 2,000,000원
- 평균매출채권 = (매출채권 기초잔액 + 매출채권 기말잔액) ÷ 2
- 순매출액 = 순현금매출액 1,200,000 + 매출채권순매출액 2,000,000 = 3,200,000원

※ 매출채권회전율은 매출채권이 현금화되는 속도로 매출채권에 대한 투자효율성을 나타낸다.

2과목 **원가회계**

21 ③

광고선전비는 기간비용이며 판매비와관리비 항목에 해당한다.

22 ③

기업회계의 장부기장의 목적은 재무회계의 목적이다.

23 ③

의사결정 관련성에 따른 분류 − 회피가능원가, 회피불능원가, 매몰원가, 기회원가 등

24 ①

제품의 직접재료원가가 추적 가능한 경우에는 재공품계정에 대체하고 추적이 불가능한 경우에는 제조간접원가계정에 대체한다.

25 ③

가공원가 = 직접노무원가 + 제조간접원가

∴ 직접노무원가 = 가공원가 − 제조간접원가 = 630,000 − 130,000(변동원가 + 고정원가) = 500,000원

26 ④

D부문부터 배부한 경우 : D부문에서 C부문의 용역수수관계를 먼저 계산한다.

- D부문에서 C부문에 배부된 원가 = $70,000 \times \dfrac{30\%}{100\%(40\% + 30\% + 30\%)} = 21,000$원

- D부문에서 B부문에 배부될 보조부문원가 = $70,000 \times \dfrac{30\%}{100\%(40\% + 30\% + 30\%)} = 21,000$원

- C부문에서 B부문에 배부될 보조부문원가 = $141,000(120,000 + \text{D부문 } 21,000) \times \dfrac{30\%}{80\%(50\% + 30\%)} = 52,875$원

∴ B 제조부문 합계액 = 100,000 + D부문 21,000 + C부문 52,875 = 173,875원

27 ①

관리회계는 목적적합성을 강조하고, 재무회계는 검증가능성을 강조한다.

28 ①

원가배분 3단계
- 1단계 : 직접원가를 원가대상에 추적
- 2단계 : 한 원가대상(부문)에서 다른 원가대상(부문)으로 원가를 배분 또는 재배분
- 3단계 : 간접원가를 제품에 배분

29 ③

직접원가법 : 직접재료원가 + 직접노무원가

- 제조간접원가 실제배부율 = $\dfrac{\text{실제 제조간접원가 총액}}{\text{직접원가 총액}} = \dfrac{42,000}{70,000(50,000 + 20,000)} = 0.6$

- A제품 제조간접원가 배부액 = 제품별 직접원가의 실제발생액 × 실제배부율
  = 29,000(20,000 + 9,000) × 0.6 = 17,400원

30 ③

- 5월 말 재공품원가는 #2(미완성)의 월말재공품원가를 말한다.
- #2월 말재공품원가 = 직접재료원가 + 직접노무원가 + 제조간접원가
  = 500,000 + 300,000 + 210,000 = 1,010,000원
- 제조간접원가 배부액 = 직접노동시간 실제발생액 700 × 실제배부율(제조간접원가 예상 총액 900,000 ÷ 직접노동시간 예상 총수 3,000) = 210,000원

31 ③

- ① : 부문별 제조간접원가 배부율을 사용하는 경우에는 보조부문원가 배부방법에 의해 제조간접원가 배부율이 영향을 받는다.
- ② : 이중배부율법은 변동원가와 고정원가를 구분해서 고정원가는 최대사용가능량을 기준으로 배부하고 변동원가는 서비스의 실제사용량을 기준으로 배부한다.
- ④ : 단계배부법은 배부순서에 따라 배부 후의 결과가 달라진다.

32 ④

원가의 기간별 배부가 중요하며 작업의 진척도에 따라 배부하는 원가를 다르게 계산하는 방법은 종합원가계산이다.

33 ④

- 제조간접원가 배부율 = 실제 제조간접원가 총액 ÷ 배부기준(기계시간) 총액
  = 1,800,000원 ÷ 6,000시간 = @300
- 제빵 제조간접원가 = 배부기준(기계시간)의 실제발생액 × 실제배부율 = 3,000시간 × 300
  = 900,000원

34 ④

- 제조1부문 배부율 = 500,000(제조부문원가) ÷ 1,000시간(기계작업시간) = @500 / 기계작업시간
- 제조2부문 배부율 = 1,000,000(제조부문원가) ÷ 500시간(직접노동시간) = @2,000 / 직접노동시간
- ∴ 제품A품 제조간접원가 배부액 = 제조1부문(@500 × 100시간(기계작업시간)) + 제조2부문(@2,000 × 100시간(직접노동시간)) = 250,00원

35 ③

수주 수량에 따라 생산 수량이 결정되는 것은 개별원가계산이다.

36 ①

생산지원(보조)부문에서 발생한 원가를 생산(제조)부문에 배부한 후 최종적으로 제품에 배부하는 방법을 일반적으로 부문별 원가계산이라고 한다. 부문별 원가계산은 제조간접원가를 그 발생 제조부문, 보조부문으로 분류, 집계하여 배부하는 절차로 부문직접원가(개별원가)를 각 부문에 부과 → 부문간접원가(공통원가)를 각 부문에 배부 → 보조부문원가를 제조부문에 배부 → 제조부문원가를 각 제품에 배부하는 것을 말한다. 부문별 원가계산에서는 제조간접원가의 부문별 집계가 중요하다.

37 ②

종합원가계산 방법
- 1단계 : 물량흐름을 파악(각 계산방법에 따른 재공품 및 완성품 파악)한다.
- 2단계 : 완성품환산량을 계산(각 계산방법에 따른 환산량 계산)한다.
- 3단계 : 배부할 원가를 요약(각 계산방법에 따른 투입총원가 요약)한다.
- 4단계 : 완성품환산량 단위당원가(3단계의 총원가를 2단계의 총수량으로 나누어 계산)를 계산한다.
- 5단계 : 기말재공품원가와 당기완성제품원가를 산출한다.

38 ②

평균법 완성품환산량 = 완성품수량 + 월말재공품환산량
- 완성품수량 = 기초재공품 14,000 + 당기 생산 착수량 28,000 − 기말재공품 3,000 = 39,000
- 가공원가 완성품환산량 = 39,000 + 3,000 × 40% = 40,200단위

39 ④

당기제품제조원가 = 기초재공품 + 당기총제조원가 − 기말재공품

40 ③

선입선출법은 기초재공품원가와 당기총제조비용을 구분하여 계산하므로 계산과정이 평균법보다 복잡하지만, 전기의 작업능률과 당기의 작업능률이 명확히 구분되기 때문에 원가통제상 유용한 정보를 제공한다.

2024년 상시 기출문제 05회

01 ②	02 ③	03 ③	04 ④	05 ④	06 ①	07 ④	08 ③	09 ①	10 ④
11 ①	12 ④	13 ①	14 ④	15 ①	16 ②	17 ④	18 ②	19 ④	20 ③
21 ④	22 ③	23 ④	24 ④	25 ②	26 ④	27 ①	28 ③	29 ②	30 ①
31 ④	32 ②	33 ④	34 ④	35 ②	36 ①	37 ③	38 ④	39 ②	40 ④

1과목 재무회계

01 ②

계속기업의 가정 : 기업실체는 그 경영활동을 청산을 하거나 중대하게 축소시킬 의도가 없을 뿐 아니라 청산이 요구되는 상황도 없다고 가정한다. 그러므로 청산하거나 거래를 중단할 의도를 가지고 있지 않거나, 경영활동을 청산 외에 다른 현실적 대안이 없는 경우가 아니면 계속기업을 전제로 재무제표를 작성한다.

02 ③

포괄손익계산서에서 비용을 분류할 때는 성격별 비용으로 표시하는 방법과 기능별 비용으로 표시하는 방법 중 선택할 수 있다.

03 ③

부동산매매업을 영위하는 기업이 보유하고 있는 판매목적의 토지, 건물 등의 부동산은 재고자산으로 분류한다.

04 ④

투자부동산 : 장기 시세차익을 얻기 위하여 보유하고 있는 토지 100,000,000원 + 장래 사용목적을 결정하지 못한 채로 보유하고 있는 건물 80,000,000원 = 180,000,000원이다.

05 ④

완성하거나 판매하는 데 필요한 원가가 상승한 경우 평가손실이 발생한다.

06 ①

선급비용, 선급금은 일정한 재화나 용역을 제공받을 권리이므로 금융자산이 아니다.

07 ④

수익과 비용의 대응관점에서 충당금설정법이 직접상각법보다 더 적절한(합리적인) 방법이다.

08 ③

유형자산의 재평가일의 공정가치가 장부금액보다 크면 재평가잉여금으로써 기타포괄손익으로 인식한다.

09 ①

무형자산 개발관련 연구단계에서 발생하는 비용과 개발단계에서 무형자산 인식기준을 충족하지 못하는 원가는 비용으로 인식한다.

10 ④

채무상품으로 분류되는 기타포괄손익–공정가치측정금융자산은 손상차손을 인식한다. 금융자산의 손상은 채무상품 중 상각후원가측정금융자산과 기타포괄손익–공정가치측정금융자산에 대해서 인식한다. 당기손익–공정가치금융자산의 경우 손상의 효과가 이미 금융자산의 평가손실에 반영되므로 손상처리를 하지 않는다.

11 ①

부도어음은 자산계정이다.

12 ④

(차) 차입금(부채의 감소)　×××　　(대) 현금(자산의 감소)　×××
　　 이자비용(비용의 발생)　×××

13 ①

유동부채에 속하는 항목 중 선수금, 선수수익, 충당부채 등은 금융자산을 지급할 채무가 아니라 일정한 재화나 용역을 제공할 의무이므로 금융부채가 아니다.

14 ④

- 20×1년 : 기타포괄손익–공정가치측정금융자산평가이익 = (1,200 − 1,000) × 1,000주 = 200,000원
- 20×2년 : 기타포괄손익–공정가치측정금융자산평가손실 = (1,000 − 1,000) × 1,000주 = 0원

※ 20×2년 기타포괄손익–공정가치측정금융자산평가 회계처리 시 20×1년 기타포괄손익–공정가치측정금융자산평가이익 200,000원을 상계하므로 평가손실은 없다.

15 ①

사채의 발행방법으로는 액면발행, 할인발행, 할증발행이 있다.

16 ②

- 순매출액 = 총매출액 − 매출환입 − 매출에누리
- 순매입액 = 총매입액 + 매입운임 − 매입환출
- 매출원가 = 기초재고액 + 순매입액 − 기말재고액
- 매출총이익 = 순매출액 − 매출원가

17 ④

충당부채는 재무상태표에 부채로 인식해야한다.

18 ②

자기주식처분손익은 당기손익이 아니고 자본항목이다.

19 ④

① 토지의 처분, ② 단기대여금의 회수, ③ 개발비의 지급은 투자활동으로 인한 현금흐름이지만, ④ 유상감자는 재무활동으로 인한 현금흐름이다.

20 ③

보험수리적손익은 기타포괄손익으로 인식한다.

2과목 원가회계

21 ④

- 당기총제조원가는 당기제품제조원가와 일치하지 않는다.
- 당기제품제조원가 = 기초재공품 + 당기총제조원가 − 기말재공품

22 ③

당월총제조원가 = 재료원가 + 노무원가 + 제조경비 + 제조간접원가
= 400,000 + 300,000 + 100,000 + 200,000 = 1,000,000원

23 ④

- 혼합원가(준변동원가) = 고정원가 + 변동원가
- 가공원가 = 직접노무원가 + 제조간접원가

24 ④

당기제품제조원가에 20%의 이익을 가산하여 판매하면 당기제품제조원가는 매출액 ₩300,000 ÷ 120% = 250,000원이다.

- 당기총제조원가 = 직접재료원가 80,000 + 직접노무원가 70,000 + 제조간접원가 50,000
= 200,000원
- 당기제품제조원가 250,000 = 기초재공품재고액 + 당기총제조원가 200,000 − 기말재공품재고액 10,000이므로 기초재공품재고액 60,000원이다.

25 ②

제조원가 = 직접재료원가 + 직접노무원가 + 제조간접원가

- 제조간접원가 실제배부율 = $\dfrac{\text{실제 제조간접원가 총액}}{\text{직접노무원가 총액}}$ = $\dfrac{1,000,000}{500,000(200,000 + 200,000 + 100,000)}$ = 2
- #302 제조간접원가 배부액 = 제품별 노무원가의 실제발생액 × 실제배부율
= 200,000 × 2 = 400,000원

∴ #302의 제조원가 = #302 직접재료원가 + #302 직접노무원가 + #302 제조간접원가
= 300,000 + 200,000 + 400,000 = 900,000원

26 ④

단일배부율법은 이중배부율법에 비해 사용하기가 간편하지만 부문의 최적의사결정이 조직 전체의 차원에서는 최적의사결정이 되지 않을 수 있다는 문제점이 있다.

27 ①

과거에 발생한 원가(매몰원가)는 미래의 의사결정과정에 고려할 필요가 없다.

28 ③

제조간접원가 = 간접재료원가 50,000 + 간접노무원가 100,000 + 수선유지원가 50,000 + 수도광열비 30,000 = 230,000원
※ 외주가공원가는 제품별로 추정 가능하므로 직접원가에 해당하며, 제품과 직접 관련이 없는 경우 제조간접원가에 포함한다.

29 ②

- 예정배부율 = 제조간접원가 예정배부액 306,000 ÷ 제품별 배부기준의 실제발생액 120,000 = 2.55
- 제조간접원가 예정배부액 = 제품별 배부기준의 실제발생액 125,000시간 × 예정배부율 2.55
  = 318,750원
∴ 제조간접원가 차이 = 실제발생액 320,000 − 예정배부액 318,750 = 1,250원 과소배부

30 ①

기계감가상각비의 배부기준으로는 각 부문의 기계사용 시간이 가장 합리적이다.

31 ④

부문개별원가는 원가발생액을 당해 발생부문에 직접 배부하고 부문공통원가는 인과관계 또는 효익관계 등을 감안한 합리적인 배부기준에 의하여 관련부문에 부과한다.

32 ②

보조부문원가를 배부하는 목적은 제조 간접원가를 각 부문별로 집계하기 위해서이다.

33 ④

괄호 안에 들어갈 내용은 선입선출법의 완성품 환산량(완성품수량 + 기말재공품의 완성품환산량 − 기초재공품의 완성품환산량)이다.

34 ④

부족배부차이는 기말재공품, 기말제품, 매출원가를 상향 조정한다.
※ 제조간접원가 예정배부액과 제조간접원가 실제발생액과의 차액을 비례배부법을 사용하여 조정하는 경우 초과(과대)배부차이는 기말재공품, 기말제품, 매출원가를 감소(하향 조정)시키며, 부족(과소)배부차이는 기말재공품, 기말제품, 매출원가를 증가(상향 조정)시킨다.

35 ②

①, ③, ④는 종합원가계산에 대한 설명이다.

36 ①

- 제조간접원가 예정배부율 = $\dfrac{\text{예정제조간접원가총액}}{\text{예정직접노동시간총액}} = \dfrac{360,000}{7,200} = 50$
- 제조간접원가 예정배부액 = 제품별 직접노동시간의 실제발생액 × 예정배부율 = 6,000 × 50
  = 300,000원

37 ③

- 재료 구입 시   : (차) 재료   ×××　(대) 현금 등   ×××
- 재료 투입 시   : (차) 재공품   ×××　(대) 재료   ×××
- 노무원가 지급 시 : (차) 노무원가   ×××　(대) 현금 등   ×××
- 생산 완료 시   : (차) 제품   ×××　(대) 재공품   ×××

38 ④

해당 내용은 종합원가계산에 대한 설명이다.

> 오답 피하기

- 실제원가계산 : 모든 원가를 실제 발생한 원가를 기준으로 하여 제품원가를 계산하는 방법이다.
- 정상원가계산 : 직접재료원가와 직접노무원가는 실제 발생한 원가로 계산하고 제조간접원가는 예정제조간접원가로 제품원가를 계산하는 방법이다.
- 표준원가계산 : 직접재료원가, 직접노무원가, 제조간접원가 등 모든 원가를 사전에 정해놓은 표준배부율(표준원가)를 기준으로 제품원가를 계산하는 방법이다.

39 ②

- 평균법 완성품환산량 = 완성품수량 + 기말재공품환산량
  - 재료원가 = 500 + 100 × 100% = 600개
  - 가공원가 = 500 + 100 × 40% = 540개
- 재료원가는 공정초기에 전량투입이므로 100%이다.

40 ④

기초재공품이 없다면 평균법과 선입선출법의 결과는 같다.

2023년 상시 기출문제 01회

221p

01 ③	02 ②	03 ①	04 ③	05 ④	06 ③	07 ④	08 ①	09 ②	10 ③
11 ④	12 ②	13 ③	14 ④	15 ①	16 ③	17 ①	18 ③	19 ①	20 ④
21 ③	22 ③	23 ②	24 ②	25 ④	26 ②	27 ④	28 ①	29 ②	30 ④
31 ④	32 ④	33 ②	34 ②	35 ②	36 ①	37 ③	38 ②	39 ④	40 ①

1과목 재무회계

01 ③

현금성자산은 큰 거래비용 없이 현금으로 전환이 용이하고 이자율변동에 따른 가치변동의 위험이 경미한 취득당시 만기(또는 상환일)가 3개월 이내에 도래하는 금융상품을 말한다.

02 ②

오답 피하기

- 나 : 투자활동
- 다 : 재무활동

03 ①

기말 은행 측 당좌예금 잔액과 회사 측 당좌예금장부 잔액이 일치하지 않는 경우 잔액이 발생할 때에 그 원인을 찾아 잔액을 일치시키는 표를 은행계정조정표라고 한다. 작성 시 회사 측 잔액과 은행 측 잔액에서 해당 원인을 각각 차가감하면 둘의 금액은 일치하게 된다.

- 회사 측 잔액 = 4,500,000 + 어음추심 205,000 − 은행수수료 20,500 = 4,684,500원
- 은행 측 잔액 = 조정 전 잔액 + 은행미기입예금 350,000 − 은행기입 착오 200,000 − 기발행미인출수표 300,000 = 4,684,500원
- ∴ 은행 측 조정 전 잔액 = 4,834,500원

04 ③

- 매출처원장은 외상매출금에 대해서 거래처별로 기록한 장부이다.
- 11월 25일 외상매출금 계정의 잔액은 대한상점 600,000원(800,000 − 200,000) + 민국상점 100,000원(600,000 − 500,000) = 700,000원이다.

05 ④

- 매출총이익 − 물류원가 + 기타수익 − 금융원가 − 법인세비용 = 당기순이익
- ∴ 당기순이익 = 530,000 − 150,000 + 90,000 − 25,000 − 70,000 = 375,000원
- 당기순이익 + 기타포괄손익 = 총포괄손익
- ∴ 총포괄손익 = 당기순이익 375,000 − 기타포괄손익–공정가치측정 금융자산평가손실 20,000 + 토지재평가잉여금 60,000 = 415,000원

06 ③

자기주식은 자본계정이다.

07 ④

운용리스로 제공할 목적의 건물이므로 투자부동산인데 공정가치모형을 적용하므로 감가상각을 하지 않으며, 따라서 감가상각비는 발생되지 않는다. 또한 취득원가(장부금액)는 10,000원인데 결산 시 공정가치모형을 적용하므로 장부금액과 공정가치를 평가하여 해당 차액 1,000원(11,000 − 10,000)을 당기손익(투자부동산평가이익)에 반영한다.

08 ①

관리 목적에 사용하기 위한 자가사용 부동산은 유형자산이다.

09 ②

- 실제잔액이 장부상 잔액보다 많을 경우 회계처리 : (차) 현금 ××× (대) 현금과부족 ×××
- 결산시점 현금과부족 잔액이 대변이므로 실제 장부상 잔액보다 많은 경우이다. 원인이 판명된 종업원식대 36,000원은 복리후생비로 대체하고 나머지 원인 불명은 실제잔액이 많은 경우이므로 잡이익으로 대체한다.

∴ (차) 현금과부족   80,000   (대) 복리후생비   36,000
                                                잡이익   44,000

10 ③

퇴직급여는 퇴직 이후에 종업원에게 지급하는 급여이므로 단기종업원급여에 해당하지 않는다.

11 ④

매각거래이므로 받을어음 계정 대변에 기입한다.

(차) 매출채권처분손실   ×××   (대) 받을어음   ×××
     현금 등   ×××

12 ②

확정기여제도(DC)에서는 종업원이 회계기간에 근무용역을 제공한 때 근무용역과 교환하여 기금에 퇴직급여와 관련된 기여금을 납부하면서 모든 의무가 종료된다. 원칙적으로 당해 회계기간과 관련된 기여금 납부 시에 회사는 비용으로 인식하며 퇴직급여 기여금이 종업원계좌로 납부되므로 위험은 종업원이 부담한다.

13 ③

교환거래로 자산을 취득하는 경우 상업적 실질이 있으면 유형자산의 원가는 제공한 자산의 공정가치로 측정하며, 교환거래에 상업적 실질이 결여되거나 취득한 자산과 제공한 자산 모두의 공정가치를 신뢰성 있게 측정할 수 없으면 제공한 자산의 장부금액을 원가로 측정한다. 이 거래는 상업적 실질이 존재한다고 했으므로 상공회사가 교환으로 취득한 자산의 취득원가는 400,000원이다.

14 ④

- 건물을 신축하기 위하여 구건물이 있는 토지를 취득한 경우 취득 시 발생된 제비용을 포함하여 토지로 처리하고 그 건물을 철거하는 경우 철거비용은 토지를 정상적으로 사용하기 위하여 발생된 것이므로 취득원가에 가산하고 철거건물의 부산물 판매수익은 취득원가에서 차감한다.
- 토지의 취득원가 = 구건물 50,000,000 + 토지 30,000,000 + 제비용 500,000 + 철거비용 1,000,000 − 철거부수입 500,000 = 81,000,000원
- 신건물 설계비는 토지 취득과정에서 발생되는 비용이 아니다.

15 ①

- 당기 재고자산회전율 = 당기매출원가 ÷ {(기초재고자산 + 기말재고자산) ÷ 2}
- 매출원가 = 재고자산회전율(4회) × 600,000(평균 재고액) = 2,400,000
- ∴ 매출총이익 = 3,000,000(매출액) − 2,400,000(매출원가) = 600,000
- ※ 재고자산회전율 = 매출액(또는 매출원가) / 평균 재고자산(기초재고자산 + 기말재고자산) / 2)

16 ③

거래가격은 고객에게 약속한 재화나 용역을 이전하고 그 대가로 기업이 받을 권리를 갖게 될 것으로 예상하는 금액이며 고객이 지급하는 고정된 금액일 수도 있으나, 어떤 경우에는 변동대가를 포함하거나 현금 외의 형태로 지급될 수도 있다. 제3자를 대신해서 회수한 금액은 포함하지 않는다.

17 ①

충당부채는 과거사건의 결과로 현재의무가 존재하며, 경제적 효익의 유출 가능성이 높고, 신뢰성 있게 추정할 수 있는 경우 부채로 인식한다. 따라서 미래영업을 위하여 발생하게 될 원가는 충당부채로 인식하지 않는다.

18 ③

- 연령분석법은 매출채권잔액을 회수기일의 경과일수에 따라 분류하여 손상을 추정하는 방법이다.
- 기말 매출채권의 손실충당금설정액 = 경과일수 채권별 잔액 × 경과일수 채권별 손상추정율(%) − 손실충당금잔액
                              = 손상추산액 8,000(500,000 × 0.5% + 50,000 × 5% + 10,000 × 10% + 10,000 × 20%) − 손실충당금잔액 5,000
                              = 3,000원

19 ①

장부
- 주요부(반드시 필요한 기본 장부) : 분개장, 총계정원장
- 보조부(주요부의 부족한 점을 보충하거나 필요사항을 보완하는 장부)
  - 보조기입장(특정 계정의 증감 변동내역을 발생순서에 따라 상세히 기록한 장부) : 현금출납장, 매입장, 매출장, 받을어음기입장 등
  - 보조원장(특정 계정의 구성내용을 세부적으로 구분하여 기록관리하는 장부) : 상품재고장, 매입처원장, 매출처원장 등

20 ④

기본주당이익과 희석주당이익은 기본주당이익과 희석주당이익이 주당손실인 경우에도 표시한다.

2과목 **원가회계**

21 ③

다양한 제품을 만드는 공장의 건물 감가상각비는 공통원가이므로 간접원가이다.

22 ③

급여(노무원가)계정
- 차변 : 당월지급액, 당월미지급액, 전월선급액
- 대변 : 당월발생액, 전월미지급액, 당월선급액

23 ②

동력부문 배부액 = 총 복리후생비 700,000 × $\dfrac{\text{동력부문 종업원 수 15}}{\text{총 종업원 수 70}}$ = 150,000원

24 ②

공장전체 제조간접원가 배부율을 사용한다면, 부문별 제조간접원가 배부율보다 정확도가 떨어지지만 보조부문의 제조간접원가를 제조부문에 배부하는 데 문제가 발생하지는 않는다.

25 ④

- 매출원가 = 기초제품재고액 + 당기제품제조원가 − 기말제품재고액
- 당기제품제조원가 = 기초재공품재고액 + 당기총제조원가 − 기말재공품재고액
- 당기제품제조원가 = 기초재공품재고액 350,000 + 당기총제조원가 1,000,000 − 기말재공품재고액 400,000 = 950,000원
- ∴ 매출원가 = 기초제품재고액 500,000 + 당기제품제조원가 950,000 − 기말제품재고액 250,000
  = 1,200,000원

26 ②

부문별 원가계산의 절차
(ㄴ) 부문직접원가(개별원가)를 각 부문에 부과한다.
(ㄱ) 부문간접원가(공통원가)를 각 부문에 배부한다.
(ㄷ) 보조부문원가를 제조부문에 배부한다.
(ㄹ) 제조부문원가를 각 제품에 배부한다.

27 ④

- 당월 제조경비 = 월 보험료 50,000 + 월 임차료 100,000 + 월 감가상각비 100,000 = 250,000원
- 당월 미지급 임차료는 미지급되었어도 제품 제조에 사용했으므로 가산한다.

28 ①

월초재공품재고액 = ① + ② + ③

29 ②

②는 제2단계에 대한 내용이다.
- 제1단계 : 요소별(재료원가, 노무원가, 경비) 원가계산
- 제2단계 : 부문별 원가계산
- 제3단계 : 제품별 원가계산

30 ④

단위당 변동원가와 총고정원가는 각 생산수준에서 일정하다.

31 ④

- 매출총이익률 = (매출액 25,000 − 매출원가) ÷ 매출액 25,000 = 0.2(20%)
- ∴ 매출원가 = 20,000
- 매출원가 20,000 = 3,500(월초제품) + 당기제품제조원가 − 월말제품 4,500
- ∴ 당기제품제조원가(완성품) = 21,000
- 직접재료원가 = 월초재료 1,800 + 직접재료 당기매입액 7,200 − 월말재료 1,600 = 7,400
- 당기제품제조원가 21,000 = 월초재공품 2,600 + 직접재료원가 7,400 + 직접노무원가 8,200 + 제조간접원가 6,900 − 월말재공품
- ∴ 월말재공품 = 4,100원

32 ④

원가의 기간별 배부가 중요하며 작업의 진척도에 따라 배부하는 원가를 다르게 계산하는 방법은 종합원가계산이다.

33 ②

제조간접원가 배부차이가 중요하지 않다면 제조간접원가 예정배부액과 제조간접원가 실제배부액이 비슷하며, 제조간접원가가 조업도에 비례하는 변동원가로 구성될 가능성이 높다.

34 ②

- 전체배부율 = 제조간접원가 총액 ÷ 직접재료원가 총액 = 42,000 ÷ 50,000 = 0.84
- 절단부문 배부율 = 전체 배부율 × $\dfrac{\text{절단부문원가}}{\text{(절단부문원가 + 조립부문원가)}}$

  = 0.84 × 28,000 ÷ (28,000 + 14,000) = 0.56
- 조립부문 배부율 = 전체 배부율 × $\dfrac{\text{절단부문원가}}{\text{(절단부문원가 + 조립부문원가)}}$

  = 0.84 × 14,000 ÷ (28,000 + 14,000) = 0.28

35 ②

수선부문에서 A부문에 배부될 보조부문원가 = 120,000 × $\dfrac{300\text{시간}}{600\text{시간}(300 + 200 + 100)}$ = 60,000원

36 ①

매출원가조정법은 제조간접원가 배부차이를 기말재공품이나 기말제품이 부담하여야 할 배부차이를 무시하고 매출원가에 가감하는 방법으로 조정한다.

37 ③

선입선출법을 이용한 종합원가계산 완성품환산량 = (기초재공품 × 추가로 요구되는 진척도) + 당기투입량 − (기말재공품 × 추가로 요구되는 진척도)

38 ②

오답 피하기
- ① : 예정원가가 더 적시성 있는 정보를 제공한다.
- ③ : 예정원가는 예측하여 결정하기 때문에 객관적이지 않다.
- ④ : 예정원가에 대한 설명이다.

39 ④

6월 제품제조원가 = 월초 원가 11,000 + 당월투입원가(직접재료원가 37,000 + 직접노무원가 97,000 + 제조간접원가 67,000) − 월말 원가 57,000

= 155,000원

40 ①

재공품

월초재공품	₩10,000	당기제품제조원가	₩70,000
직접재료원가	₩30,000	월말재공품	₩12,000
직접노무원가	₩28,000	┌ 직접재료원가	
제조간접원가	₩14,000	├ 직접노무원가	
		└ 제조간접원가	₩1,000

월말재공품은 ₩12,000이다. 월말재공품의 제조간접원가가 ₩1,000이 배부되었으므로 직접노무원가의 50%를 제조간접원가로 배부하여 직접노무원가는 ₩2,000이 된다. 그러므로 월말직접재료원가는 ₩9,000이 된다.

2023년 상시 기출문제 02회

230p

01 ①	02 ②	03 ③	04 ③	05 ②	06 ①	07 ②	08 ④	09 ②	10 ①
11 ④	12 ④	13 ②	14 ④	15 ①	16 ③	17 ①	18 ③	19 ②	20 ③
21 ③	22 ①	23 ③	24 ③	25 ④	26 ③	27 ①	28 ③	29 ③	30 ①
31 ④	32 ④	33 ④	34 ①	35 ③	36 ④	37 ④	38 ③	39 ②	40 ②

1과목 재무회계

01 ①

- 기초자본 + 총수익 − 총비용 = 기말자본
- 20×1년 기말자본 = 기초자본 3,200,000 + 총수익 2,500,000 − 총비용 2,200,000 = 3,500,000원
- 20×2년 기초자본 = 20×1년 기말자본 = 3,500,000원
- 총수익 = 기말자본 3,000,000 − 기초자본 3,500,000 + 총비용 2,700,000 = 2,200,000원

02 ②

- 이자비용 : 재무활동
- 유형자산처분손실, 금융자산평가손실 : 투자활동

※ **참고**
- 영업활동 : 일반적으로 제품의 생산과 상품 및 용역의 구매 · 판매활동
- 재무활동 : 현금의 차입 및 상환활동, 신주발행이나 배당금의 지급활동 등과 같이 부채 및 자본계정에 영향을 미치는 거래
- 투자활동 : 현금의 대여와 회수활동, 유가증권 · 투자자산 · 유형자산 및 무형자산의 취득과 처분활동 등

03 ③

- 수정전 당기순이익 + 미수수익 − 선수수익 + 선급비용 − 미지급비용 = 수정후 당기순이익
- 수정전 당기순이익 600,000 + 미수수익 30,000 − 선수수익 55,000 + 선급비용 20,000 − 미지급비용 40,000 = 수정후 당기순이익 555,000원

04 ③

영업활동을 현금흐름표에 간접법으로 표시할 경우 포괄손익계산서상의 당기순손익에 현금의 유출이 없는 비용 등을 가산하고 현금의 유입이 없는 수익 등을 차감하며, 영업활동으로 인한 자산 · 부채의 변동을 가감하여 표시한다. 따라서 당기순이익 15,000원 + 감가상각비 5,000원(현금유출이 없는 비용) = 20,000원이다.

05 ②

자금의 차입은 재무활동이다.

06 ①

전기이월미처분이익잉여금 + 당기순이익 1,000,000 − 중간배당액 100,000 + 임의적립금이입액 200,000 − 현금배당금 500,000 − 이익준비금 60,000 = 차기이월미처분이익잉여금 1,000,000
∴ 전기이월미처분이익잉여금 = 460,000원
※ 이익준비금의 법정최소금액은 현금배당(중간배당액 + 현금배당금)의 1/10이므로 60,000원이다.

07 ②

자가사용 부동산은 유형자산이다.

08 ④

- 배당금 = 10,000,000 × 5% = 500,000원, 이익준비금 = 500,000 × 10% = 50,000원
- 이익준비금은 상법규정에 따라 적립된 법정적립금으로서 자본금의 1/2에 달할 때까지 매 결산기에 금전에 의한 이익배당액의 1/10 이상의 금액을 적립해야 한다.

09 ②

기타포괄손익 중 손실로 표시되는 금액 = 기타포괄손익 − 공정가치측정 금융자산평가손실 230,000 + 해외사업환산손실 60,000 = 290,000원

10 ①

사채는 금융부채이다. 나머지는 금융자산 중 지분상품과 관련된 내용이다.

11 ④

• 당기순매출액 − 매출원가(기초상품재고액 + 당기순매입액 − 기말상품재고액) − 판매비와관리비 = 영업이익
• 당기순매출액 1,000,000 − 매출원가 650,000 − 판매비와관리비 230,000 = 120,000원
※ 이자비용, 기부금, 유형자산처분손실은 기타비용과 금융비용(영업외비용)이므로 영업이익 계산과 무관하다.

12 ④

• 공장건물의 취득원가 = 7,000,000 + 자본화될 차입원가 500,000 + 취득세 250,000 = 7,750,000원
• 유형자산의 취득원가는 구입원가에 경영진이 의도하는 방식으로 자산을 가동하기 위해 필요한 장소와 상태에 이르게 하는 데 직접 관련되는 비용(원가)을 포함한다(⑩ 설치장소 준비원가, 외부 운송 및 취급관련원가, 설치원가 및 조립원가, 유형자산이 정상적으로 작동되는지 여부를 시험하는 과정에서 발생하는 원가, 취득세, 국·공채 매입 시 매입금액과 현재가치의 차액, 자본화대상인 차입원가 등).

13 ②

1일 300,000 − 8일 50,000 − 12일 50,000 + 17일 150,000 − 28일 30,000 = 320,000원

14 ④

확정급여제도(DB)에서 보험수리적위험과 투자위험을 기업이 실질적으로 부담한다.

15 ①

기말상품재고액의 과대평가는 매출원가의 과소, 이익(매출총이익, 당기순이익)의 과대 계상을 가져온다.

16 ③

수취채권 중 선급금이나 선급비용 그리고 지급채무 중 선수금이나 선수수익은 금융자산을 수취할 채권이나 지급할 채무가 아니라 일정한 재화나 용역을 제공받을 권리나 제공할 의무이므로 금융자산과 금융부채가 아니다.

17 ①

당기손익-공정가치측정금융자산의 취득과 관련되는 제비용은 비용처리한다.

18 ③

용역의 제공에 의한 건설형 공사계약의 경우 진행기준(진행률)에 따라 수익을 인식한다.

19 ②

유형자산의 공정가치가 장부금액을 초과하더라도 잔존가치가 장부금액을 초과하지 않는 한 감가상각액을 계속 인식한다.

20 ③

수익과 비용은 손익계정으로 대체하고 손익계정의 차액은 당기순이익 발생 시 미처분이익잉여금으로 당기순손실 발생 시 미처리결손금으로 대체한다.

> **오답 피하기**
> • ① : (차) 임대료   50,000   (대) 손익   50,000
> • ② : (차) 손익   20,000   (대) 복리후생비   20,000

2과목 원가회계

21 ③

원가회계에서는 원가정보를 집계, 배부, 분석하여 외부 공표용 재무제표를 작성하는 데 사용하므로 이는 재무회계의 역할을 수행하는 것이다. 즉, 당기제품제조원가는 손익계산서의 매출원가 계산에 필요하며 기말원재료, 기말재공품은 재무상태표를 작성하는 데 필요하다.

22 ①

원가관리는 원가계획과 원가통제로 이루어진다. 원가계획이란 일정한 기간 내의 경영활동 과정에서 발생하는 예상원가의 계획을 세우는 것이며, 이 예상원가계획과 실제원가의 차이의 원인을 분석하여 비능률 원인을 제거하고자 하는 것이 원가통제이다. 통제가능성에 따른 원가구분은 통제가능원가와 통제불가능원가로 나뉜다.

23 ③

• 당기제품제조원가 = 기초재공품 + 당기총제조원가(직접재료원가 + 직접노무원가 + 제조간접원가) − 기말재공품
• 90,000 = 20,000 + 20,000 + 40,000 + 50,000 − 기말재공품
• ∴ 기말재공품 = 40,000원

24 ③

제조간접원가 예정배부율 = 예정제조간접원가총액 ÷ 예정노동시간총액 = 330,000 ÷ 100,000 = 3.3

25 ④

- 제조간접원가 실제배부율 = 실제 제조간접원가 총액 ÷ 실제 배부기준(직접재료원가)총액
  = 260,000 ÷ 800,000 = 0.325
- NO.107 제조간접원가 배부액 = 제품별 배부기준(직접재료원가)의 실제발생액 × 실제배부율
  = 20,000 × 0.325 = 6,500

26 ③

상여금 또는 특별수당 등과 같이 월별, 분기별로 지급금액 또는 지급시기가 일정하지 아니한 노무원가는 회계연도 중의 원가계산기간에 안분하여 계산한다.

27 ①

생산지원(보조)부문에서 발생한 원가를 생산부문에 배부한 후 최종적으로 제품에 배부하는 방법을 일반적으로 부문별 원가계산이라고 한다.

28 ③

원재료 소비액 = 기초원재료재고액 + 당기 원재료매입액 − 기말원재료재고액
  = 5,000 + 20,000 − 5,000 = 20,000원

29 ③

- 가공원가 = 직접노무원가 + 제조간접원가 = 500,000 + 350,000 = 850,000원
- 판매가격 = 제조원가(직접원가 + 제조간접원가) + 판매비와관리비 + 이익
- 제조원가 = 직접재료원가 200,000 + 직접노무원가 500,000 + 제조간접원가 350,000 = 1,050,000원
- 판매비와관리비 = 임차료 50,000원
- 기대이익 = 판매원가(제조원가 + 판매비와관리비) 1,100,000 × 30% = 330,000원
- ∴ 판매가격 = 1,050,000 + 50,000 + 330,000 = 1,430,000원

30 ①

지급임률은 주로 기본임금액을 계산하기 위한 임률이지만, 소비임률은 기본임금에 가지급금 · 제 수당 등이 포함되어 계산된 임률이다.

31 ④

직접배부법을 사용하므로 보조부문 상호 간의 용역수수관계는 계산하지 않는다.
- 설비부문에서 절단부문에 배부될 보조원가 = 배부 전 원가 300,000 × 설비부문시간 600 / 전체시간 1,000(400 + 600) = 180,000원
- 동력부문에서 절단부문에 배부될 보조원가 = 배부 전 원가 250,000 × 동력부문(kw) 200 / 전체 kw 500(300 + 200) = 100,000원
- ∴ 절단부문의 총원가 = 절단부문 원가 900,000 + 설비부문 배부원가 180,000 + 동력부문 배부원가 100,000 = 1,180,000원

32 ④

미완성된 특정 제품의 제조지시서별 원가계산표에 집계되어 있는 금액이 기말재공품이 되는 것은 개별원가계산에서이다.

33 ④

상호배부법은 원가배부 순서에 관계없이 배부원가가 일정하다.

34 ①

제조간접원가는 인위적 배부기준에 의하여 재공품에 배부(대체)되며 회계처리는 다음과 같다.
(차) 재공품   ×××   (대) 제조간접원가   ×××

35 ③

기말제품원가의 과소 계상은 손익계산서의 매출원가와 재무상태표의 기말재고자산에 영향을 미친다.

36 ④

부족배부차이는 기말재공품, 기말제품, 매출원가를 상향 조정한다.
※ 제조간접원가 예정배부액과 제조간접원가 실제발생액과의 차액을 비례배부법을 사용하여 조정하는 경우 초과(과대)배부차이는 기말재공품, 기말제품, 매출원가를 감소(하향 조정)시키며, 부족(과소)배부차이는 기말재공품, 기말제품, 매출원가를 증가(상향 조정)시킨다.

37 ④

어떤 희생을 치름으로써 미래 경제적 효익을 획득할 수 있을 것으로 예상되는 경우, 그 희생을 미래로 이연하는 원가를 제조원가라하며 제조원가명세서에 인식한다.

38 ③

노무원가 소비액 = 당월지급액 1,200,000 + 당월미지급액 300,000 − 전월미지급액 200,000 = 1,300,000원

※ 노무원가 소비액 = 당월지급액 + 당월미지급액 + 전월선급액 − 전월미지급액 − 당월선급액

39 ②

선입선출법의 완성품환산량 = 완성품수량 − 기초재공품환산량 + 기말재공품환산량이고 평균법의 완성품환산량 = 완성품수량 + 기말재공품환산량이므로 그 차이는 기초재공품환산량에 의해서 발생한다. 재료원가로 차이를 계산하면 수량은 20,000단위(100,000단위 − 80,000단위)(공정초기에 전량투입(100%) 했으므로 20,000이 수량차이임)이고 가공원가로 차이를 계산하면 8,000(70,000 − 62,000)이다. 따라서 기초재공품의 완성도는 가공원가 = 수량 × 완성도 이므로 완성도 = 가공원가 ÷ 수량 = 8,000 ÷ 20,000 = 0.4(40%)이다.

40 ②

선입선출법 가공원가완성품환산량 = 완성품수량 − 기초재공품환산량 + 기말재공품환산량
= 11,000 − 1,000 × 60% + 2,000 × 40% = 11,200단위

2023년 상시 기출문제 03회

01 ④	02 ③	03 ③	04 ①	05 ②	06 ②	07 ①	08 ④	09 ②	10 ③
11 ④	12 ②	13 ②	14 ①	15 ②	16 ④	17 ②	18 ②	19 ③	20 ③
21 ①	22 ③	23 ④	24 ④	25 ②	26 ②	27 ④	28 ④	29 ③	30 ③
31 ④	32 ③	33 ④	34 ②	35 ④	36 ②	37 ①	38 ④	39 ③	40 ③

1과목 | 재무회계

01 ④

④는 분개의 절차이다. 전기란 분개를 하여 전표(또는 분개장)에 기록한 후 기록된 계정별로 별도의 장부에 다시 집계하는데 이 장부를 원장(총계정원장)이라 하며 이 원장의 각 계정 계좌에 옮겨 적는 것을 말한다.

02 ③

유형자산의 처분은 투자활동이다.

03 ③

기타포괄손익의 항목별 분석 내용은 자본변동표뿐만 아니라 주석에도 표시한다.

04 ①

목적적합한 재무정보는 정보이용자의 의사결정에 차이가 나도록 할 수 있다. 재무정보에 예측가치, 확인가치 또는 이 둘 모두가 있다면 의사결정에 차이가 있어야 한다.

05 ②

• 회사 측 잔액 = 500,000원(회사 측은 조정할 것 없음)
• 은행 측 잔액 = 600,000 − 당좌수표미인출 100,000 = 500,000원

06 ②

개발비와 특허권은 각각 회계처리하므로 특허권의 취득원가는 700,000원이다.

07 ①

현금 유출입이 없으므로 비현금거래이며 현금흐름표의 주석정보로 보고한다.

08 ④

액면이자율이 유효이자율보다 높으므로 할증발행에 해당하며 사채 할증발행의 경우 장부금액은 매년 감소하고, 상각액은 매년 증가하며, 이자비용은 매년 감소한다.

324 PART 05 · 정답 & 해설

09 ②

상품권은 발행 시 (상품권)선수금으로 처리하고 회수 시 매출(수익)로 처리한다. 즉, 상품권과 관련된 수익은 지정된 재화나 용역을 인도하고 상품권을 회수하는 시점에 인식한다.

10 ③

- 10/15 (차) 손실충당금   1,000   (대) 매출채권   1,500
        손상차손   500
- 12/31 기말 매출채권의 손실충당금 설정 시 회계처리 : (차) 손상차손 2,000   (대) 손실충당금 2,000
- ∵ 기말 매출채권의 손실충당금 설정액 = 손상추산액(매출채권잔액 × 손상율) − 손실충당금잔액 = 100,000 × 2% − 0 = 2,000원
- ∴ 포괄손익계산서에 표시될 손상차손 = 500 + 2,000 = 2,500원

11 ④

자본총계 = 보통주 자본금 200,000 + 우선주 자본금 300,000 + 주식발행초과금 90,000 − 주식할인발행차금 70,000 − 자기주식 50,000 = 470,000원

12 ②

매입금액이 갈수록 높아지므로 기말상품재고액이 가장 높게 나타나는 자산 평가방법은 선입선출법(먼저 매입한 재료를 먼저 판매)이며 그 금액은 (100개 × @1,200) + (100 × @1,300) = 250,000원이다.

※ **물가상승 시 각 방법의 비교**
- 기말재고금액 : 선입선출법 〉 이동평균법 〉 총평균법 〉 후입선출법
- 매출원가 : 후입선출법 〉 총평균법 〉 이동평균법 〉 선입선출법
- 당기순이익 : 선입선출법 〉 이동평균법 〉 총평균법 〉 후입선출법

13 ②

202×년 중 현금 지급한 임차료 280,000원과 기말 임차료 60,000원 중 전기말 미지급임차료 30,000원을 제외한 30,000원, 즉 310,000원이 포괄손익계산서에 당기 비용으로 처리된다.

14 ①

교환거래로 자산을 취득하는 경우 상업적 실질이 있으면 유형자산의 원가는 제공한 자산의 공정가치로 측정한다(단, 취득한 자산의 공정가치가 더 명백한 경우에는 취득한 자산의 공정가치로 함). 자산 교환에 현금수수액이 있을 때 받은 경우에는 취득원가에서 차감하고, 지급한 경우에는 취득원가에서 가산한다.

(차) 토지   45,000(30,000 + 15,000)   (대) 토지   25,000
                                            현금   15,000
                                            유형자산처분이익   5,000

15 ②

계약상 현금흐름을 수취하기 위해 보유하는 것이 목적인 사업모형 하에서 금융자산을 보유하면서, 동시에 금융자산의 계약조건에 따라 특정일에 원리금 지급만으로 구성되어 있는 현금흐름이 발생하는 경우에는 상각후원가측정 금융자산으로 분류한다.

16 ④

금융자산 : 현금및현금성자산, 매출채권 및 기타채권, 당기손익–공정가치측정금융자산, 기타포괄손익–공정가치측정금융자산, 상각후원가측정금융자산

[오답 피하기]
선급비용은 일정한 재화나 용역을 제공받을 권리이므로 금융자산이 아니다.

17 ②

이연법인세 자산과 부채가 없다고 가정하고 보기를 기준으로 회계처리하면 다음과 같다.
- 중간예납 시 : (차) 선급법인세   300,000   (대) 현금   300,000
- 결산 시   : (차) 법인세비용   650,000   (대) 선급법인세   300,000
                                                    미지급법인세   350,000
- 납부 시   : (차) 미지급법인세   350,000   (대) 당좌예금   350,000

18 ②

- 당기순이익 = 매출액 − 매출원가
- 매출원가 = 기초재고 + 당기매입 − 기말재고
- 선입선출법에 의한 당기순이익 = 매출액 − 매출원가(기초재고 + 당기매입 − 30,000) = 100,000원
- 이동평균법에 의한 당기순이익 = 매출액 − 매출원가(기초재고 + 당기매입 − 기말재고) = 105,000원
∴ 선입선출법에 의한 기말재고자산 30,000원이므로 이동평균법에 의한 기말재고자산은 5,000원이 큰 35,000원이 된다.

19 ③

회계기간 중의 주식분할은 희석주당순이익의 크기에 영향을 주지 않으며 납입자본의 증가를 초래하지 않는다. 주식배당은 총주식수의 변동을 초래하며 1주당 액면금액의 변동과 관계없다.

20 ③

무형자산의 합리적인 상각방법을 정할 수 없는 경우에는 정액법을 사용한다.

2과목 **원가회계**

21 ①

- 가. (재무회계) 나. (관리회계) 다. (원가계산) 라. (계획, 통제)
- 재무회계는 외부보고에 목적이 있으며, 일정기준에 따라 재무제표를 통해 정보를 전달하며 원가회계와의 관련성은 원가계산이 있다. 관리회계는 내부관리에 목적이 있으며, 일정한 기준 없이 특수목적보고서를 통해 정보를 전달하며 원가회계와의 관련성은 계획, 통제가 있다.

22 ③

판매가격 = 제조원가(직접원가 + 제조간접원가) + 판매비와관리비 + 이익
　　　　 = 15,000 + 5,000 + 4,000 + 20,000 × 10% = 26,000원

23 ④

- 판매가격 = 제조원가(직접원가 + 제조간접원가) + 판매비와관리비 + 이익
- 제조원가 = 직접재료원가 400,000 + 직접노무원가 500,000 + 제조간접원가 500,000 = 1,400,000원
- 판매비와관리비 = 임차료 200,000원
- 기대이익 = 판매원가(제조원가 + 판매비와관리비) 1,600,000 × 30% = 480,000원
- ∴ 판매가격 = 1,400,000 + 200,000 + 480,000 = 2,080,000원

24 ④

통제가능원가란 특정 경영자가 대상원가를 관리할 수 있는 원가를 말한다.

25 ②

매몰원가는 과거의 의사결정으로부터 이미 발생한 원가로서 더 이상 의사결정에 영향을 줄 수 없는 원가를 말하므로 문제에서 기계장치의 취득원가 8,000,000원이 매몰원가가 된다.

26 ②

예정배부액이 500,000원인데 실제발생액이 550,000원(200,000 + 250,000 + 100,000)이므로 50,000원이 과소 배부되었다.

27 ④

제조부문 A(직접배부법)에 보조부문의 제조간접원가 배부액 : 보조부문 X의 배부액 + 보조부문 Y의 배부액

$$= 600,000 \times \frac{400}{(400+200)} + 800,000 \times \frac{400}{(400+400)} = 800,000원$$

28 ④

월말에 완성된 제조지시서의 제조원가는 완성품원가가 되며, 미완성된 제조지시서의 제조원가는 월말재공품원가가 된다.

29 ③

단계배부법을 사용하므로 수선부문에서 동력부문의 용역수수관계를 먼저 계산한다.

- 수선부문에서 동력부문에 배부된 원가 = $60,000 \times \frac{10시간}{60시간(30+20+10)} = 10,000$
- 수선부문에서 조립부문에 배부될 보조부문원가 = $60,000 \times \frac{30시간}{60시간(30+20+10)} = 30,000$
- 동력부문에서 조립부문에 배부될 보조부문원가 = $90,000(80,000 + 수선\ 10,000) \times \frac{200kwh}{300kwh(200+100)} = 60,000$
- ∴ 조립부문에 배부될 보조부문원가 = 수선부문 30,000 + 동력부문 60,000 = 90,000원

30 ③

기초제품재고액은 손익계산서 작성 시 필요한 자료이다.

31 ④

개별원가계산은 제조간접원가 배부가 핵심과제이다.

32 ③

상호배부법은 보조부문 상호 간의 용역수수관계를 고려하여 원가를 배부하는 이론적으로 가장 타당한 방법이다.

※ 상호배부법
- 특징 : 보조부문 상호 간 용역수수관계를 전부 인식한다.
- 장점 : 보조부문 상호 간의 용역수수관계를 고려하므로 가장 타당한 방법이다.
- 단점 : 계산이 매우 복잡하여 실무적으로 잘 사용되지 않는다.

33 ④

평균법에서 완성품환산량이 과대평가되면 투입된 원가가 일정하므로 단위당원가가 과소평가된다(∵ 단위당원가를 완성품환산량으로 나누므로).

34 ②

- 제조간접원가 예정배부율 = 1,500,000(제조간접원가) ÷ 30,000시간(직접노무시간) = @50 / 직접노무시간
- 제조간접원가 예정배부액 = @ 50(예정배부율) × 28,000시간(실제조업도) = 1,400,000원
- 제조간접원가의 재공품 대체 분개 : (차) 재공품 1,400,000 (대) 제조간접원가 1,400,000

35 ④

제조원가에서 발생한 직접재료원가와 직접노무원가는 직접원가이며, 직접원가를 제외한 나머지가 제조간접원가이다.

36 ②

- 선입선출법 완성품환산량 = 완성품수량 − 기초재공품환산량 + 기말재공품환산량
- 완성품수량 = 기초재공품 수량 + 당기착수량 − 기말재공품 수량 = 10,000 + 50,000 − 20,000 = 40,000개
  - 재료원가 완성품환산량 = 40,000 − 10,000 × 100% + 20,000 × 100% = 50,000개
  - 가공원가 완성품환산량 = 40,000 − 10,000 × 50% + 20,000 × 30% = 41,000개
- 선입선출법 단위당원가 = 당기투입원가 ÷ 완성품환산량
  - 재료원가 단위당원가 = 200,000 ÷ 50,000 = 4원
  - 가공원가 단위당원가 = 410,000 ÷ 41,000 = 10원
- ∴ 기말재공품원가 = 기말재공품환산량 × 단위당원가
  = 기말재료원가(20,000 × 100% × @4) + 기말가공원가(20,000 × 30% × @10)
  = 80,000 + 60,000 = 140,000원

37 ①

- 선입선출법 완성품환산량 = 완성품수량 − 기초재공품환산량 + 기말재공품환산량
- 가공원가 완성품환산량 = 3,200 − 400 × 75% + 700 × 40% = 3,180개
- 당기 가공원가 발생액 = 완성품환산량 × 단위당원가 = 3,180 × @12,000 = 38,160,000원

38 ④

6월 수선비 소비액 = ₩6,000(6월 지급액) − ₩600(5월 말 미지급액) − ₩2,000(6월 말 선급액) = ₩3,400
※ 노무원가, 경비 소비액 : 당월발생(소비)액 = 당월지급액 + 당월미지급액 + 전월선급액 − 전월미지급액 − 당월선급액

39 ③

제품이 완성되면 재공품계정에서 제품계정으로 대체된다.

40 ③

전기와 당기원가가 혼합되므로 상대적으로 계산방법이 간편한 것은 평균법의 장점이다. 평균법은 기초재공품 완성분(전기)과 당기착수 완성분(당기)으로 구분하지 않고 계산하므로 선입선출법에 비하여 계산이 간편하다.

2023년 상시 기출문제 04회

01 ④	02 ④	03 ③	04 ④	05 ②	06 ①	07 ④	08 ②	09 ②	10 ④
11 ①	12 ②	13 ③	14 ①	15 ①	16 ②	17 ①	18 ①	19 ④	20 ②
21 ③	22 ②	23 ④	24 ④	25 ①	26 ③	27 ④	28 ③	29 ③	30 ③
31 ①	32 ②	33 ①	34 ①	35 ④	36 ②	37 ②	38 ③	39 ④	40 ④

1과목 재무회계

01 ④

시산표는 원장의 전기가 정확한지를 검증하기 위하여 원장의 각 계정금액을 모아 작성하는 표로 원장에 전기할 때 차변금액과 대변금액을 잘못 기록한 경우나 차변, 대변 한쪽만 기록하여 발생되는 대차 차액을 발견하기 위하여 작성하는 표이므로 모든 오류를 찾아내지는 못한다.

오답 피하기

①, ②, ③은 차변과 대변의 금액이 같으므로 오류를 찾을 수 없다.

02 ④

완성하거나 판매하는 데 필요한 원가가 상승한 경우가 이에 해당한다.

※ 재고자산 평가손실 원인
• 물리적으로 손상된 경우
• 완전히 또는 부분적으로 진부화된 경우
• 판매가격이 하락한 경우
• 완성하거나 판매하는 데 필요한 원가가 상승한 경우

03 ③

현금흐름표는 현금주의를 사용하여 작성한다.

04 ④

당기손익-공정가치측정금융자산평가손익은 당기손익에 속하는 항목이다.

05 ②

결산 시까지 그 원인이 판명되지 않으면 현금시재 부족액은 잡손실 계정으로, 초과액은 잡이익 계정으로 대체한다. 결산일 당일 잔액이 부족하거나 과잉상태인 경우로 원인이 불명인 경우에는 즉시, 잡손실이나 잡이익계정으로 회계처리한다.

| • 12/21 (차) 현금과부족 | 30,000 | (대) 현금 | 30,000 |
| • 12/24 (차) 소모품비 | 20,000 | (대) 현금과부족 | 20,000 |

12/24 현재 현금과부족(부족액)은 10,000원인데 12/31일 10,000원이 더 부족하므로 20,000원을 잡손실로 처리하면서 상대계정에 현금과부족과 현금으로 처리한다.

| • 12/31 (차) 잡손실 | 20,000 | (대) 현금과부족 | 10,000 |
| | | 현금 | 10,000 |

06 ①

교환거래에 상업적 실질이 결여되거나 취득한 자산과 제공한 자산 모두의 공정가치를 신뢰성 있게 측정할 수 없는 경우에는 제공한 자산의 장부금액을 원가로 측정한다. 따라서 기계장치의 취득원가를 제공한 기계장치의 장부금액으로 처리한다. 자산 교환에 현금수수액이 있을 때 받은 경우에는 취득원가에서 차감하고, 지급한 경우에는 취득원가에 가산한다. 따라서 새 기계장치의 취득원가는 ₩3,500,000(취득원가 5,000,000 − 감가상각누계액 1,500,000) + ₩1,000,000 = ₩4,500,000으로 처리한다.

| (차) 기계장치 | 4,500,000 | (대) 기계장치 | 5,000,000 |
| 감가상각누계액 | 1,500,000 | 현금 | 1,000,000 |

07 ④

일상적인 수선유지와 관련하여 발생한 원가는 해당 유형자산의 장부금액에 포함하여 인식하지 아니한다.

08 ②

매입채무(유동부채)를 현금(유동자산)으로 지불하였다면 유동비율(유동자산/유동부채)은 증가하고 부채비율(부채/자본)은 감소한다.

09 ②

임대목적의 건물은 투자부동산인데 공정가치모형을 적용하므로 감가상각을 하지 않는다. 결산 시 공정가치모형을 적용하므로 장부금액과 공정가치를 평가하여 해당 차액 200,000(1,200,000 − 1,000,000)원을 당기손익(투자부동산평가이익)에 반영하게 된다.

10 ④

건물이 투자부동산이고 공정가치모형을 적용하므로 감가상각을 하지 않는다. 따라서 감가상각비는 발생되지 않는다. 결산 시 공정가치모형을 적용하므로 장부금액(취득원가) 4,000,000원과 공정가치 4,200,000원의 차액 200,000원을 당기손익(투자부동산평가이익)에 반영하게 된다.

11 ①

제1기 부가가치세 확정신고는 4.1 ~ 6.30 거래에 대해서 7.1 ~ 7.25에 신고하는 것이므로 부가가치세예수금(매출세액) 130,000원에서 부가가치세대급금(매입세액) 100,000원을 차감한 30,000원을 납부하면 된다.
※ 매출세액 − 매입세액 = 납부(환급)세액

12 ②

- 이동평균법 : 재고자산이 출고되는 시점에서의 평균원가로 매출원가와 기말재고원가를 결정하는 방법이다((매입직전재고액 + 금번매입액) ÷ (매입직전재고수량 + 금번 매입수량)).
- 10/10(매출 시) 평균원가 = (24,000 + 96,000) ÷ (20 + 60) = @1,500원
- 10/25(매출 시) 평균원가 = {(@1,500 × 40) + 93,000} ÷ (40 + 50) = @1,700원
∴ 매출원가 = 40개 × @1,500원(10/10) + 30개 × @1,700원(10/25) = 111,000원

13 ③

③은 주로 기중에 발생하는 거래이므로 결산수정분개에 해당하지 않는다.

14 ①

내부적으로 창출된 영업권은 자산으로 인식하지 않는다.

15 ①

기말상품재고액의 과대평가는 매출원가의 과소 계상, 이익(매출총이익, 영업이익, 당기순이익)과 자본의 과대 계상이 된다.

16 ②

최초의 장부금액을 초과하지 않는 범위 내에서 평가손실을 환입한다.

17 ①

이익률에 의한 분석을 비율분석이라고 한다.

18 ①

유동부채 중 선수금. 선수수익은 금융자산으로 결제되는 항목이 아니므로 금융부채가 아니다.

19 ④

당기손익은 수익과 비용을 말하는 것인데 자기주식처분이익은 자본에 해당하므로 당기손익에 반영되지 않는다.

20 ②

- 주당이익은 보통주 1주당 이익(수익력)을 말한다.
- 기본주당이익 $= \dfrac{\text{보통주 당기순이익(당기순이익 − 우선주배당금)}}{\text{가중평균유통보통주식수(총주식수 − 자기주식)}}$

$$= \frac{1,200,000}{100} = 12,000원$$

2과목 원가회계

21 ③

원가회계의 목적
- 재무제표 작성에 필요한 원가정보의 제공(제품원가계산)
- 원가통제에 필요한 원가정보의 제공
- 경영의사결정에 필요한 원가정보의 제공(성과측정과 평가를 위한 정보 제공)

22 ②

제품A의 제조원가 = 직접재료원가 + 직접노무원가 + 제조간접원가
= 10,000 + 2,500 + 1,250(125시간 × @₩10) = 13,750원

23 ④

공장용 토지나 서비스를 구입하여 소비하여야 원가가 된다.

24 ④

원가의 분류 가운데 자산과 관련성에 따라 미소멸원가(자산)와 소멸원가(비용 등)로 나뉜다.

25 ①

정상원가계산은 제조간접가를 예정배부한 것이며 실제제조간접가는 1,000,000원인데 예정배부액은 900,000원이므로 100,000원 과소배부한 것이다. 매출원가조정법은 과소배부액은 매출원가에 가산하고 과대배부액은 매출원가에서 차감한다.

26 ③

- 직접원가법 = 직접재료원가 + 직접노무원가
- 제조간접가 실제배부율 = $\dfrac{\text{실제 제조간접가 총액}}{\text{직접원가 총액}}$ = $\dfrac{60,000}{150,000(100,000 + 50,000)}$ = 0.4
- #5 제조간접가 배부액 = 제품별 직접원가의 실제발생액 × 실제배부율
= 46,000(30,000 + 15,000) × 0.4 = 18,400원

27 ④

부문공통원가는 인과관계 또는 효익관계 등을 감안한 합리적인 배부기준에 의하여 관련부문에 부과하고, 부문개별원가는 원가발생액을 당해 발생부문에 직접 배부한다.

28 ③

- #1이 완성품이므로 9월의 매출원가는 #1로 계산한다.
- 매출원가 = 월초제품 + 당기제품제조원가(완성품원가) − 월말제품
= 500,000 + 1,000,000 − 300,000 = 1,200,000원

29 ③

기계감가상각비 − 기계사용시간비율

30 ③

- 재료 구입 시   : (차) 재료   ×××   (대) 현금 등   ×××
- 노무원가 지급 시 : (차) 노무원가   ×××   (대) 현금 등   ×××
- 생산 완료 시   : (차) 제품   ×××   (대) 재공품   ×××

31 ①

총원가기준법(비례배부법)은 배부차이를 기말재공품, 기말제품, 매출원가의 상대적 비율에 비례하여 배부하지만 매출원가조정법은 배부차이를 전부 매출원가로 처리한다. 따라서 매출원가조정법으로 조정한다면 총원가기준법(비례배부법)에 의할 경우의 매출원가(1,000,000 × 3,000,000 / 5,000,000 = 600,000원)에 비해 매출원가(1,000,000)가 400,000원 증가한다. 따라서 매출총이익은 400,000원 감소한다.

32 ②

생산량 단위당 평균임률 = 240,000 / 30,000 = @8/개
∴ 제품A에 부과하여야 할 노무원가 = @8/개 × 10,000개 = 80,000원

33 ①

- 동력부문에서 제조부문2에 배부된 원가 = 75,000 × $\dfrac{25\%}{75\%(50\% + 25\%)}$ = 25,000원
- 용수부문에서 제조부문2에 배부된 원가 = 60,000 × $\dfrac{40\%}{80\%(40\% + 40\%)}$ = 30,000원
- ∴ 제조부문2에 배부된 보조부문원가 총액 = 25,000원 + 30,000 = 55,000원

34 ①

- 평균법 완성품환산량 = 완성품수량 + 기말재공품환산량 = 400 + 100 × 50% = 450개
- 기말재공품원가 = 기말재공품환산량(100 × 50%) × 단위당원가 = 1,600
- ∴ 단위당원가 = 32원
- 평균법 단위당원가 = (기초재공품원가 + 당기투입원가) ÷ 완성품환산량 = (기초재공품원가 + 12,200) ÷ 450 = 32원
- ∴ 기초재공품원가 = 2,200원

35 ④

- 제조간접원가 배부율 = 실제 제조간접원가 총액 ÷ 배부기준(기계시간) 총액
  = 1,800,000원 ÷ 6,000시간 = @300
- 제빵 제조간접원가 = 배부기준(기계시간)의 실제발생액 × 실제배부율
  = 3,000시간 × 300 = 900,000원

36 ②

- 제품A 제조간접원가 배부액 = 직접원가의 실제발생액 10,000 × 실제배부율 0.5 = 5,000원
- 실제배부율 = $\dfrac{\text{제조간접원가총액 } 30,000}{\text{직접원가총액 } 20,000 + 40,000}$ = 0.5
- 직접원가 = 직접재료원가 + 직접노무원가

37 ②

보조부문원가를 원가행태(변화의 정도)에 의한 구분에 따른 배부가 단일배부율법, 이중배부율법(변동원가 + 고정원가)이므로 보조부문 상호 간의 용역수수관계의 인식정도에 따른 배부인 직접배부법, 단계배부법, 상호배부법에서 모두 사용할 수 있다.

38 ③

- 제조간접원가 실제배부율 = 실제 제조간접원가 총액 ÷ 직접노무원가 총액
  = 8,400 ÷ 14,000 = 0.6
- No.1 제조간접원가 배부액 = 직접노무원가의 실제발생액 × 실제배부율
  = 8,000 × 0.6 = 4,800원
- ∴ No.1의 제조원가 = 직접재료원가 + 직접노무원가 + 제조간접원가
  = 4,000 + 8,000 + 4,800 = 16,800원

39 ④

개별원가계산 절차
(1) 원가집적대상이 되는 개별작업을 파악한다.
(2) 직접원가를 계산하여 개별작업에 직접 부과한다.
(3) 공장별 혹은 부서별로 간접원가를 집계한다.
(4) 간접원가의 배부기준을 설정한다.
(5) 간접원가를 배부율을 계산하여 개별작업에 배부한다.

40 ④

평균법은 전기원가(기초재공품원가)와 당기원가(당기투입총원가)를 합산하여 완성품환산량으로 평균을 구하기 때문에 당기의 성과와 이전의 성과를 명확하게 구분하여 평가할 수 없다.

2023년 상시 기출문제 05회

01 ④	02 ③	03 ①	04 ④	05 ③	06 ②	07 ②	08 ②	09 ①	10 ④
11 ③	12 ②	13 ①	14 ④	15 ④	16 ③	17 ④	18 ①	19 ①	20 ④
21 ②	22 ①	23 ④	24 ④	25 ②	26 ①	27 ②	28 ④	29 ①	30 ③
31 ③	32 ②	33 ④	34 ③	35 ③	36 ③	37 ④	38 ①	39 ④	40 ④

1과목 │ 재무회계

01 ④

수익은 발생주의에 따라 인식한다.

02 ③

기초자본금 + 총수익 − 총비용 + 추가출자액 − 인출금 = 기말자본금
∴ 기말자본금 = 기초자본금 1,000,000 + 출자액 500,000 − 인출금 200,000 + 당기순이익 300,000 = 1,600,000원

03 ①

• 수정전 당기순이익 + 미수수익 + 선급비용 − 선수수익 − 미지급비용 = 수정후 당기순이익
• 수정전 당기순이익 300,000 + 선급비용 5,000 − 선수수익 20,000 + 미수수익 15,000 − 미지급비용 30,000 = 수정후 당기순이익 270,000원

04 ④

특별손익이라는 항목은 없다.

05 ③

정기간행물 등과 같이 그 금액이 매 기간 비슷한 품목을 구독신청에 의해 판매하는 경우에는 구독기간에 걸쳐 정액법으로 수익을 인식한다.

06 ②

자금의 차입은 재무활동이다.

07 ②

• 유형자산을 교환거래로 취득하는 경우 당해 유형자산의 원가는 제공한 자산의 공정가치로 측정하는 것이 원칙이지만, 교환거래에 상업적 실질이 결여되거나 취득한 자산과 제공한 자산 모두의 공정가치를 신뢰성 있게 측정할 수 없는 경우에는 제공한 자산의 장부금액을 원가로 측정한다.
• 자산 교환에 현금수수액이 있을 때 받은 경우에는 취득원가에서 차감하고, 지급한 경우에는 취득원가에 가산한다.
• 건물의 취득원가 = 1,000,000 + 100,000 = 1,100,000원으로 처리한다.

(차) 건물	1,100,000	(대) 기계장치	2,000,000
감가상각누계액	800,000	현금	100,000
유형자산처분손실	200,000		

08 ②

• 7/25 (차) 급여	1,000,000	(대) 예수금	70,000
		현금	930,000
• 8/10 (차) 예수금	70,000	(대) 현금	100,000
복리후생비	30,000		

• 회사부담 건강보험료는 복리후생비로 처리한다.

09 ①

매출원가 = 기초재고액 + 당기순매입액 − 기말재고액이므로, 기말재고자산의 과대는 매출원가의 과소가 되며, 당기순이익의 과대가 된다.

10 ④

- 매출처원장은 외상으로 판매하였을 때에 외상매출금을 각 거래처별로 사용하는 장부이다.
- 6월 중 외상매출금 총액 = 370,000 + 60,000 + 300,000 + 400,000 = 1,130,000원
- 6월 중 외상매출금 회수액 = 340,000 + 250,000 + 330,000 = 920,000원
- 6월 중 외상매출금 미회수액 = 70,000 + 80,000 = 150,000원
- 매출환입 및 매출에누리액은 매출액과 외상매출금에서 차감하므로 6/13 50,000 + 6/28 60,000 = 110,000원이다.

11 ①

액면금액보다 낮은 금액으로 발행하였으므로 할인발행이며, 사채할인발행차금은 500,000원이다.

12 ②

- 보험료 납부 시 선급보험료 계상 : (차) 선급보험료(선급비용) 70,000 (대) 현금 등 70,000
- ₩70,000 중 미경과보험료는 ₩20,000이므로 경과된 보험료 ₩50,000에 대한 수정분개를 하면 된다.

13 ①

유급휴가일수는 5일인데 10명이 2일(7일 − 5일) 더 발생될 것으로 예상되므로 전기에 유급휴가와 관련되어 부채로 인식할 금액은 2일 × 10명 × 100,000 = 2,000,000원이 된다.

14 ④

미래 경제적 효익이 기대되지 않는 지출은 즉시 비용으로 처리한다.

15 ④

- 재고자산을 항목별 저가법으로 평가할 경우 재고자산평가손실 = 상품1 평가손실 40,000 + 상품2 평가손실 30,000 = 70,000원
- 저가법은 평가이익을 인식하지 않으므로 상품3의 평가이익 50,000은 계산하지 않는다.

16 ③

(차) 보통예금   5,045,000   (대) 현금성자산   5,000,000
                                      이자수익   45,000

※ 현금성자산 : 큰 거래비용 없이 현금으로 전환이 용이하고 이자율변동에 따른 가치변동의 위험이 경미한 금융상품으로 취득당시 만기(또는 상환일)가 3개월 이내에 도래하는 것

17 ④

매출 시점
- 상품권 판매 : 회수일
- 시용판매 : 고객이 매입의사를 표시한 날
- 위탁판매 : 수탁자가 제3자에게 판매한 날
- 단기할부판매 : 인도한 날

18 ①

우발부채는 부채로 인식하지 아니하며 의무를 이행하기 위하여 자원이 유출될 가능성이 아주 낮지 않는 한, 우발부채를 주석에 기재한다. 우발자산은 자산으로 인식하지 아니하고 자원의 유입가능성이 매우 높은 경우에만 주석에 기재한다.

19 ①

7월 초 상환한 사채는 950,000이며 사채장부금액 930,000은 액면금액 1,000,000 − 사채할인발행차금이므로 사채할인발행차금은 70,000이다. 6월 말까지 발생한 이자는 1,000,000 × 7% × 6개월 / 12개월 = 35,000이다. 따라서 사채상환이익은 15,000이다.

※ 상환 시 회계처리

(차) 사채   1,000,000   (대) 현금 등   950,000
    이자비용   35,000   사채할인발행차금   70,000
                                   사채상환이익   15,000

20 ④

수도광열비를 세금과공과로 잘못 분류한 오류는 비용을 다른 비용으로 처리한 것이므로 순이익에 영향을 미치지 않는다.

오답 피하기
- ① : 기말상품재고액 과대 계상 − 매출원가(비용)의 과소 → 순이익 과대
- ② : 임차료 미지급액 계상 누락 − 비용의 과소 → 순이익 과대
- ③ : 감가상각비 과소 − 비용의 과소 → 순이익 과대

21 ②

외주가공원가는 그 성격에 따라 재료원가 또는 경비에 포함하여 계상할 수 있으며, 그 금액이 중요한 경우에는 별도의 과목으로 기재할 수 있다.

22 ①

- 원재료 : 재료원가
- 노동력 : 노무원가

23 ④

원가의 추적가능성에 따른 분류 : 직접원가, 간접원가

24 ④

공통원가배분의 합리적인 배부기준
- 인과관계기준 : 배부하려는 원가와 원가대상 사이에 추적 가능한 명확한 관계로 배부
- 수혜기준 : 배부하려고 하는 원가로부터 원가대상에 제공된 경제적 효익의 크기에 비례하여 배부
- 부담능력기준 : 원가대상이 원가를 부담할 수 있는 능력에 비례하여 배부
- 공정성과 공평성기준 : 원가대상에 원가를 배부할 때에는 공정하고 공평하게 배부

25 ②

- 당기제품제조원가 = 매출원가 550,000 − 기초제품 50,000 + 기말제품 40,000 = 540,000원
- 당기제품제조원가 540,000 = 기초재공품 30,000 + 당기총제조원가 − 기말재공품 10,000
- ∴ 당기총제조원가 = 520,000원

26 ①

- 제조간접원가 예정배부율 = $\dfrac{\text{예정제조간접원가총액}}{\text{예정직접노동시간총액}} = \dfrac{360,000}{7,200} = 50$
- 제조간접원가 예정배부액 = 제품별 직접노동시간의 실제발생액 × 예정배부율 = 600 × 50 = 30,000원
- 제조간접원가 실제발생액은 27,000원인데 예정배부액은 30,000원이므로 3,000원 과대배부이다.

27 ②

- 제조간접원가 예정배부액 = 제품별 배부기준의 실제발생액 × 예정배부율
- ∴ 예정배부율 = 제조간접원가 예정배부액 ÷ 제품별 배부기준의 실제발생액
- 제조1부문 제조간접원가 예정배부율 = 10,000,000 ÷ 10,000시간(기계작업시간) = 1,000원
- 제조2부문 제조간접원가 예정배부율 = 5,000,000 ÷ 5,000시간(직접노동시간) = 1,000원

28 ④

실제개별원가계산이 기말까지 지연되는 문제를 해결하고자 정상개별원가계산이 도입되었다.

29 ①

보조부문원가를 제조부문별로 배부하는 문제는 공장전체 제조간접원가 배부율뿐만 아니라 부문별 제조간접원가 배부율에도 고려될 수 있다.

30 ③

- 예정배부율 = 1,500,000원 ÷ 500시간 = 3,000원/시간당
- 실제발생 제조간접원가 = 1,650,000원 = 예정배부액
- 실제직접노무시간 = 예정배부액 ÷ 예정배부율 = 1,650,000원 ÷ 3,000원 = 550시간

31 ③

예정배부한 제조간접원가보다 실제 발생한 제조간접원가가 더 많다면 과소배부한 것이고, 적으면 과대배부한 것이다.

32 ②

- 매출원가 = 기초제품 + 당기제품제조원가 − 기월말제품
- 당기제품제조원가 = 기초재공품 60,000 + 당기총제조원가 580,000 − 기말재공품 40,000 = 600,000원
- 당기총제조원가 = 직접재료원가 180,000 + 직접노무원가 240,000 + 제조간접원가 160,000 = 580,000원
  - 전환원가(가공원가) = 직접노무원가 + 제조간접원가
  - 제조간접원가 = 전환원가(240,000 + 제조간접원가) × 40% = 160,000원
- ∴ 매출원가 = 기초제품 70,000 + 당기제품제조원가 600,000 − 기말제품 50,000 = 620,000원

33 ④

- 가공팀 배부율 = 제조간접원가 총액 ÷ 기계작업시간 총액 = 200,000 ÷ 200 = 1,000
- 조립팀 배부율 = 제조간접원가 총액 ÷ 인원수 총액 = 100,000 ÷ 25 = 4,000
- A제품에 배부한 원가 = 기계작업시간 10 × 배부율 1,000 + 인원수 2 × 배부율 4,000 = 18,000원
- B제품에 배부한 원가 = 기계작업시간 20 × 배부율 1,000 + 인원수 3 × 배부율 4,000 = 32,000원

34 ③

전화기 제조업은 종합원가계산에 적합한 업종이다.

35 ③

- 평균법 완성품환산량 = 완성품수량 + 월말재공품환산량
  - 재료원가 완성품환산량 = 2,500 + 500 × 100% = 3,000개(공정초기에 전량투입이므로 100%)
  - 가공원가 완성품환산량 = 2,500 + 500 × 40% = 2,700개
- 평균법 단위당원가 = (월초재공품 + 당월소비액) ÷ 완성품환산량
  - 재료원가 단위당원가 = (40,000 + 380,000) ÷ 3,000 = 140원
  - 가공원가 단위당원가 = (70,000 + 254,000) ÷ 2,700 = 120원
- ∴ 당월제품제조원가 = 당월 완성품수량 × 단위당원가
  = 재료 2,500개 × @140 + 가공 2,500개 × @120 = 650,000원

36 ③

부문별 원가계산은 제조간접원가를 발생 원천인 부문별로 분류, 집계하는 방법이다.

37 ④

월말에 완성된 제조지시서의 제조원가는 완성품원가가 되며, 미완성된 제조지시서의 제조원가는 월말재공품원가가 된다.

38 ①

6월 30일 월말재공품의 직접재료원가 = 총직접재료원가 × (월말 재공품물량 ÷ 총물량)
= 1,260,000 × (60,000 ÷ 180,000) = 420,000원

39 ④

선입선출법은 당기완성품에서 기초재공품을 차감하고 기말재공품을 더하므로 기초재공품을 과소평가하면 완성품은 과대평가되고 기초재공품이 과소평가 되었으므로 기말재공품이 더 많이 남아 있게 되어 과대평가된다. 완성품환산량 단위당원가는 당기총비용 ÷ 완성품환산량이므로 완성품환산량이 과대평가 되면 단위당원가는 과소평가된다.

40 ④

- #7000 제조간접원가 배부액 = 직접노무원가의 실제발생액 × 실제배부율
  = 195,000 × 1.75 = 341,250원
- 제조간접원가 실제배부율 = $\dfrac{\text{실제 제조간접원가 총액}}{\text{직접노무원가 총액}}$ = $\dfrac{350,000}{200,000}$ = 1.75
- ∴ #7000의 총제조원가 = 직접재료원가 + 직접노무원가 + 제조간접원가
  = 405,000 + 195,000 + 341,250 = 941,250원

2022년 상시 기출문제 01회

01 ②	02 ④	03 ②	04 ③	05 ②	06 ③	07 ④	08 ①	09 ③	10 ①
11 ②	12 ③	13 ②	14 ②	15 ④	16 ④	17 ④	18 ④	19 ②	20 ④
21 ①	22 ②	23 ②	24 ④	25 ③	26 ③	27 ④	28 ④	29 ④	30 ②
31 ④	32 ②	33 ③	34 ④	35 ③	36 ②	37 ④	38 ①	39 ②	40 ③

1과목   재무회계

01 ②

금융자산 : 현금과 예치금, 다른 기업의 지분상품(지분증권), 거래상대방에게서 현금 등 금융자산을 수취할 계약상 권리, 잠재적으로 유리한 조건으로 거래상대방과 금융자산이나 금융부채를 교환하기로 한 계약상 권리, 대여금 및 수취채권

02 ④

재고자산의 평가손실은 시가(순실현가능가치)가 장부금액(원가)보다 하락한 경우이므로 완성하거나 판매하는 데 필요한 원가가 상승한 경우이여야 한다.

03 ②

당기순이익 = 매출액 − 매출원가 − 물류원가(판매비) − 관리비 − 금융원가(금융비용) = 1,000,000 − 700,000 − 100,000 − 50,000 − 30,000
= 120,000원
※ 보험수리적손실은 기타포괄손익에 속하므로 당기순이익을 계산한 후에 차감한다.

04 ③

발생주의를 적용할 경우 재무제표에 표시되는 수익은 현금회수와 관계없이 실현되었거나 실현가능한 시점에서 인식한다.

05 ②

수표를 발행하여 현금을 인출한 경우 대변의 계정과목은 당좌예금으로 한다.

06 ③

(차) 보통예금	5,045,000	(대) 현금성자산	5,000,000
		이자수익	45,000

※ 현금성자산 : 금융상품으로서 취득당시 만기가 3개월 이내에 도래하는 것

07 ④

건물이 투자부동산이고 공정가치모형을 적용하므로 감가상각을 하지 않는다. 따라서 감가상각비는 발생되지 않는다. 결산 시 공정가치모형을 적용하므로 장부금액(취득원가) 4,000,000원과 공정가치 4,200,000원의 차액 200,000원을 당기손익(투자부동산평가이익)에 반영하게 된다.

08 ①

미래 영업을 위하여 발생하게 될 비용은 충당부채로 인식하지 않는다.

09 ③

장기 시세차익을 얻기 위하여 보유하는 부동산은 투자부동산이다.
※ 투자부동산이 아닌 경우 : 자가사용 부동산, 제품생산에 사용하는 부동산, 정상적인 영업활동 과정에서 판매를 목적으로 보유하는 부동산, 제3자를 위하여 건설 또는 개발 중인 자산, 금융리스로 제공한 부동산

10 ①

유형자산을 보유하고 있는 중에 심각한 시장가치 하락, 마모나 급속한 진부화, 제조공정의 변경, 재해 등으로 인하여 해당 유형자산으로부터 미래에 기대되는 경제적 효익이 장부금액에 현저히 미달할 가능성이 있는 것으로 판단되는 경우에는 유형자산손상차손을 인식해야 한다.

11 ②

개발활동에서 발생한 지출은 자산인식요건을 충족할 경우 무형자산으로 처리하며 연구활동과 관련된 지출은 전액 비용처리한다. 내부창출 영업권은 취득원가를 신뢰성 있게 측정할 수 없으므로 무형자산으로 인식하지 않는다.

12 ③

교환거래로 자산을 취득하는 경우 당해 유형자산의 원가는 제공한 자산의 공정가치로 측정하는 것이 원칙이지만, 교환거래에 상업적 실질이 결여되거나 취득한 자산과 제공한 자산 모두의 공정가치를 신뢰성 있게 측정할 수 없는 경우에는 제공한 자산의 장부금액을 원가로 측정한다. 취득 시 현금수수액이 있는 경우 현금수수액을 취득원가에 반영한다. (주)대한의 기계장치의 취득원가는 ₩300,000원(취득원가 ₩1,000,000 - 감가상각누계액 ₩700,000)이다.

13 ②

기업이 종업원이나 거래처 등으로부터 차용증서를 받고 1년 이내에 회수하는 조건으로 현금 등을 빌려 준 경우 단기차입금계정의 대변에 기입한다.

14 ②

판매용 승용차는 재고자산이므로 매입계정으로 처리해야 하며 취득에 직접적으로 관련된 정상적인 비용(취득 시 수리비용)을 포함한다.

15 ④

유형자산이 제공하는 경제적 효익의 양이나 질이 증대되는 경우는 자본적 지출에 해당한다.

16 ④

자산을 운용하는 직원의 교육훈련과 관련된 지출은 내부적으로 창출한 무형자산의 원가에 포함하지 않는다.

17 ④

이자비용 = 1,000,000 × 12% × 6개월 / 12개월 = 60,000원

18 ④

기타포괄손익은 당기순손익에 포함되지 않는다.

19 ②

수익은 진행기준에 따라 인식해야 하므로 20X1년 수익은 1,400,000 × 400,000 / 700,000 = 800,000원이다.

20 ④

미래 경제적 효익이 기대되지 않는 지출이거나, 미래 경제적 효익이 기대되더라도 재무상태표에 자산으로 인식되기 위한 조건을 원래 충족하지 못하거나 더 이상 충족하지 못하는 부분은 즉시 포괄손익계산서에 비용으로 인식되어야 한다.

2과목 원가회계

21 ①

의사결정자가 그 발생에 영향을 미칠 수 있는 원가를 통제가능원가라고 하고, 통제할 수 없는 원가를 통제불가능원가라고 한다. 통제불가능원가는 특정 과거에 이루어진 의사결정에 의해서 발생하는 감가상각비, 임차료, 보험료 등과 같이 이미 정해져 있거나 이미 발생한 원가이다.

22 ②

통제가능하다는 것은 경영자가 원가 발생액을 통제할 수 있는 재량권을 갖고 있으므로 관리계층에 따라 동일한 원가에 대한 통제가능성이 달라진다.

23 ②

- 1월에 10개를 생산하기 위한 총변동원가는 직접재료원가 10,000 + 직접노무원가 + 5,000 + 변동제조간접원가 3,000 = 18,000원이므로 단위당 변동원가는 18,000 / 10 = 1,800원이다.
- 2월의 제품단위당원가 = (단위당 변동원가 1,800 × 20개 + 고정제조간접원가 6,000) / 20
  = 2,100원

24 ④

공장용 토지나 서비스를 단순히 구입하는 것만으로 원가가 될 수 없으며 토지나 서비스가 제조과정에 소비가 되어야 원가가 될 수 있다.

25 ③

원가관리회계의 정보는 외부에 보고하는 재무회계의 재무제표를 작성하는 데 사용하므로 재무회계의 정보와 관련성이 있다.

26 ③

- #101은 완성되지 않았으므로 매출원가에 반영하지 않으며, #102는 완성되었으므로 매출원가에 반영한다.
- 매출원가 = 기초제품재고액 + 당기제품제조원가 - 기말제품재고액
- #102 당기제품제조원가 = 기초재공품 500,000 + 직접재료원가 200,000 + 직접노무원가 100,000 + 제조간접원가 200,000 - 기말재공품 0 = 1,000,000원
- ∴ 매출원가 = 기초제품재고액 1,000,000 + 당기제품제조원가 1,000,000 - 기말제품재고액 1,300,000 = 700,000원

27 ④

재료(재고자산)의 평가손실 = (재료단위당원가 − 재료단위당시가) × 실제 재료수량

28 ④

부문별 제조간접원가를 실제발생액으로 인식하는 분개는 절단부문원가 실제발생액과 조립부문원가 실제발생액으로 처리한다.

(차) 절단부문원가	80,000	(대) 제조간접원가	170,000
조립부문원가	90,000		

29 ④

정상개별원가계산은 직접재료원가, 직접노무원가는 실제배부율로 실제발생원가를, 제조간접원가는 예정배부율을 사용하여 예정배부액으로 제품의 원가를 계산한다.

30 ②

- 절단부문원가 배부율 : 28,000 ÷ 50,000 = 0.56
- 조립부문원가 배부율 : 14,000 ÷ 50,000 = 0.28

31 ④

제조원가에서 발생한 직접재료원가와 직접노무원가는 직접원가이며, 직접원가를 제외한 나머지가 제조간접원가이다.

32 ②

상호배부법은 보조부문 상호 간의 용역수수관계를 완전히 고려하여 보조부문원가를 다른 보조부문과 제조부문에 배부하는 방법으로 복잡하지만 가장 정확하다.

33 ③

해당 내용을 자세히 회계처리하면 다음과 같다.

제조간접원가			제조간접비배부차이		
제조간접원가배부차이	1,000		매출원가	1,000	

(차) 제조간접원가	1,000	(대) 제조간접원가배부차이	1,000
(차) 제조간접원가배부차이	1,000	(대) 매출원가	1,000

34 ④

6월 수선비 소비액 = 6월 지급액 6,000 − 5월 말 미지급액 600 − 6월 말 선급액 2,000 = 3,400원

35 ③

개별원가계산에 재공품계정에서 제품계정으로 대체되는 금액은 당기에 완성된 모든 작업의 원가를 의미한다.

36 ②

- 선입선출법 완성품환산량 = 완성품수량 − 기초재공품환산량 + 기말재공품환산량
- 완성품수량 = 기초재공품 수량 + 당기착수량 − 기말재공품 수량 = 10,000 + 50,000 − 20,000 = 40,000개
  - 재료원가 완성품환산량 = 40,000 − 10,000 × 100% + 20,000 × 100% = 50,000개
  - 가공원가 완성품환산량 = 40,000 − 10,000 × 50% + 20,000 × 30% = 41,000개
- 선입선출법 단위당원가 = 당기투입원가 ÷ 완성품환산량
  - 재료원가 단위당원가 = 200,000 ÷ 50,000 = 4원
  - 가공원가 단위당원가 = 410,000 ÷ 41,000 = 10원
∴ 기말재공품원가 = 기말재공품환산량 × 단위당원가
　　　　　　　 = 기말재료원가(20,000 × 100% × @4) + 기말가공원가(20,000 × 30% × @10)
　　　　　　　 = 80,000 + 60,000 = 140,000원

37 ④

6월 제품제조원가 = 월초 원가 11,000 + 당월투입원가(직접재료원가 37,000 + 직접노무원가 97,000 + 제조간접원가 67,000) − 월말 원가 57,000
　　　　　　　 = 155,000원

38 ①

선입선출법 단위당원가 = 당기투입원가 ÷ 완성품환산량

39 ②

- 평균법 완성품환산량 = 완성품수량 + 기말재공품환산량
- 선입선출법 완성품환산량 = 완성품수량 − 기초재공품환산량 + 기말재공품환산량
- 완성품수량 = 기초재공품 수량 + 당기착수량 − 기말재공품 수량
- 평균법 = 1,100 + 300 × 30% = 1,190
- 선입선출법 = 1,100 − 200 × 40% + 300 × 30% = 1,110

40 ③

제조간접원가가 상세히 기록되는 표를 원가계산표라고 한다.

2022년 상시 기출문제 02회

270p

01 ②	02 ③	03 ④	04 ①	05 ④	06 ②	07 ②	08 ③	09 ②	10 ②
11 ②	12 ③	13 ②	14 ①	15 ②	16 ②	17 ①	18 ③	19 ②	20 ④
21 ④	22 ④	23 ②	24 ④	25 ④	26 ③	27 ②	28 ②	29 ①	30 ②
31 ④	32 ④	33 ③	34 ④	35 ③	36 ③	37 ②	38 ②	39 ④	40 ④

1과목 재무회계

01 ②

재무보고의 질적특성
- 근본적 질적특성 : 목적적합성, 표현충실성
- 보강적 질적특성 : 비교가능성, 검증가능성, 적시성, 이해가능성

02 ③

보험료 미경과액은 기존에 보험료로 처리한 것 중에서 다음연도 분을 말하므로 회계처리 후 차대에 영향을 미치지 않는다(비용에서 차감하여 자산처리함). 하지만 이자수익 미수액분은 추가로 회계처리하는 것이므로 차변과 대변에 20,000원이 각각 추가된다.

03 ④

미래 경제적 효익이 기대되지 않는 지출은 자산으로 인식하지 않고 비용으로 인식한다.

04 ①

전기이월미처분이익잉여금 + 당기순이익 − 중간배당액 + 임의적립금이입액 − 현금 배당금 − 이익준비금 = 차기이월미처분이익잉여금
∴ 전기이월미처분이익잉여금 : 460,000원
※ 이익준비금의 법정최소금액은 현금배당(중간배당액+현금 배당금)의 1/10이므로 60,000원이다.

05 ④

자본변동표는 5가지 항목으로 구분한 후 변동내용을 제시하는 형식으로 작성하는데 그 항목은 자본금의 변동, 자본잉여금의 변동, 자본조정의 변동, 기타포괄손익누계액의 변동, 이익잉여금의 변동(회계정책의 변경으로 인한 누적효과, 중대한 전기오류수정손익, 연차배당과 기타 전기말 미처분이익잉여금의 처분, 중간배당, 당기순이익, 기타 이외의 원인으로 발생한 이익잉여금의 변동)이다.

06 ②

현금과부족은 그 원인이 파악된 경우에는 해당 계정으로 대체하고 그렇지 않은 경우에는 결산시점에서 부족분은 잡손실로, 과잉분은 잡이익으로 대체한다.

07 ②

시용판매의 경우 구입의사를 표시한 시점에 판매가 이루어진 것으로 보아 수익으로 인식한다.

08 ③

장기 시세차익을 얻기 위하여 보유하는 부동산은 투자부동산이다.
※ 투자부동산이 아닌 경우 : 자가사용 부동산, 제품생산에 사용하는 부동산, 정상적인 영업활동 과정에서 판매를 목적으로 보유하는 부동산, 제3자를 위하여 건설 또는 개발 중인 자산, 금융리스로 제공한 부동산

09 ②

기말 매출채권의 손실충당금잔액 = 손실충당금잔액(250,000 − 100,000) + 기말 손실충당금 추가계상액 50,000 = 200,000원

10 ②

건물 신축을 위한 계약을 체결하고 계약금을 지급한 경우 : 건설중인자산

11 ②

선적지 인도조건으로 판매하여 해상 운송 중인 재고자산은 선적한 순간 매입자에게 이전되기 때문에 재고자산에서 제외해야 한다.

12 ③

재고자산의 취득원가가 계속 상승하는 경우 매출총이익의 크기 : 선입선출법 〉 이동평균법 〉 총평균법 〉 후입선출법

13 ②

건물을 신축하기 위하여 구건물이 있는 토지를 취득하고 그 건물을 철거하는 경우 관련 비용(철거비용, 토지정지비용 등)은 취득한 토지원가에 가산한다.

14 ①

금융부채란 매입채무, 기타채무, 사채와 국공채이다. 유동부채 중 선수수익, 선수금은 일정한 재화와 용역을 제공할 의무이므로 금융부채가 아니다.

15 ②

이미 발행한 주식을 유가증권시장에서 매입하여 소각하면 자본금이 감소한다.

16 ②

법인세차감전순이익 = 매출액 1,000,000 − 종업원급여비용 100,000 − 매출원가 400,000 − 유형자산손상차손 50,000 − 기타비용 30,000 − 감가상각비와
　　　　　　　　　　기타상각비 50,000 − 금융원가 20,000
　　　　　　　　　　= 350,000원
※ 기타포괄손익–공정가치측정금융자산평가손실은 총포괄손익을 계산할 때 사용하므로 반영하지 않는다.

17 ①

- 중간예납 시 　: 　(차) 선급법인세　120,000　(대) 현금 등　　　　　120,000
- 결산 시　　　 : 　(차) 법인세비용　300,000　(대) 선급법인세　　　120,000
　　　　　　　　　　　　　　　　　　　　　　　　미지급법인세　180,000

18 ③

현금흐름표에 대한 설명이다.

19 ②

매입채무(유동부채)를 현금(유동자산)으로 지불하였다면 유동비율(유동자산/유동부채)은 증가하고 부채비율(부채/자본)은 감소한다.

20 ④

개발단계에서 발생한 지출은 6가지 일정조건을 모두 충족한 경우에만 무형자산(개발비)으로 인식하고, 그 외의 경우에는 발생한 기간의 비용으로 인식한다.

2과목　원가회계

21 ④

매몰원가는 기발생원가라고도 하며 과거 의사결정의 결과 이미 발생한 원가로서 더 이상 의사결정에 영향을 줄 수 없는 원가이다.

22 ④

회계정보를 기업 외부의 회계정보 이용자에게 공시하는 것은 재무회계이다.

23 ②

제품의 제조가 끝난 뒤에 실제로 발생한 원가를 이용하여 제품의 원가를 계산하는 방법을 실제원가계산이라고 한다.

24 ④

광고선전비는 손익계산서의 판매비와관리비이다.

25 ④

기능별포괄손익계산서의 매출원가를 산정하는 데 필요한 당기제품제조원가와 항상 일치하는 것은 당기제품제조원가이다.

26 ③

계속기록법과 실지재고조사법을 병행하여 사용해야 재료감모손실을 구할 수 있다.

27 ②

- 측정제조경비 : 전기료, 수도료 등과 같이 계량기에 의해 소비액을 측정할 수 있는 제조경비
- 월할제조경비 : 보험료, 임차료, 감가상각비, 세금과공과 등과 같이 일시에 지급하는 제조경비
- 지급제조경비 : 수선비, 운반비, 잡비 등과 같이 매월의 소비액을 그 달에 지급하는 제조경비

28 ②

외주가공원가 당월 소비액 = 당월지급액 + 전월선급액 − 당월선급액
= 500,000 + 50,000 − 100,000 = 450,000원

29 ①

- 제조간접원가 예정배부율 = $\dfrac{\text{예정제조간접원가총액}}{\text{예정직접노동시간총액}} = \dfrac{360,000}{7,200} = 50$
- 제조간접원가 예정배부액 = 제품별 직접노동시간의 실제발생액 × 예정배부율 = 6,000 × 50 = 300,000

30 ②

배분하려는 원가로부터 원가대상에 제공된 효익을 측정할 수 있는 경우에, 그 경제적 효익의 크기에 따라 원가를 배분하는 기준은 수혜기준이다.

31 ②

개별제품과 직접적인 인과관계가 없는 원가라도 합리적인 배부기준에 따라 제품에 배부하여야 한다.

32 ②

- 과대배부 시 : (차) 제조부문원가 ××× (대) 부문원가배부차이 ×××
- 과소배부 시 : (차) 부문원가배부차이 ××× (대) 제조부문원가 ×××

33 ③

(보조부문) 식당부문 − (배부기준) 종업원 수

34 ④

원가의 기간별 배부가 중요하며 작업의 진척도에 따라 배부하는 원가를 다르게 계산하는 방법은 종합원가계산이다.

35 ③

- 당기총제조원가 = 직접재료원가 25,000 + 직접노무원가 10,000 + 제조간접원가(직접노무원가 10,000×120%) 12,000 = 47,000원
- 당기제품제조원가 = 기초재공품 11,000 + 당기총제조원가 47,000 − 기말재공품 5,000 = 53,000원

36 ③

작업번호 101의 총원가 = 직접재료원가 25,000 + 직접노무원가 73,000 + 제조간접원가(직접노무원가 × 120%) 87,600 = 185,600원

37 ②

종합원가계산은 일반적으로 개별원가계산에 비해 경제적이나 원가계산의 정확성이 떨어진다.

38 ②

- 평균법으로 당기의 완성품환산량 단위당원가를 계산하고자 할 때 기초재공품원가는 필요하다.
- 평균법 단위당원가 = $\dfrac{(\text{기초재공품 원가} + \text{당기투입원가})}{\text{완성품환산량}}$

39 ④

- 선입선출법 완성품환산량 = 완성품수량 − 기초재공품환산량 + 기말재공품환산량
- 재료원가 완성품환산량 = 350,000 − 100,000 × 100% + 200,000 × 100% = 450,000단위
※ 원재료는 공정초기에 전량투입이므로 100%이다.
- 가공원가 완성품환산량 = 350,000 − 100,000 × 30% + 200,000 × 40% = 400,000단위

40 ④

동력부문(제조간접원가 200,000원)에서 제조부문 및 수선부문에 1차 배분하므로 수선부문은 200,000 × 100/(300KW+100KW+100KW) = 40,000원을 합산한 400,000원(360,000+40,000)을 수선부문에서 제조부문1 및 제조부문2에 수선시간을 기준으로 배부한다.
∴ 제조부문2의 제조간접원가 배부액 = 400,000원 × 40시간/(10 + 40)시간 = 320,000원

277p

2021년 상시 기출문제 01회

01 ②	02 ③	03 ②	04 ④	05 ①	06 ④	07 ①	08 ③	09 ②	10 ③
11 ②	12 ①	13 ②	14 ③	15 ③	16 ①	17 ③	18 ④	19 ④	20 ③
21 ①	22 ③	23 ③	24 ③	25 ②	26 ②	27 ②	28 ④	29 ①	30 ①
31 ②	32 ④	33 ③	34 ④	35 ②	36 ③	37 ③	38 ②	39 ①	40 ①

1과목 재무회계

01 ②

최근 회계는 사회적 자원을 효율적으로 배분하게 하고, 경영자의 수탁책임 보고의 기능을 수행하며, 그 밖에 사회적 통제가 합리화되도록 기여하는 등의 사회적 역할을 담당한다.

02 ③

• 이동평균법 : 재고자산이 출고되는 시점에서의 평균원가로 매출원가와 기말재고원가를 결정하는 방법이다.
　　　　　(매입직전재고액 + 금번매입액) ÷ (매입직전재고수량 + 금번 매입수량) = 이동평균원가
• 9월 22일 매출원가 = 250개 × @150{(200개 × @100 + 200개 × @200) ÷ (200개 + 200개)} = 37,500원
• 9월 25일 매출원가 = 100개 × @130(150개 × @150 + 100개 × @100) ÷ (150개 + 100개)} = 13,000원
∴ 매출원가 = 37,500 + 13,000 = 50,500원

03 ②

당기 7월 1일에 비용처리한 보험료 1년분 500,000원은 다음연도 6월 30일까지이므로 다음연도에 해당하는 보험료(500,000×6개월/12개월)를 비용에서 차감하고 선급비용(선급보험료)으로 처리해야 한다.

04 ④

결산 시 이자비용 미지급분을 누락한 경우 (차) 이자비용(영업외비용, 금융비용) (대) 미지급비용(유동부채)의 회계처리가 누락되므로 비용과 부채가 과소 계상된다. 비용의 과소는 당기순이익의 과대가 되며 당기순이익의 과대는 자본의 과대가 된다.

05 ①

기타포괄손익 : 재평가잉여금, 기타포괄손익-공정가치측정금융자산평가손익, 해외사업환산손익 등

06 ④

현금과부족 차변은 현금의 부족분이므로 11월 말 현금부족 50,000 + 12월 말 30,000원 = 80,000원이 잡손실로 처리된다.

07 ①

선급비용, 선급금은 일정한 재화나 용역을 제공받을 권리이므로 금융자산이 아니다.

08 ③

투자부동산 공정가치모형은 최초 인식 이후 모두 투자부동산에 대하여 감가상각을 수행하지 않고 기말 공정가치로 평가하여 측정한다. 따라서 20X2년 평가는 20X1년과 20X2년을 비교하여 평가하므로 평가이익 100,000원이 발생한다.

09 ②

자금의 차입은 재무활동이다.

10 ③

대여금의 경우 대여기간에 이자수익이 발생하고, 차입금의 경우 차입기간에 이자비용이 발생한다.

11 ②

선입선출법은 먼저 매입한 재고자산을 먼저 매출하므로 재무상태표상 재고자산의 금액이 가장 최근에 매입한 원가로 계상되어 공정가치에 가장 근접하게 표시된다.

12 ①

유형자산의 취득원가가 아닌 것 : 새로운 시설을 개설하는 데 소요되는 원가, 새로운 상품과 서비스를 소개하는 데 소요되는 원가, 새로운 지역에서 또는 새로운 고객층을 대상으로 영업을 하는 데 소요되는 원가, 관리 및 기타 일반간접원가

13 ②

연구비 = 연구 결과 평가를 위한 지출 130,000 + 시스템 개선 대체안 설계를 위한 지출 100,000 = 230,000원

14 ③

금융부채란 매입채무, 기타채무, 사채와 공공채이다. 선수수익, 선수금은 일정한 재화와 용역을 제공할 의무이므로 금융부채가 아니다.

15 ③

미지급배당금은 금전(현금) 배당금을 말하므로 100,000,000 × 1% × 50% = 500,000원이다.

16 ①

근무를 제공한 회계기간의 말부터 12개월이 지난 후에 지급될 이익분배금과 상여금은 당기 비용으로 인식할 수 있다.

17 ③

매출총이익 = 총매출액 − 매출할인액 − 매출원가(기초상품재고액 + 총매입액 − 매입환출액 − 기말상품재고액)
= 3,000 − 100 − 2,000(1,000 + 2,000 − 200 − 800) = 900원

18 ④

배당금 수익은 받을 권리가 확정되는 시점에 수익을 인식한다.

19 ④

• 간접법은 포괄손익계산서상의 당기순손익에 현금의 유출이 없는 비용, 자산, 부채를 가산하고 현금의 유입이 없는 수익, 자산, 부채를 차감하여 계산한다.
• 당기순이익 350,000 + 감가상각비 50,000 − 재고자산증가 30,000 + 매출채권감소 60,000 + 매입채무증가 40,000 = 470,000원

20 ③

유효이자율법 적용 시 사채할인발행차금 상각액은 매기 증가한다.

시간의 경과에 따른 구분	사채장부금액	사채이자비용	사채발행차금상각액
사채할인발행 시	증가한다	증가한다	증가한다
사채할증발행 시	감소한다	감소한다	증가한다

2과목 원가회계

21 ①

재료 ₩200,000을 제조공장에 출고하는 것은 기업 외부와 관계없으므로 기업 내부에서의 거래이다.

22 ③

외주가공원가와 공장건물 감가상각비는 제조원가에 해당한다.

23 ③

소멸원가는 경제적 자원의 희생에 의한 용역 잠재력이 소멸하여 더 이상 경제적 효익을 제공할 수 없으리라 예상되는 원가이다. 수익창출을 할 수 있으면 비용으로 구분하고, 수익창출을 할 수 없으면 손실로 구분한다.

24 ③

기계장치의 감가상각비를 제조원가가 아닌 기간비용(관리비)로 처리했으므로 당기총제조원가는 과소 계상되고 판매관리비는 과대 계상된다. 당기총제조원가의 과소 계상으로 매출원가가 과소 계상되므로 매출총이익은 과대 계상하게 된다.

25 ②

당기 생산에 투입된 직접재료원가 = 기초금액 + 당기매입액 − 기말금액 = 0 + 90,000,000 − 10,000,000 = 80,000,000원

26 ②

전체 노무원가 150,000원 중 실제작업시간에 해당하는 분은 직접원가로 처리하여 재공품계정에 배부하고 정전사고로 인한 원가는 제조간접원가로 처리하여 인위적으로 배부한다.

27 ②

지급임률은 주로 기본임금액을 계산하기 위한 임률이지만, 소비임률은 기본임금에 가급금·제 수당 등이 포함되어 계산된 임률이다.

28 ④

6월의 전력비 = 1,000kw/h(3,000 − 2,000) × @₩100 = 100,000원이다.

29 ①

공장전체 제조간접원가 배부율을 사용한다면, 제조부문과 보조부문에서 발생한 총제조간접원가를 단일배부기준에 의하여 개별제품에 배부하게 된다.

30 ①

상호배부법은 보조부문 상호 간의 용역수수관계를 전부 반영하여야 하므로 연립방정식을 이용하여 배부하여 계산한다.

- $A = 18,000 + 0.1(\frac{10\%}{100\%})B$
- $B = 15,000 + 0.2(\frac{20\%}{100\%})A$

31 ②

- 제조간접원가 실제배부율 = $\dfrac{\text{실제 제조간접원가 총액}}{\text{직접노무원가 총액}} = \dfrac{420,000}{280,000} = 1.5$
- No.116 제조간접원가 배부액 = 제품별 직접원가의 실제발생액 × 실제배부율
  = 26,000 × 1.5 = 39,000원
- ∴ No.116의 제조원가 = 직접재료원가 + 직접노무원가 + 제조간접원가
  = 11,000 + 26,000 + 39,000 = 76,000원

32 ④

과대배부 시 : (차) 제조간접원가 ××× (대) 제조간접원가배부차이 ×××

33 ③

원가행태에 따른 분류 : 고정원가, 변동원가, 준고정원가(계단원가), 준변동원가(혼합원가)

34 ④

#1이 완성품이므로 9월의 완성품의 제조원가 = 전월이월 300,000 + 직접재료원가 800,000 + 직접노무원가 600,000 + 제조간접원가(직접노무원가 기준 =
500,000 × 600,000 / 1,000,000) 300,000
= 2,000,000원

35 ②

제조간접원가 배부기준은 합리적인 배부기준(인과관계, 수혜기준, 부담능력기준, 공정성과 공평성기준)에 따라 원가대상에 대응시켜야 한다.

36 ③

- 재료 구입 시 : (차) 재료 ××× (대) 현금 등 ×××
- 노무비 지급 시 : (차) 노무원가 ××× (대) 현금 등 ×××
- 생산 완료 시 : (차) 제품 ××× (대) 재공품 ×××

37 ③

중요서류 : (종합원가계산) 각 공정별 제조원가보고서, (개별원가계산) 개별작업에 대한 원가계산표

38 ②

- 선입선출법 완성품환산량 = 완성품수량 − 기초재공품환산량 + 기말재공품환산량
- 가공원가 완성품환산량 = 11,000 − 1,000 × 60% + 2,000 × 40% = 11,200단위

39 ①
- 평균법 완성품환산량 = 완성품수량 + 기말재공품환산량
- 완성품환산량 = 100 + 50 = 150개
- 평균법 단위당원가 = $\dfrac{(월초재공품\ 원가\ +\ 당월투입원가)}{완성품환산량}$
- 완성품환산량 단위당원가 = 750,000 ÷ 150 = 5,000원

40 ①

동일 재료로 동일 제품이 생산되나 품질, 크기, 순도 등이 다른 경우에 적용하는 방법은 등급별 종합원가계산이다.

2021년 상시 기출문제 02회

01 ④	02 ①	03 ③	04 ①	05 ④	06 ②	07 ①	08 ②	09 ①	10 ②
11 ④	12 ①	13 ③	14 ③	15 ③	16 ②	17 ④	18 ③	19 ②	20 ①
21 ④	22 ①	23 ④	24 ②	25 ③	26 ①	27 ④	28 ③	29 ②	30 ④
31 ①	32 ②	33 ②	34 ③	35 ③	36 ④	37 ③	38 ②	39 ④	40 ③

1과목 │ 재무회계

01 ④

재무제표에 재무상태표일 또는 회계기간은 표시하여야 한다.

02 ①

기말 외상매출금 미수액 = A상점 미수액(차기이월) 200,000 + B상점 미수액(차기이월) 300,000 = 500,000원

03 ③

시산표는 원장의 전기가 정확한지를 검증하기 위하여 작성하는 것으로 원장에 전기할 때 차변금액과 대변금액을 잘못기록한 경우나 차변, 대변 한쪽만 기록하여 발생하는 대차 차액을 발견하기 위하여 작성하는 표이다. 소모품비 ₩30,000을 현금으로 지급한 거래를 차변만 기입하고 대변을 기입하지 않았으므로 시산표 작성 시 발견할 수 있는 오류이다.

04 ①

투자부동산은 금융자산이 아니다.

05 ④

금융자산은 재무상태표에 표시된다.

06 ②

- 회사에서 발행한 당좌수표가 아직 인출되지 않았으므로 회사 측 잔액은 조정할 것이 없고 은행 측에서만 조정하면 된다.
- 600,000 − 100,000 = 500,000원

07 ①

- 당기손익-공정가치측정금융자산처분손실 = 100주 × 1,000 = 100,000원
- 당기손익-공정가치측정금융자산평가이익 = 100주 × 2,000 = 200,000원

08 ②

정상적인 영업과정에서 단기간에 판매하기 위하여 보유하는 부동산은 재고자산이다.

09 ①

| (차) 외상매출금 | 28,500 | (대) 매출 | 30,000 |
| 수수료비용 | 1,500 | | |

10 ②

- 20X1. 7/1   장기차입금 1,000,000
- 20X1. 12/31   장기차입금 1,000,000 − 유동성장기부채 200,000 = 장기차입금 800,000
- 20X2. 12/31   장기차입금 800,000 − 유동성장기부채 200,000 = 장기차입금 600,000
- 20X2. 12/31   비유동부채(장기차입금) 600,000원, 유동부채(유동성장기부채) 200,000원

11 ④

선입선출법 2월 28일 재고액 = 2월 10일 50개 × @1,200 + 2월 28일 150개 × @1,250
= 247,500원

12 ①

(차) 건물(자산의 증가)   (대) 건설중인자산(자산의 감소)
                                      현금(자산의 감소)

차변의 자산의 증가금액과 대변의 자산의 감소금액은 같으므로 자산은 불변이다.

13 ③

통화 100 + 배당금지급표 50 + 보통예금 250 + 양도성예금증서 150 = 550원

14 ③

- 사채장부금액 = 사채액면금액 − 사채할인발행차금 + 사채할증발행차금
= 100,000 − 5,000 = 95,000원
- 장부금액 95,000원을 100,000원에 상환했으므로 사채상환손실(비용) 5,000원이 발생하며 이는 당기순손익에 손실로 처리된다.

15 ③

20X1년 말 현재 퇴직급여부채(확정급여채무)의 잔액은 580,000(기초잔액 830,000 − 기중퇴직금지급액 250,000)으로 300,000원을 추가 계상하여야 한다.

16 ②

확정기여제도는 기업이 별개의 실체(기금)에 고정 기여금을 납부하고, 그 기금의 책임 하에 당기와 과거기간에 종업원이 제공한 근무용역과 관련된 모든 급여를 지급하는 퇴직급여제도이다. 종업원이 회계기간에 근무용역을 제공한 때 근무용역과 교환하여 기금에 퇴직급여와 관련된 기여금을 납부하면서 모든 의무가 종료된다.

17 ④

- 법인세차감전순이익 = 매출액 3,000,000 − 매출원가 1,200,000 + 기타수익 600,000 − 물류원가 500,000 − 관리비 300,000 − 금융비용 400,000
= 1,200,000원
- 법인세비용 = 법인세차감전순이익 1,200,000 × 20% = 240,000원
- 미지급법인세 = 법인세비용 240,000 − 선급법인세 160,000 = 80,000원

(차) 법인세비용   240,000   (대) 선급법인세   160,000
                                        미지급법인세   80,000

18 ③

수정후 시산표 잔액합계는 80,000 + 10,000 + 20,000 = 110,000원이다.

잔액시산표

잔액	구분	잔액
₩80,000	수정전 금액	₩90,000
₩50,000	광고비	
(₩50,000)	수도광열비	
₩10,000	매출채권	
₩20,000	비품	
	미지급금	₩20,000
₩110,000	**수정후 금액**	**₩110,000**

※ ( )는 차감이다.

19 ②

매출로 인한 현금유입액(현금주의) = 외상매출액 1,000,000 + 기초매출채권잔액 100,000 − 기말매출채권잔액 200,000
= 900,000원

20 ①

이익률에 의한 분석을 비율분석이라고 한다.

2과목   원가회계

21 ④

일반적으로 인정된 회계원칙에 따라 작성된 재무제표 정보의 제공은 재무회계에 대한 설명이다.

22 ①

원재료와 노동력 소비액은 각각 재료원가, 노무원가에 해당한다.

23 ④

혼합원가란 고정원가와 변동원가가 혼합되어 있는 원가행태를 말한다.

오답 피하기

①, ②는 고정원가, ③은 변동원가에 대한 설명이다.

24 ②

- 매출총이익률 = (매출액 − 매출원가) ÷ 매출액
- 당기제품제조원가 = 기초재공품 0 + 당기총제조원가 60,000 − 기말재공품 5,000 = 55,000
- 매출원가 = 기초제품 3,000 + 당기제품제조원가 55,000 − 기말제품 0 = 58,000
- 매출총이익률 = (매출액 − 매출원가) ÷ 매출액 = (매출액 − 58,000) ÷ 매출액 = 0.2(20%)
- ∴ 매출액 = 58,000 / 0.8 = 72,500원

25 ③

8월 중 직접재료원가 사용액 = 월초 직접재료 8,000 + 당월 매입재료 60,000 − 월말 직접재료 10,000 = 58,000원

26 ①

제조과정에 제조경비가 어느 곳에 투입되었는가를 추적하여 특정 제품의 생산 과정에서 직접적으로 추적할 수 있으면 직접제조경비로, 특정 제품의 생산과 직접적인 관계가 없는 둘 이상의 제품의 제조에 공통으로 소비된 경비는 간접제조경비로 분류한다.

27 ④

- 제조간접원가 예정배부율 = $\dfrac{\text{예정제조간접원가총액}}{\text{예정직접노동시간총액}} = \dfrac{50,000}{1,000} = 50$
- 제조간접원가 예정배부액 = 제품별 직접노동시간의 실제발생액 × 예정배부율 = 170 × 50 = 8,500원
- 제조간접원가 실제발생액은 8,000원인데 예정배부액은 8,500원이므로 500원 과대배부이다.

28 ③

- 당월 노무원가 소비액 = 당월 노무원가 지급액 1,450,000 + 당월 노무원가 미지급액 200,000 − 전월 노무원가 미지급액 150,000 = 1,500,000원
- 재공품계정으로 직접 대체되는 금액은 당월 노무원가 소비액 1,500,000 × 70% = 1,050,000원이다.

29 ②

중앙난방비 : 부문의 난방면적

30 ④

인과관계를 고려한 원가배분기준이 특정 제품에 관련되는 원가를 정확하게 파악하는 데 가장 합리적이다.

31 ①

생산지원(보조)부문에서 발생한 원가를 생산부문에 배부한 후 최종적으로 제품에 배부하는 방법을 일반적으로 부문별 원가계산이라고 한다.

32 ②

보조부문 상호 간의 용역수수관계를 완전히 고려하여 보조부문원가를 다른 보조부문과 제조부문에 배부하는 방법으로, 복잡하지만 가장 정확한 배부방법은 상호배부법이다.

33 ②

개별원가계산은 제조지시서별로 원가계산표를 작성하여 원가계산을 한다.

오답 피하기

나머지 보기는 종합원가계산에 대한 설명이다.

34 ③

- #5의 제조원가 = 실제직접재료원가 + 실제직접노무원가 + 제조간접원가 예정배부액
  = 90,000 + 50,000 + 20,000 = 160,000원

- 제조간접원가 예정배부율 = $\dfrac{\text{예정제조간접원가총액}}{\text{예정직접노무원가총액}}$ = $\dfrac{400,000}{1,000,000}$ = 0.4

- #5의 제조간접원가 예정배부액 = 제품별 직접노무원가의 실제발생액 × 예정배부율
  = 50,000 × 0.4 = 20,000원

35 ③

- #1이 완성품이므로 9월의 매출원가는 #1로 계산한다.
- 매출원가 = 월초제품 + 당기제품제조원가(완성품가) – 월말제품
  = 500,000 + 1,000,000 – 300,000 = 1,200,000원

36 ④

선입선출법을 사용하면 가중평균법에 비해 당기의 성과와 이전의 성과를 보다 명확하게 구분하여 평가할 수 있다.

37 ③

- 선입선출법 완성품환산량 = 완성품수량 – 기초재공품환산량 + 기말재공품환산량
  – 재료원가 완성품환산량 = 700 – 100 × 100% + 200 × 100% = 800개
  – 가공원가 완성품환산량 = 700 – 100 × 30% + 200 × 40% = 750개
- 평균법 완성품환산량 = 완성품수량 + 기말재공품환산량
  – 재료원가 완성품환산량 = 700 + 200 × 100% = 900개
  – 가공원가 완성품환산량 = 700 + 200 × 40% = 780개

38 ②

기말재공품원가 = {기말재공품환산량(200 × 100%) × 재료원가단위당원가 5,000} + {기말재공품환산량(200 × 70%) × 가공원가단위당원가 4,000}
  = 1,000,000 + 560,000 = 1,560,000원

39 ④

당기투입원가를 당기완성품과 기말재공품에 배분하기 위한 완성품환산량 단위당원가는 과소평가된다. 즉, 선입선출법 단위당원가 = 당기투입원가 / (당기완성품수량 – 기초재공품환산량 + 기말재공품환산량)이므로 기초재공품의 완성도가 과소평가되면 분모가 크게 되어 단위당원가가 과소평가된다.

40 ③

- 직접원가법 : 직접재료원가 + 직접노무원가

- 제조간접원가 실제배부율 = $\dfrac{\text{실제 제조간접원가 총액}}{\text{직접원가 총액}}$ = $\dfrac{75,000}{150,000(100,000 + 50,000)}$ = 0.5

- 작업#5의 제조간접원가 배부액 = 제품별 직접원가의 실제발생액 × 실제배부율
  = 50,000(30,000 + 20,000) × 0.5 = 25,000원

2021년 상시 기출문제 03회

292p

01 ①	02 ②	03 ④	04 ④	05 ③	06 ①	07 ③	08 ①	09 ②	10 ④
11 ①	12 ③	13 ③	14 ①	15 ②	16 ④	17 ②	18 ①	19 ④	20 ③
21 ③	22 ①	23 ④	24 ③	25 ②	26 ②	27 ②	28 ③	29 ②	30 ②
31 ②	32 ②	33 ①	34 ①	35 ③	36 ④	37 ②	38 ①	39 ①	40 ④

1과목 | 재무회계

01 ①

일정기간 동안의 자본변동에 관한 정보를 제공하는 재무제표는 자본변동표이다.

02 ②

재고자산감모손실 = 재고감모수량(장부상 수량 − 실제수량) × 원가 = 50(장부상수량 500 − 실제수량 450) × @₩100 = 5,000원

03 ④

20X2년 1.1~7.31까지는 당기에 비용처리하지 않으므로 해당 비용을 차감하고 선급보험료로 처리해야 한다. 따라서 2,400,000원 × 7개월 / 12개월 = 1,400,000원을 (차) 선급보험료 1,400,000 (대) 보험료 1,400,000으로 처리한다.

04 ④

- 당기순이익 = 매출총이익 − 물류원가 + 기타수익 − 금융원가 − 법인세비용
  = 530,000 − 150,000 + 90,000 − 25,000 − 70,000 = 375,000원
- 총포괄손익 = 당기순이익 + 기타포괄이익 − 기타포괄손실
  = 375,000 + 60,000 − 20,000 = 415,000원

05 ③

어음양도 시 차입거래는 어음을 담보로 차입하는 것이므로 액면금액과 양도금액의 차액인 할인료는 이자비용으로 처리하고 어음은 차입금으로 처리한다.

06 ①

선급비용, 선급금은 금융자산으로 수취할 채권이 아니라 일정한 재화나 용역을 제공받을 권리이므로 금융자산이 아니다.
※ 금융자산 : 현금과 예치금, 다른 기업의 지분상품(지분증권), 거래상대방에게서 현금 등 금융자산을 수취할 계약상 권리, 잠재적으로 유리한 조건으로 거래 상대방과 금융자산이나 금융부채를 교환하기로 한 계약상 권리, 대여금 및 수취채권

07 ③

- 사채이자비용 = 발행금액 × 유효이자율 = 904,900 × 10% = 90,490원
- 사채장부금액(상각 후 장부금액) = 사채발행금액 + 사채발행차금(유효이자 − 액면이자) = 904,900 + (90,490 − 70,000) = 925,390원

08 ①

- 매출채권의 손상차손이 당기순이익을 감소시키므로 20X2년 매출채권의 손상차손을 계산하면 된다.
- 20X2년 손상차손 = 손상예상액 2,560 − 손실충당금잔액 1,320(3,720 − 3,250 + 850) = 1,240원

09 ②

거래가격은 고객에게 약속한 재화나 용역을 이전하고 그 대가로 기업이 받을 권리를 갖게 될 것으로 예상하는 금액이며 고객이 지급하는 고정된 금액일 수도 있으나, 어떤 경우에는 변동대가를 포함하거나 현금 외의 형태로 지급될 수도 있다.

10 ④

(차) 차입금(부채의 감소)　　　　　(대) 현금(자산의 감소)
　　이자비용(비용의 발생)

11 ①

할부판매상품은 매출(수익)로 처리하고 재고자산에서 제외한다.

12 ③

- 교환거래로 자산을 취득한 경우 당해 유형자산의 원가는 제공한 자산의 공정가치로 측정한다. 취득 시 현금수수액이 있는 경우 현금수수액을 취득원가에 반영한다.
- 토지의 취득원가 = 68,000(공정가치) + 50,000(현금) = 118,000원

13 ③

- 무형자산을 최초로 인식할 때에는 원가로 측정하며 의도한 목적에 사용할 수 있도록 준비하는 데 직접 관련된 원가는 취득원가에 포함한다.
- 무형자산 원가에 포함되지 않는 총지출액 = 가 + 나 + 다 = 2,000 + 3,000 + 2,500 = 7,500원

14 ①

유동부채에 속하는 항목 중 선수금, 선수수익 등은 금융자산을 지급할 채무가 아니라 일정한 재화나 용역을 제공할 의무이므로 금융부채가 아니다.

15 ②

기말자본금 = 기초자본금 + 총수익 − 총비용 + 추가출자액 − 기업주 인출액
= 300,000 + 170,000 − 100,000 + 50,000 − 80,000 = 340,000원

16 ④

(차) 미지급급여(부채의 감소)   (대) 현금(자산의 감소)

17 ②

매출총이익 = 순매출액(총매출액 − 환입 및 매출에누리액) − 매출원가(기초상품재고액 + 당기순매입액 − 기말상품재고액)
= 2,500,000 − 100,000 − (500,000 + 1,000,000 − 700,000) = 1,600,000원

18 ①

기말상품재고액을 과소 계상한 경우 매출원가는 커지고 당기순이익은 적어진다.

19 ④

일정기간의 영업활동, 투자활동, 재무활동에 의한 현금의 증감 내역을 나타내는 보고서는 현금흐름표이다.

20 ③

당기순이익과 함께 기업의 경영성과(수익성)를 측정하는 중요한 지표는 주당순이익(보통주 1주당 이익)이다.

2과목 원가회계

21 ③

기초원가(기본원가)란 직접재료원가와 직접노무원가를 말한다.

22 ①

수익과 대응되는 발생시점을 기준에 따른 분류 : 재고가능원가와 기간원가

23 ④

제조와 관련된 재고자산계정은 원재료, 재공품, 제품이다.

24 ③

영업부장의 급여는 판매비와관리비이다.

25 ②

40시간 × 5,000원(시간당 임률) + 8시간 × 5,000원(시간당 임률) × 1.5배 = 260,000원

26 ②

- 평균임률 = 240,000 / 30,000 = 8
- A에 부가하여야 할 노무원가 = A제품 생산량 10,000 × 평균임률 8 = 80,000원

27 ②

건물 전체의 청소비의 배부기준으로는 각 입주기업의 임대 면적이 가장 적합하다.

28 ③

- 기계화재보험료는 각 부문에 금액기준으로 30:40:15:15 비율로 배부하므로 절단부문에 배부될 부문공통원가 = 60 × 30 / 100 = 18원이다.
- 공장건물감가상각비는 각 부문에 면적기준으로 50:25:15:10 비율로 배부하므로 절단부문에 배부될 부문공통원가 = 90 × 50 / 100 = 45원이다.

∴ 절단부문에 배부될 부문공통원가는 기계화재보험료 18 + 공장건물감가상각비 45 = 63원이다.

29 ②

보조부문원가를 제조부문에 배분할 때 가장 우선적으로 고려하여야 할 기준은 인과관계기준이다. 그 외에 수혜기준. 부담능력기준. 공정성과 공평성기준에 따라 배부한다.

30 ②

직접배부법은 보조부문 상호 간의 용역의 수수관계를 무시하고 보조부문원가를 제조부문에만 직접 배부하는 방법이다.

31 ②

제조간접원가 배부차이는 제조간접원가 예정배부액 − 제조간접원가 실제배부액이므로, 제조간접원가 배부차이가 중요하지 않다면 제조간접원가 예정배부액과 제조간접원가 실제배부액이 비슷하며, 그렇다면 제조간접원가가 조업도에 비례하는 변동원가로 구성되었을 가능성이 높다.

32 ②

동력부문 배부액 = 총 복리후생비 700,000 × $\dfrac{\text{동력부문 종업원 수 15}}{\text{총 종업원 수 70}}$ = 150,000원

33 ①

개별원가계산에 가장 적합한 업종은 건설. 항공. 기계, 주문생산 등이다.

34 ①

재공품

월초재공품	10,000	당기제품제조원가	70,000
직접재료원가	30,000	월말재공품	12,000
직접노무원가	28,000	┌ 직접재료원가	
제조간접원가	14,000	├ 직접노무원가	
		└ 제조간접원가	1,000

월말재공품은 12,000이다. 월말재공품의 제조간접원가가 1,000이 배부되었으므로 직접노무원가의 50%를 제조간접원가로 배부하여 직접노무원가는 2,000이 된다. 그러므로 월말직접재료원가는 9,000이 된다.

35 ③

공정별 종합원가계산 : 제조공정이 2개 이상의 연속되는 공정을 가지고 있는 기업

36 ④

개별원가계산에서는 미완성된 특정 제품의 제조지시서별 원가계산표에 집계되어 있는 금액이 재공품으로 된다. 그러나 종합원가계산에서는 재공품원가의 개별 확인이 불가능하기 때문에 원가계산기간 말에 현재 가공 중에 있는 재공품의 원가를 별도로 추정해 내어야 한다.

37 ②

- 선입선출법 완성품환산량 = 완성품수량 − 기초재공품환산량 + 기말재공품환산량
- 가공원가 완성품환산량 = 11,000 − 1,000 × 60% + 2,000 × 40% = 11,200단위

38 ①

제조간접원가 배부차이 조정법

- 매출원가조정법 : 배부차이를 매출원가에 가감하는 방법으로 과소배부액은 매출원가에 가산하고 과대배부액은 매출원가에서 차감한다.
- 비례배부법(안분법) : 배부차이를 기말재공품. 기말제품. 매출원가의 상대적 비율에 비례하여 배분하는 방법이다.
- 영업외손익법 : 배부차이를 영업외손익으로 처리하는 방법으로 과소배부액은 영업외비용으로 처리하고 과대배부액은 영업외수익으로 처리한다.

39 ①

평균법이 선입선출법에 비해 상대적으로 계산이 간단하나 원가통제나 성과평가목적으로는 선입선출법이 더 유용한 원가정보를 제공한다.

40 ④

- 제조1부문 배부율 = 500,000(제조부문비) ÷ 1,000시간(기계작업시간) = @₩500 / 기계작업시간
- 제조2부문 배부율 = 1,000,000(제조부문비) ÷ 500시간(직접노동시간) = @₩2,000 / 직접노동시간
- ∴ A제품 제조간접원가 배부액 = 제조1부문(@₩500 × 100시간(기계작업시간)) + 제조2부문(@2,000 × 100시간(직접노동시간)) = ₩250,000